21세기 지식 정보화 시대
대한민국의 IT 인재로 만드는 비결!

Digital Information Ability Test

스프레드시트

엑셀 (2021)

발 행 일 : 2025년 02월 03일(1판 1쇄)
I S B N : 978-89-5960-500-2(13000)
정　　가 : 16,000원

집　　필 : 렉스수험서팀
진　　행 : 안영선
본문디자인 : 앤미디어

발 행 처 : (주)렉스미디어
발 행 인 : 안광준
주　　소 : 경기도 파주시 정문로 588번길 24
홈페이지 : www.rexmedia.net

CONTENTS

※ 부록 : 시험직전 모의고사 3회분 수록

PART 01

ITQ 시험 안내 및 자료 사용 방법

Chapter 1

DIAT 시험 안내

- 디지털정보활용능력(DIAT) 시험 과목 및 합격 기준
- 디지털정보활용능력(DIAT) 검정 기준

1. 디지털정보활용능력(DIAT / Digital Information Ability Test)

- 컴퓨터와 인터넷을 이용한 정보가 넘쳐나고 사물과 사물 간에도 컴퓨터와 인터넷이 연결된 디지털정보 시대에 기본적인 정보통신기술, 정보처리기술의 활용분야에 대해 학습이나 사무업무를 수행할 수 있도록 종합적으로 묶어 효과적으로 구성한 자격종목
- 총6개 과목으로 구성(작업식 5개 과목, 객관식 1개 과목)되어 1개 과목만으로도 자격취득이 가능하며 합격점수에 따라 초 · 중 · 고급자격이 부여
- 과목별로 시험을 응시하며 시험 당일 한 회차에 최대 3개 과목까지 응시 가능

2. 필요성

- 사무업무에 즉시 활용 가능한 작업식 위주의 실기시험
- 정보통신 · OA · 멀티미디어 · 인터넷 등 분야별 등급화를 통한 실무능력 인증

3. 자격 종류

- 자격구분 : 공인민간자격
- 등록번호 : 2008-0265
- 공인번호 : 과학기술정보통신부 제2020-2호

4. 시험 과목

검정과목	사용프로그램	검정방법	문항수	시험시간	배점
프리젠테이션	– MS 파워포인트 2021 – 한컴오피스 한쇼 2022	작업식	4문항	40분	200점
스프레드시트	– MS 엑셀 2021 – 한컴오피스 한셀 2022		5문항	40분	200점
워드프로세서	– 한컴오피스 한글 2022		2문항	40분	200점
멀티미디어제작	– 포토샵/곰믹스 for DIAT		3문항	40분	200점
인터넷정보검색	– 인터넷		8문항	40분	100점
정보통신상식	– CBT 프로그램	객관식	40문항	40분	100점

합격기준
• 고급 : 해당과제의 80% ~ 100% 해결능력 • 중급 : 해당과제의 60% ~ 79% 해결능력 • 초급 : 해당과제의 40% ~ 59% 해결능력

※ 검정 수수료 및 시험 일정은 www.ihd.or.kr 홈페이지 하단의 [자격안내]에서 확인할 수 있습니다.

5. DIAT 스프레드시트(엑셀, 한셀) 검정 기준

과목	대분류	중분류	소분류	문제수
스프레드시트		데이터 입력과 셀 선택	1-1. 데이터 입력과 셀 선택	3
			1-2. 통합문서에서 이동과 선택	
			1-3. 머리글/바닥글	
			1-4. 메모	
			1-5. 이름정의	
			1-6. 하이퍼링크	
		워크시트 데이터 삽입	2-1. 데이터 편집	
			2-2. 데이터 찾기나 바꾸기	
			2-3. 셀과 데이터 삽입	
			2-4. 셀과 데이터 복사와 이동	
		워크시트 서식 지정	3-1. 텍스트와 셀 서식 지정	
			3-2. 테두리 유형, 무늬 지정	
			3-3. 조건부 서식 지정	
			3-4. 셀과 셀 내의 텍스트 위치 지정	
			3-5. 숫자, 날짜, 시간 서식 지정	
		수식과 함수 이용	4-1. 수식 입력	
			4-2. 수식 편집	
			4-3. 참조 사용	
			4-4. 함수	
			4-5. 레이블과 이름으로 계산 작업	
			4-6. 계산 제어	
		차트 작성	5-1. 차트 작성	
			5-2. 차트내 데이터 추가와 변경	
			5-3. 차트 종류	
			5-4. 데이터 표식, 레이블 서식 지정	
		데이터 관리와 분석	6-1. 목록 관리	2
			6-2. 목록과 테이블에서 데이터 요약	
			6-3. 피벗테이블 보고서의 데이터의 분석	
			6-4. 시나리오	
			6-5. 해 찾기와 목표 값 찾기	
			6-6. 데이터 테이블을 이용한 값 예측	
			6-7. 매크로 사용	
합 계				5

Chapter 2

DIAT 회원 가입 및 시험 접수 안내

- ☑ 회원 가입하기
- ☑ 본인인증하기(본인 명의 휴대폰이 있는 경우, 본인 명의 휴대폰이 없는 경우)
- ☑ 로그인하고 사진 등록하기

1. 회원 가입하기

❶ 웹 브라우저를 실행한 후 주소 표시줄에 'www.ihd.or.kr'를 입력하고 Enter 키를 눌러 자격 검정 사이트에 접속합니다.

❷ 회원 가입을 하기 위해 화면 오른쪽의 [회원가입]을 클릭합니다.

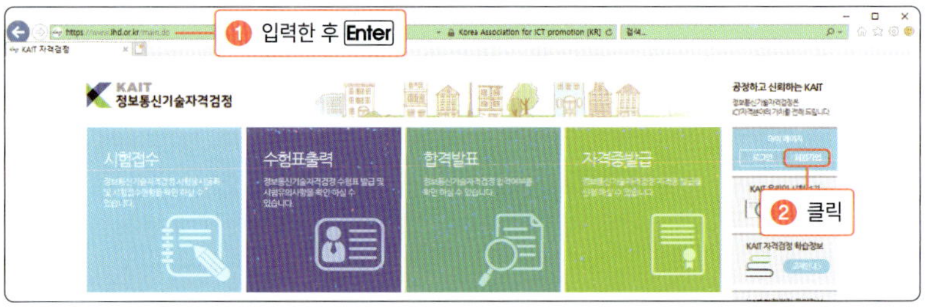

❸ 회원 가입에서 [14세 미만 가입]을 클릭합니다.

※ 응시자가 14세 이상일 경우에는 [14세 이상 가입]을 눌러 가입을 진행합니다.

❹ [약관동의]에서 '한국정보통신진흥협회 자격검정 회원서비스 이용을 위한 필수 약관에 모두 동의합니다.' 체크 박스를 클릭합니다.

⑤ [보호자(법정대리인)동의]에서 '보호자 성명'과 '생년월일', 'e-mail'을 입력합니다. '[필수] 14세미만 자녀의 회원가입에 동의합니다.' 체크 박스를 클릭하고 [약관동의]를 클릭합니다.

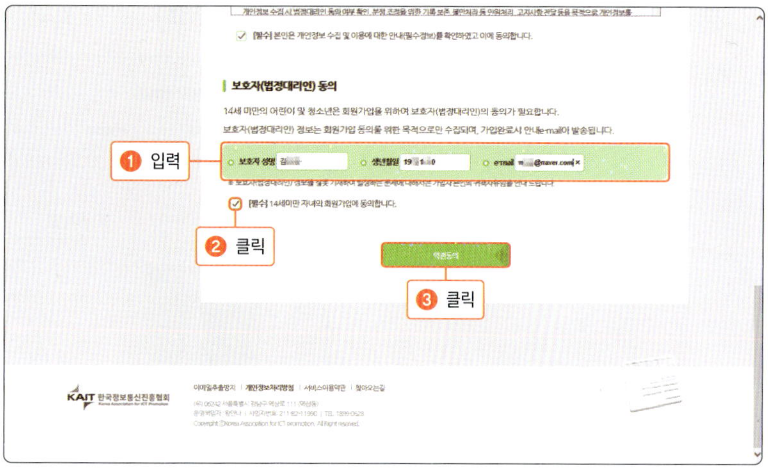

⑥ [정보입력]에서 항목별로 정보를 정확하게 입력하고 [회원가입하기]를 클릭합니다.

영문, 숫자, 특수문자(〈, 〉, (,), #, ;, / 제외)를 각 1자 이상 포함하여 8자이상 20자 이내로 입력합니다.

입력한 패스워드를 한 번 더 입력합니다.

만약 본인의 휴대폰이 없는 경우에는 부모님 휴대폰 번호를 입력합니다.

학교 및 단체를 통해 접수하는 경우에 '단체접수'를 선택하고 차례로 '지역', '학교/기관명', '담당선생님'을 선택합니다.

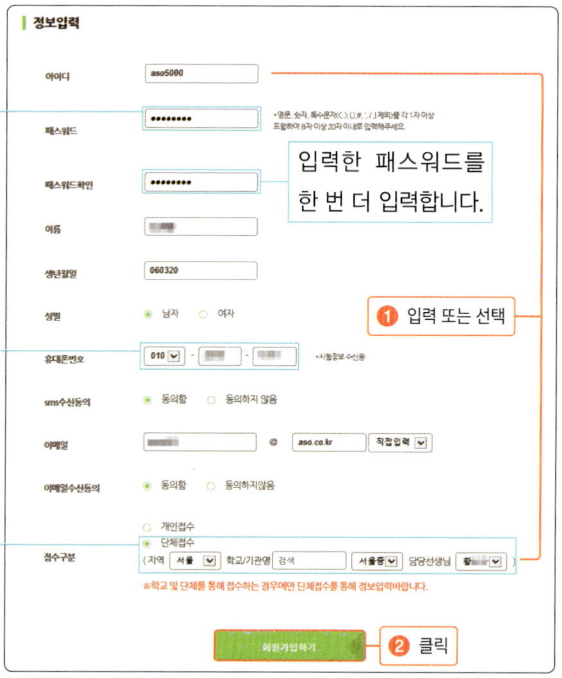

⑦ '저장하시겠습니까?' 메시지 창이 나타나면 〈확인〉 버튼을 클릭합니다.

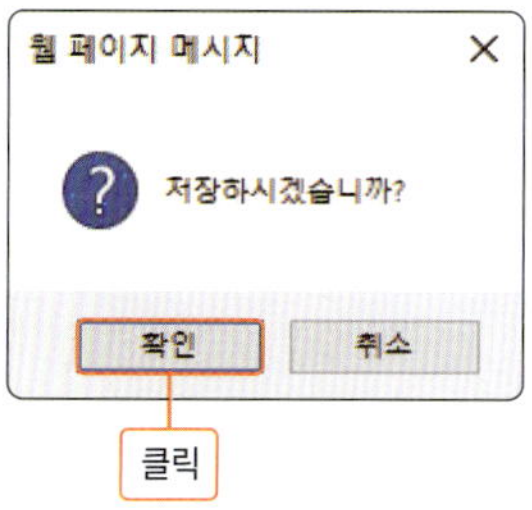

2. 본인인증하기(본인 명의 휴대폰이 있는 경우)

❶ 본인 인증하기 화면에서 [본인 인증하기]를 클릭합니다.

※ 시험 접수 및 합격정보 확인 등을 이용하기 위해서 본인 인증이 필요합니다.

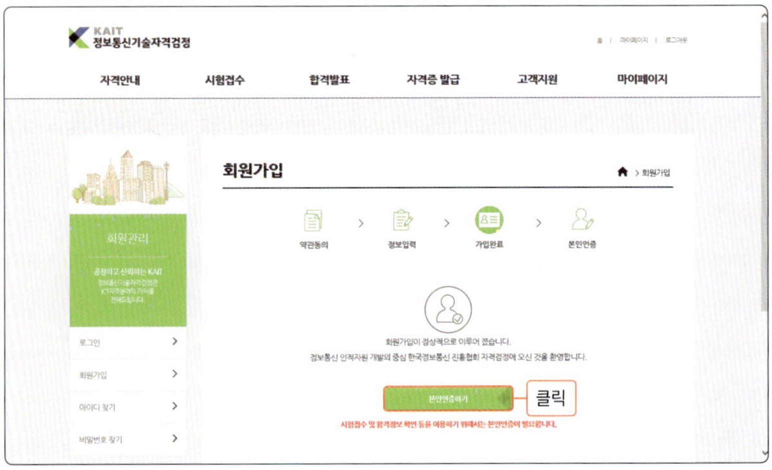

❷ 본인 인증 방법에서 [휴대폰]이 선택된 것을 확인하고 [인증하기]를 클릭합니다.

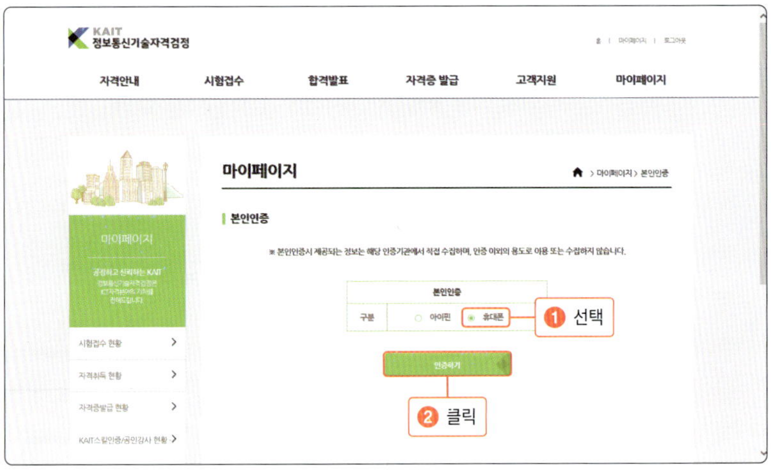

❸ '통신사 확인' 창에서 사용 중인 이동통신사를 선택합니다.

❹ '본인확인' 창에서 [휴대폰 본인 확인(문자)]를 클릭하고 개인 정보를 입력하고 〈확인〉 버튼을 클릭합니다.

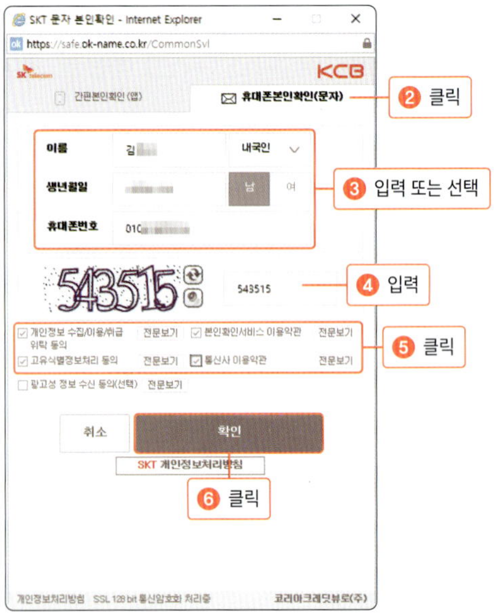

⑤ 휴대폰에 수신된 본인확인인증번호를 입력하고 〈확인〉 버튼을 클릭합니다.

⑥ '휴대폰본인확인완료' 메시지를 확인하고 〈완료〉 버튼을 클릭합니다.

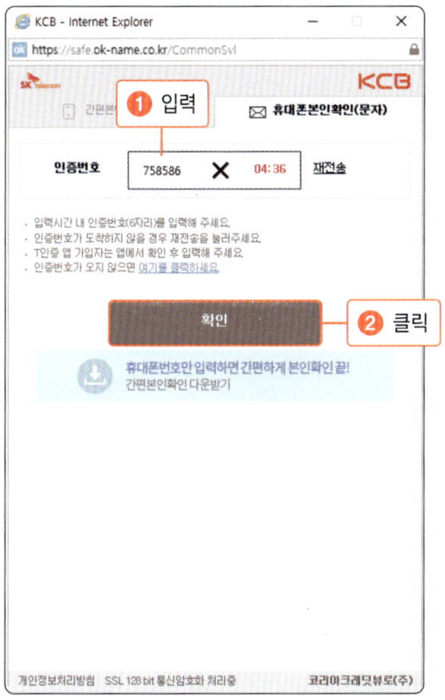

⑦ '본인인증성공' 메시지 창이 나타나면 〈확인〉 버튼을 클릭합니다.

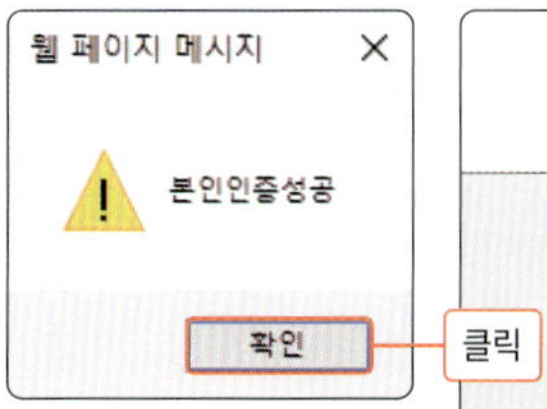

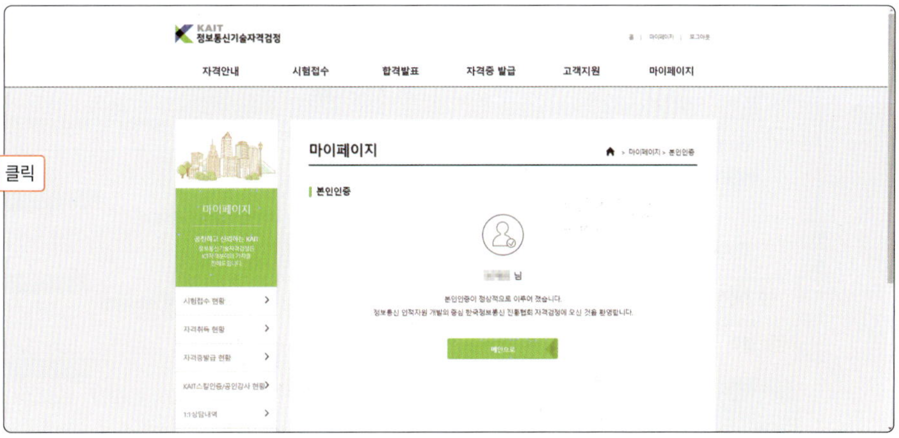

3. 본인인증하기(본인 명의 휴대폰이 없는 경우)

❶ 본인 인증 방법에서 [아이핀]을 선택한 후 [인증하기]를 클릭합니다.

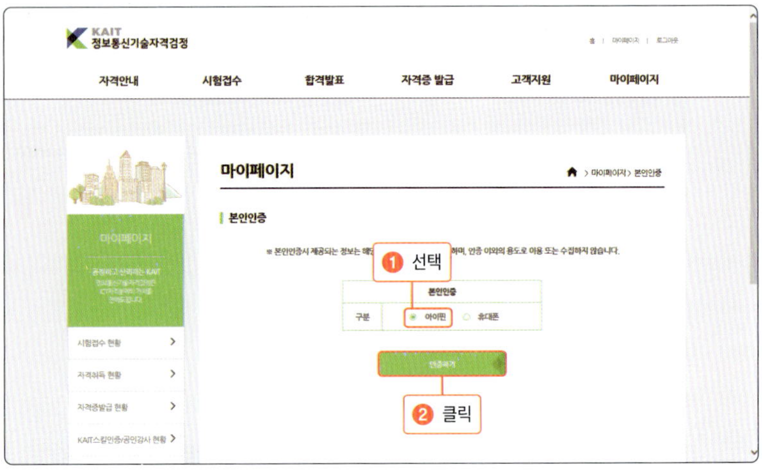

❷ '메인 화면' 창이 열리면 왼쪽 하단의 [신규발급]을 클릭합니다.

※ 만약 아이핀ID와 비밀번호가 있는 경우에는 '아이핀ID, 비밀번호, 문자입력'을 한 후 〈확인〉 버튼을 클릭합니다.

❸ '약관 동의' 창이 나오면 약관 동의에 체크한 후 〈확인〉 버튼을 클릭합니다.

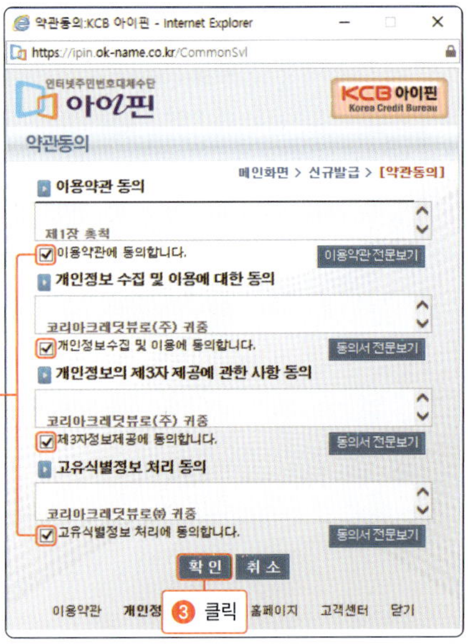

TIP

아이핀이란?

아이핀은 주민 등록 번호를 대체할 수 있는 인증방법으로 아이디와 패스워드를 이용하여 본인 확인을 하는 수단입니다. 이전에 아이핀을 가입하였다면 바로 로그인을 진행하도록 합니다.

④ '발급자 정보입력' 창에서 내용을 입력하고 아이핀 ID를 중복 확인한 후 〈발급하기〉 버튼을 클릭합니다.

⑤ '추가 인증수단 설정' 창에서 2차 비밀번호를 선택한 후 〈확인〉 버튼을 클릭합니다.

⑥ '법정대리인 동의' 창에서 법정 대리인의 정보를 입력하고, 개인정보처리 동의에 체크한 후 〈확인〉 버튼을 클릭합니다.

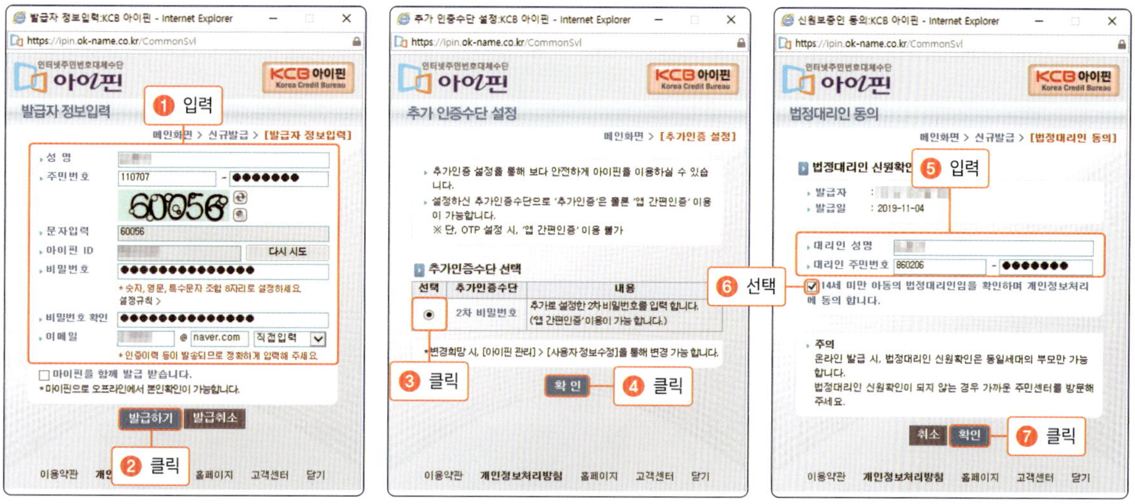

⑦ '아이핀 신원확인' 창이 나오면 법정 대리인의 휴대폰 정보를 입력한 후 〈인증번호 확인〉 버튼을 클릭합니다.

※ 범용 공인인증서를 이용하여도 신원확인이 가능합니다.

⑧ 휴대폰에 수신된 승인번호를 입력한 후 〈인증번호 확인〉 버튼을 클릭합니다.

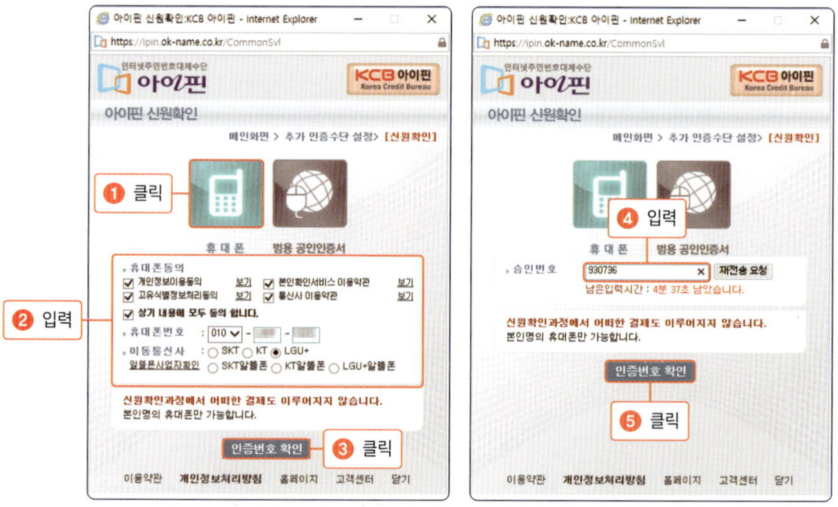

⑨ '2차 비밀번호 설정' 창이 나오면 2차 비밀번호를 입력한 후 〈확인〉 버튼을 클릭하여 아이핀 발급을 완료합니다.

⑩ '메인 화면' 창이 나오면 '아이핀 ID', '비밀번호', '문자입력' 내용을 입력한 후 〈확인〉 버튼을 클릭합니다.

⑪ '추가인증' 창에서 2차 비밀번호를 입력한 후 〈확인〉 버튼을 클릭하여 본인 확인 절차를 완료합니다.

4. 로그인하고 사진 등록하기

❶ 우측 상단의 [로그인]을 클릭합니다. 이어서, 아이디와 비밀번호를 정확하게 입력하고 [로그인]을 클릭합니다.

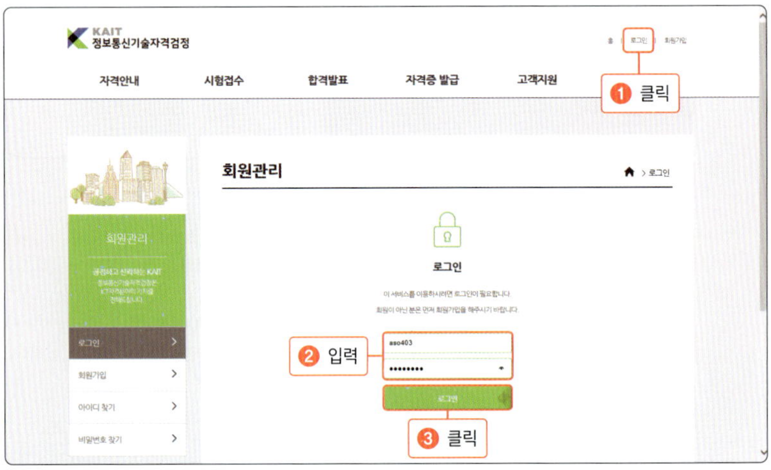

❷ [마이페이지]를 클릭합니다.

❸ 왼쪽 메뉴에서 [사진관리]를 클릭합니다.

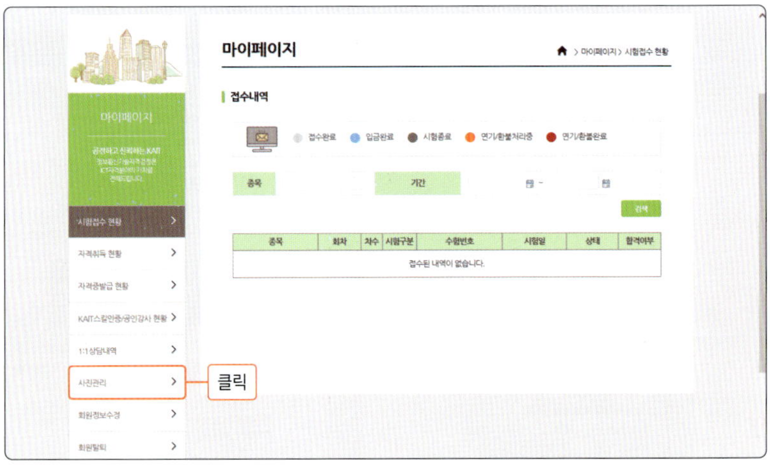

❹ [사진 선택]을 클릭합니다.

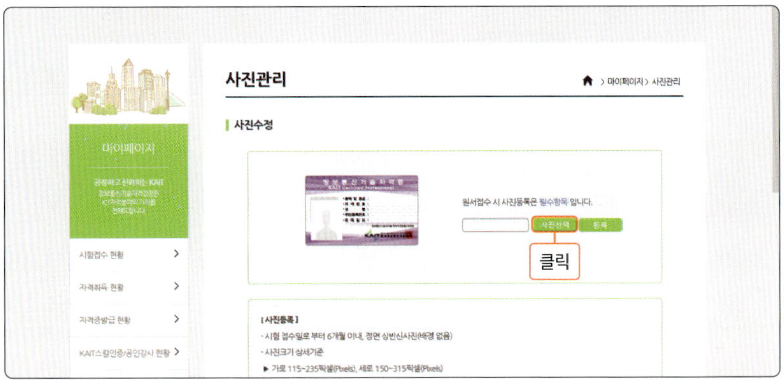

⑤ [업로드할 파일 선택] 창에서 내 사진 파일을 선택하고 〈열기〉 버튼을 클릭합니다.

⑥ [등록]을 클릭합니다.

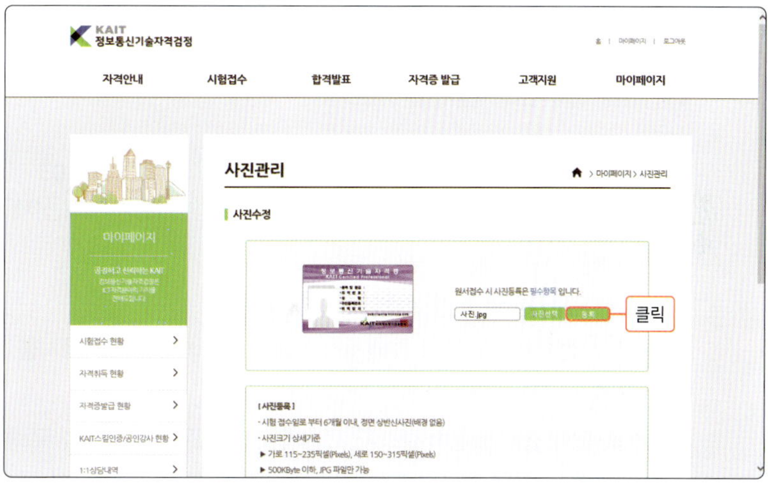

⑦ '수정 하겠습니까' 메시지 창이 나타나면 〈확인〉 버튼을 클릭합니다.

⑧ '저장 성공!!' 메시지 창이 나타나면 〈확인〉 버튼을 클릭합니다.

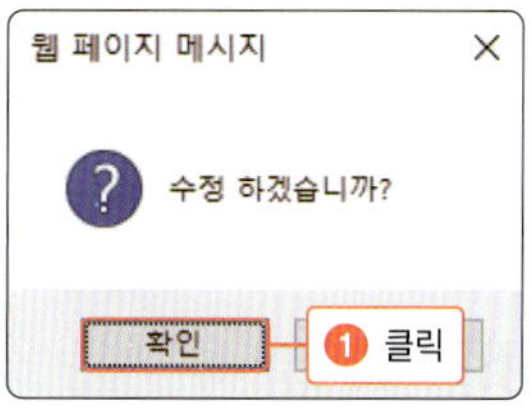

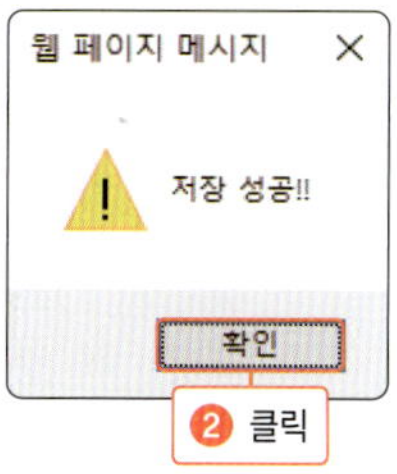

⑨ 사진이 등록된 것을 확인합니다.

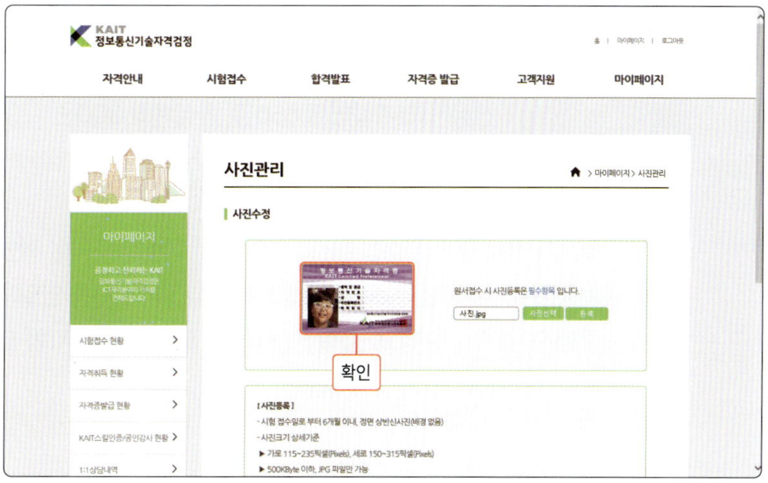

TIP

개인으로 시험 접수하는 방법 알아보기

정보통신기술자격검정(www.ihd.or.kr) 사이트에서 [시험접수]를 클릭하고 [시험접수 신청]을 클릭합니다.

시험 접수 신청 절차 알아보기

STEP 01	STEP 02	STEP 03	STEP 04	STEP 05
로그인(회원가입)	응시종목 선택	응시지역 선택	결제하기	접수완료

- **STEP 01 로그인(회원가입)**

  응시접수는 인터넷을 통해서만 가능하며, 시험접수 및 응시를 위해서는 반드시 회원으로 가입되어야 합니다.

  ※ 단체 접수시 단체관리자(회원가입 및 회원정보수정을 통해 설정)를 통해 접수바랍니다.

  ※ 마이페이지의 사진등록 이후에 시험접수가 가능합니다.

- **STEP 02 응시종목 선택**

  응시하고자 하는 종목과 시험일자를 확인한 후 '접수하기'를 선택합니다.

- **STEP 03 응시지역 선택**

  – 응시하고자 하는 응시지역과 시험장을 선택합니다.

  – 시험장 정원이 모두 마감된 경우에는 더 이상 해당 시험장을 선택할 수 없습니다.

  ※ 추후배정 시험장은 응시접수 완료 후 10일전 시험장 확인을 통해 시험장 확인 가능

- **STEP 04 결제하기**

  – 응시료 결제가 완료되어야 응시접수가 정상적으로 완료됩니다.

  – 결제수단 : 개인–신용카드, 계좌이체 입금 중 택일, 단체–가상계좌 입금만 가능, 정보이용료 별도–신용카드/계좌이체 650원, 가상계좌 300원

  ※ 접수마감일 18:00까지 접수 및 입금 완료

- **STEP 05 접수완료**

  – 결제가 완료되면 [시험접수현황 확인]에서 접수한 내역을 확인할 수 있습니다.

  – 시험장 확인 : 시험장 확인은 시험일 10일전부터 시험 당일까지 확인 가능

  – 수험표 출력 : 수험표 출력은 시험일 5일전부터 시험 당일까지 확인 가능

  – 연기 및 환불 : 연기 및 환불규정에 따라 신청 가능

Chapter 3

DIAT 자료 사용 방법

- 자료 다운로드 방법
- 자동 채점 프로그램
- 온라인 답안 시스템
- 엑셀 2021 화면 구성

1. 자료 다운로드 방법

❶ 웹 브라우저를 실행하여 렉스미디어(https://rexmedia.net) 홈페이지에 접속합니다.

❷ 왼쪽 상단에 [컴퓨터 자격증 교재]를 클릭합니다.

❸ [DIAT 자격증]–[2025 놀자비 DIAT 스프레드시트 엑셀 2021(좌무선)] 교재를 클릭합니다.

④ 왼쪽 화면 아래에 [학습자료]를 클릭합니다.

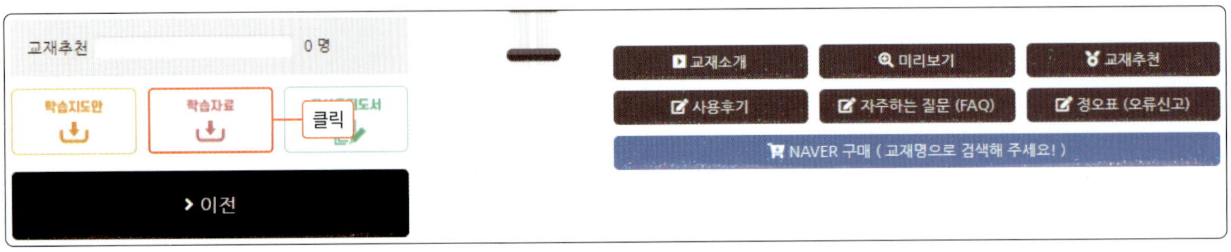

⑤ [2025 놀자비 DIAT 스프레드시트 엑셀 2021(좌무선)_학습 자료]를 클릭합니다.

NO	제목	작성자	조회수	등록일자
공지	MAG 답안 전송 & 채점 프로그램_240801	academysoft	1,156	2024-10-04
공지	엔트리 프로그램	academysoft	120	2024-10-02
공지	[패치] 채점 프로그램 오류_2022 및 하위버전의 한글 OCX 컨트롤 지원 종료 안내	academysoft	1,652	2024-07-01
공지	2025년 ITQ, DIAT 시험 프로그램 버전 변경 안내	academysoft	935	2024-06-13
공지	.net framework 3.5 프로그램	academysoft	340	2024-04-04
공지	[공지] 아카데미소프트 앱 사용방법	academysoft	284	2024-03-27
공지	곰믹스 for DIAT 프로그램	academysoft	902	2024-02-06
공지	2024년 ITQ, DIAT, 컴퓨터활용능력 채점 프로그램	academysoft	11,377	2023-12-01
공지	2023년 ITQ, DIAT, 컴퓨터활용능력 채점 프로그램	academysoft	9,657	2023-09-14
공지	웹 브라우저에서 자료 다운로드가 되지 않을 때 실행 방법	academysoft	879	2022-01-03
공지	ITQ 이미지 파일	academysoft	10,643	2020-08-26
공지	자료실 활용방안	academysoft	3,266	2020-04-16
1	2025 이공자 DIAT 스프레드시트 엑셀 2021(좌무선)_학습 자료	academysoft	0	2024-11-12

⑥ [다운로드] 단추를 클릭하여 자료를 다운로드 받으시면 됩니다.

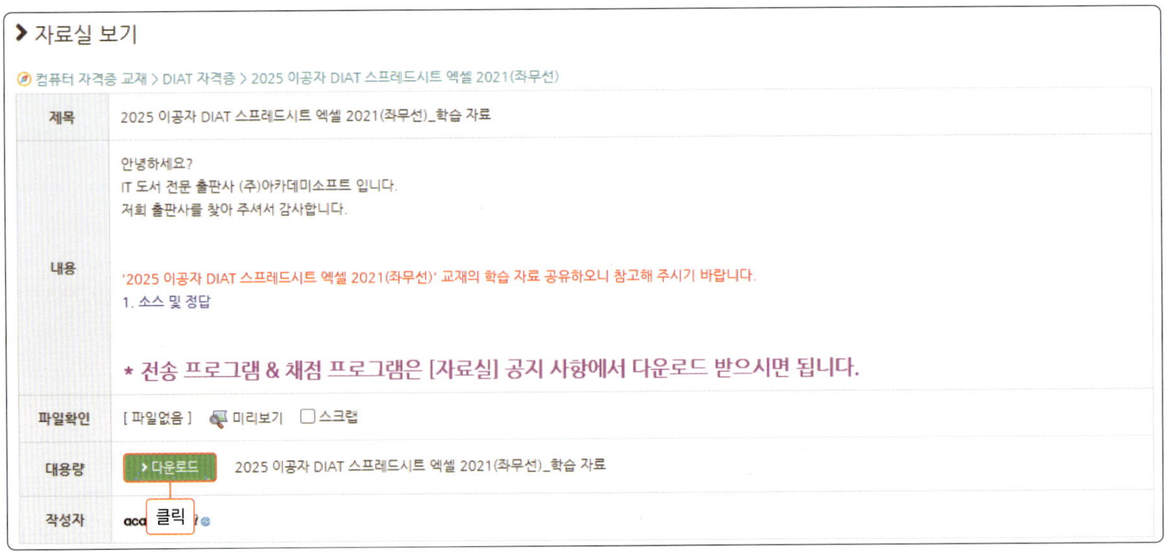

2. 렉스미디어와 코딩아지트에서 개발한 '온라인 답안 시스템'

❶ 온라인 답안 시스템

[MAG PER 개인용 채점 프로그램 & 답안전송] 프로그램은 **수험자 연습용 답안 전송 프로그램**이기 때문에 **서버에서 제어가 되지 않는 개인용 버전**입니다. 실제 시험 환경을 미리 확인하는 차원에서 테스트하시기 바랍니다.

※ 해당 '온라인 답안 시스템'은 변경된 DIAT 시험 버전에 맞추어 수정된 최신 버전의 프로그램입니다.

❷ 필요한 자료를 [렉스미디어 홈페이지]–[자료실]–[공지]–'REX_MAG_PER_답안 전송 & 채점 프로그램_250101' 파일을 다운받아 압축을 해제합니다. 이어서 [REX_MAG_PER_답안 전송 & 채점 프로그램_250101] 폴더에서 **'개인용 채점 프로그램(MAG_Personal)_실행 파일.exe'**을 더블 클릭하여 실행합니다.

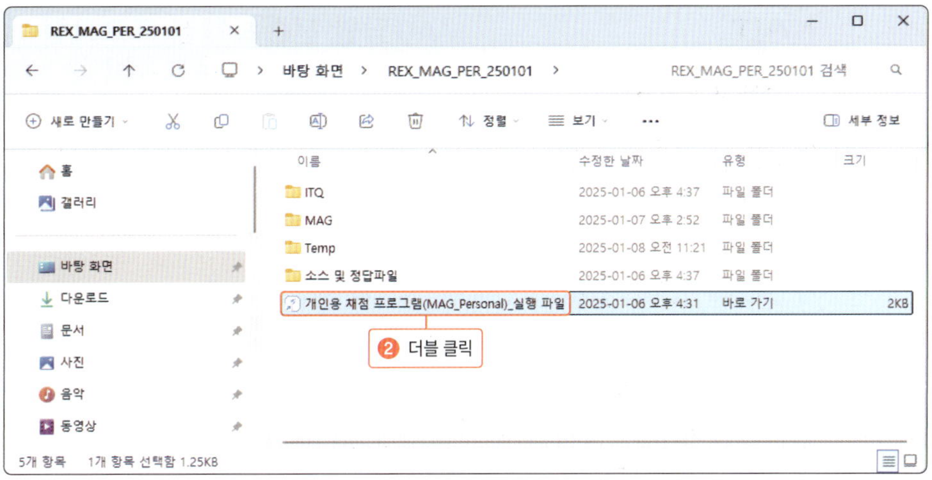

❸ 〈DIAT 답안 전송 프로그램〉 단추를 클릭합니다.

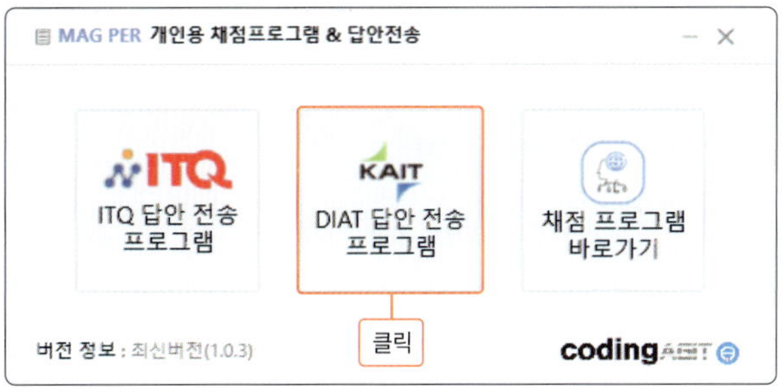

❹ 답안 전송 프로그램이 실행되면 '수검번호'에서 목록 단추를 클릭하여 해당 과목을 선택합니다.

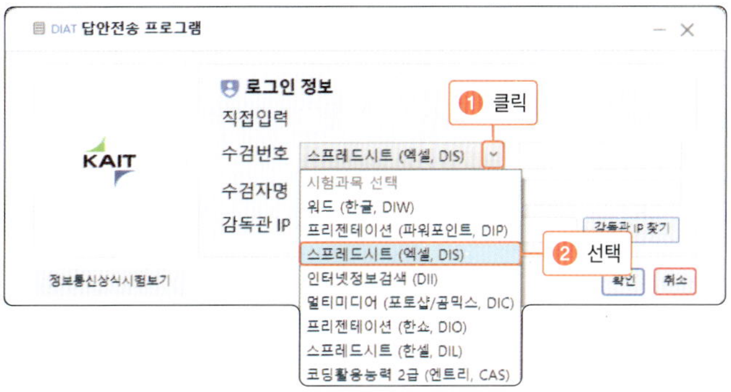

⑤ 과목 선택이 끝나면 '수검번호' 및 '수검자명'을 입력한 다음 〈감독관 IP 찾기〉 단추 및 〈확인〉 단추를 클릭합니다.

※ 데모용 연습 프로그램이기 때문에 '수검번호' 및 '수검자명'은 본인이 원하는 내용을 입력하세요.

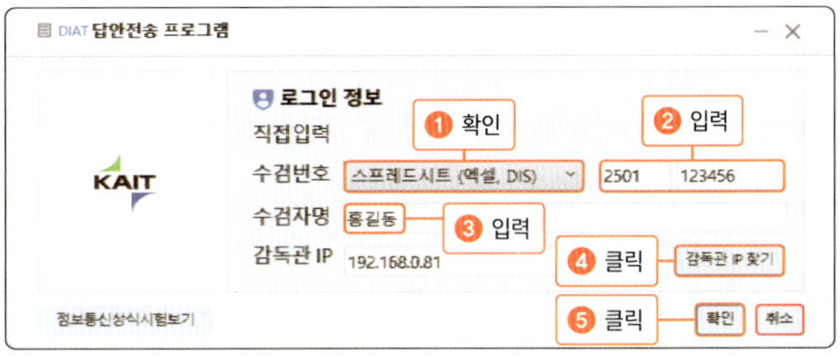

⑥ 수검자 유의사항이 나오면 내용을 확인한 후 [마스터 키] 칸을 클릭하고 Enter 키를 누릅니다.

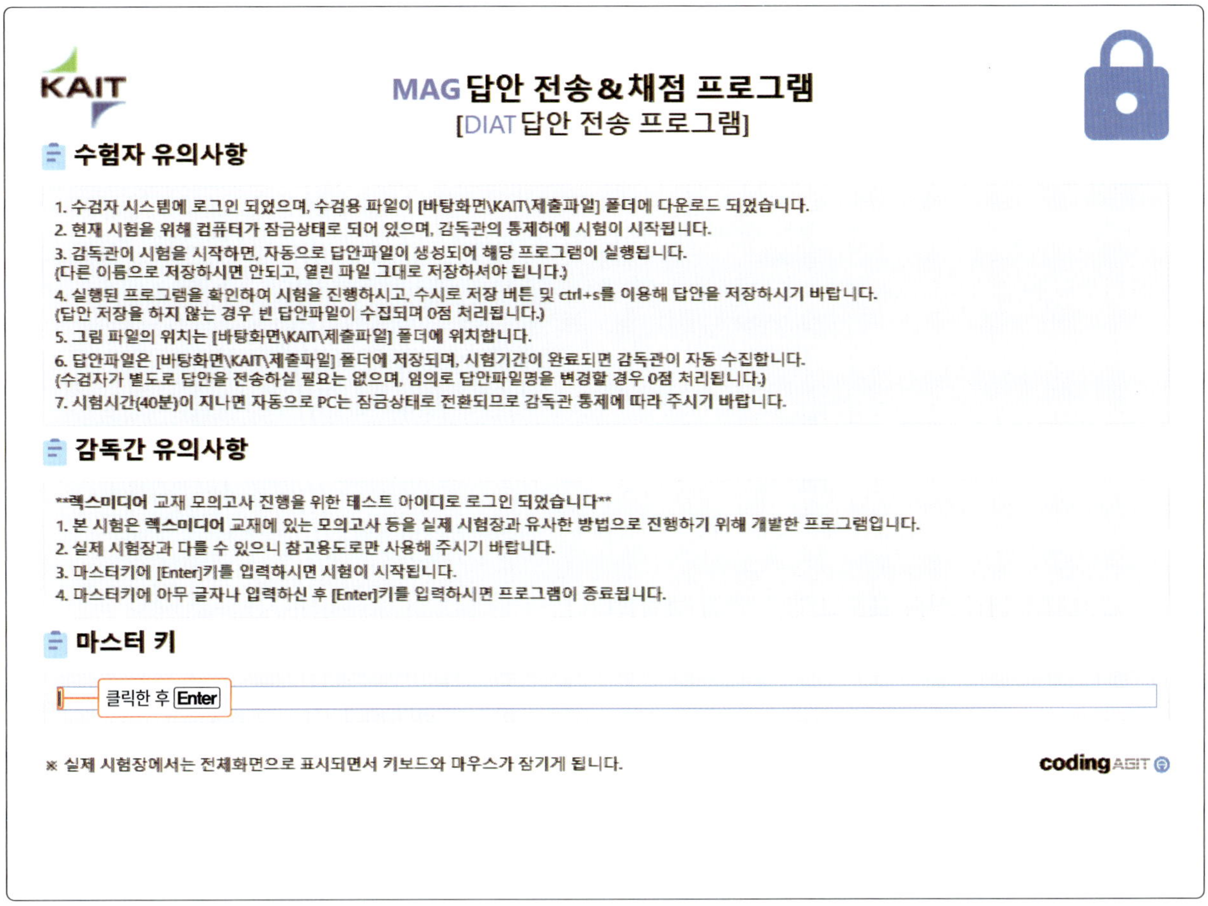

❼ 시험이 시작됨과 동시에 해당 프로그램이 자동으로 실행되면서 답안 파일이 자동으로 열립니다. 이어서, 남은 시간을 확인하면서 답안을 작성합니다.

※ 시험을 강제로 종료하고자 할 때는 〈강제종료〉 단추를 클릭한 후 '비밀번호(0000)'를 입력한 다음 〈확인〉 단추를 클릭합니다.

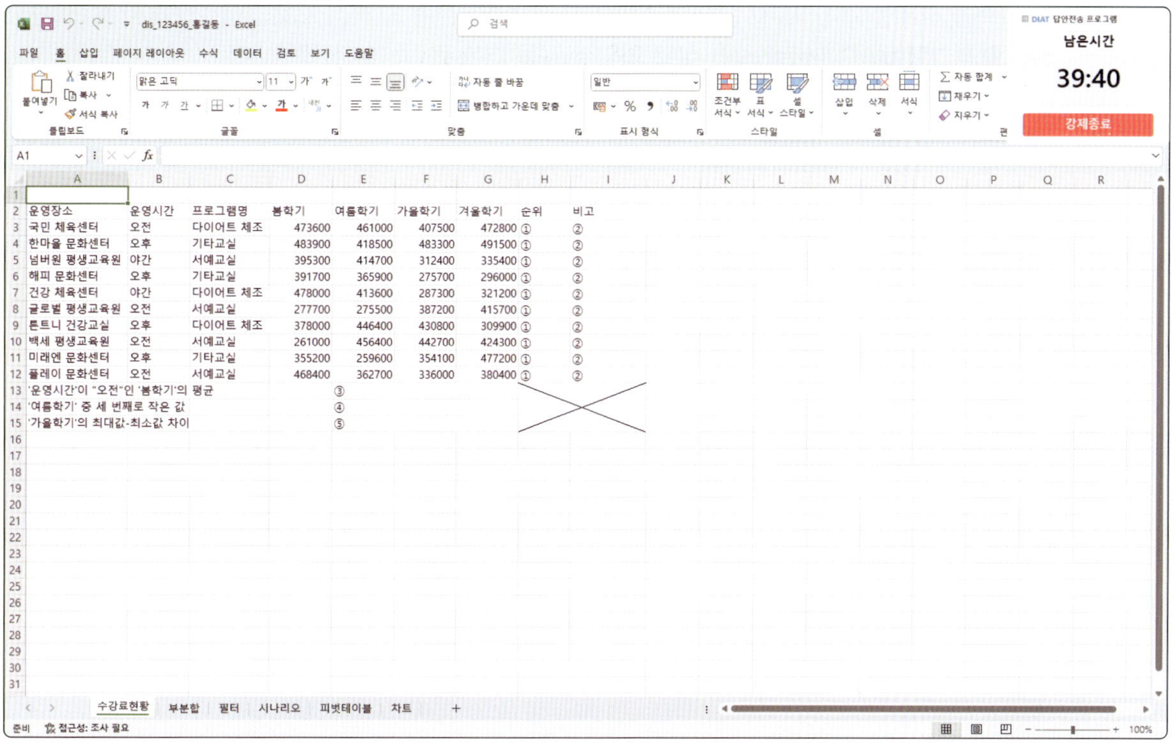

3. 렉스미디어소프트와 코딩아지트에서 개발한 '개인용 채점 프로그램(MAG_Personal)'

① 자동 채점 프로그램은 작성한 답안 파일을 정답 파일과 비교하여 틀린 부분을 찾아주는 프로그램입니다. 프로그램상의 한계로 100% 정확한 채점은 어렵기 때문에 참고용으로 사용하시기 바랍니다.

② 필요한 자료를 [자료실]–[공지]–'REX_MAG_PER_답안 전송 & 채점 프로그램_250101' 파일을 다운받아 압축을 해제합니다. 이어서, [REX_MAG_PER_답안 전송 & 채점 프로그램_250101] 폴더에서 **'개인용 채점 프로그램(MAG_Personal)_실행 파일.exe'**을 더블 클릭하여 실행합니다.

※ 채점 프로그램 폴더는 임의로 이름을 변경하거나 삭제하면 작동되지 않습니다.

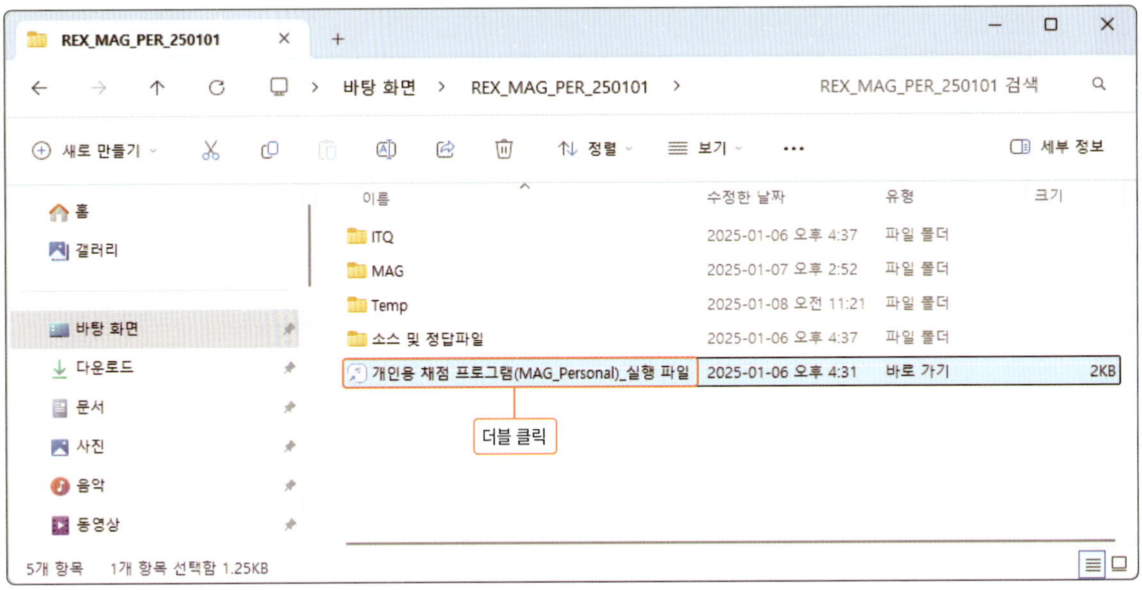

③ 〈채점 프로그램 바로가기〉 단추를 클릭합니다.

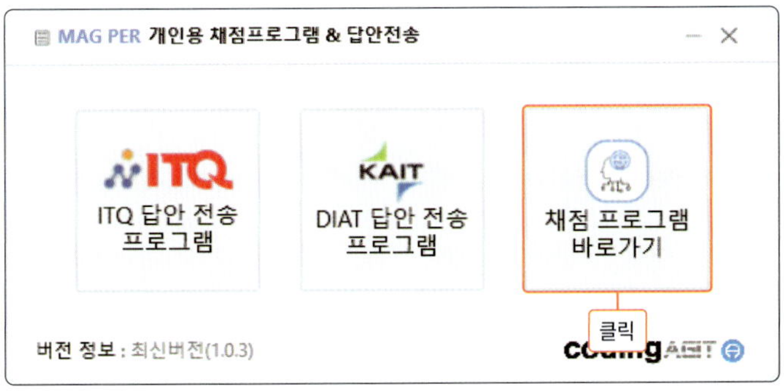

④ 자동 채점 프로그램이 실행되면 [DIAT 자격증] 탭을 클릭한 다음 채점하고자 하는 표지 아래 〈채점시작〉 단추를 클릭합니다.

⑤ [MAG_AI 채점 프로그램] 대화상자가 나오면 [정답 파일]에서 드롭다운(▼) 단추를 클릭합니다. 이어서, [열기] 대화상자가 나오면 채점에 사용할 정답 파일을 선택한 후 〈열기〉 단추를 클릭합니다.

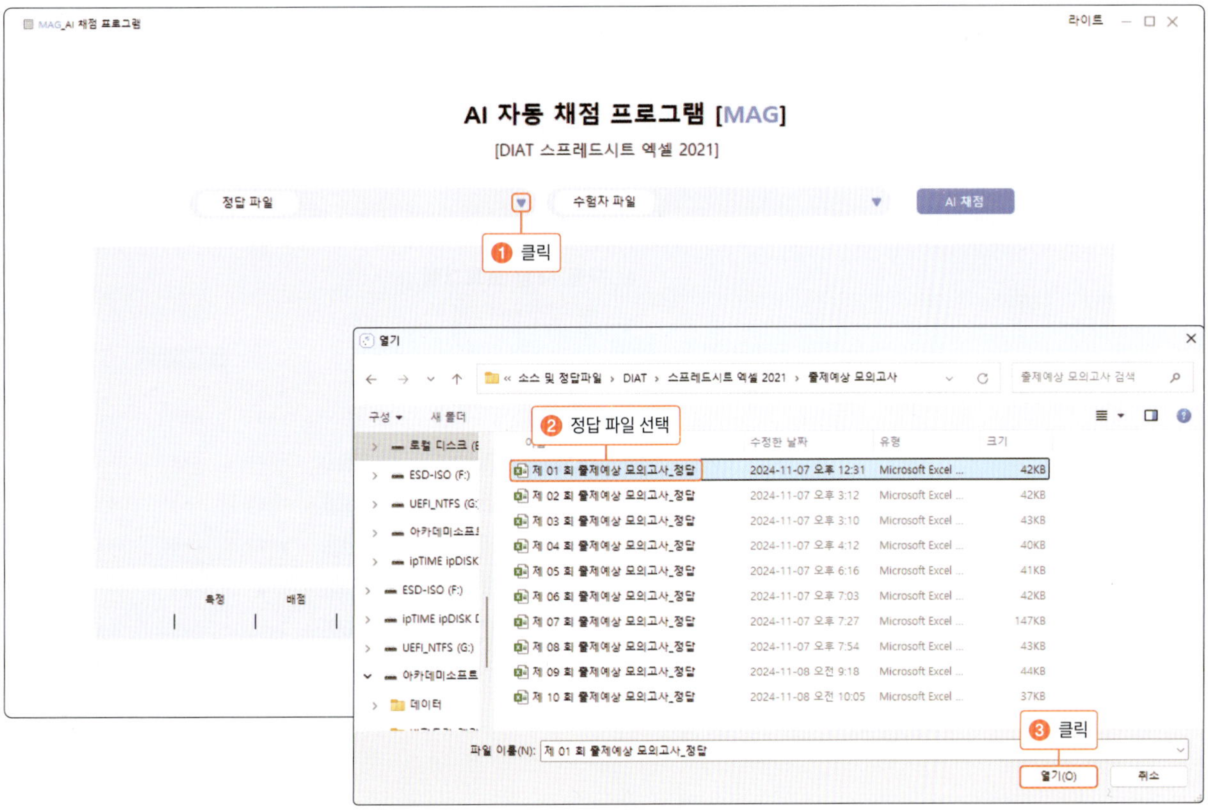

⑥ 정답 파일이 열리면 [수험자 파일]에서 드롭다운(▼) 단추를 클릭합니다. 이어서, [열기] 대화상자가 나오면 정답 파일과 비교하여 채점할 학생 답안 파일을 선택한 후 〈열기〉 단추를 클릭한 다음 〈AI 채점〉 단추를 클릭합니다.

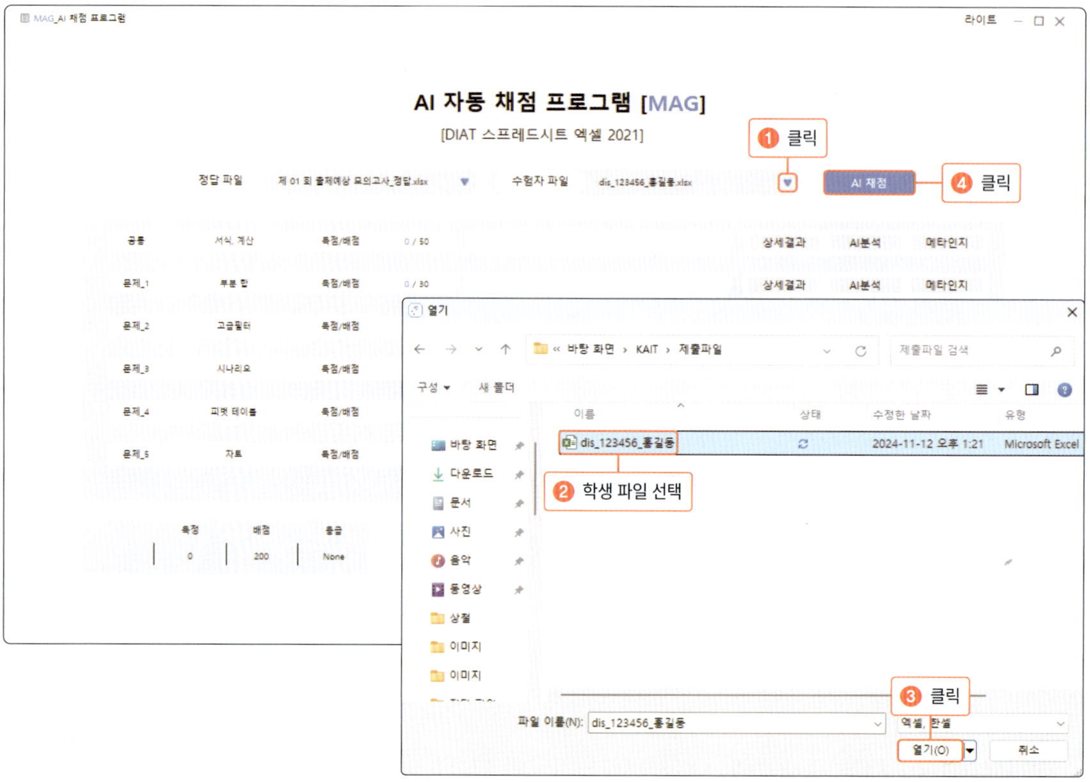

⑦ 채점이 완료되면 문제별 전체 점수에서 맞은 점수를 확인하실 수 있습니다. 각 기능별로 자세하게 틀린 부분을 확인 할 때는 문제별 오른쪽에 〈상세결과〉 단추를 클릭하여 [정답] 항목과 비교하여 틀린 부분을 다시 확인합니다.

※ 〈상세결과〉, 〈AI 분석〉, 〈메타인지〉 부분은 2024년 10월부터 순차적으로 업데이트가 될 예정입니다.

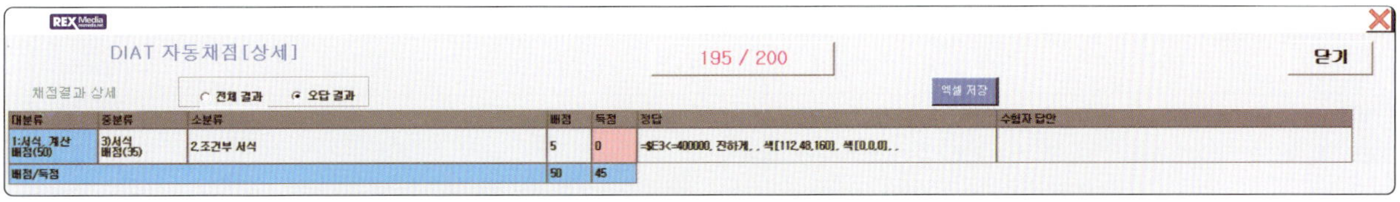

	A	B	C	D	E	F	G	H	I
1		평생교육 수강료현황							
2	운영장소	운영시간	프로그램명	봄학기	여름학기	가을학기	겨울학기	순위	비고
3	국민 체육센터	오전	다이어트 체조	473,600	461,000	407,500	472,800	3위	
4	한마을 문화센터	오후	기타교실	483,900	418,500	483,300	491,500	1위	
5	넘버원 평생교육원	야간	서예교실	395,300	414,700	312,400	335,400	7위	가을 검토
6	해피 문화센터	오후	기타교실	391,700	365,900	275,700	296,000	10위	가을 검토
7	건강 체육센터	야간	다이어트 체조	478,000	413,600	287,300	321,200	8위	가을 검토
8	글로벌 평생교육원	오전	서예교실	277,700	275,500	387,200	415,700	5위	
9	튼트니 건강교실	오후	다이어트 체조	378,000	446,400	430,800	309,900	9위	
10	백세 평생교육원	오전	서예교실	261,000	456,400	442,700	424,300	4위	
11	미래엔 문화센터	오후	기타교실	355,200	259,600	354,100	477,200	2위	
12	플레이 문화센터	오전	서예교실	468,400	362,700	336,000	380,400	6위	가을 검토
13	'운영시간'이 "오전"인 '봄학기'의 평균				370,175원				
14	'여름학기' 중 세 번째로 작은 값				362,700원				
15	'가을학기'의 최대값-최소값 차이				207,600원				

4. 엑셀 2021 화면 구성

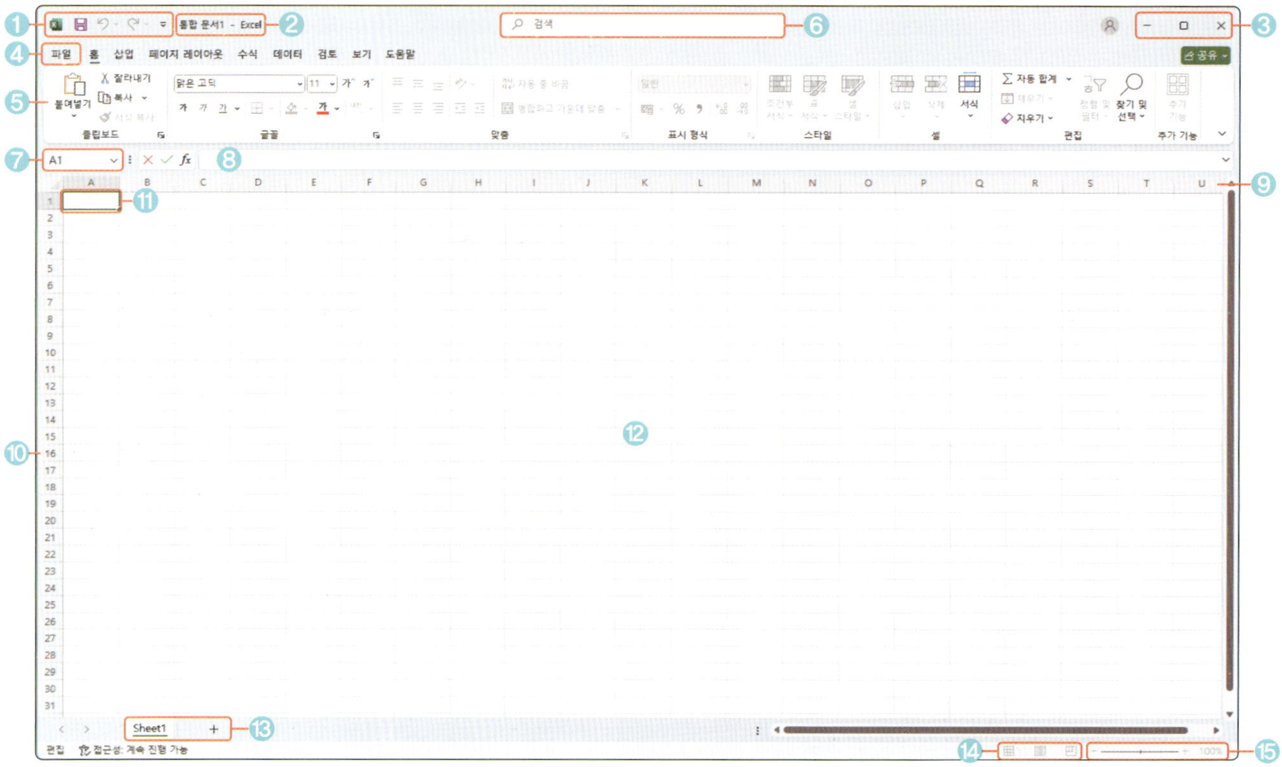

① **빠른 실행 도구 모음** : 저장 또는 실행 취소 등 자주 사용하는 기능을 아이콘으로 제공하며, 필요에 따라서 사용자가 기능(새로 만들기, 열기 등)을 직접 추가하거나 삭제할 수 있습니다.

② **제목 표시줄** : 현재 작업 중인 문서의 파일명이 표시됩니다.

③ **창 조절 단추** : 창의 크기를 최소화, 최대화, 종료할 수 있습니다.

④ **[파일] 탭** : 저장, 열기, 최근 항목, 새로 만들기, 인쇄 등 파일을 관리하기 위한 메뉴로 구성되어 있습니다.

⑤ **리본 메뉴** : 유사한 기능들이 각각의 탭으로 구성되어 있고, 탭은 관련이 있는 기능들을 그룹으로 묶어서 표시합니다.

⑥ **빠른 실행(검색)** : "검색" 부분을 클릭하여 필요한 기능을 입력하면 경로 선택 없이 원하는 작업을 바로 실행할 수 있습니다.

⑦ **이름 상자** : 현재 셀 포인터가 위치한 셀 주소를 표시합니다.

⑧ **수식 입력줄** : 현재 셀에 입력된 내용이 표시되며 직접 데이터를 입력하거나 수정할 수 있습니다.

⑨ **열 머리글** : A~XFD열까지 16,384개의 열로 구성되어 있습니다.

⑩ **행 머리글** : 1~1,048,576행으로 구성되어 있습니다.

⑪ **셀** : 행과 열이 만나 구성되는 작은 사각형을 말합니다.

⑫ **워크시트** : 실제 데이터를 입력하고 편집할 수 있는 작업 공간입니다.

⑬ **시트 탭** : 현재 작업 중인 워크시트의 이름을 표시하며, 워크시트를 추가 또는 삭제하거나 순서를 변경할 수 있습니다.

⑭ **화면 보기** : 기본, 페이지 레이아웃, 페이지 나누기 미리 보기 중에서 원하는 화면 보기 방식을 선택할 수 있습니다.

⑮ **확대/축소 도구** : 작업 중인 워크시트의 화면 배율을 설정할 수 있습니다.

PART 02

출제유형 완전정복

Chapter 1

행의 높이를 변경한 후 도형으로 제목 작성하기

- ☑ 행 높이 설정하기
- ☑ 제목으로 도형 작성하기

문제 미리보기

소스 파일 : 유형01_문제.xlsx **정답 파일** : 유형01_정답.xlsx

【문제 1】 "기부금현황" 시트를 참조하여 다음 《처리조건》에 맞도록 작업하시오. (50점)

《출력형태》

	A	B	C	D	E	F	G	H	I
1		단과대학별 기부금 현황							
2	단과대학	학과	구분	2021년	2022년	2023년	3년 총계	순위	비고
3	공과대학	재료공학과	학부모	21000	19000	16000	56000	①	②
4	인문대학	국문학과	졸업동문	46000	22000	19500	87500	①	②
5	자연과학대학	수학과	재학생	22000	23000	28000	73000	①	②
6	공과대학	기계공학과	학부모	38000	43000	42000	123000	①	②
7	인문대학	영문학과	학부모	15000	32000	19000	66000	①	②
8	공과대학	전기공학과	재학생	29000	36000	47000	112000	①	②
9	자연과학대학	화학과	교직원	51000	52000	12000	115000	①	②
10	인문대학	불문학과	졸업동문	14000	21000	16300	51300	①	②
11	공과대학	건축공학과	교직원	42000	33000	36000	111000	①	②
12	자연과학대학	물리학과	학부모	43000	37000	51000	131000	①	②
13	'2021년'의 최대값-최소값 차이				③				
14	'구분'이 "학부모"인 '2022년'의 평균				④				
15	'2023년' 중 두 번째로 작은 값				⑤				

《처리조건》

- ▶ 1행의 행 높이를 '80'으로 설정하고, 2행~15행의 행 높이를 '18'로 설정하시오.
- ▶ 제목("단과대학별 기부금 현황") : 기본 도형의 '사각형: 빗면'을 이용하여 입력하시오.
  - – 도형 : 위치([B1:H1]), 도형 스타일(테마 스타일 – '보통 효과 – 파랑, 강조 5')
  - – 글꼴 : 궁서체, 28pt, 기울임꼴
  - – 도형 서식 : 도형 옵션 – 크기 및 속성(텍스트 상자(세로 맞춤 : 정가운데, 텍스트 방향 : 가로))

STEP 1

행 높이 설정하기

▶ 1행의 행 높이를 '80'으로 설정하고, 2행~15행의 행 높이를 '18'로 설정하시오.

① Excel 2021을 실행한 후 **[파일]–[열기]**(Ctrl+O)를 클릭한 다음 **[찾아보기]**를 클릭합니다. [열기] 대화상자가 나오면 **'유형01_문제.xlsx'** 파일을 불러와 **'기부금현황'** 시트를 클릭합니다.

② **1행 머리글** 위에서 마우스 오른쪽 단추를 눌러 바로 가기 메뉴가 나오면 **'행 높이'**를 클릭합니다.

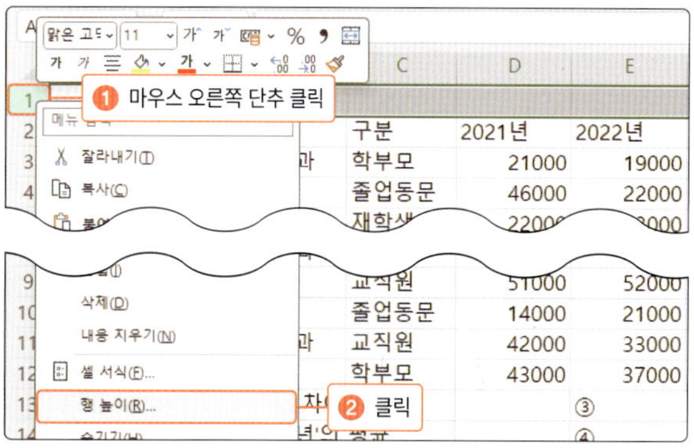

시험장 오피스 프로그램 환경

HELPFUL TIPS!

실제 시험장에서는 시험이 시작됨과 동시에 답안 파일(엑셀 2021)이 자동으로 열립니다. 답안 파일이 자동으로 실행되면 파일명(dis_123456_홍길동.xlsx)을 확인합니다.

③ [행 높이] 대화상자가 나오면 **'80'**을 입력한 후 〈확인〉 단추를 클릭합니다.

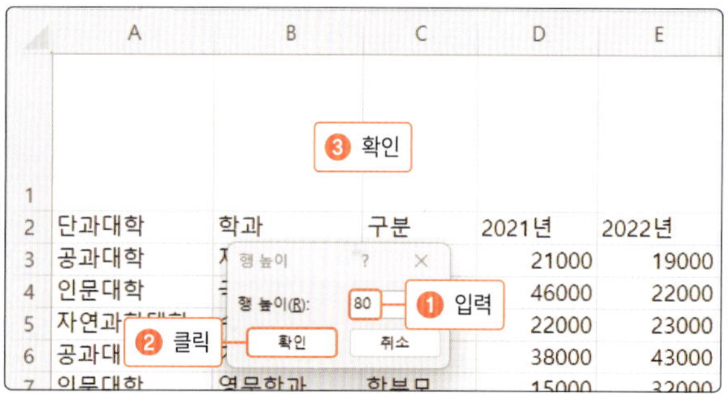

④ **2행 머리글**에서 **15행 머리글**(2:15행)까지 드래그하여 범위를 지정한 후 행 머리글 위에서 마우스 오른쪽 단추를 눌러 바로 가기 메뉴가 나오면 **'행 높이'**를 클릭합니다.

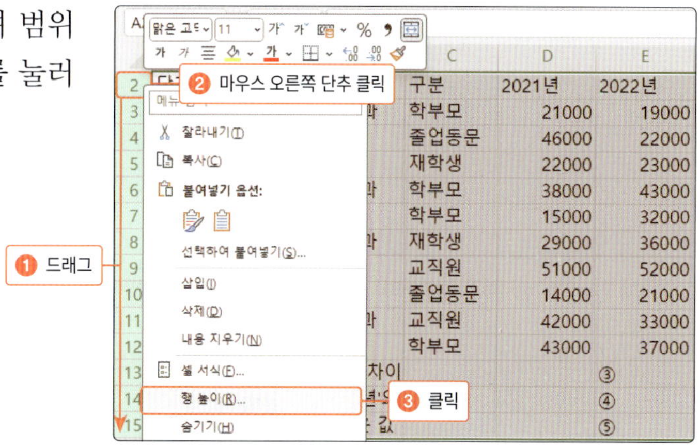

⑤ [행 높이] 대화상자가 나오면 **'18'**을 입력한 후 〈확인〉 단추를 클릭합니다.

※ 범위 지정 후 특정 셀을 클릭하면 범위 지정이 자동으로 해제됩니다.

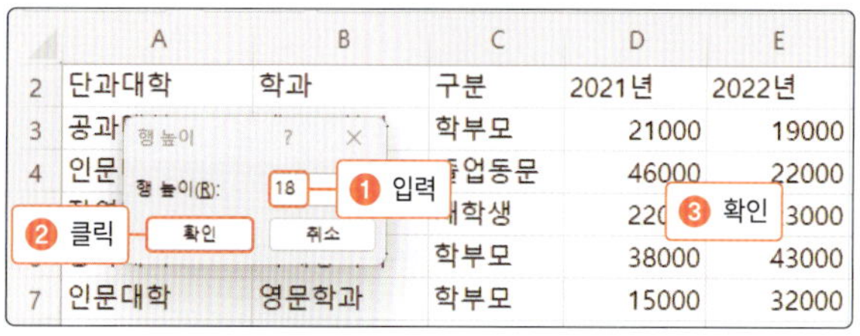

STEP 2

도형으로 제목 작성하기

▶ 제목("단과대학별 기부금 현황") : 기본 도형의 '사각형: 빗면'을 이용하여 입력하시오.
- 도형 : 위치([B1:H1]), 도형 스타일(테마 스타일 – '보통 효과 – 파랑, 강조 5')
- 글꼴 : 궁서체, 28pt, 기울임꼴
- 도형 서식 : 도형 옵션 – 크기 및 속성(텍스트 상자(세로 맞춤 : 정가운데, 텍스트 방향 : 가로))

① 도형을 삽입하기 위해 **[삽입] 탭**의 **[일러스트레이션] 그룹**에서 **[도형]–[기본 도형]–'사각형: 빗면(□)'**을 클릭합니다.

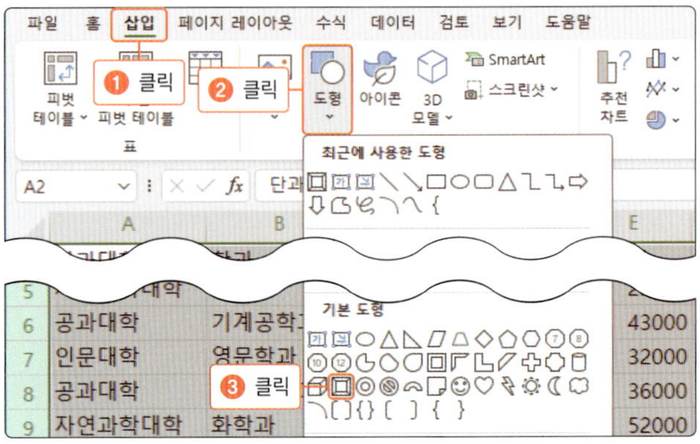

② [B1] 셀에서 [H1] 셀까지 드래그하여 **'사각형: 빗면'** 도형을 삽입합니다. 도형이 삽입되면 **제목(단과대학별 기부금 현황)**을 입력한 후 텍스트가 없는 부분의 도형을 클릭(마우스 포인터 모양 확인)합니다.

※ 도형을 삽입한 후 《출력형태》를 참고하여 [B1:H1] 셀 범위 안에 도형이 들어가도록 테두리 조절점(,)으로 크기를 조절하고 위치를 변경합니다.

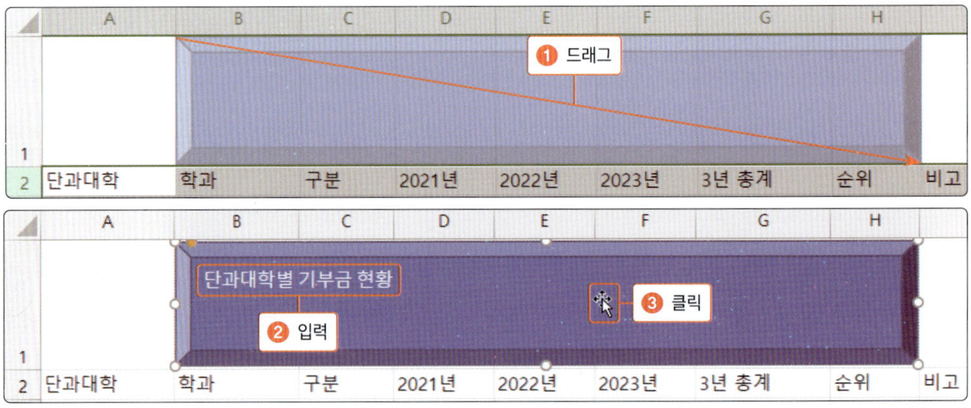

③ **[도형 서식]** 탭의 **[도형 스타일] 그룹**에서 **자세히()** 단추를 클릭합니다. 이어서, 도형 스타일 목록이 펼쳐지면 **'보통 효과 – 파랑, 강조 5()'**를 선택합니다.

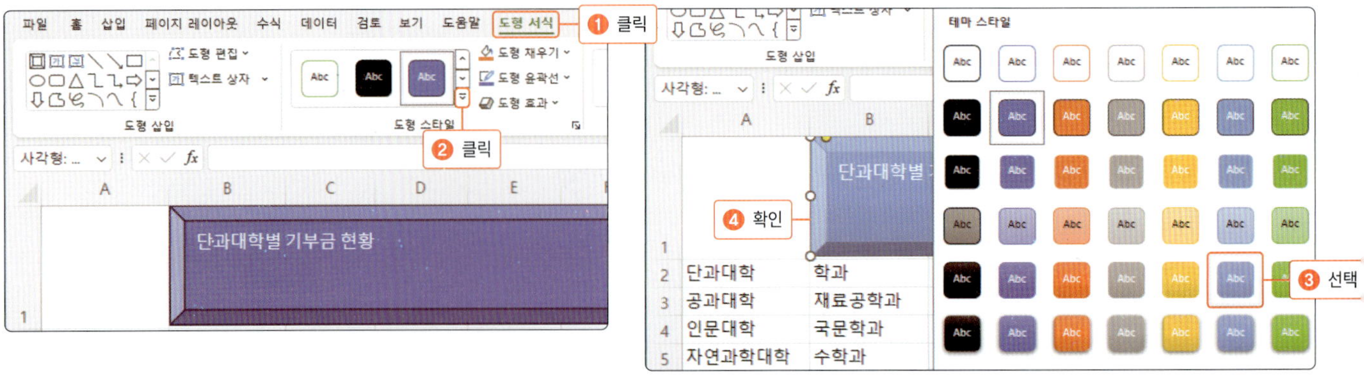

④ 글꼴 서식을 지정하기 위해 **[홈] 탭**의 **[글꼴] 그룹**에서 **'글꼴(궁서체), 글꼴 크기(28pt), 기울임꼴(가)'**를 각각 지정합니다. 이어서, 도형 위에서 마우스 오른쪽 단추를 눌러 바로 가기 메뉴가 나오면 **[도형 서식]**을 선택합니다. (도형 서식 바로 가기 키 : **Ctrl**+**1**)

※ 글꼴 서식을 지정할 때 도형이 선택되어 있어야 합니다. 만약, 도형 선택이 해제되었을 경우에는 텍스트가 없는 부분의 도형을 클릭하여 선택합니다.

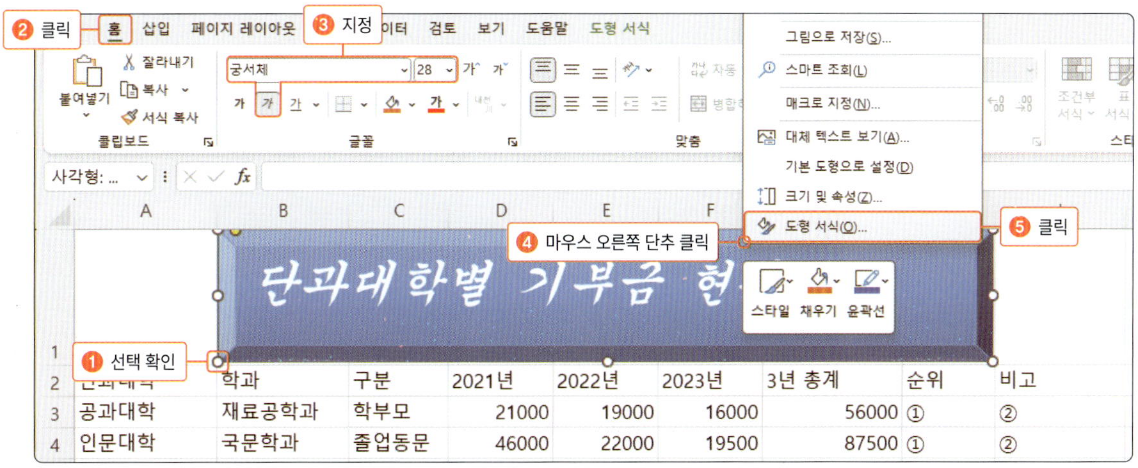

⑤ 화면 오른쪽에 [도형 서식] 작업 창이 나오면 [크기 및 속성]을 클릭합니다. 이어서, **[텍스트 상자]-[세로 맞춤]-'정가운데'**를 선택한 후 **[텍스트 방향]-'가로'**로 선택된 것을 확인합니다.

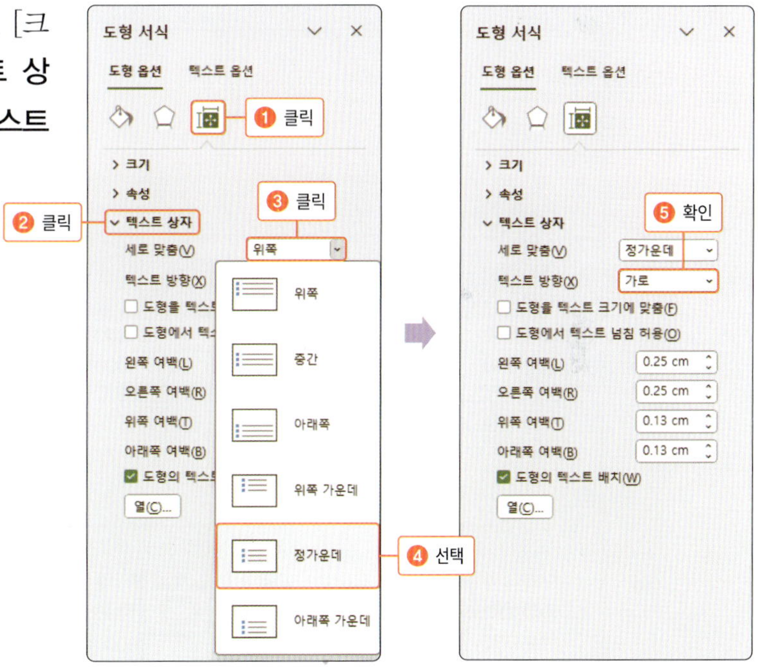

⑥ 도형 서식이 지정된 제목을 확인한 후 **[파일]-[저장]**(**Ctrl**+**S**) 또는 [빠른 실행 도구 모음]에서 **'저장(💾)'**을 클릭합니다.

※ 실제 시험을 볼 때 작업 도중에 수시로(10분에 한 번 정도) 저장을 하는 것이 좋습니다.

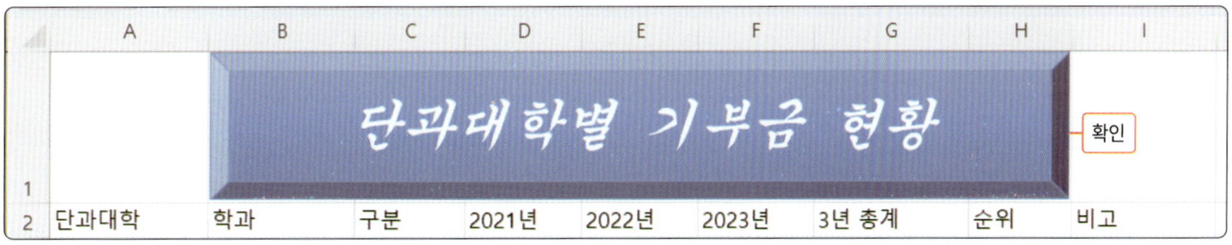

WordArt로 제목 작성하기

DIAT 스프레드시트 시험에서 제목을 작성하는 방법은 크게 '도형'을 이용하는 방법과 'WordArt'를 이용하는 방법이 있습니다. 현재 대부분 도형을 이용하여 제목을 작성하는 것으로 출제되고 있지만, WordArt를 이용하여 제목을 작성하는 방식도 출제될 수 있기 때문에 작성 방법은 알아두는 것이 좋습니다.

• 소스 파일 : 유형01_워드아트_문제.xlsx • 정답 파일 : 유형01_워드아트_정답.xlsx

❶ **[삽입] 탭–[텍스트] 그룹에서 [WordArt]–'채우기: 파랑, 강조색 1, 그림자(A)'를 선택합니다.**

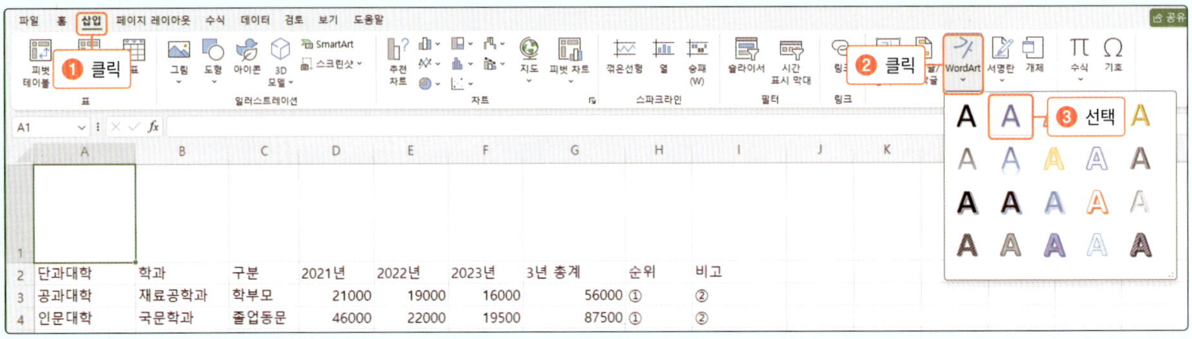

❷ 워드아트(필요한 내용을 적으십시오.)가 삽입되면 **'단과대학별 기부금 현황'**을 입력합니다.

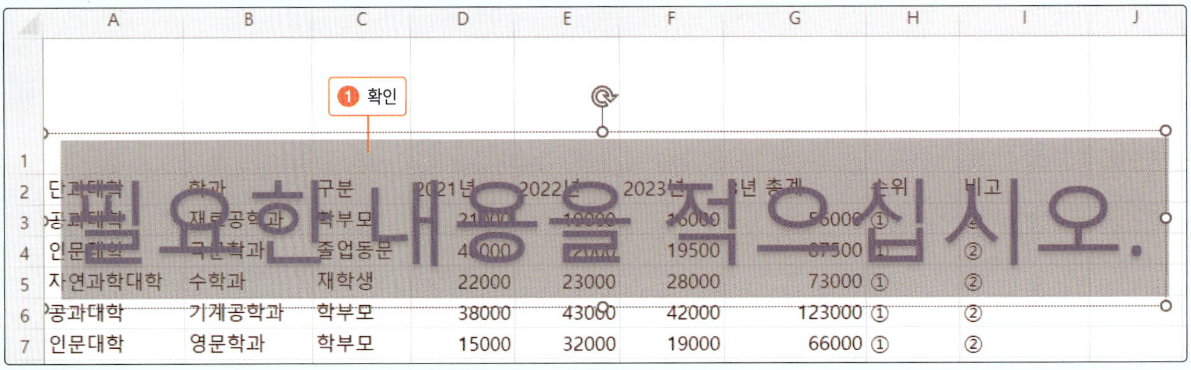

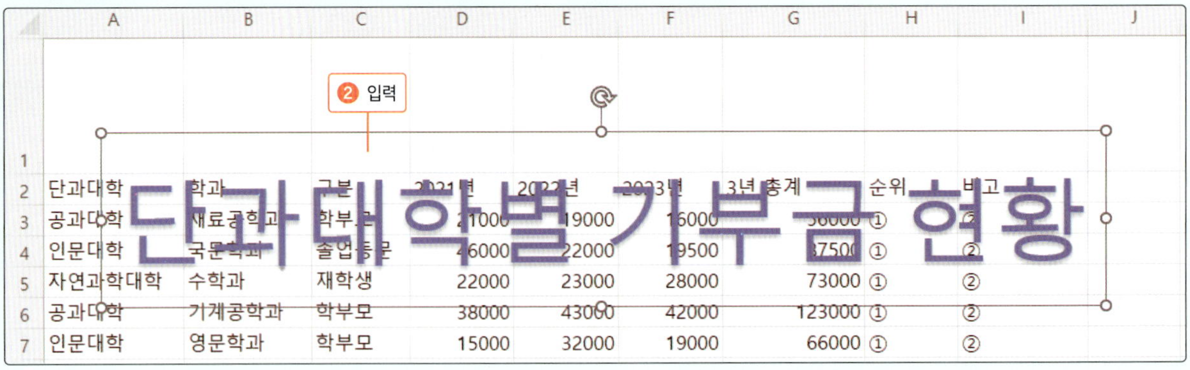

❸ 테두리 선(⊹)에 마우스 포인터를 위치시킨 후 [B1] 셀을 기준으로 드래그 합니다.

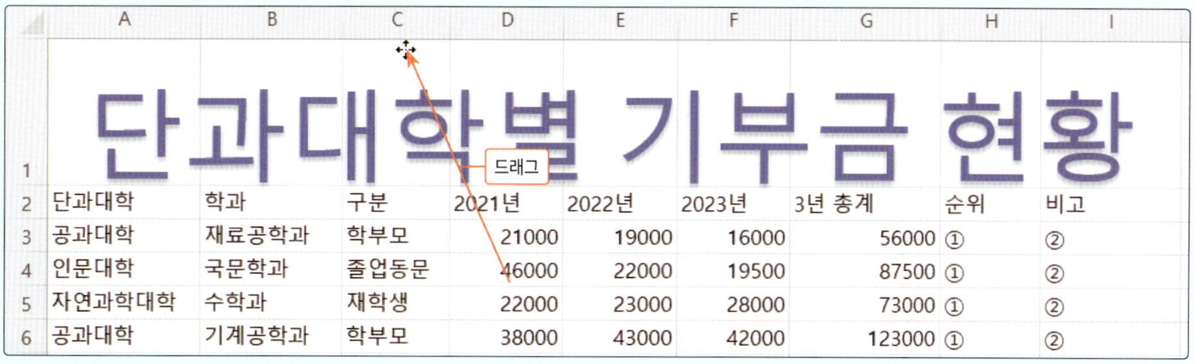

❹ [홈] 탭의 [글꼴] 그룹에서 '글꼴(궁서체), 글꼴 크기(35pt), 기울임(가)'을 각각 지정합니다.

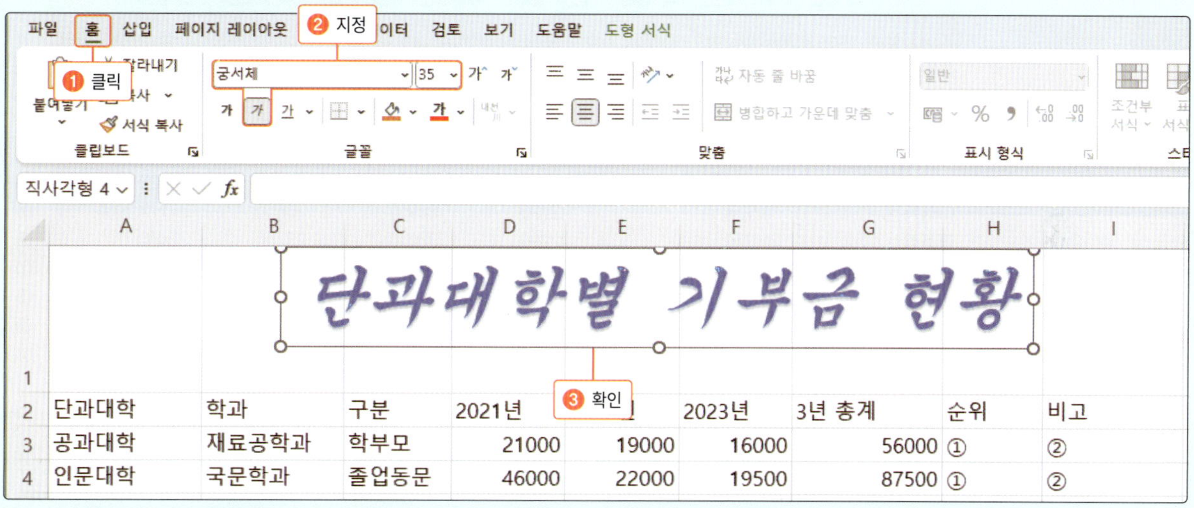

❺ 글꼴 서식이 적용되면 테두리를 드래그하여 [B1:H1] 영역에 맞게 위치를 변경합니다.

※ WordArt의 위치를 변경할 때 키보드 방향키(↑, ↓, ←, →)를 이용하면 세밀하게 위치를 변경할 수 있습니다.

Actual Exercise

출제유형 완전정복

01 "이용현황" 시트를 참조하여 다음 《처리조건》에 맞도록 작업하시오. (50점)

숏츠(Shorts)

• 소스 파일 : 정복01_문제01.xlsx • 정답 파일 : 정복01_정답01.xlsx

《출력형태》

	A	B	C	D	E	F	G	H	I
1		3분기 권역별 공유 이동장치 이용현황							
2	모델명	종류	권역	7월	8월	9월	평균	순위	비고
3	P-KB-300	전동킥보드	중부권	23100	23590	24050	23580.0	①	②
4	P-CY-500	전기자전거	수도권	23120	23030	23570	23240.0	①	②
5	R-CY-100	대여자전거	중부권	22580	22890	23270	22913.3	①	②
6	P-KB-301	전동킥보드	남부권	22120	22390	22760	22423.3	①	②
7	R-CY-101	대여자전거	수도권	22720	22950	23850	23173.3	①	②
8	P-KB-303	전동킥보드	수도권	22290	22040	23160	22496.7	①	②
9	P-CY-501	전기자전거	남부권	23240	23170	23510	23306.7	①	②
10	R-CY-102	대여자전거	수도권	22250	22020	22920	22396.7	①	②
11	P-KB-305	전동킥보드	중부권	22530	22770	22920	22740.0	①	②
12	P-CY-503	전기자전거	수도권	22370	22620	22780	22590.0	①	②
13	'9월'의 최대값-최소값 차이				③				
14	'종류'가 "전동킥보드"인 '9월'의 합계				④				
15	'8월' 중 세 번째로 큰 값				⑤				

《처리조건》

▶ 1행의 행 높이를 '80'으로 설정하고, 2행~15행의 행 높이를 '18'로 설정하시오.

▶ 제목("3분기 권역별 공유 이동장치 이용현황") : 기본 도형의 '액자'를 이용하여 입력하시오.

- 도형 : 위치([B1:H1]), 도형 스타일(테마 스타일 – '강한 효과 – 황금색, 강조 4')
- 글꼴 : 굴림체, 26pt, 굵게
- 도형 서식 : 도형 옵션 – 크기 및 속성(텍스트 상자(세로 맞춤 : 정가운데, 텍스트 방향 : 가로))

숏츠(Shorts)

02 "매출현황" 시트를 참조하여 다음 《처리조건》에 맞도록 작업하시오. (50점)

• 소스 파일 : 정복01_문제02.xlsx • 정답 파일 : 정복01_정답02.xlsx

《출력형태》

	A	B	C	D	E	F	G	H	I
1		수도권 지역별 골프채 매출현황							
2	제품 코드	종류	지역	2021년	2022년	2023년	평균	순위	비고
3	DR-001	드라이버	서울	16610	16790	17020	16806.7	①	②
4	WD-100	우드	경기	16950	17220	17000	17056.7	①	②
5	IR-200	아이언	서울	15790	16600	16920	16436.7	①	②
6	PT-500	퍼터	인천	16700	16800	16830	16776.7	①	②
7	DR-002	드라이버	경기	18230	17260	17460	17650.0	①	②
8	WD-101	우드	인천	17140	17180	17390	17236.7	①	②
9	IR-205	아이언	서울	17410	17800	17700	17636.7	①	②
10	DR-003	드라이버	인천	17180	18120	18400	17900.0	①	②
11	PT-505	퍼터	서울	16890	16240	16770	16633.3	①	②
12	IR-207	아이언	경기	15810	16460	17190	16486.7	①	②
13	'2023년'의 최대값-최소값 차이				③				
14	'지역'이 "서울"인 '2022년'의 평균				④				
15	'2022년' 중 세 번째로 작은 값				⑤				

《처리조건》

▶ 1행의 행 높이를 '80'으로 설정하고, 2행~15행의 행 높이를 '18'로 설정하시오.

▶ 제목("수도권 지역별 골프채 매출현황") : 기본 도형의 '배지'를 이용하여 입력하시오.

– 도형 : 위치([B1:H1]), 도형 스타일(테마 스타일 – '강한 효과 – 주황, 강조 2')

– 글꼴 : 궁서체, 24pt, 굵게

– 도형 서식 : 도형 옵션 – 크기 및 속성(텍스트 상자(세로 맞춤 : 정가운데, 텍스트 방향 : 가로))

숏츠(Shorts)

03 "신청현황" 시트를 참조하여 다음 《처리조건》에 맞도록 작업하시오. (50점)

• 소스 파일 : 정복01_문제03.xlsx • 정답 파일 : 정복01_정답03.xlsx

《출력형태》

	A	B	C	D	E	F	G	H	I
1		지역별 온라인 강의 수강 신청현황							
2	강좌코드	과목구분	지역	1분기	2분기	3분기	평균	순위	비고
3	K-U-003	국어	서울	110090	119480	124270	117946.7	①	②
4	E-U-107	영어	경기	111440	120030	112850	114773.3	①	②
5	M-U-301	수학	충청	160940	133560	110790	135096.7	①	②
6	H-U-710	한국사	강원	103700	123380	140930	122670.0	①	②
7	K-O-004	국어	경기	104580	123480	105160	111073.3	①	②
8	S-U-501	사회탐구	강원	158950	189300	171810	173353.3	①	②
9	M-T-305	수학	경기	146680	154390	123680	141583.3	①	②
10	S-K-520	사회탐구	서울	107610	137150	163750	136170.0	①	②
11	H-K-730	한국사	서울	136470	112730	157020	135406.7	①	②
12	E-Y-130	영어	충청	182260	178730	113620	158203.3	①	②
13	'3분기'의 최대값-최소값 차이				③				
14	'지역'이 "서울"인 '2분기'의 평균				④				
15	'2분기' 중 세 번째로 큰 값				⑤				

《처리조건》

▶ 1행의 행 높이를 '80'으로 설정하고, 2행~15행의 행 높이를 '18'로 설정하시오.

▶ 제목("지역별 온라인 강의 수강 신청현황") : 기본 도형의 '사각형: 빗면'을 이용하여 입력하시오.

- 도형 : 위치([B1:H1]), 도형 스타일(테마 스타일 – '강한 효과 – 파랑, 강조 1')
- 글꼴 : 궁서체, 22pt, 기울임꼴
- 도형 서식 : 도형 옵션 – 크기 및 속성(텍스트 상자(세로 맞춤 : 정가운데, 텍스트 방향 : 가로))

숏츠(Shorts)

04 "주문현황" 시트를 참조하여 다음 《처리조건》에 맞도록 작업하시오. (50점)

• 소스 파일 : 정복01_문제04.xlsx • 정답 파일 : 정복01_정답04.xlsx

《출력형태》

	A	B	C	D	E	F	G	H	I
1		거래처별 마스크 주문현황							
2	모델명	종류	거래처	1분기	2분기	3분기	평균	순위	비고
3	SG-F94-L	KF-94	미래의료	25300	24320	24410	24676.7	①	②
4	SG-F80-K	KF-80	다나메디	24280	25470	26550	25433.3	①	②
5	SG-AD-K	KF-AD	메디올	23280	25360	24260	24300.0	①	②
6	SG-AD-D	KF-AD	그린메디	25410	25440	23360	24736.7	①	②
7	SG-F94-M	KF-94	다나메디	26390	25420	27320	26376.7	①	②
8	SG-F80-W	KF-80	메디올	25310	25360	24370	25013.3	①	②
9	SG-AD-L	KF-AD	미래의료	24950	24850	26200	25333.3	①	②
10	SG-F80-L	KF-80	다나메디	25330	25250	25240	25273.3	①	②
11	SG-F94-K	KF-94	메디올	23070	25400	24330	24266.7	①	②
12	SG-F80-M	KF-80	미래의료	25300	25470	25440	25403.3	①	②
13	'3분기'의 최대값-최소값 차이				③				
14	'거래처'가 "미래의료"인 '2분기'의 평균				④				
15	'2분기' 중 세 번째로 작은 값				⑤				

《처리조건》

▶ 1행의 행 높이를 '80'으로 설정하고, 2행~15행의 행 높이를 '18'로 설정하시오.

▶ 제목("거래처별 마스크 주문현황") : 사각형의 '사각형: 둥근 모서리'를 이용하여 입력하시오.

– 도형([B1:H1]), 도형 스타일(테마 스타일 – '미세 효과 – 주황, 강조 2')

– 글꼴 : 궁서체, 26pt, 기울임꼴

– 도형 서식 : 도형 옵션 – 크기 및 속성(텍스트 상자(세로 맞춤 : 정가운데, 텍스트 방향 : 가로))

Chapter 2

셀 서식 및 조건부 서식 지정하기

- ☑ 테두리 지정 및 병합하고 가운데 맞춤 지정하기
- ☑ 셀 채우기 및 [표시 형식] 지정하기
- ☑ 조건부 서식 지정하기

문제 미리보기

소스 파일 : 유형02_문제.xlsx **정답 파일** : 유형02_정답.xlsx

셀 서식 작성

【문제 1】 "기부금현황" 시트를 참조하여 다음 《처리조건》에 맞도록 작업하시오. (50점)

《출력형태》

	A	B	C	D	E	F	G	H	I
1		단과대학별 기부금 현황							
2	단과대학	학과	구분	2021년	2022년	2023년	3년 총계	순위	비고
3	공과대학	재료공학과	학부모	21,000	19,000	16,000	56,000천원	①	②
4	인문대학	국문학과	졸업동문	46,000	22,000	19,500	87,500천원	①	②
5	자연과학대학	수학과	재학생	22,000	23,000	28,000	73,000천원	①	②
6	공과대학	기계공학과	학부모	38,000	43,000	42,000	123,000천원	①	②
7	인문대학	영문학과	학부모	15,000	32,000	19,000	66,000천원	①	②
8	공과대학	전기공학과	재학생	29,000	36,000	47,000	112,000천원	①	②
9	자연과학대학	화학과	교직원	51,000	52,000	12,000	115,000천원	①	②
10	인문대학	불문학과	졸업동문	14,000	21,000	16,300	51,300천원	①	②
11	공과대학	건축공학과	교직원	42,000	33,000	36,000	111,000천원	①	②
12	자연과학대학	물리학과	학부모	43,000	37,000	51,000	131,000천원	①	②
13	'2021년'의 최대값-최소값 차이				③				
14	'구분'이 "학부모"인 '2022년'의 평균				④				
15	'2023년' 중 두 번째로 작은 값				⑤				

《처리조건》

▶ 셀 서식을 아래 조건에 맞게 작성하시오.

- [A2:I15] : 테두리(안쪽, 윤곽선 모두 실선, '검정, 텍스트 1'), 전체 가운데 맞춤
- [A13:D13], [A14:D14], [A15:D15] : 각각 병합하고 가운데 맞춤
- [A2:I2], [A13:D15] : 채우기 색('파랑, 강조 1, 60% 더 밝게'), 글꼴(굵게)
- [D3:F12] : 셀 서식의 표시 형식-숫자를 이용하여 1000 단위 구분 기호 표시
- [G3:G12], [E13:G15] : 셀 서식의 표시 형식-사용자 지정을 이용하여 #,##0"천원"자를 추가
- [H3:H12] : 셀 서식의 표시 형식-사용자 지정을 이용하여 #"등"자를 추가
- 조건부 서식[A3:I12] : '2022년'이 35000 이상인 경우 레코드 전체에 글꼴(파랑, 굵게) 적용
- 지시사항이 없는 경우는 주어진 문제 파일의 서식을 그대로 사용하시오.

STEP 1

테두리 지정하기

▶ 셀 서식을 아래 조건에 맞게 작성하시오.

– [A2:I15] : 테두리(안쪽, 윤곽선 모두 실선, '검정, 텍스트 1'), 전체 가운데 맞춤

① **[파일]–[열기]**(Ctrl+O)를 클릭한 후 **[찾아보기]**를 클릭합니다. [열기] 대화상자가 나오면 **'유형02_문제.xlsx'** 파일을 불러와 **'기부금현황'** 시트를 선택합니다.

② **[A2:I15] 영역**을 드래그한 후 영역으로 지정된 셀 범위 위에서 마우스 오른쪽 단추를 눌러 바로 가기 메뉴가 나오면 **[셀 서식]**을 클릭합니다.(셀 서식 바로 가기 키 : Ctrl+1)

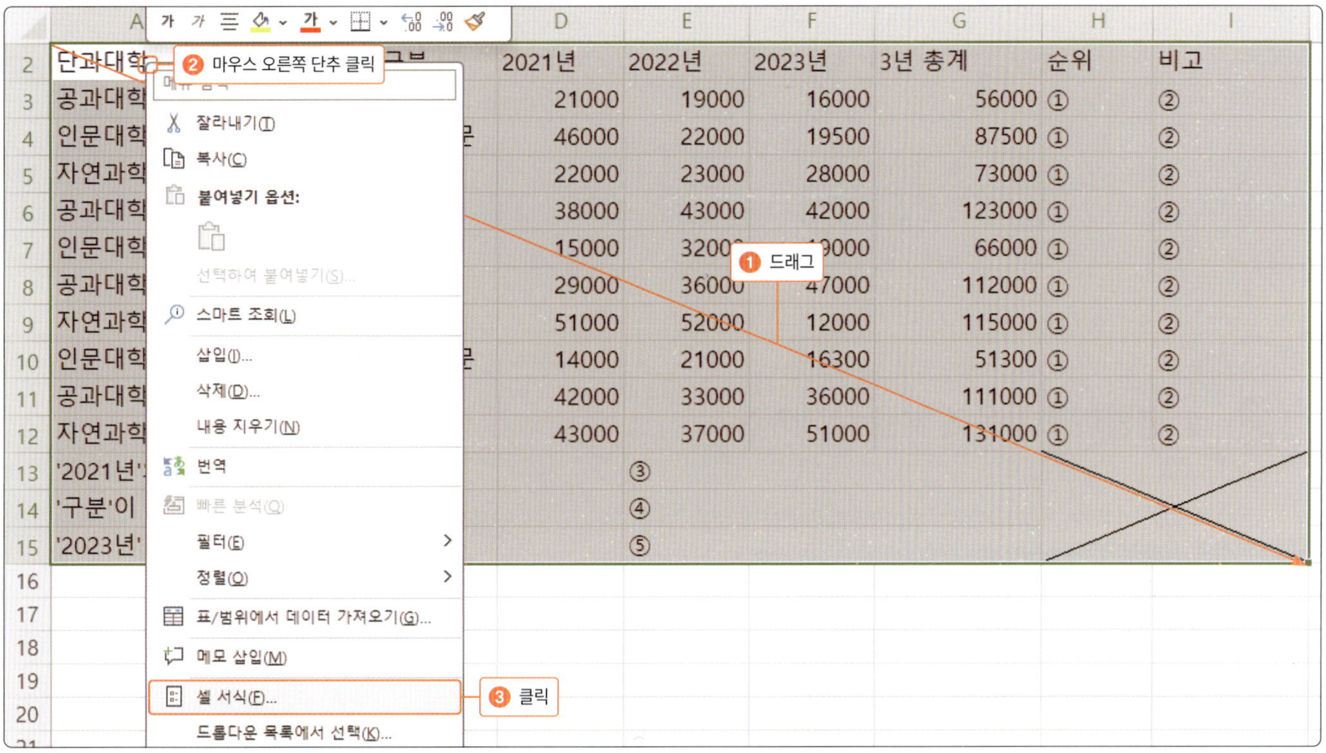

③ [셀 서식] 대화상자가 나오면 **[테두리] 탭**을 클릭하여 선의 **'스타일(실선 ———), 색(검정, 텍스트 1 ■), 미리 설정(윤곽선 ⊞, 안쪽 ⊞)'**을 지정한 후 〈확인〉 단추를 클릭합니다.

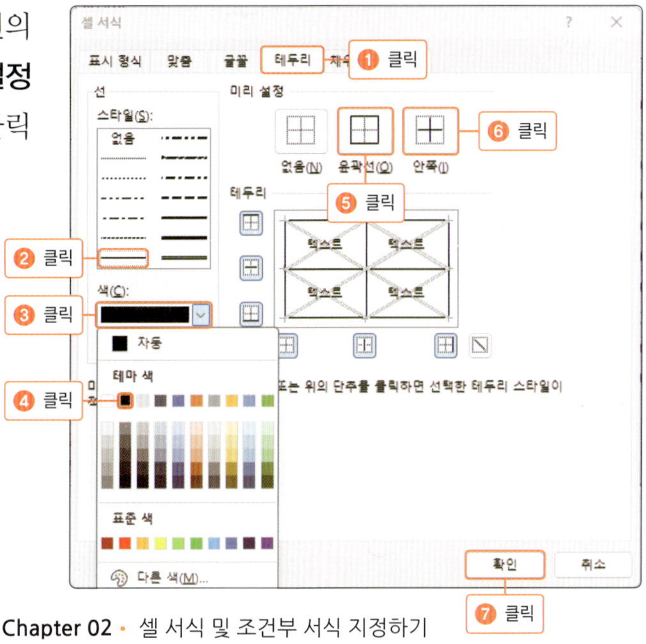

풍선 도움말

색 선택 시 마우스 포인터를 원하는 색상 위에 가져다 놓으면 풍선 도움말이 나와 해당 색상을 확인할 수 있습니다.

④ 전체 가운데 맞춤을 지정하기 위해 **[홈]** 탭의 **[맞춤]** 그룹에서 **'가운데 맞춤(☰)'**을 클릭합니다.

STEP 2

병합하고 가운데 맞춤 지정하기

– [A13:D13], [A14:D14], [A15:D15] : 각각 병합하고 가운데 맞춤

① **[A13:D13] 영역**을 드래그한 후 **Ctrl** 키를 누른 상태에서 **[A14:D14], [A15:D15] 영역**도 드래그 합니다. 이어서, **[홈]** 탭의 **[맞춤]** 그룹에서 **'병합하고 가운데 맞춤(⊟)'**을 클릭합니다.

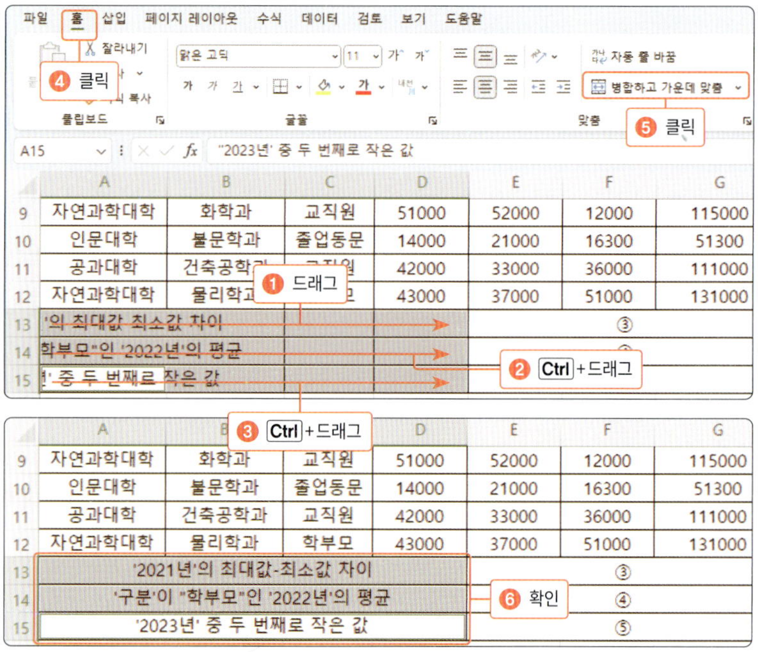

STEP 3

셀 채우기 색 지정하기

– [A2:I2], [A13:D15] : 채우기 색('파랑, 강조 1, 60% 더 밝게'), 글꼴(굵게)

❶ **[A2:I2] 영역**을 드래그한 후 Ctrl 키를 누른 상태에서 **[A13:D15] 영역**도 드래그 합니다.

❷ **[홈] 탭**의 **[글꼴] 그룹**에서 **'채우기 색(**)'의 목록 단추()를 눌러 **'파랑, 강조 1, 60% 더 밝게(**)'를 선택한 후 **'굵게(가)'**를 클릭합니다.

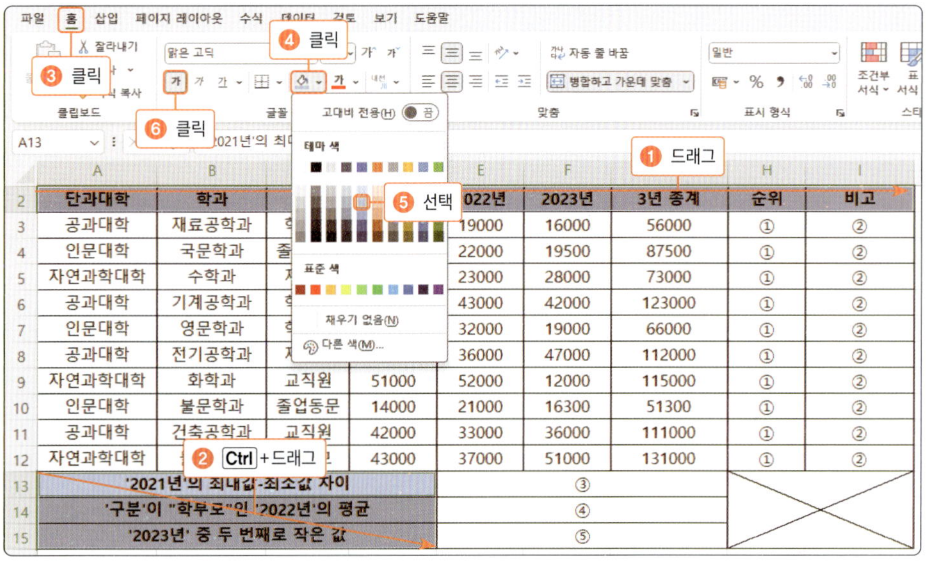

STEP 4

[표시 형식]-숫자 지정하기

– [D3:F12] : 셀 서식의 표시 형식–숫자를 이용하여 1000 단위 구분 기호 표시

❶ **[D3:F12] 영역**을 드래그한 후 영역으로 지정된 셀 범위 위에서 마우스 오른쪽 단추를 눌러 바로 가기 메뉴가 나오면 **[셀 서식]**을 클릭합니다.(셀 서식 바로 가기 키 : Ctrl+1)

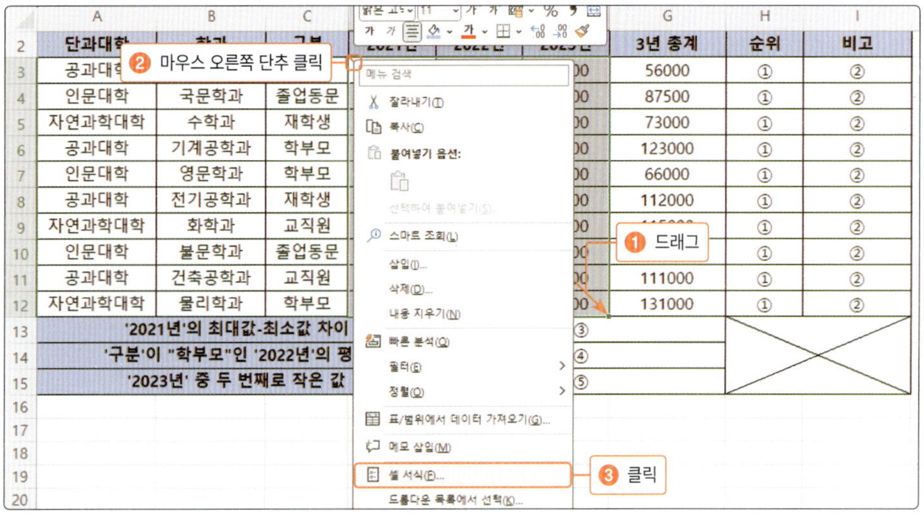

② [셀 서식] 대화상자가 나오면 **[표시 형식] 탭**의 '범주'에서 **'숫자'**를 선택합니다. 이어서, **'1000 단위 구분 기호(,) 사용'**에 **체크 표시(✓)**를 지정한 후 〈확인〉 단추를 클릭합니다.

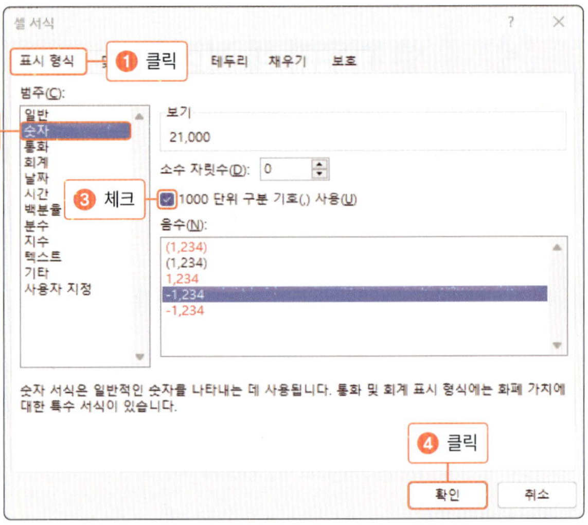

③ **[D3:F12] 영역**에 **'숫자'** 형식과 **'1000 단위 구분 기호(,)'**가 표시된 것을 확인합니다.

	A	B	C	D	E	F	G	H	I
2	단과대학	학과	구분	2021년	2022년	2023년	3년 총계	순위	비고
3	공과대학	재료공학과	학부모	21,000	19,000	16,000	56000	①	②
4	인문대학	국문학과	졸업동문	46,000	22,000	19,500	87500	①	②
5	자연과학대학	수학과	재학생	22,000	23,000	28,000	73000	①	②
6	공과대학	기계공학과	학부모	38,000	43,000	42,000	123000	①	②
7	인문대학	영문학과	학부모	15,000	32,000	19,000	66000	①	②
8	공과대학	전기공학과	재학생	29,000	36,000	47,000	112000	①	②
9	자연과학대학	화학과	교직원	51,000	52,000	12,000	115000	①	②
10	인문대학	불문학과	졸업동문	14,000	21,000	16,300	51300	①	②
11	공과대학	건축공학과	교직원	42,000	33,000	36,000	111000	①	②
12	자연과학대학	물리학과	학부모	43,000	37,000	51,000	131000	①	②
13	'2021년'의 최대값-최소값 차이				③				
14	'구분'이 "학부모"인 '2022년'의 평균				④				
15	'2023년' 중 두 번째로 작은 값				⑤				

STEP 5

[표시 형식]-사용자 지정 지정하기

- [G3:G12], [E13:G15] : 셀 서식의 표시 형식-사용자 지정을 이용하여 #,##0"천원"자를 추가
- [H3:H12] : 셀 서식의 표시 형식-사용자 지정을 이용하여 #"등"자를 추가

① **[G3:G12] 영역**을 드래그한 후 Ctrl 키를 누른 상태에서 **[E13:G15] 영역**도 드래그 합니다. 이어서, 영역으로 지정된 셀 범위 위에서 마우스 오른쪽 단추를 눌러 바로 가기 메뉴가 나오면 **[셀 서식]**을 클릭합니다.

(셀 서식 바로 가기 키 : Ctrl+1)

② [셀 서식] 대화상자가 나오면 **[표시 형식] 탭**의 '범주'에서 **'사용자 지정'**을 선택합니다. 이어서, '형식' 입력 칸에 **'#,##0"천원"'**을 입력한 후 〈확인〉 단추를 클릭합니다.

※ 목록에서 '#,##0'을 선택한 후 형식 입력 칸 맨 뒤에 "천원"(문자는 큰 따옴표로 묶음)을 입력하면 보다 쉽게 사용자 지정 서식을 적용할 수 있습니다.

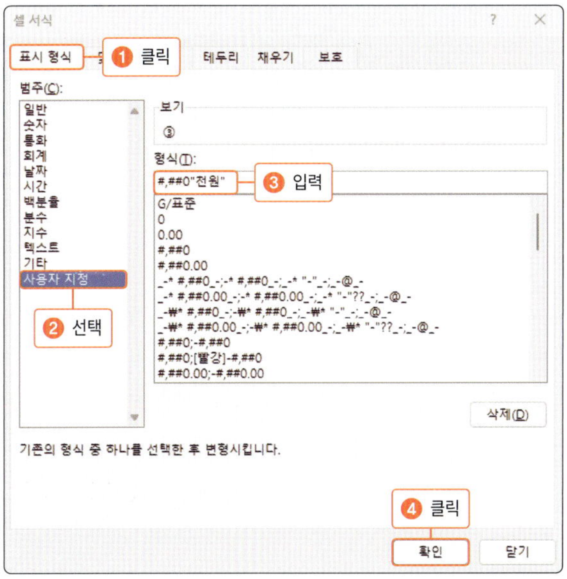

③ **[H3:H12] 영역**을 드래그한 후 영역으로 지정된 셀 범위 위에서 마우스 오른쪽 단추를 눌러 바로 가기 메뉴가 나오면 **[셀 서식]**을 클릭합니다.(셀 서식 바로 가기 키 : Ctrl+1)

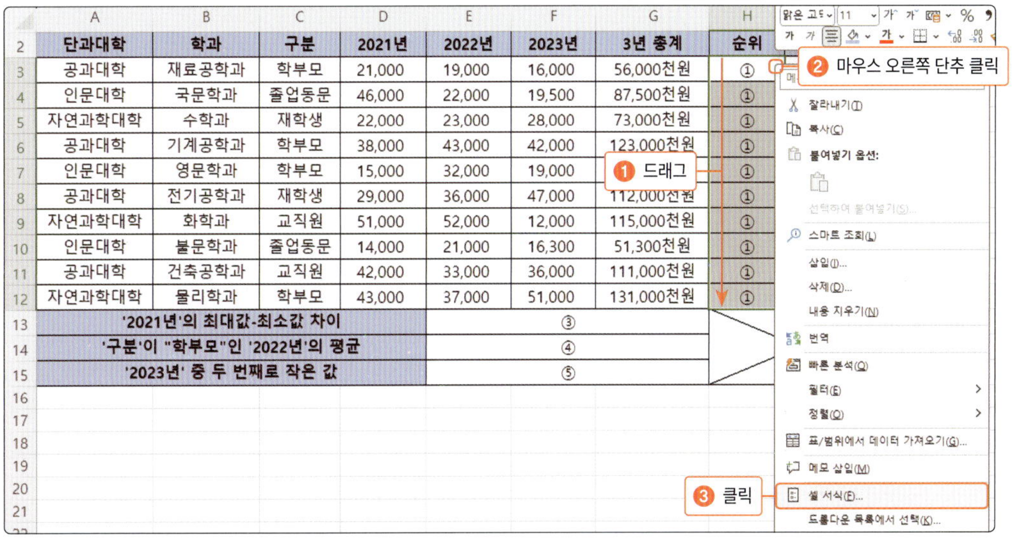

④ [셀 서식] 대화상자가 나오면 [표시 형식] 탭의 '범주'에서 '사용자 지정'을 선택합니다. 이어서, '형식' 입력 칸에 #"등"을 입력한 후 〈확인〉 단추를 클릭합니다.

※ 사용자 지정 서식이 지정된 [H3] 셀(①)에 임의의 숫자(예 : 1)를 입력하면 적용된 서식(1등)을 확인할 수 있습니다. 확인이 끝나면 Ctrl+Z 키를 눌러 이전 상태로 되돌립니다.

HELPFUL TIPS!

[표시 형식]을 이용한 각종 셀 서식 지정

- # : 숫자를 표시하는 기본 기호로 숫자가 없는 빈자리는 공백으로 처리합니다.
  ⇒ 입력 : 10.1 → 사용자 지정 서식 : ##.## → 결과 : 10.1
- 0 : 숫자를 표시하는 기호로 숫자가 없는 빈자리를 0으로 채웁니다.
  ⇒ 입력 : 10.1 → 사용자 지정 서식 : ##.#0 → 결과 : 10.10
- , : 천 단위 구분 기호를 표시합니다.
- @ : 특정 문자를 붙여서 표기할 때 사용합니다.
- "텍스트" : 사용자 지정 서식에 문자열을 추가하여 보여줄 경우 큰 따옴표로 묶어주어야 합니다.

데이터(값)		서식		결과
5000	▶	#,##0"원"	▶	5,000원
5000	▶	G/표준"원"	▶	5000원
5000	▶	G/표준"EA"	▶	5000EA
5000	▶	[표시 형식]-[숫자] 서식	▶	5000
A	▶	@"반"	▶	A반
5000	▶	쉼표 스타일(,) 적용	▶	5,000
5000	▶	[표시 형식]-[회계] 서식 (기호(₩) 적용)	▶	₩ 5,000
5000	▶	[표시 형식]-[통화] 서식 (기호(₩) 적용)	▶	₩5,000
사용자 지정 서식 : #(숫자) / @(문자)				

STEP 6

조건부 서식 지정하기

– 조건부 서식[A3:I12] : '2022년'이 35000 이상인 경우 레코드 전체에 글꼴(파랑, 굵게) 적용

① 조건부 서식을 지정할 **[A3:I12] 영역**을 드래그한 후 **[홈] 탭**의 **[스타일] 그룹**에서 **[조건부 서식]–'새 규칙'**을 클릭합니다.

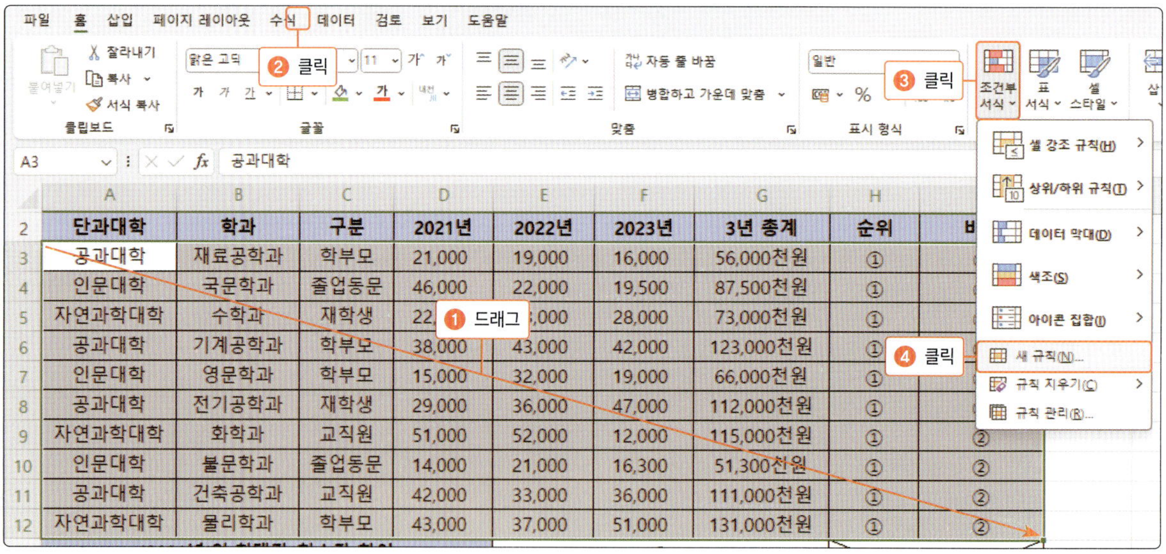

② [새 서식 규칙] 대화상자가 나오면 **'▶ 수식을 사용하여 서식을 지정할 셀 결정'**을 선택한 후 '다음 수식이 참인 값의 서식 지정' 입력 칸에 《처리조건》을 참고('2022년'이 35000 이상인 경우)하여 **'=$E3>=35000'**을 입력한 다음 〈서식〉 단추를 클릭합니다.

※ 수식을 입력할 때 [E3] 셀을 클릭한 후 F4 키를 2번 누르면 열 고정 혼합 참조($E3)로 변경됩니다.

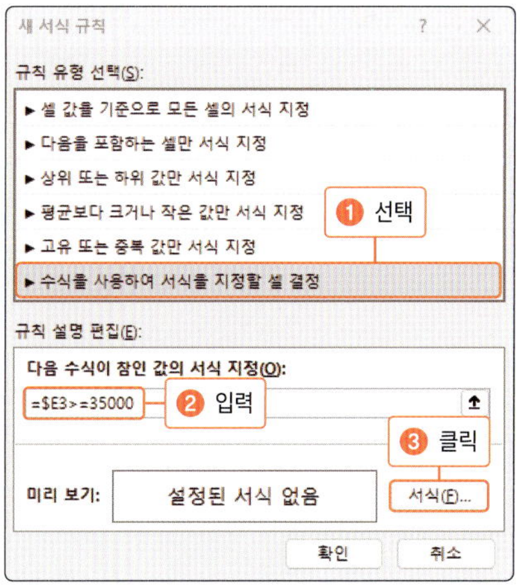

'수식'을 이용한 서식 지정

- '수식(=$E3>=35000)'을 이용하여 서식을 지정할 셀(E3)을 선택 또는 입력할 경우 반드시 **열 고정 혼합 참조(예 : $E3)**로 지정합니다. 열 고정 혼합 참조로 지정되면 E열을 고정한 채 행([3:12])만 상대적으로 변경됩니다.
- E열에 있는 값 중에서 행을 차례대로 확인하여 35000 이상이면 설정된 서식을 지정하게 됩니다.

비교 연산자

두 값을 비교하여 결과가 '참'이면 논리값 'TRUE'를 표시하고, '거짓'이면 논리값 'FALSE'를 표시합니다.

예 [A1] 셀에 입력된 값 : 10

연산자	기능	사용 예	결과	연산자	기능	사용 예	결과
=	같다	=A1=10	TRUE	<>	다르다 (같지 않다)	=A1<>10	FALSE
>	~크다 (~초과)	=A1>10	FALSE	<	~작다 (~미만)	=A1<10	FALSE
>=	~크거나 같다 (~이상)	=A1>=10	TRUE	<=	~작거나 같다 (~이하)	=A1<=10	TRUE

③ [셀 서식] 대화상자가 나오면 **[글꼴] 탭**을 클릭한 후 **'글꼴 스타일(굵게), 색(파랑 ■)'**을 지정한 후 〈확인〉 단추를 클릭합니다.

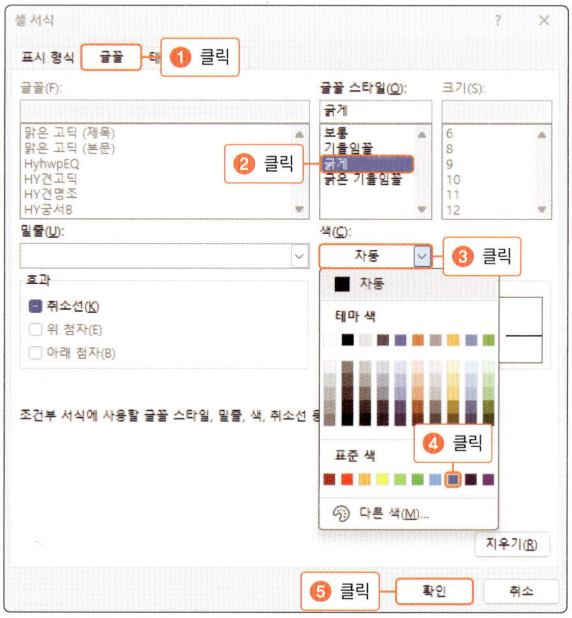

④ 다시 [새 서식 규칙] 대화상자가 나오면 입력한 수식(**=$E3>=35000**)과 글꼴 서식(**파랑, 굵게**)을 확인한 후 〈확인〉 단추를 클릭합니다.

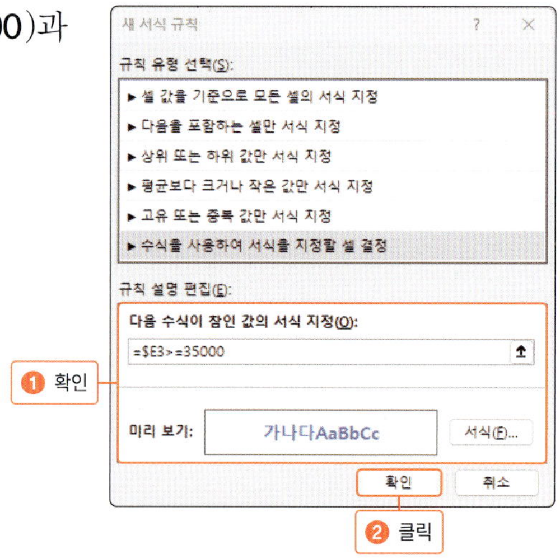

⑤ 임의의 셀을 클릭하여 범위 지정을 해제한 후 조건부 서식이 지정된 결과를 확인합니다.

	A	B	C	D	E	F	G	H	I
1		단과대학별 기부금 현황							
2	단과대학	학과	구분	2021년	2022년	2023년	3년 총계	순위	비고
3	공과대학	재료공학과	학부모	21,000	19,000	16,000	56,000천원	①	②
4	인문대학	국문학과	졸업동문	46,000	22,000	19,500	87,500천원	①	②
5	자연과학대학	수학과	재학생	22,000	23,000	28,000	73,000천원	①	②
6	**공과대학**	**기계공학과**	**학부모**	**38,000**	**43,000**	**42,000**	**123,000천원**	①	②
7	인문대학	영문학과	학부모	15,000	32,000	19,000	66,000천원	①	②
8	**공과대학**	**전기공학과**	**재학생**	**29,000**	**36,000**	**47,000**	**112,000천원**	①	②
9	**자연과학대학**	**화학과**	**교직원**	**51,000**	**52,000**	**12,000**	**115,000천원**	①	②
10	인문대학	불문학과	졸업동문	14,000	21,000	16,300	51,300천원	①	②
11	공과대학	건축공학과	교직원	42,000	33,000	36,000	111,000천원	①	②
12	**자연과학대학**	**물리학과**	**학부모**	**43,000**	**37,000**	**51,000**	**131,000천원**	①	②
13	'2021년'의 최대값-최소값 차이				③				
14	'구분'이 "학부모"인 '2022년'의 평균				④				
15	'2023년' 중 두 번째로 작은 값				⑤				

⑥ 모든 작업이 끝나면 **[파일]–[저장]**(Ctrl+S) 또는 [빠른 실행 도구 모음]에서 **'저장(💾)'**을 클릭합니다.

※ 실제 시험을 볼 때 작업 도중에 수시로(10분에 한 번 정도) 저장을 하는 것이 좋습니다.

HELPFUL TIPS!

조건부 서식의 편집

❶ 조건부 서식이 지정된 셀을 범위로 지정합니다.

❷ [홈] 탭의 [스타일] 그룹에서 [조건부 서식]–'규칙 관리'를 클릭하면 조건부 서식의 내용을 수정할 수 있습니다.

❸ [조건부 서식 규칙 관리자] 대화상자가 나오면 〈규칙 편집〉 단추를 클릭하여 조건부 서식을 편집합니다.

※ 조건부 서식을 지우고자 할 때는 [규칙 삭제]을 클릭하여 지우면 됩니다.

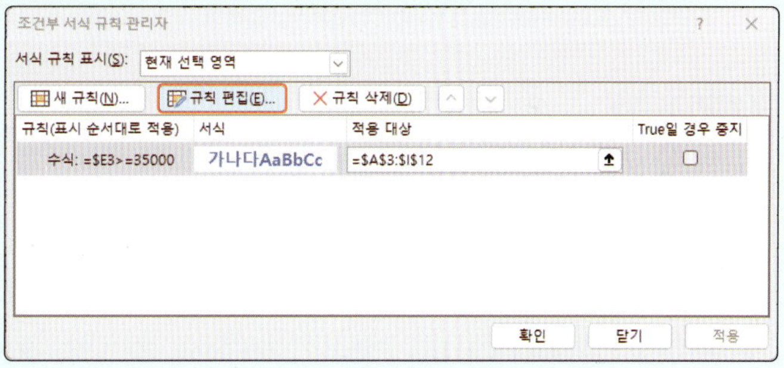

Actual Exercise

출제유형 완전정복

숏츠(Shorts)

01 "이용현황" 시트를 참조하여 다음 《처리조건》에 맞도록 작업하시오. (50점)

• 소스 파일 : 정복02_문제01.xlsx • 정답 파일 : 정복02_정답01.xlsx

《출력형태》

	A	B	C	D	E	F	G	H	I
1		3분기 권역별 공유 이동장치 이용현황							
2	모델명	종류	권역	7월	8월	9월	평균	순위	비고
3	P-KB-300	전동킥보드	중부권	23,100	23,590	24,050	23,580	①	②
4	P-CY-500	전기자전거	수도권	23,120	23,030	23,570	23,240	①	②
5	R-CY-100	대여자전거	중부권	22,580	22,890	23,270	22,913	①	②
6	P-KB-301	전동킥보드	남부권	22,120	22,390	22,760	22,423	①	②
7	R-CY-101	대여자전거	수도권	22,720	22,950	23,850	23,173	①	②
8	P-KB-303	전동킥보드	수도권	22,290	22,040	23,160	22,497	①	②
9	P-CY-501	전기자전거	남부권	23,240	23,170	23,510	23,307	①	②
10	R-CY-102	대여자전거	수도권	22,250	22,020	22,920	22,397	①	②
11	P-KB-305	전동킥보드	중부권	22,530	22,770	22,920	22,740	①	②
12	P-CY-503	전기자전거	수도권	22,370	22,620	22,780	22,590	①	②
13	'9월'의 최대값-최소값 차이				③				
14	'종류'가 "전동킥보드"인 '9월'의 합계				④				
15	'8월' 중 세 번째로 큰 값				⑤				

《처리조건》

▶ 셀 서식을 아래 조건에 맞게 작성하시오.

- [A2:I15] : 테두리(안쪽, 윤곽선 모두 실선, '검정, 텍스트 1'), 전체 가운데 맞춤
- [A13:D13], [A14:D14], [A15:D15] : 각각 병합하고 가운데 맞춤
- [A2:I2], [A13:D15] : 채우기 색('녹색, 강조 6, 40% 더 밝게'), 글꼴(굵게)
- [H3:H12] : 셀 서식의 표시 형식-사용자 지정을 이용하여 0"위"자를 추가
- [D3:G12] : 셀 서식의 표시 형식-숫자를 이용하여 1000 단위 구분 기호 표시
- [E13:G15] : 셀 서식의 표시 형식-사용자 지정을 이용하여 #,##0"건"자를 추가
- 조건부 서식[A3:I12] : '종류'가 "전동킥보드"인 경우 레코드 전체에 글꼴(진한 파랑, 굵게) 적용
- 지시사항이 없는 경우는 주어진 문제 파일의 서식을 그대로 사용하시오.

숏츠(Shorts)

02 "매출현황" 시트를 참조하여 다음 《처리조건》에 맞도록 작업하시오. (50점)

• 소스 파일 : 정복02_문제02.xlsx • 정답 파일 : 정복02_정답02.xlsx

《출력형태》

	A	B	C	D	E	F	G	H	I
1		수도권 지역별 골프채 매출현황							
2	제품 코드	종류	지역	2021년	2022년	2023년	평균	순위	비고
3	DR-001	*드라이버*	*서울*	*16,610*	*16,790*	*17,020*	*16,807*	*①*	*②*
4	WD-100	우드	경기	16,950	17,220	17,000	17,057	①	②
5	IR-200	*아이언*	*서울*	*15,790*	*16,600*	*16,920*	*16,437*	*①*	*②*
6	PT-500	퍼터	인천	16,700	16,800	16,830	16,777	①	②
7	DR-002	드라이버	경기	18,230	17,260	17,460	17,650	①	②
8	WD-101	우드	인천	17,140	17,180	17,390	17,237	①	②
9	IR-205	*아이언*	*서울*	*17,410*	*17,800*	*17,700*	*17,637*	*①*	*②*
10	DR-003	드라이버	인천	17,180	18,120	18,400	17,900	①	②
11	PT-505	*퍼터*	*서울*	*16,890*	*16,240*	*16,770*	*16,633*	*①*	*②*
12	IR-207	아이언	경기	15,810	16,460	17,190	16,487	①	②
13	'2023년'의 최대값-최소값 차이				③				
14	'지역'이 "서울"인 '2022년'의 평균				④				
15	'2022년' 중 세 번째로 작은 값				⑤				

《처리조건》

▶ 셀 서식을 아래 조건에 맞게 작성하시오.

- [A2:I15] : 테두리(안쪽, 윤곽선 모두 실선, '검정, 텍스트 1'), 전체 가운데 맞춤
- [A13:D13], [A14:D14], [A15:D15] : 각각 병합하고 가운데 맞춤
- [A2:I2], [A13:D15] : 채우기 색('주황, 강조 2, 40% 더 밝게'), 글꼴(굵게)
- [H3:H12] : 셀 서식의 표시 형식-사용자 지정을 이용하여 #"위"자를 추가
- [D3:G12] : 셀 서식의 표시 형식-숫자를 이용하여 1000 단위 구분 기호 표시
- [E13:G15] : 셀 서식의 표시 형식-사용자 지정을 이용하여 #,##0"천원"자를 추가
- 조건부 서식[A3:I12] : '지역'이 "서울"인 경우 레코드 전체에 글꼴(진한 빨강, 굵은 기울임꼴) 적용
- 지시사항이 없는 경우는 주어진 문제 파일의 서식을 그대로 사용하시오.

숏츠(Shorts)

03 "신청현황" 시트를 참조하여 다음 《처리조건》에 맞도록 작업하시오. (50점)

• 소스 파일 : 정복02_문제03.xlsx • 정답 파일 : 정복02_정답03.xlsx

《출력형태》

지역별 온라인 강의 수강 신청현황

강좌코드	과목구분	지역	1분기	2분기	3분기	평균	순위	비고
K-U-003	국어	서울	110,090	119,480	124,270	117,947	①	②
E-U-107	*영어*	*경기*	*111,440*	*120,030*	*112,850*	*114,773*	*①*	*②*
M-U-301	수학	충청	160,940	133,560	110,790	135,097	①	②
H-U-710	한국사	강원	103,700	123,380	140,930	122,670	①	②
K-O-004	*국어*	*경기*	*104,580*	*123,480*	*105,160*	*111,073*	*①*	*②*
S-U-501	사회탐구	강원	158,950	189,300	171,810	173,353	①	②
M-T-305	*수학*	*경기*	*146,680*	*154,390*	*123,680*	*141,583*	*①*	*②*
S-K-520	사회탐구	서울	107,610	137,150	163,750	136,170	①	②
H-K-730	한국사	서울	136,470	112,730	157,020	135,407	①	②
E-Y-130	영어	충청	182,260	178,730	113,620	158,203	①	②
'3분기'의 최대값-최소값 차이				③				
'지역'이 "서울"인 '2분기'의 평균				④				
'2분기' 중 세 번째로 큰 값				⑤				

《처리조건》

▶ 셀 서식을 아래 조건에 맞게 작성하시오.

- [A2:I15] : 테두리(안쪽, 윤곽선 모두 실선, '검정, 텍스트 1'), 전체 가운데 맞춤
- [A13:D13], [A14:D14], [A15:D15] : 각각 병합하고 가운데 맞춤
- [A2:I2], [A13:D15] : 채우기 색('파랑, 강조 1, 40% 더 밝게'), 글꼴(굵게)
- [H3:H12] : 셀 서식의 표시 형식-사용자 지정을 이용하여 #"위"자를 추가
- [D3:G12] : 셀 서식의 표시 형식-숫자를 이용하여 1000 단위 구분 기호 표시
- [E13:G15] : 셀 서식의 표시 형식-사용자 지정을 이용하여 #,###"건"자를 추가
- 조건부 서식[A3:I12] : '지역'이 "경기"인 경우 레코드 전체에 글꼴(파랑, 굵은 기울임꼴) 적용
- 지시사항이 없는 경우는 주어진 문제 파일의 서식을 그대로 사용하시오.

숏츠(Shorts)

04 "주문현황" 시트를 참조하여 다음 《처리조건》에 맞도록 작업하시오. (50점)

• 소스 파일 : 정복02_문제04.xlsx • 정답 파일 : 정복02_정답04.xlsx

《출력형태》

	A	B	C	D	E	F	G	H	I
1		거래처별 마스크 주문현황							
2	모델명	종류	거래처	1분기	2분기	3분기	평균	순위	비고
3	SG-F94-L	KF-94	미래의료	25,300	24,320	24,410	24,677	①	②
4	***SG-F80-K***	***KF-80***	***다나메디***	***24,280***	***25,470***	***26,550***	***25,433***	***①***	***②***
5	SG-AD-K	KF-AD	메디올	23,280	25,360	24,260	24,300	①	②
6	SG-AD-D	KF-AD	그린메디	25,410	25,440	23,360	24,737	①	②
7	***SG-F94-M***	***KF-94***	***다나메디***	***26,390***	***25,420***	***27,320***	***26,377***	***①***	***②***
8	SG-F80-W	KF-80	메디올	25,310	25,360	24,370	25,013	①	②
9	SG-AD-L	KF-AD	미래의료	24,950	24,850	26,200	25,333	①	②
10	***SG-F80-L***	***KF-80***	***다나메디***	***25,330***	***25,250***	***25,240***	***25,273***	***①***	***②***
11	SG-F94-K	KF-94	메디올	23,070	25,400	24,330	24,267	①	②
12	SG-F80-M	KF-80	미래의료	25,300	25,470	25,440	25,403	①	②
13	'3분기'의 최대값-최소값 차이					③			
14	'거래처'가 "미래의료"인 '2분기'의 평균					④			
15	'2분기' 중 세 번째로 작은 값					⑤			

《처리조건》

▶ 셀 서식을 아래 조건에 맞게 작성하시오.

– [A2:I15] : 테두리(안쪽, 윤곽선 모두 실선, '검정, 텍스트 1'), 전체 가운데 맞춤

– [A13:D13], [A14:D14], [A15:D15] : 각각 병합하고 가운데 맞춤

– [A2:I2], [A13:D15] : 채우기 색('주황, 강조 2, 60% 더 밝게'), 글꼴(굵게)

– [H3:H12] : 셀 서식의 표시 형식–사용자 지정을 이용하여 #"위"자를 추가

– [D3:G12] : 셀 서식의 표시 형식–숫자를 이용하여 1000 단위 구분 기호 표시

– [E13:G15] : 셀 서식의 표시 형식–사용자 지정을 이용하여 #,###"건"자를 추가

– 조건부 서식[A3:I12] : "거래처"가 "다나메디"인 경우 레코드 전체에 글꼴(빨강, 굵은 기울임꼴) 적용

– 지시사항이 없는 경우는 주어진 문제 파일의 서식을 그대로 사용하시오.

Chapter 3

함수식 작성하기

- 함수 기본 다지기(함수 입력 방법, 셀 참조 등)
- 시험에 자주 출제되는 함수 알아보기

문제 미리보기

소스 파일 : 유형03_문제.xlsx **정답 파일** : 유형03_정답.xlsx

함수식 작성

【문제 1】 "기부금현황" 시트를 참조하여 다음 《처리조건》에 맞도록 작업하시오. (50점)

《출력형태》

	A	B	C	D	E	F	G	H	I
1		단과대학별 기부금 현황							
2	단과대학	학과	구분	2021년	2022년	2023년	3년 총계	순위	비고
3	공과대학	재료공학과	학부모	21,000	19,000	16,000	56,000천원	9등	
4	인문대학	국문학과	졸업동문	46,000	22,000	19,500	87,500천원	6등	
5	자연과학대학	수학과	재학생	22,000	23,000	28,000	73,000천원	7등	
6	공과대학	기계공학과	학부모	38,000	43,000	42,000	123,000천원	2등	목표초과
7	인문대학	영문학과	학부모	15,000	32,000	19,000	66,000천원	8등	
8	공과대학	전기공학과	재학생	29,000	36,000	47,000	112,000천원	4등	목표초과
9	자연과학대학	화학과	교직원	51,000	52,000	12,000	115,000천원	3등	
10	인문대학	불문학과	졸업동문	14,000	21,000	16,300	51,300천원	10등	
11	공과대학	건축공학과	교직원	42,000	33,000	36,000	111,000천원	5등	목표초과
12	자연과학대학	물리학과	학부모	43,000	37,000	51,000	131,000천원	1등	목표초과
13	'2021년'의 최대값-최소값 차이				37,000천원				
14	'구분'이 "학부모"인 '2022년'의 평균				32,750천원				
15	'2023년' 중 두 번째로 작은 값				16,000천원				

《처리조건》

- ▶ ① 순위[H3:H12] : '3년 총계'를 기준으로 큰 순으로 순위를 구하시오. (RANK.EQ 함수)
- ▶ ② 비고[I3:I12] : '2023년'이 35000 이상이면 "목표초과", 그렇지 않으면 공백으로 구하시오. (IF 함수)
- ▶ ③ 최대값–최소값[E13:G13] : '2021년'의 최대값과 최소값의 차이를 구하시오. (MAX, MIN 함수)
- ▶ ④ 평균[E14:G14] : '구분'이 "학부모"인 '2022년'의 평균을 구하시오. (DAVERAGE 함수)
- ▶ ⑤ 순위[E15:G15] : '2023년' 중 두 번째로 작은 값을 구하시오. (SMALL 함수)

STEP 1

함수 기본 다지기-함수 입력 방법

① **'함수'**는 미리 정의되어 있는 수식으로 특정 값(인수)이 입력되면 일련의 규칙에 의해 그에 대응하는 값을 산출해 줍니다.

② 함수를 이용한 수식 계산은 **'등호, 함수이름, 왼쪽 괄호, 인수, 오른쪽 괄호'** 순으로 작성됩니다.

=SUM(A1:A30)

등호 / 함수이름 / 인수

③ 각각의 인수는 **쉼표(,)**로 구분하고 인수의 범위를 나타낼 경우에는 **콜론(:)**을 이용합니다.

=RANK.EQ(A1,A1:A30,1)

인수 / 인수 범위 / 인수 구분

④ 문자열을 인수로 사용할 경우에는 **큰 따옴표(" ")**로 묶어줍니다.

=IF(B2>=70,"합격","불합격")

⑤ 간단한 수식으로 처리가 가능한 함수는 셀에 직접 입력하고, 복잡한 함수나 함수식을 정확하게 모를 경우에는 **[수식] 탭**의 **[함수 라이브러리] 그룹**에서 **'함수 삽입(f_x)'**을 클릭하여 [함수 마법사]를 이용합니다.

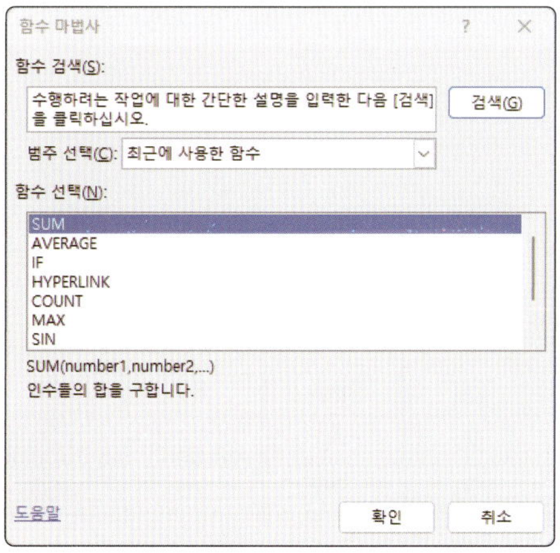

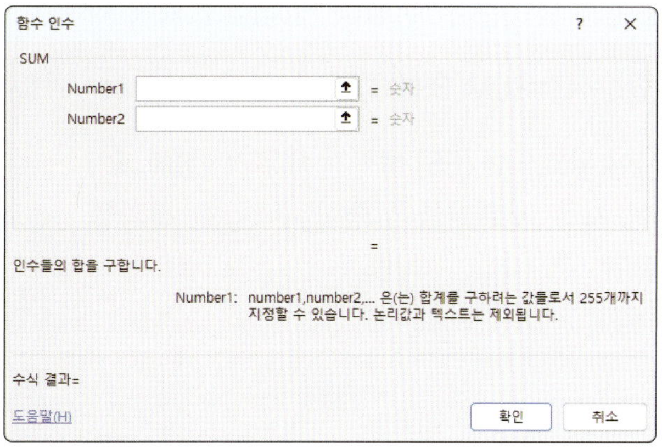

HELPFUL TIPS!

인수 및 상수

- 인수 : 내장 함수의 구성 요소로 SUM 함수를 이용하여 A1, A2 셀의 값을 더할 때 A1, A2를 '인수'라고 합니다.

=SUM(A1:A2)

- 상수 : 사용자가 입력하는 고정된 숫자, 문자, 날짜, 시간 데이터 등을 가리킵니다.

STEP 2

함수 기본 다지기-셀 참조

① 셀 참조는 크게 **'상대 참조'**와 **'절대 참조'**로 구분됩니다.

② '상대 참조'와 '절대 참조'를 지정하기 위해서는 셀을 선택한 후 [F4] 키를 이용합니다.

③ **상대 참조(=A1)**로 계산된 수식에 자동 채우기를 실행하면 셀 참조 위치가 계산식의 참조 위치에 맞게 **자동으로 변경**됩니다.

④ **절대 참조(=$A$1)**로 계산된 수식에 자동 채우기를 실행하면 셀 참조 위치가 **고정**되어 변경되지 않습니다.

HELPFUL TIPS!

[F4] 키를 이용한 참조 변환

=A1 → =$A$1 → =A$1 → =$A1 → =A1

(각 화살표: [F4] 키)

=A1: 상대 참조 / =$A$1: 절대 참조 / =A$1: 행고정 혼합 참조 / =$A1: 열고정 혼합 참조 / =A1: 상대 참조

혼합 참조

행이나 열 중 하나는 상대 참조를 다른 하나는 절대 참조를 사용($A1, A$1)하여 수식에 사용하는 것을 '혼합 참조'라고 합니다.

1 상대 참조

① [파일]-[열기]를 클릭한 후 **'유형03_상대참조.xlsx'** 파일을 불러옵니다.

② **[E3] 셀**에 함수식 **'=SUM(B3:D3)'**을 입력한 후 [Enter] 키를 누릅니다.

③ 함수식 계산이 완료되면 **[E5] 셀**까지 **채우기 핸들(▟)**을 이용하여 자동 채우기를 실행한 후 합계 결과를 확인합니다.

	A	B	C	D	E
1	시험성적				❶ 함수식 입력
2	이름	국어	영어	수학	합계
3	최자두	70	80	80	230
4	노진구	30	40	[illegible]	120
5	홍길동	60	70	70	200
6					

❷ 자동 채우기

④ 합계 결과 확인이 끝나면 [Ctrl]+[~] 키를 눌러 **상대 참조**를 확인합니다.

※ [Ctrl]+[~] 키를 누를 때마다 '수식 보기'와 '기본 보기'로 전환됩니다.

	A	B	C	D	E
1	시험성적				
2	이름	국어	영어	수학	합계
3	최자두	70	80	80	=SUM(B3:D3)
4	노진구	30	40	확인	=SUM(B4:D4)
5	홍길동	60	70	70	=SUM(B5:D5)

2 절대 참조

1. **[파일]–[열기]**를 클릭한 후 **'유형03_절대참조.xlsx'** 파일을 불러옵니다.

2. **[E3] 셀**에 함수식 **'=SUM(B3:D3)+$B$7'**을 입력한 후 **Enter** 키를 누릅니다.

3. 함수식 계산이 완료되면 **[E5] 셀**까지 **채우기 핸들( )**을 이용하여 자동 채우기를 실행한 후 합계 결과를 확인합니다.

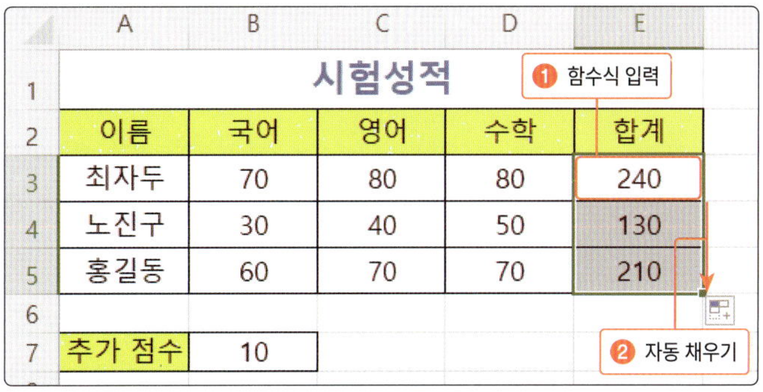

4. 합계 결과 확인이 끝나면 **Ctrl**+**~** 키를 눌러 **절대 참조**로 지정된 **셀 주소([$B$7])**를 확인합니다.

※ '상대 참조'와 '절대 참조'를 함께 사용하여 학생별 시험성적 합계(상대 참조)에 모두 똑같이 추가 점수 10점을 더한(절대 참조) 결과입니다.

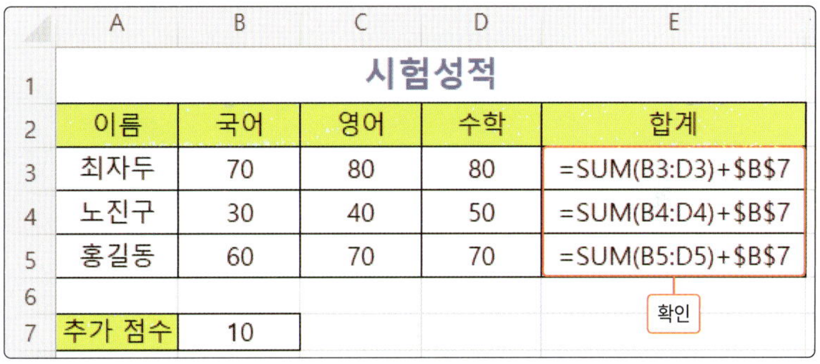

HELPFUL TIPS!

계산식과 산술 연산자

- 계산식 : 함수를 사용하지 않고 셀 주소 값과 산술 연산자를 이용하여 연산을 수행하는 식으로 반드시 '='을 먼저 입력해야 하며, 일반적인 사칙연산 기호(+, −, ×, ÷)로 계산합니다.

=A1+B1+C1

- 산술 연산자 : 더하기(+), 빼기(−), 곱하기(*), 나누기(/) 등 가장 기본적인 연산을 하기 위해 필요한 연산자입니다.

예 [A1] 셀에 입력된 값 : 50

연산자	기능	사용 예	결과	연산자	기능	사용 예	결과
+	더하기	=A1+10	60	^	거듭제곱(지수)	=A1^2	2500
−	빼기	=A1−10	40	%	백분율	=A1%	0.5
*	곱하기	=A1*10	500				
/	나누기	=A1/10	5				

STEP 3

함수 기본 다지기-시험에 자주 출제되는 함수 정리

1 시험에 자주 출제되는 함수

시험에 출제될 수 있는 함수는 여러 가지가 있지만 최근 2년간 출제된 함수를 분석한 결과 아래 함수들이 자주 출제된 것으로 확인되었습니다. 특히 'RANK.EQ'와 'IF' 함수는 문제 1번과 2번에 거의 고정적으로 출제되기 때문에 반드시 학습이 필요한 함수입니다. 시험에 자주 출제되는 함수 목록 중 3년 전에는 자주 출제되었지만 최근 2년 동안에는 출제되지 않은 'COUNTIF'와 'SUMIF' 함수도 출제될 가능성이 있기 때문에 학습이 필요합니다. 함수 부분은 전체적인 모든 함수를 학습하기 보다는 시험에 자주 출제되는 함수들 위주로 학습을 한 후 나머지 함수들을 확인하는 것이 좋습니다.

★ 최근 2년간 자주 출제된 함수 익히기 ★

(소스 파일 : 유형03_함수_문제.xlsx, 정답 파일 : 유형03_함수_정답.xlsx)

※ '유형03_함수_문제.xlsx' 파일을 불러와 직접 함수식을 입력하여 풀어보세요.

RANK.EQ

- 기능 : 수의 목록에 있는 지정한 수의 순위를 구하는 함수
- 형식 : =RANK.EQ(순위를 구하려는 수, 데이터 범위, 순위를 결정할 방법)
  - 순위를 결정할 방법 : 0또는 생략 시 내림차순, 0이 아닌 숫자를 입력할 경우 오름차순으로 순위를 지정
- 사용 예 : 평균을 기준으로 순위(내림차순)를 표시

▶ 함수식 : =RANK.EQ(E2,$E$2:$E$4)

F2 =RANK.EQ(E2,$E$2:$E$4)

	A	B	C	D	E	F	G	H
1	이름	국어	영어	수학	평균	순위		함수식
2	최자두	85	80	80	82	2	◀	=RANK.EQ(E2,$E$2:$E$4)
3	노진구	70	40	50	53	3	◀	=RANK.EQ(E3,$E$2:$E$4)
4	홍길동	80	70	100	83	1	◀	=RANK.EQ(E4,$E$2:$E$4)

IF

- 기능 : 특정 조건을 지정하여 해당 조건에 만족하면 '참(TRUE)'에 해당하는 값을, 그렇지 않으면 '거짓(FALSE)'에 해당하는 값을 표시하는 함수
- 형식 : =IF(조건, 참일 때 수행할 내용, 거짓일 때 수행할 내용)
- 사용 예 : 평균이 80 이상이면 '합격', 그렇지 않으면 '불합격'을 표시

▶ 함수식 : =IF(E2>=80,"합격","불합격")

F2 =IF(E2>=80,"합격","불합격")

	A	B	C	D	E	F	G	H
1	이름	국어	영어	수학	평균	결과		함수식
2	최자두	85	80	80	82	합격	◀	=IF(E2>=80,"합격","불합격")
3	노진구	70	40	50	53	불합격	◀	=IF(E3>=80,"합격","불합격")
4	홍길동	80	70	100	83	합격	◀	=IF(E4>=80,"합격","불합격")

DSUM

• 기능 : 데이터베이스에서 지정한 조건에 맞는 필드(열) 값들의 합계를 구하는 함수
• 형식 : =DSUM(데이터베이스, 필드(열) 제목, 조건범위)
• 사용 예 : 학년이 '3학년'인 학생들의 '총점' 합계를 계산

▶ 함수식 : =DSUM(A1:F4,F1,A6:A7)

※ [F1] 셀 주소를 열 번호인 '6'을 입력해도 결과는 같습니다.

E7 =DSUM(A1:F4,F1,A6:A7)

	A	B	C	D	E	F	G	H
1	학년	이름	국어	영어	수학	총점		
2	3학년	최자두	70	80	80	230		
3	4학년	노진구	30	40	50	120		
4	3학년	홍길동	60	70	70	200		
5								
6	학년				총점 합계			함수식
7	3학년				430		◀	=DSUM(A1:F4,F1,A6:A7)

DAVERAGE

• 기능 : 데이터베이스에서 지정한 조건에 맞는 필드(열) 값들의 평균을 구하는 함수
• 형식 : =DAVERAGE(데이터베이스, 필드(열) 제목, 조건범위)
• 사용 예 : 학년이 '3학년'인 학생들의 '총점' 평균을 계산

▶ 함수식 : =DAVERAGE(A1:F4,F1,A6:A7)

※ [F1] 셀 주소를 열 번호인 '6'을 입력해도 결과는 같습니다.

E7 =DAVERAGE(A1:F4,F1,A6:A7)

	A	B	C	D	E	F	G	H
1	학년	이름	국어	영어	수학	총점		
2	3학년	최자두	70	80	80	230		
3	4학년	노진구	30	40	50	120		
4	3학년	홍길동	60	70	70	200		
5								
6	학년				총점 평균			함수식
7	3학년				215		◀	=DAVERAGE(A1:F4,F1,A6:A7)

MAX

• 기능 : 최대값을 구하는 함수
• 형식 : =MAX(셀 범위)
• 사용 예 : 학생들 중에서 가장 높은 총점을 표시

▶ 함수식 : =MAX(F2:F6)

H2 =MAX(F2:F6)

	A	B	C	D	E	F	G	H
1	학년	이름	국어	영어	수학	총점		가장 높은 총점
2	3학년	최자두	70	80	80	230		290
3	4학년	노진구	30	40	50	120		▲
4	3학년	홍길동	60	70	70	200		함수식
5	4학년	유재석	100	90	100	290		=MAX(F2:F6)
6	4학년	다솜이	90	80	80	250		

MIN

• 기능 : 최소값을 구하는 함수
• 형식 : =MIN(셀 범위)
• 사용 예 : 학생들 중에서 가장 낮은 총점을 표시

▶ 함수식 : =MIN(F2:F6)

H2 =MIN(F2:F6)

	A	B	C	D	E	F	G	H
1	학년	이름	국어	영어	수학	총점		가장 낮은 총점
2	3학년	최자두	70	80	80	230		120
3	4학년	노진구	30	40	50	120		▲
4	3학년	홍길동	60	70	70	200		함수식
5	4학년	유재석	100	90	100	290		=MIN(F2:F6)
6	4학년	다솜이	90	80	80	250		

LARGE

• 기능 : 지정된 셀 범위에서 입력한 숫자 번째로 큰 값을 구하는 함수
• 형식 : =LARGE(셀 범위, 숫자)
• 사용 예 : 학생들 중에서 3번째로 높은 총점을 표시

▶ 함수식 : =LARGE(F2:F6,3)

H2 =LARGE(F2:F6,3)

	A	B	C	D	E	F	G	H
1	학년	이름	국어	영어	수학	총점		3번째로 높은 총점
2	3학년	최자두	70	80	80	230		230
3	4학년	노진구	30	40	50	120		▲
4	3학년	홍길동	60	70	70	200		함수식
5	4학년	유재석	100	90	100	290		=LARGE(F2:F6,3)
6	4학년	다솜이	90	80	80	250		

SMALL

• 기능 : 지정된 셀 범위에서 입력한 숫자 번째로 작은 값을 구하는 함수
• 형식 : =SMALL(셀 범위, 숫자)
• 사용 예 : 학생들 중에서 2번째로 낮은 총점을 표시

▶ 함수식 : =SMALL(F2:F6,2)

H2 =SMALL(F2:F6,2)

	A	B	C	D	E	F	G	H
1	학년	이름	국어	영어	수학	총점		2번째로 낮은 총점
2	3학년	최자두	70	80	80	230		200
3	4학년	노진구	30	40	50	120		▲
4	3학년	홍길동	60	70	70	200		함수식
5	4학년	유재석	100	90	100	290		=SMALL(F2:F6,2)
6	4학년	다솜이	90	80	80	250		

SUMIF

- 기능 : 주어진 조건에 만족하는 데이터들의 합계를 구하는 함수
- 형식 : =SUMIF(조건이 들어 있는 범위, 조건, 합계를 구할 범위)
- 사용 예 : 학년이 '4학년' 학생들의 '총점' 합계를 표시

▶ 함수식 : =SUMIF(A2:A6,"4학년",F2:F6)

F7 | =SUMIF(A2:A6,"4학년",F2:F6)

	A	B	C	D	E	F
1	학년	이름	국어	영어	수학	총점
2	3학년	최자두	70	80	80	230
3	4학년	노진구	30	40	50	120
4	3학년	홍길동	60	70	70	200
5	4학년	유재석	100	90	100	290
6	4학년	다솜이	90	80	80	250
7	4학년 학생의 총점 합계					660
8						▲
9			함수식			
10			=SUMIF(A2:A6,"4학년",F2:F6)			

COUNTIF

- 기능 : 특정 조건을 만족하는 셀의 개수를 구하는 함수
- 형식 : =COUNTIF(셀 범위, 조건)
- 사용 예 : 국어, 영어, 수학 점수 중에서 '90' 이상인 셀의 개수를 표시

▶ 함수식 : =COUNTIF(C2:E6,">=90")

F8 | =COUNTIF(C2:E6,">=90")

	A	B	C	D	E	F
1	학년	이름	국어	영어	수학	총점
2	3학년	최자두	70	80	80	230
3	4학년	노진구	30	40	50	120
4	3학년	홍길동	60	70	70	200
5	4학년	유재석	100	90	100	290
6	4학년	다솜이	90	80	80	250
7						
8		90점 이상인 셀의 개수				4
9						▲
10			함수식			
11			=COUNTIF(C2:E6,">=90")			

STEP 4 '3년 총계'를 기준으로 큰 순으로 순위[H3:H12] 구하기

▶ ① 순위[H3:H12] : '3년 총계'를 기준으로 큰 순으로 순위를 구하시오. (RANK.EQ 함수)

① **[파일]–[열기]**(Ctrl+O)를 클릭한 후, **[찾아보기]**를 클릭합니다. [열기] 대화상자가 나오면 **'유형03_문제.xlsx'** 파일을 불러와 **[기부금현황]** 시트를 선택합니다.

② **[H3] 셀**에 **'=RANK.EQ(G3,$G$3:$G$12)'**를 입력한 후 Enter 키를 누릅니다.

※ 채우기 핸들을 이용하여 정해진 범위(3년 총계) 안에서 순위를 구할 때는 셀 범위가 고정되어 있어야 하기 때문에 '절대 참조($G$3:$G$12)'로 입력해야 합니다.

③ [H3] 셀의 채우기 핸들(▟)을 **[H12] 셀**까지 드래그 합니다.

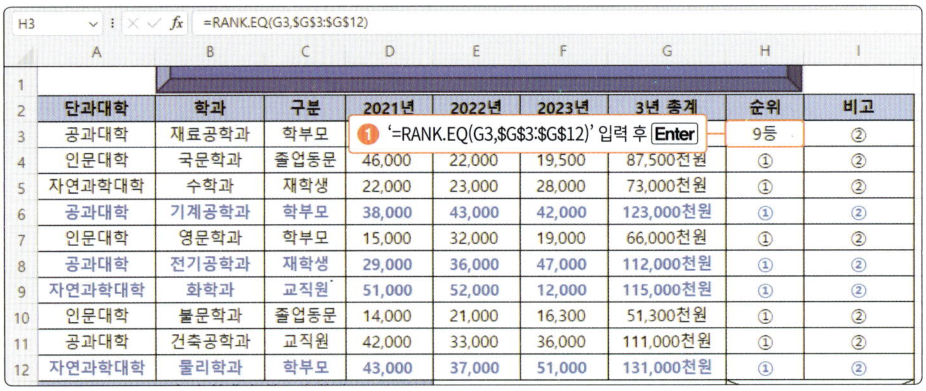

단과대학	학과	구분	2021년	2022년	2023년	3년 총계	순위	비고
공과대학	재료공학과	학부모					9등	②
인문대학	국문학과	졸업동문	46,000	22,000	19,500	87,500천원	①	②
자연과학대학	수학과	재학생	22,000	23,000	28,000	73,000천원	①	②
공과대학	기계공학과	학부모	38,000	43,000	42,000	123,000천원	①	②
인문대학	영문학과	학부모	15,000	32,000	19,000	66,000천원	①	②
공과대학	전기공학과	재학생	29,000	36,000	47,000	112,000천원	①	②
자연과학대학	화학과	교직원	51,000	52,000	12,000	115,000천원	①	②
인문대학	불문학과	졸업동문	14,000	21,000	16,300	51,300천원	①	②
공과대학	건축공학과	교직원	42,000	33,000	36,000	111,000천원	①	②
자연과학대학	물리학과	학부모	43,000	37,000	51,000	131,000천원	①	②

순위	비고
9등	②
6등	②
7등	②
2등	②
8등	②
4등	②
3등	②
10등	②
5등	②
1등	②

STEP 5 '2023년'이 35000 이상이면 "목표초과", 아니면 공백으로 비고[I3:I12] 구하기

▶ ② 비고[I3:I12] : '2023년'이 35000 이상이면 "목표초과", 그렇지 않으면 공백으로 구하시오. (IF 함수)

① **[I3] 셀**에 **'=IF(F3>=35000,"목표초과","")'**을 입력한 후 Enter 키를 누릅니다.

※ 함수식에서 공백을 구하기 위해서는 ""를 입력합니다.

② [I3] 셀의 채우기 핸들(▟)을 **[I12] 셀**까지 드래그 합니다.

단과대학	학과	구분	2021년	2022년	2023년	3년 총계	순위	비고
공과대학	재료공학과	학부모	21,000					
인문대학	국문학과	졸업동문	46,000	22,000	19,500	87,500천원	6등	②
자연과학대학	수학과	재학생	22,000	23,000	28,000	73,000천원	7등	②
공과대학	기계공학과	학부모	38,000	43,000	42,000	123,000천원	2등	②
인문대학	영문학과	학부모	15,000	32,000	19,000	66,000천원	8등	②
공과대학	전기공학과	재학생	29,000	36,000	47,000	112,000천원	4등	②
자연과학대학	화학과	교직원	51,000	52,000	12,000	115,000천원	3등	②
인문대학	불문학과	졸업동문	14,000	21,000	16,300	51,300천원	10등	②
공과대학	건축공학과	교직원	42,000	33,000	36,000	111,000천원	5등	②
자연과학대학	물리학과	학부모	43,000	37,000	51,000	131,000천원	1등	②

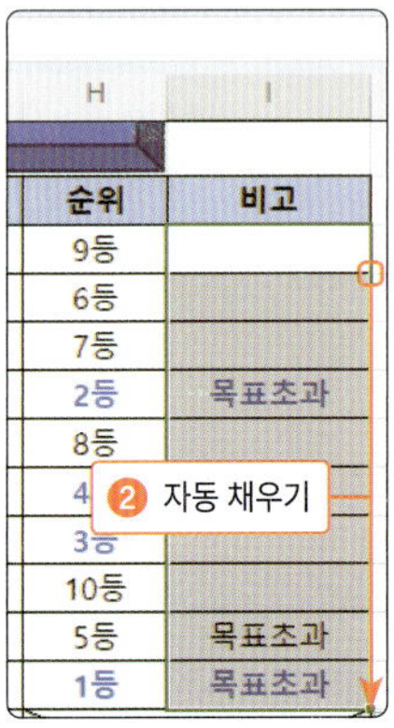

순위	비고
9등	
6등	
7등	
2등	목표초과
8등	
4	
3등	
10등	
5등	목표초과
1등	목표초과

함수 마법사를 이용한 수식 작성

❶ [I3:I12] 영역에 '비고' 값을 구하기 위하여 [I3] 셀을 클릭한 후 **[수식] 탭**의 **[함수 라이브러리] 그룹**에서 **'함수 삽입**(f_x)'을 클릭합니다.

❷ [함수 마법사] 대화상자가 나오면 범주 선택을 '논리', 함수 선택을 'IF'로 선택한 후 〈확인〉 단추를 클릭합니다.

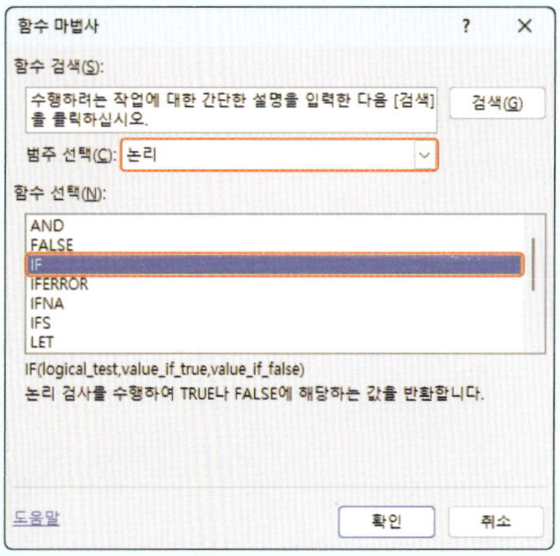

❸ [함수 인수] 대화상자가 나오면 'Logical_test'의 입력 칸을 클릭한 후 [F3] 셀을 선택합니다.

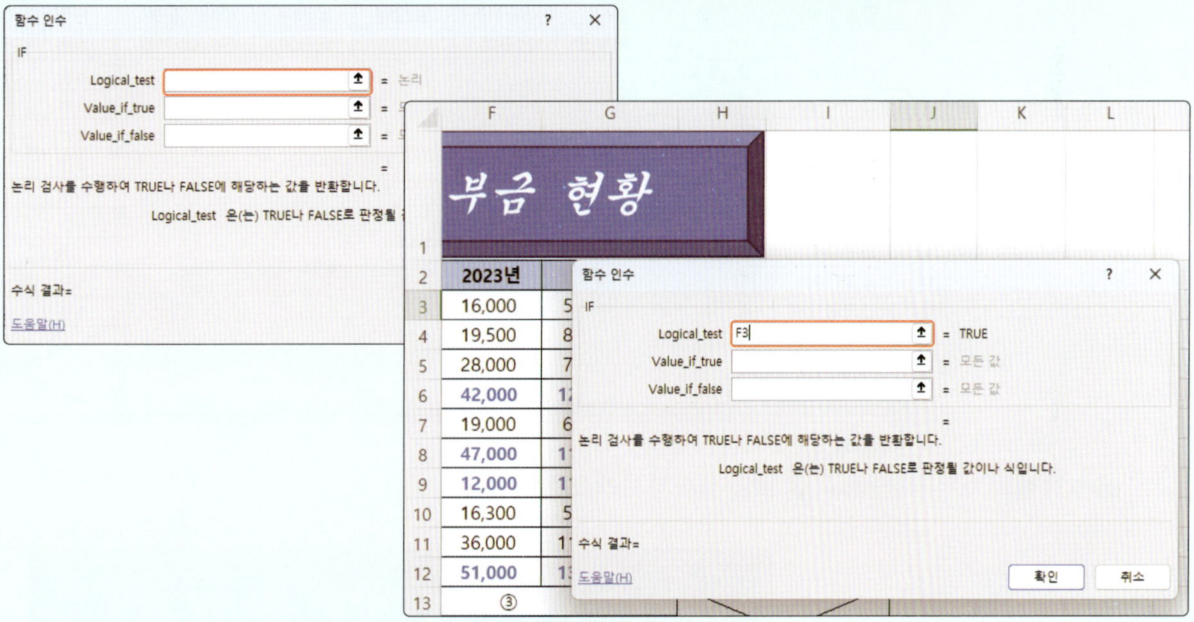

❹ [F3] 셀이 선택되면 뒤에 >=35000을 입력합니다.

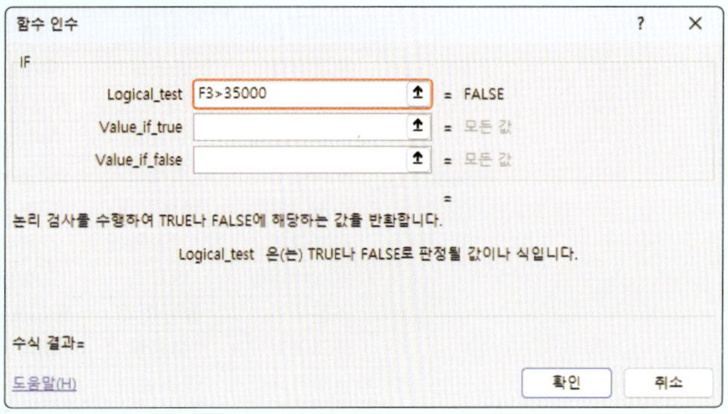

⑤ 'Value_if_true(참일 때 수행할 값)' 입력 칸에 **"목표초과"**를 'Value_if_false(거짓일 때 수행할 내용)' 입력 칸에 **""(공백)**을 각각 입력합니다.

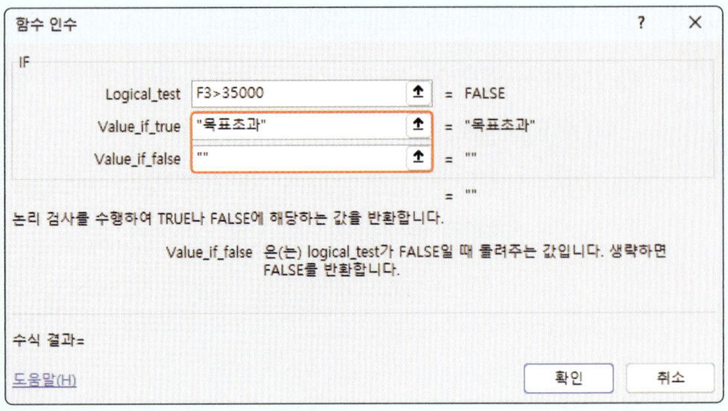

⑥ 수식 입력줄에 =IF(F3>=35000,**"목표초과"**,"") 함수식이 완료되면 〈확인〉 단추를 클릭합니다.

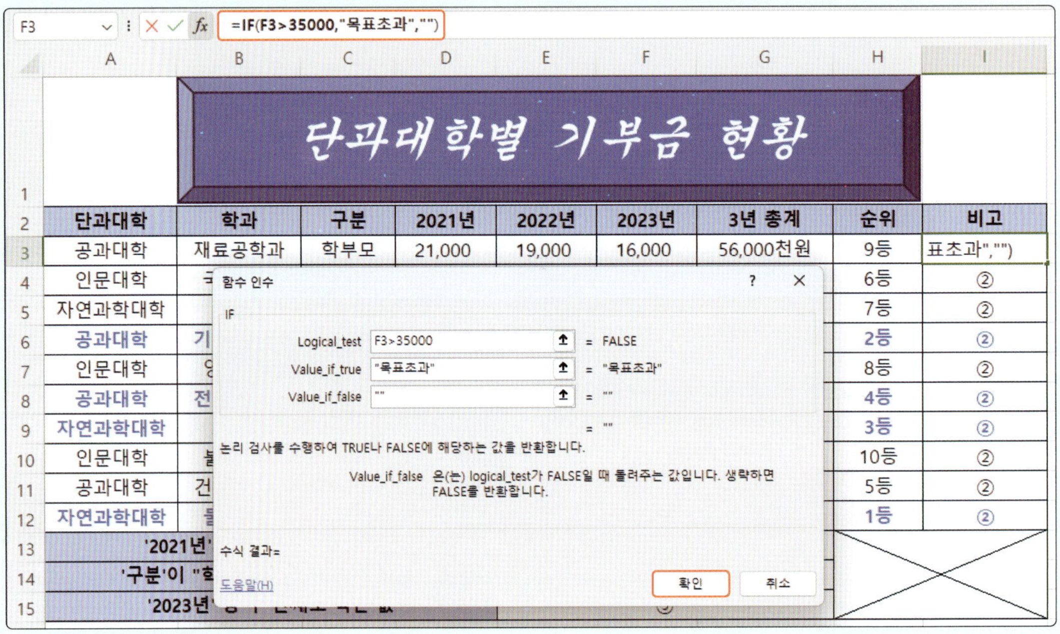

⑦ [I3] 셀의 채우기 핸들(▟)을 [I12] 셀까지 드래그 합니다.

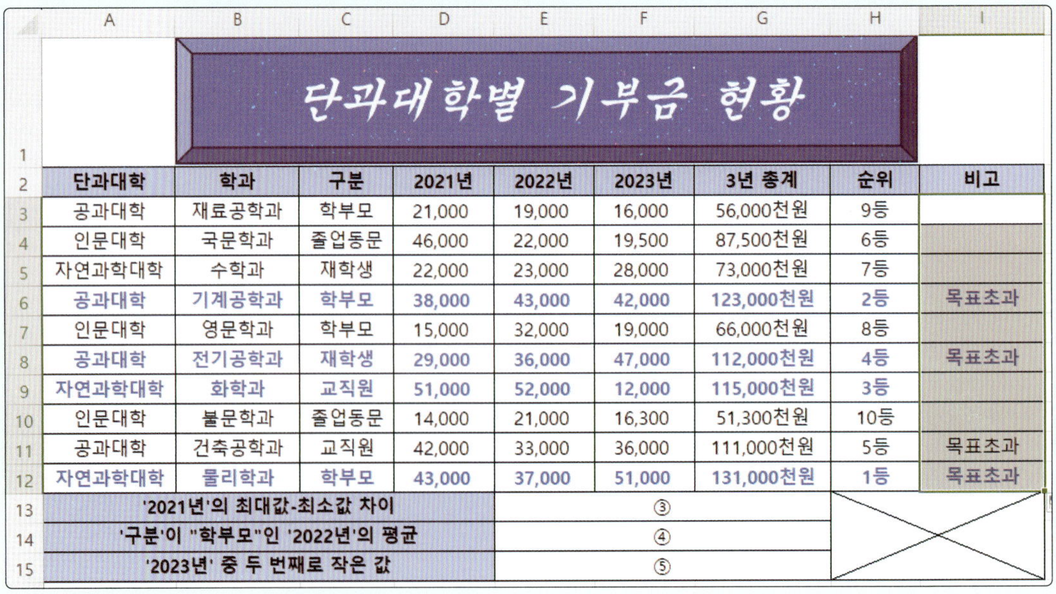

STEP 6 '2021년'의 최대값-최소값[E13:G13] 차이 구하기

▶ ③ 최대값－최소값[E13:G13] : '2021년'의 최대값과 최소값의 차이를 구하시오. (MAX, MIN 함수)

❶ [E13:G13] 셀에 'MAX(D3:D12)－MIN(D3:D12)'를 입력한 후 Enter 키를 누릅니다.

E13 | fx =MAX(D3:D12)-MIN(D3:D12)

	A	B	C	D	E	F	G
10	인문대학	불문학과	졸업동문	14,000	21,000	16,300	51,300천원
11	공과대학	건축공학과	교직원	42,000	33,000	함수식 입력	111,000천원
12	자연과학대학	물리학과	학부모	43,000	37,000	51,000	131,000천원
13	'2021년'의 최대값-최소값 차이				37,000천원		
14	'구분'이 "학부모"인 '2022년'의 평균				④		
15	'2023년' 중 두 번째로 작은 값				⑤		

STEP 7 '구분'이 "학부모"인 '2022년'의 평균[E14:G14] 구하기

▶ ④ 평균[E14:G14] : '구분'이 "학부모"인 '2022년'의 평균을 구하시오. (DAVERAGE 함수)

❶ [E14:G14] 셀에 '=DAVERAGE(A2:I12,E2,C2:C3)' 또는 '=DAVERAGE(A2:I12,5,C2:C3)'을 입력한 후 Enter 키를 누릅니다.

E14 | fx =DAVERAGE(A2:I12,E2,C2:C3)

	A	B	C	D	E	F	G
10	인문대학	불문학과	졸업동문	14,000	21,000	16,300	51,300천원
11	공과대학	건축공학과	교직원	42,000	33,000	36,000	111,000천원
12	자연과학대학	물리학과	학부모	43,000	37,000	함수식 입력	131,000천원
13	'2021년'의 최대값-최소값 차이				37,000천원		
14	'구분'이 "학부모"인 '2022년'의 평균				32,750천원		
15	'2023년' 중 두 번째로 작은 값				⑤		

STEP 8 '2023년' 중 두 번째로 작은 값[E15:G15] 구하기

▶ ⑤ 순위[E15:G15] : '2023년' 중 두 번째로 작은 값을 구하시오. (SMALL 함수)

❶ [E15:G15] 셀에 '=SMALL(F3:F12,2)'를 입력한 후 Enter 키를 누릅니다.

E15 | fx =SMALL(F3:F12,2)

	A	B	C	D	E	F	G
10	인문대학	불문학과	졸업동문	14,000	21,000	16,300	51,300천원
11	공과대학	건축공학과	교직원	42,000	33,000	36,000	111,000천원
12	자연과학대학	물리학과	학부모	43,000	37,000	51,000	131,000천원
13	'2021년'의 최대값-최소값 차이				함수식 입력		
14	'구분'이 "학부모"인 '2022년'의 평균				32,750천원		
15	'2023년' 중 두 번째로 작은 값				16,000천원		

❷ 모든 함수 작업이 끝나면 **[파일]－[저장]**(Ctrl+S) 또는 [빠른 실행 도구 모음]에서 **'저장(💾)'**을 클릭합니다.

※ 실제 시험을 볼 때 작업 도중에 수시로(10분에 한 번 정도) 저장을 하는 것이 좋습니다.

Actual Exercise

출제유형 완전정복

숏츠(Shorts)

01 "이용현황" 시트를 참조하여 다음 《처리조건》에 맞도록 작업하시오. (50점)

• 소스 파일 : 정복03_문제01.xlsx • 정답 파일 : 정복03_정답01.xlsx

《출력형태》

	A	B	C	D	E	F	G	H	I
1		3분기 권역별 공유 이동장치 이용현황							
2	모델명	종류	권역	7월	8월	9월	평균	순위	비고
3	P-KB-300	전동킥보드	중부권	23,100	23,590	24,050	23,580	1위	많은 이용
4	P-CY-500	전기자전거	수도권	23,120	23,030	23,570	23,240	3위	많은 이용
5	R-CY-100	대여자전거	중부권	22,580	22,890	23,270	22,913	5위	많은 이용
6	P-KB-301	전동킥보드	남부권	22,120	22,390	22,760	22,423	10위	
7	R-CY-101	대여자전거	수도권	22,720	22,950	23,850	23,173	2위	많은 이용
8	P-KB-303	전동킥보드	수도권	22,290	22,040	23,160	22,497	6위	
9	P-CY-501	전기자전거	남부권	23,240	23,170	23,510	23,307	4위	많은 이용
10	R-CY-102	대여자전거	수도권	22,250	22,020	22,920	22,397	7위	
11	P-KB-305	전동킥보드	중부권	22,530	22,770	22,920	22,740	7위	
12	P-CY-503	전기자전거	수도권	22,370	22,620	22,780	22,590	9위	
13	'9월'의 최대값-최소값 차이				1,290건				
14	'종류'가 "전동킥보드"인 '9월'의 합계				92,890건				
15	'8월' 중 세 번째로 큰 값				23,030건				

《처리조건》

▶ ① 순위[H3:H12] : '9월'을 기준으로 큰 순으로 순위를 구하시오. **(RANK.EQ 함수)**

▶ ② 비고[I3:I12] : '평균'이 22800 이상이면 "많은 이용", 그렇지 않으면 공백으로 구하시오. **(IF 함수)**

▶ ③ 최대값-최소값[E13:G13] : '9월'의 최대값과 최소값의 차이를 구하시오. **(MAX, MIN 함수)**

▶ ④ 합계[E14:G14] : '종류'가 "전동킥보드"인 '9월'의 합계를 구하시오. **(DSUM 함수)**

▶ ⑤ 순위[E15:G15] : '8월' 중 세 번째로 큰 값을 구하시오. **(LARGE 함수)**

02 "매출현황" 시트를 참조하여 다음 《처리조건》에 맞도록 작업하시오. (50점)

숏츠(Shorts)

• 소스 파일 : 정복03_문제02.xlsx • 정답 파일 : 정복03_정답02.xlsx

《출력형태》

수도권 지역별 골프채 매출현황

제품 코드	종류	지역	2021년	2022년	2023년	평균	순위	비고
DR-001	드라이버	서울	16,610	16,790	17,020	16,807	7위	
WD-100	우드	경기	16,950	17,220	17,000	17,057	4위	매출우수
IR-200	아이언	서울	15,790	16,600	16,920	16,437	8위	
PT-500	퍼터	인천	16,700	16,800	16,830	16,777	6위	
DR-002	드라이버	경기	18,230	17,260	17,460	17,650	3위	매출우수
WD-101	우드	인천	17,140	17,180	17,390	17,237	5위	매출우수
IR-205	아이언	서울	17,410	17,800	17,700	17,637	2위	매출우수
DR-003	드라이버	인천	17,180	18,120	18,400	17,900	1위	매출우수
PT-505	퍼터	서울	16,890	16,240	16,770	16,633	10위	
IR-207	아이언	경기	15,810	16,460	17,190	16,487	9위	
'2023년'의 최대값-최소값 차이				1,630천원				
'지역'이 "서울"인 '2022년'의 평균				16,858천원				
'2022년' 중 세 번째로 작은 값				16,600천원				

《처리조건》

▶ ① 순위[H3:H12] : '2022년'을 기준으로 큰 순으로 순위를 구하시오. (**RANK.EQ 함수**)

▶ ② 비고[I3:I12] : '평균'이 17000 이상이면 "매출우수", 그렇지 않으면 공백으로 구하시오. (**IF 함수**)

▶ ③ 최대값-최소값[E13:G13] : '2023년'의 최대값과 최소값의 차이를 구하시오. (**MAX, MIN 함수**)

▶ ④ 평균[E14:G14] : '지역'이 "서울"인 '2022년'의 평균을 구하시오. (**DAVERAGE 함수**)

▶ ⑤ 순위[E15:G15] : '2022년' 중 세 번째로 작은 값을 구하시오. (**SMALL 함수**)

숏츠(Shorts)

03 "신청현황" 시트를 참조하여 다음 《처리조건》에 맞도록 작업하시오. (50점)

• 소스 파일 : 정복03_문제03.xlsx • 정답 파일 : 정복03정답03.xlsx

《출력형태》

지역별 온라인 강의 수강 신청현황

강좌코드	과목구분	지역	1분기	2분기	3분기	평균	순위	비고
K-U-003	국어	서울	110,090	119,480	124,270	117,947	5위	
E-U-107	영어	경기	111,440	120,030	112,850	114,773	8위	
M-U-301	수학	충청	160,940	133,560	110,790	135,097	9위	
H-U-710	한국사	강원	103,700	123,380	140,930	122,670	4위	
K-O-004	국어	경기	104,580	123,480	105,160	111,073	10위	
S-U-501	사회탐구	강원	158,950	189,300	171,810	173,353	1위	인기강좌
M-T-305	수학	경기	146,680	154,390	123,680	141,583	6위	인기강좌
S-K-520	사회탐구	서울	107,610	137,150	163,750	136,170	2위	
H-K-730	한국사	서울	136,470	112,730	157,020	135,407	3위	
E-Y-130	영어	충청	182,260	178,730	113,620	158,203	7위	인기강좌
'3분기'의 최대값-최소값 차이				66,650건				
'지역'이 "서울"인 '2분기'의 평균				123,120건				
'2분기' 중 세 번째로 큰 값				154,390건				

《처리조건》

▶ ① 순위[H3:H12] : '3분기'를 기준으로 큰 순으로 순위를 구하시오. **(RANK.EQ 함수)**

▶ ② 비고[I3:I12] : '평균'이 140000 이상이면 "인기강좌", 그렇지 않으면 공백으로 구하시오. **(IF 함수)**

▶ ③ 최대값-최소값[E13:G13] : '3분기'의 최대값과 최소값의 차이를 구하시오. **(MAX, MIN 함수)**

▶ ④ 평균[E14:G14] : '지역'이 "서울"인 '2분기'의 평균을 구하시오. **(DAVERAGE 함수)**

▶ ⑤ 순위[E15:G15] : '2분기' 중 세 번째로 큰 값을 구하시오. **(LARGE 함수)**

숏츠(Shorts)

04 "주문현황" 시트를 참조하여 다음 《처리조건》에 맞도록 작업하시오. (50점)

• 소스 파일 : 정복03_문제04.xlsx • 정답 파일 : 정복03_정답04.xlsx

《출력형태》

	A	B	C	D	E	F	G	H	I
1		거래처별 마스크 주문현황							
2	모델명	종류	거래처	1분기	2분기	3분기	평균	순위	비고
3	SG-F94-L	KF-94	미래의료	25,300	24,320	24,410	24,677	6위	
4	SG-F80-K	KF-80	다나메디	24,280	25,470	26,550	25,433	2위	많은 주문
5	SG-AD-K	KF-AD	메디올	23,280	25,360	24,260	24,300	9위	
6	SG-AD-D	KF-AD	그린메디	25,410	25,440	23,360	24,737	10위	
7	SG-F94-M	KF-94	다나메디	26,390	25,420	27,320	26,377	1위	많은 주문
8	SG-F80-W	KF-80	메디올	25,310	25,360	24,370	25,013	7위	많은 주문
9	SG-AD-L	KF-AD	미래의료	24,950	24,850	26,200	25,333	3위	많은 주문
10	SG-F80-L	KF-80	다나메디	25,330	25,250	25,240	25,273	5위	많은 주문
11	SG-F94-K	KF-94	메디올	23,070	25,400	24,330	24,267	8위	
12	SG-F80-M	KF-80	미래의료	25,300	25,470	25,440	25,403	4위	많은 주문
13	'3분기'의 최대값-최소값 차이				3,960건				
14	'거래처'가 "미래의료"인 '2분기'의 평균				24,880건				
15	'2분기' 중 세 번째로 작은 값				25,250건				

《처리조건》

▶ ① 순위[H3:H12] : '3분기'를 기준으로 큰 순으로 순위를 구하시오. **(RANK.EQ 함수)**

▶ ② 비고[I3:I12] : '평균'이 25000 이상이면 "많은 주문", 그렇지 않으면 공백으로 구하시오. **(IF 함수)**

▶ ③ 최대값-최소값[E13:G13] : '3분기'의 최대값과 최소값의 차이를 구하시오. **(MAX, MIN 함수)**

▶ ④ 평균[E14:G14] : '거래처'가 "미래의료"인 '2분기'의 평균을 구하시오. **(DAVERAGE 함수)**

▶ ⑤ 순위[E15:G15] : '2분기' 중 세 번째로 작은 값을 구하시오. **(SMALL 함수)**

★ 함수 부록 정리 ★

1 날짜/시간 함수

＊ 소스 파일 : 유형03_날짜&시간 함수_문제.xlsx ＊ 정답 파일 : 유형03_날짜&시간 함수_정답.xlsx

DATE

• 기능 : 특정한 날짜를 표시하기 위한 함수
• 형식 : =DATE(년, 월, 일)

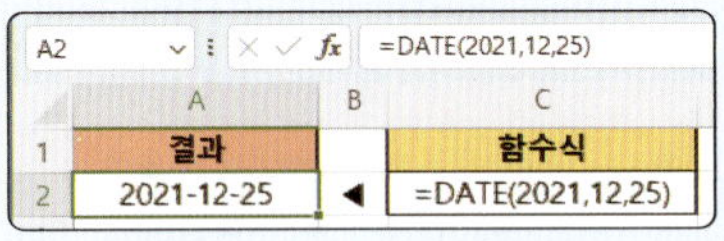
A2 =DATE(2021,12,25)

	A	B	C
1	결과		함수식
2	2021-12-25	◀	=DATE(2021,12,25)

TODAY

• 기능 : 현재의 날짜를 표시하기 위한 함수
• 형식 : =TODAY( )

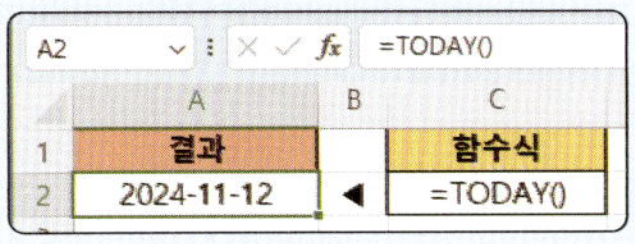
A2 =TODAY()

	A	B	C
1	결과		함수식
2	2024-11-12	◀	=TODAY()

YEAR

• 기능 : 특정 날짜나 날짜 일련번호(숫자)에서 연도만 추출해내는 함수
• 형식 : =YEAR("날짜" or 셀 주소)

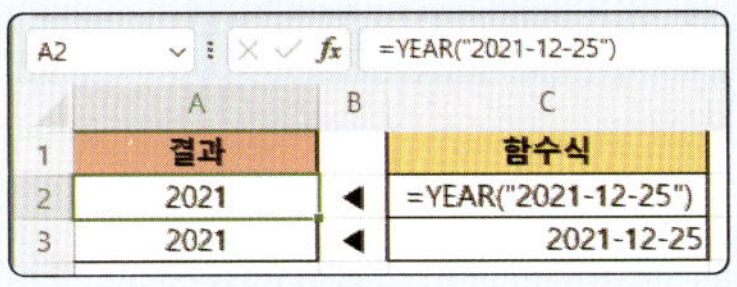
A2 =YEAR("2021-12-25")

	A	B	C
1	결과		함수식
2	2021	◀	=YEAR("2021-12-25")
3	2021	◀	2021-12-25

MONTH

• 기능 : '날짜'에서 '월'을 구하는 함수
• 형식 : =MONTH("날짜" or 셀 주소)

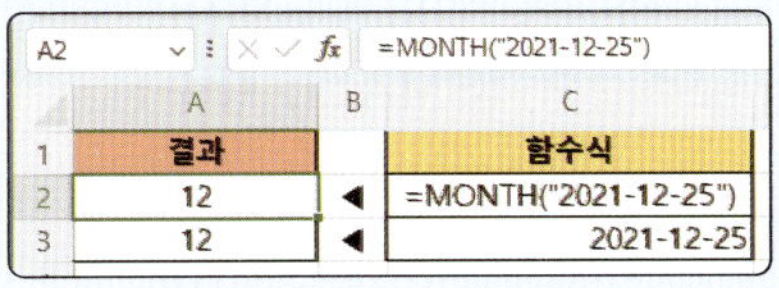
A2 =MONTH("2021-12-25")

	A	B	C
1	결과		함수식
2	12	◀	=MONTH("2021-12-25")
3	12	◀	2021-12-25

DAY

• 기능 : 특정 날짜나 날짜 일련번호(숫자)에서 일 단위(1~31)의 숫자만 추출하는 함수
• 형식 : =DAY("날짜" or 셀 주소)

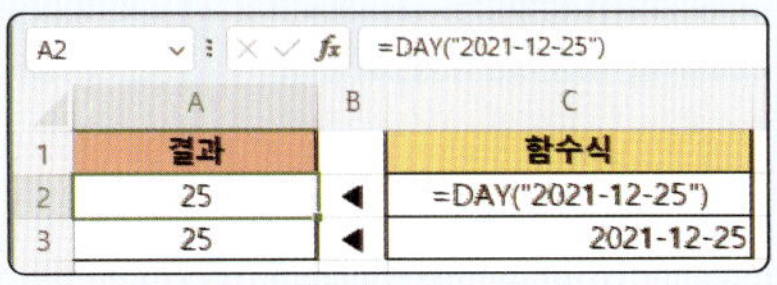
A2 =DAY("2021-12-25")

	A	B	C
1	결과		함수식
2	25	◀	=DAY("2021-12-25")
3	25	◀	2021-12-25

TIME

• 기능 : 특정한 시간을 표시하기 위한 함수
• 형식 : =TIME(시, 분, 초)

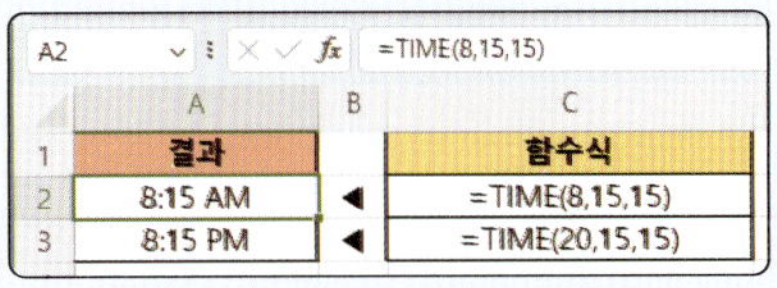
A2 =TIME(8,15,15)

	A	B	C
1	결과		함수식
2	8:15 AM	◀	=TIME(8,15,15)
3	8:15 PM	◀	=TIME(20,15,15)

HOUR

• 기능 : '시간(시/분/초)'에서 '시'에 해당하는 값을 구하는 함수
• 형식 : =HOUR("시간" or 셀 주소)

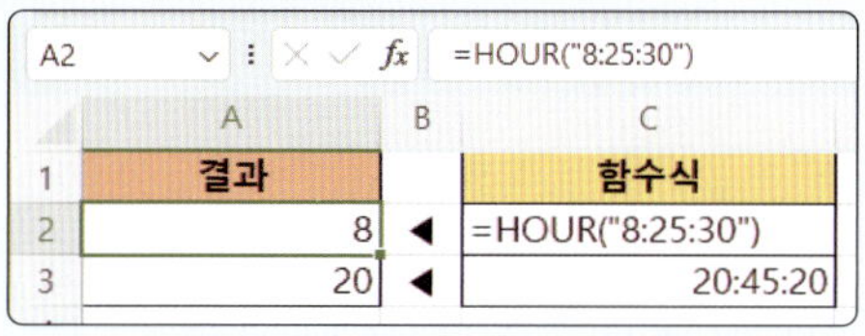
A2 =HOUR("8:25:30")

	A	B	C
1	결과		함수식
2	8	◀	=HOUR("8:25:30")
3	20	◀	20:45:20

MINUTE

• 기능 : '시간(시/분/초)'에서 '분'에 해당하는 값을 구하는 함수
• 형식 : =MINUTE("시간" or 셀 주소)

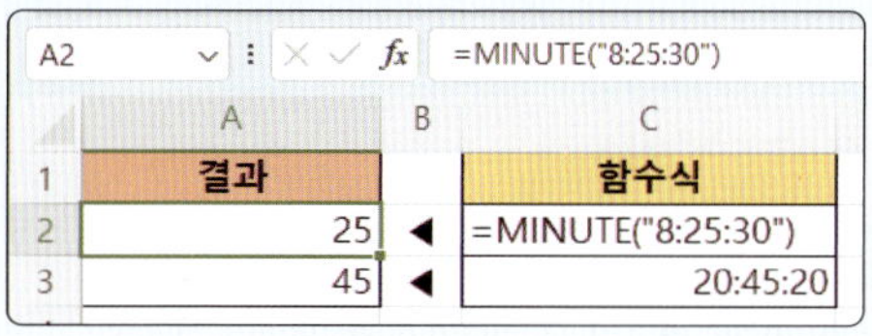
A2 =MINUTE("8:25:30")

	A	B	C
1	결과		함수식
2	25	◀	=MINUTE("8:25:30")
3	45	◀	20:45:20

SECOND

• 기능 : '시간(시/분/초)'에서 '초'에 해당하는 값을 구하는 함수
• 형식 : =SECOND("시간" or 셀 주소)

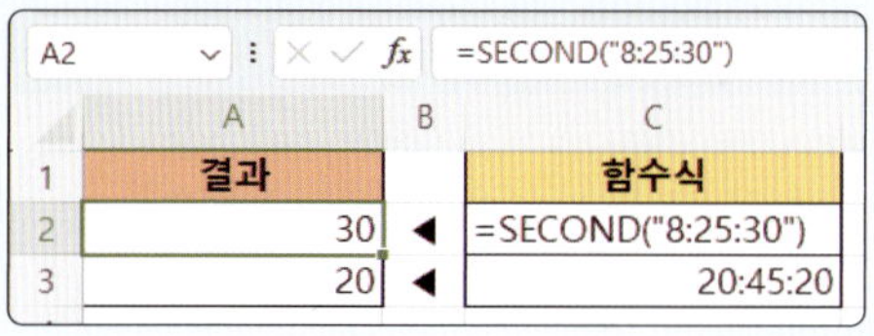
A2 =SECOND("8:25:30")

	A	B	C
1	결과		함수식
2	30	◀	=SECOND("8:25:30")
3	20	◀	20:45:20

2 수학/삼각 함수

* 소스 파일 : 유형03_수학&삼각 함수_문제.xlsx * 정답 파일 : 유형03_수학&삼각 함수_정답.xlsx

ROUND

• 기능 : 수를 지정한 자릿수로 반올림하는 함수
• 형식 : =ROUND(반올림할 수, 반올림할 자릿수)

반올림할 자릿수	의미	함수식
1	소수 둘째 자리에서 반올림하여 소수 첫째 자리를 구함	=ROUND(12345.123,1) = 12345.1
2	소수 셋째 자리에서 반올림하여 소수 둘째 자리를 구함	=ROUND(12345.123,2) = 12345.12
3	소수 넷째 자리에서 반올림하여 소수 셋째 자리를 구함	=ROUND(12345.1234,3) =12345.123
0	소수 첫째 자리에서 반올림하여 일의 자리를 구함	=ROUND(12345.123,0) = 12345
–1	정수 첫째 자리에서 반올림하여 십의 자리를 구함	=ROUND(12345,–1) = 12350
–2	정수 둘째 자리에서 반올림하여 백의 자리를 구함	=ROUND(12345,–2) = 12300
–3	정수 셋째 자리에서 반올림하여 천의 자리를 구함	=ROUND(12345,–3) = 12000

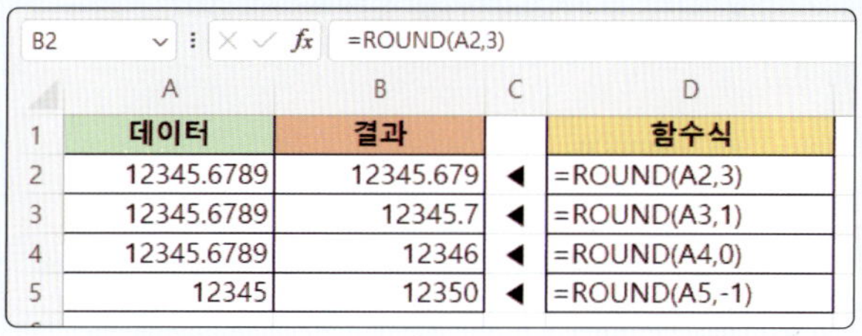
B2 =ROUND(A2,3)

	A	B	C	D
1	데이터	결과		함수식
2	12345.6789	12345.679	◀	=ROUND(A2,3)
3	12345.6789	12345.7	◀	=ROUND(A3,1)
4	12345.6789	12346	◀	=ROUND(A4,0)
5	12345	12350	◀	=ROUND(A5,-1)

ROUNDUP

- 기능 : 숫자를 지정한 자릿수로 올림하는 함수
- 형식 : =ROUNDUP(올림할 수, 올림할 자릿수)

B2 | =ROUNDUP(A2,3)

	A	B	C	D
1	데이터	결과		함수식
2	12345.6789	12345.679	◀	=ROUNDUP(A2,3)
3	12345.6789	12345.7	◀	=ROUNDUP(A3,1)
4	12345.6789	12346	◀	=ROUNDUP(A4,0)
5	12345	12350	◀	=ROUNDUP(A5,-1)

ROUNDDOWN

- 기능 : 숫자를 지정한 자릿수로 내림하는 함수
- 형식 : =ROUNDDOWN(내림할 수, 내림할 자릿수)

B2 | =ROUNDDOWN(A2,3)

	A	B	C	D
1	데이터	결과		함수식
2	12345.6789	12345.678	◀	=ROUNDDOWN(A2,3)
3	12345.6789	12345.6	◀	=ROUNDDOWN(A3,1)
4	12345.6789	12345	◀	=ROUNDDOWN(A4,0)
5	12345	12340	◀	=ROUNDDOWN(A5,-1)

SUM

- 기능 : 특정 범위(인수)의 합계를 구하는 함수
- 형식 : =SUM(셀 범위)
- 사용 예 : 국어, 영어, 수학 점수의 합계를 표시

E2 | =SUM(B2:D2)

	A	B	C	D	E	F	G
1	이름	국어	영어	수학	합계		함수식
2	최자두	85	75	80	240	◀	=SUM(B2:D2)
3	노진구	70	75	60	205	◀	=SUM(B3:D3)
4	홍길동	80	90	100	270	◀	=SUM(B4:D4)

ABS

- 기능 : 주어진 인수의 절댓값을 구하는 함수
- 형식 : =ABS(인수)

※ 플러스(+)와 마이너스(−) 부호에 관계없이 그 수의 크기를 표시한 것으로 +10과 −10은 같은 절댓값(10)을 갖습니다.

B2 | =ABS(A2)

	A	B	C	D
1	데이터	결과		함수식
2	-555	555	◀	=ABS(A2)
3	-777	777	◀	=ABS(A3)

INT

- 기능 : 소수점 아래를 버리고 가장 가까운 정수로 내림하는 함수
- 형식 : =INT(수치)

A2 | =INT(55.55)

	A	B	C
1	결과		함수식
2	55	◀	=INT(55.55)
3	-56	◀	=INT(-55.55)

3 통계 함수

＊ 소스 파일 : 유형03_통계 함수_문제.xlsx ＊ 정답 파일 : 유형03_통계 함수_정답.xlsx

AVERAGE

- 기능 : 특정 범위(인수)의 평균을 구하는 함수
- 형식 : =AVERAGE(셀 범위)
- 사용 예 : 국어, 영어, 수학 점수의 평균을 표시

E2 =AVERAGE(B2:D2)

	A	B	C	D	E	F	G
1	이름	국어	영어	수학	평균		함수식
2	최자두	85	75	80	80	◀	=AVERAGE(B2:D2)
3	노진구	70	75	60	68.33	◀	=AVERAGE(B3:D3)
4	홍길동	80	90	100	90	◀	=AVERAGE(B4:D4)

COUNT

- 기능 : 지정된 셀 범위에서 숫자(날짜 포함)가 입력된 셀의 개수를 구하는 함수
- 형식 : =COUNT(셀 범위)
- 사용 예 : [B2:E4] 영역에서 숫자가 입력된 셀의 개수를 표시

E5 =COUNT(B2:E4)

	A	B	C	D	E	F	G
1	이름	국어	영어	수학	과제물		
2	최자두	85	75	80	제출		
3	노진구	70	75	60	미제출		
4	홍길동	80	90	100	제출		함수식
5	숫자가 입력된 셀의 개수				9	◀	=COUNT(B2:E4)

COUNTA

- 기능 : 지정된 셀 범위에서 공백을 제외한 모든(문자, 숫자, 논리값 등) 셀의 개수를 구하는 함수
- 형식 : =COUNTA(셀 범위)
- 사용 예 : [B2:E4] 영역에서 공백을 제외한 모든 셀의 개수를 표시

E5 =COUNTA(B2:E4)

	A	B	C	D	E	F	G
1	이름	국어	영어	수학	과제물		
2	최자두	85	75	80			
3	노진구				결석		
4	홍길동	80	90	100			함수식
5	숫자가 입력된 셀의 개수				7	◀	=COUNTA(B2:E4)

MEDIAN

- 기능 : 지정된 셀 범위에서 중간에 위치한 값을 구하는 함수
- 형식 : =MEDIAN(셀 범위)
- 사용 예 : 국어, 영어, 수학, 과제물 점수의 중간값을 표시

F2 =MEDIAN(B2:E2)

	A	B	C	D	E	F	G	H
1	이름	국어	영어	수학	과제물	중간값		함수식
2	최자두	85	75	80	80	80	◀	=MEDIAN(B2:E2)
3	노진구	70	75	60	80	72.5	◀	=MEDIAN(B3:E3)
4	홍길동	80	90	100	60	85	◀	=MEDIAN(B4:E4)

MODE	• 기능 : 가장 많이 나오는(빈도수가 높은) 값을 구하는 함수 • 형식 : =MODE(셀 범위) • 사용 예 : 국어, 영어, 수학, 과제물 점수의 최빈값 표시

F2 =MODE(B2:E2)

	A	B	C	D	E	F	G	H
1	이름	국어	영어	수학	과제물	최빈값		함수식
2	최자두	85	75	80	80	80	◀	=MODE(B2:E2)
3	노진구	60	75	60	80	60	◀	=MODE(B3:E3)
4	홍길동	80	90	100	100	100	◀	=MODE(B4:E4)

4 찾기/참조 함수

＊ 소스 파일 : 유형03_찾기&참조 함수_문제.xlsx ＊ 정답 파일 : 유형03_찾기&참조 함수_정답.xlsx

INDEX	• 기능 : 셀 범위에서 행 번호와 열 번호가 교차하는 값을 구해주는 함수 • 형식 : =INDEX(셀 범위, 행 번호, 열 번호) • 사용 예 : 학년과 봉사 횟수를 찾아서 해당하는 가산점을 표시

D2 =INDEX($B$10:$D$12,B2,C2)

	A	B	C	D	E	F
1	이름	학년	봉사횟수	가산점		함수식
2	최자두	1	2	2점	◀	=INDEX($B$10:$D$12,B2,C2)
3	노진구	2	3	4점	◀	=INDEX($B$10:$D$12,B3,C3)
4	홍길동	3	3	5점	◀	=INDEX($B$10:$D$12,B4,C4)
5	오세현	2	2	3점	◀	=INDEX($B$10:$D$12,B5,C5)
6	정선희	1	1	1점	◀	=INDEX($B$10:$D$12,B6,C6)
7						
8	가산점					
9	구분	1회	2회	3회		
10	1학년	1점	2점	3점		
11	2학년	2점	3점	4점		
12	3학년	3점	4점	5점		

MATCH	• 기능 : 배열에서 지정된 값과 일치하는 항목의 상대 위치를 표시하는 함수 • 형식 : =MATCH(찾을 값, 찾을 범위, 찾을 방법) • 사용 예 : 점수를 기준으로 상대 위치를 표시

D2 =MATCH(C2,$B$9:B$11,0)

	A	B	C	D	E	F
1	이름	봉사횟수	점수	위치		함수식
2	최자두	1	10점	3	◀	=MATCH(C2,$B$9:B$11,0)
3	노진구	2	20점	2	◀	=MATCH(C3,$B$9:B$11,0)
4	홍길동	3	30점	1	◀	=MATCH(C4,$B$9:B$11,0)
5	오세현	1	10점	3	◀	=MATCH(C5,$B$9:B$11,0)
6						
7	가산점					
8	구분	점수				
9	3회	30점				
10	2회	20점				
11	1회	10점				

5 데이터베이스 함수

＊ 소스 파일 : 유형03_데이터베이스 함수_문제.xlsx ＊ 정답 파일 : 유형03_데이터베이스 함수_정답.xlsx

DCOUNT

- 기능 : 데이터베이스 필드(열)에서 조건에 만족하는 숫자가 들어있는 셀의 개수를 구하는 함수
- 형식 : =DCOUNT(데이터베이스, 필드(열) 제목, 조건범위)
- 사용 예 : 총점이 '250'점 이상인 학생의 인원을 계산

E9 =DCOUNT(A1:E6,E1,D8:D9)

	A	B	C	D	E	F	G
1	이름	국어	영어	수학	총점		
2	최자두	85	75	80	240		
3	노진구	70	75	60	205		
4	홍길동	80	90	100	270		
5	오세현	90	90	80	260		
6	정선희	75	85	65	225		
7							
8				총점	인원		함수식
9				>=250	2	◀	=DCOUNT(A1:E6,E1,D8:D9)

DCOUNTA

- 기능 : 데이터베이스 필드(열)에서 조건에 만족하는 셀 중 공백을 제외한 셀의 개수를 구하는 함수
- 형식 : =DCOUNTA(데이터베이스, 필드(열) 제목, 조건범위)
- 사용 예 : 평가가 '우수'인 학생의 인원수를 계산

E9 =DCOUNTA(A1:F6,F1,D8:D9)

	A	B	C	D	E	F	G
1	이름	국어	영어	수학	총점	평가	
2	최자두	85	75	80	240	우수	
3	노진구	70	75	60	205	보통	
4	홍길동	80	90	100	270	우수	
5	오세현	90	90	80	260	우수	
6	정선희	75	85	65	225	보통	
7							
8				평가	인원		함수식
9				우수	3	◀	=DCOUNTA(A1:F6,F1,D8:D9)

DMAX

- 기능 : 데이터베이스 필드(열)에서 조건에 만족하는 값 중 최고값을 구하는 함수
- 형식 : =DMAX(데이터베이스, 필드(열) 제목, 조건범위)
- 사용 예 : 학년이 '4학년'인 학생 중 최고 총점을 표시

F9 =DMAX(A1:F6,F1,E8:E9)

	A	B	C	D	E	F	G	H
1	학년	이름	국어	영어	수학	총점		
2	3학년	최자두	85	75	80	240		
3	4학년	노진구	70	75	60	205		
4	3학년	홍길동	80	90	100	270		
5	4학년	오세현	90	90	80	260		
6	4학년	정선희	75	85	65	225		
7								
8					학년	최고 총점		함수식
9					4학년	260	◀	=DMAX(A1:F6,F1,E8:E9)

DMIN

- 기능 : 데이터베이스 필드(열)에서 조건에 만족하는 값 중 최저값을 구하는 함수
- 형식 : =DMIN(데이터베이스, 필드(열) 제목, 조건범위)
- 사용 예 : 학년이 '4학년'인 학생 중 최저 총점을 표시

F9 | fx =DMIN(A1:F6,F1,E8:E9)

	A	B	C	D	E	F	G	H
1	학년	이름	국어	영어	수학	총점		
2	3학년	최자두	85	75	80	240		
3	4학년	노진구	70	75	60	205		
4	3학년	홍길동	80	90	100	270		
5	4학년	오세현	90	90	80	260		
6	4학년	정선희	75	85	65	225		
7								
8					학년	최저 총점		함수식
9					4학년	205	◀	=DMIN(A1:F6,F1,E8:E9)

6 텍스트 함수

＊ 소스 파일 : 유형03_텍스트 함수_문제.xlsx ＊ 정답 파일 : 유형03_텍스트 함수_정답.xlsx

LEFT

- 기능 : 문자열의 왼쪽에서 원하는 수만큼의 문자를 표시해 주는 함수
- 형식 : =LEFT(문자열, 추출할 문자수)
- 사용 예 : 왼쪽부터 3개의 문자열을 추출하여 표시

B2 | fx =LEFT(A2,3)

	A	B	C	D
1	데이터	결과		함수식
2	노진구&도라에몽	노진구	◀	=LEFT(A2,3)

RIGHT

- 기능 : 문자열의 오른쪽에서 원하는 수만큼의 문자를 표시해 주는 함수
- 형식 : =RIGHT(문자열, 추출할 문자수)
- 사용 예 : 오른쪽부터 4개의 문자열을 추출하여 표시

B2 | fx =RIGHT(A2,4)

	A	B	C	D
1	데이터	결과		함수식
2	노진구&도라에몽	도라에몽	◀	=RIGHT(A2,4)

MID

- 기능 : 문자열의 시작 위치와 추출할 문자의 수를 지정하여 문자를 표시해 주는 함수
- 형식 : =MID(문자열, 시작 위치, 추출할 문자의 수)
- 사용 예 : 왼쪽 4번째부터 1개의 문자를 추출하여 표시

B2 | fx =MID(A2,4,1)

	A	B	C	D
1	데이터	결과		함수식
2	노진구&도라에몽	&	◀	=MID(A2,4,1)

7 논리 함수

＊ 소스 파일 : 유형03_논리 함수_문제.xlsx ＊ 정답 파일 : 유형03_논리 함수_정답.xlsx

중첩IF

- 기능 : IF 함수의 조건이 2개 이상일 때 2개 이상의 IF 함수를 사용하여 '참(TRUE)'과 '거짓(FALSE)'의 값을 표시하는 함수
- 형식 : =IF(조건, 참일 때, IF(조건, 참일 때, 거짓일 때)...)
- 사용 예 : 평균이 90 이상이면 '최우수', 80 이상이면 '우수', 나머지는 '보통'으로 표시

F2 fx =IF(E2>=90,"최우수",IF(E2>=80,"우수","보통"))

	A	B	C	D	E	F	G	H
1	이름	국어	영어	수학	평균	결과		함수식
2	최자두	85	75	80	80	우수	◀	=IF(E2>=90,"최우수",IF(E2>=80,"우수","보통"))
3	노진구	70	75	60	68	보통	◀	=IF(E3>=90,"최우수",IF(E3>=80,"우수","보통"))
4	홍길동	80	90	100	90	최우수	◀	=IF(E4>=90,"최우수",IF(E4>=80,"우수","보통"))
5	오세현	90	90	80	87	우수	◀	=IF(E5>=90,"최우수",IF(E5>=80,"우수","보통"))

AND

- 기능 : 모든 조건을 만족하면 '참'을 그렇지 않으면 '거짓'을 표시하는 함수
- 형식 : =AND(조건1, 조건2, ... 조건30)
- 사용 예 : 국어, 영어, 수학 점수가 모두 80 이상일 경우 '우수', 그렇지 않을 경우 '노력'으로 표시

F2 fx =IF(AND(B2>=80,C2>=80,D2>=80),"우수","보통")

	A	B	C	D	E	F	G	H
1	이름	국어	영어	수학	평균	결과		함수식
2	최자두	85	75	80	80	보통	◀	=IF(AND(B2>=80,C2>=80,D2>=80),"우수","보통")
3	노진구	70	75	60	68	보통	◀	=IF(AND(B3>=80,C3>=80,D3>=80),"우수","보통")
4	홍길동	80	90	100	90	우수	◀	=IF(AND(B4>=80,C4>=80,D4>=80),"우수","보통")
5	오세현	90	90	80	87	우수	◀	=IF(AND(B5>=80,C5>=80,D5>=80),"우수","보통")

OR

- 기능 : 한 개의 조건이라도 만족하면 '참'을 그렇지 않으면 '거짓'을 표시하는 함수
- 형식 : =OR(조건1, 조건2, ... 조건30)
- 사용 예 : 국어, 영어, 수학 점수 중 하나라도 100 이상일 경우 '최우수', 그렇지 않을 경우 '빈칸'으로 표시

F2 fx =IF(OR(B2>=100,C2>=100,D2>=100),"최우수","")

	A	B	C	D	E	F	G	H
1	이름	국어	영어	수학	평균	결과		함수식
2	최자두	85	75	80	80		◀	=IF(OR(B2>=100,C2>=100,D2>=100),"최우수","")
3	노진구	70	75	60	68		◀	=IF(OR(B3>=100,C3>=100,D3>=100),"최우수","")
4	홍길동	80	90	100	90	최우수	◀	=IF(OR(B4>=100,C4>=100,D4>=100),"최우수","")
5	오세현	90	90	80	87		◀	=IF(OR(B5>=100,C5>=100,D5>=100),"최우수","")

NOT

- 기능 : 조건식의 결과 값을 반대로 표시하는 함수
- 형식 : =NOT(조건)
- 사용 예 : 평균이 80 이상이면 '합격' 그렇지 않으면 '불합격'으로 표시

F2 fx =IF(NOT(E2>=80),"불합격","합격")

	A	B	C	D	E	F	G	H
1	이름	국어	영어	수학	평균	결과		함수식
2	최자두	85	75	80	80	합격	◀	=IF(NOT(E2>=80),"불합격","합격")
3	노진구	70	75	60	68	불합격	◀	=IF(NOT(E3>=80),"불합격","합격")
4	홍길동	80	90	100	90	합격	◀	=IF(NOT(E4>=80),"불합격","합격")
5	오세현	90	90	80	87	합격	◀	=IF(NOT(E5>=80),"불합격","합격")

Chapter 4

데이터 정렬과 부분합

- ☑ 데이터 정렬하기
- ☑ 부분합 및 그룹 설정하기

문제 미리보기

소스 파일 : 유형04_문제.xlsx **정답 파일** : 유형04_정답.xlsx

부분합 작성

【문제 2】 "부분합" 시트를 참조하여 다음 《처리조건》에 맞도록 작업하시오. (30점)

《출력형태》

	A	B	C	D	E	F	G
1							
2	단과대학	학과	구분	2021년	2022년	2023년	3년 총계
3	공과대학	재료공학과	학부모	21,000	19,000	16,000	56,000
4	공과대학	기계공학과	학부모	38,000	43,000	42,000	123,000
5	공과대학	전기공학과	재학생	29,000	36,000	47,000	112,000
6	공과대학	건축공학과	교직원	42,000	33,000	36,000	111,000
7	공과대학 최대						123,000
8	공과대학 요약			130,000	131,000	141,000	
9	인문대학	국문학과	졸업동문	46,000	22,000	19,500	87,500
10	인문대학	영문학과	학부모	15,000	32,000	19,000	66,000
11	인문대학	불문학과	졸업동문	14,000	21,000	16,300	51,300
12	인문대학 최대						87,500
13	인문대학 요약			75,000	75,000	54,800	
14	자연과학대학	수학과	재학생	22,000	23,000	28,000	73,000
15	자연과학대학	화학과	교직원	51,000	52,000	12,000	115,000
16	자연과학대학	물리학과	학부모	43,000	37,000	51,000	131,000
17	자연과학대학 최대						131,000
18	자연과학대학 요약			116,000	112,000	91,000	
19	전체 최대값						131,000
20	총합계			321,000	318,000	286,800	

《처리조건》

- ▶ 데이터를 '단과대학' 기준으로 오름차순 정렬하시오.
- ▶ 아래 조건에 맞는 부분합을 작성하시오.
  - – '단과대학'으로 그룹화하여 '2021년', '2022년', '2023년'의 합계를 구하는 부분합을 만드시오.
  - – '단과대학'으로 그룹화하여 '3년 총계'의 최대를 구하는 부분합을 만드시오. (새로운 값으로 대치하지 말 것)
  - – [D3:G20] 영역에 셀 서식의 표시 형식–숫자를 이용하여 1000 단위 구분 기호를 표시하시오.
- ▶ D~F열을 선택하여 그룹을 설정하시오.
- ▶ 합계와 최대의 부분합 순서는 《출력형태》와 다를 수 있음
- ▶ 지시사항이 없는 경우는 기본 값을 적용하시오.

STEP 1 데이터 정렬하기

▶ 데이터를 '단과대학' 기준으로 오름차순 정렬하시오.

① [파일]–[열기](Ctrl+O)를 클릭한 후, [찾아보기]를 클릭합니다. [열기] 대화상자가 나오면 **'유형04_문제.xlsx'** 파일을 불러와 **[부분합]** 시트를 선택합니다.

② [A2] 셀을 클릭한 후 **[데이터] 탭의 [정렬 및 필터] 그룹**에서 **'텍스트 오름차순 정렬(⇅)'**을 클릭합니다.

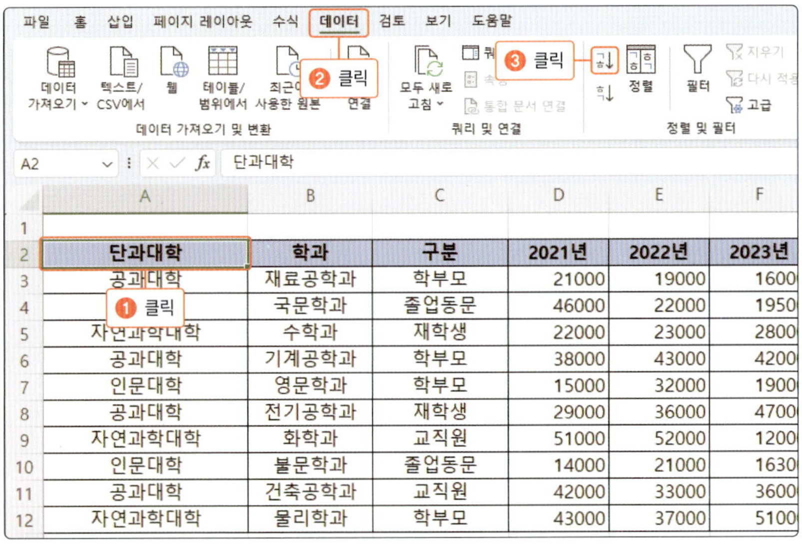

HELPFUL TIPS! 오름차순 정렬과 내림차순 정렬

오름차순 정렬 순서(내림차순은 반대)

- **오름차순 정렬** : 숫자(1,2,3…순) → 특수문자 → 영문(A→Z순) → 한글(ㄱ→ㅎ순) → 논리값 → 오류값 → 공백 셀(빈 셀)
- 공백 셀(빈 셀)은 오름/내림차순에 상관없이 항상 마지막에 정렬

정렬 기준이 하나인 경우(⇅, ⇅)

정렬 기준이 하나인 경우 셀 포인터를 정렬하고자 하는 셀에 위치시키고 [데이터] 탭–[정렬 및 필터] 그룹에서 '텍스트 오름차순 정렬(⇅)'과 '텍스트 내림차순 정렬(⇅)'을 이용합니다.

정렬 기준이 하나 이상인 경우(정렬)

정렬 기준이 하나 이상인 경우 [데이터] 탭의 [정렬 및 필터] 그룹에서 '정렬'을 이용합니다.

STEP 2

부분합 만들기

▶ 이래 조건에 맞는 부분합을 작성하시오.
- '단과대학'으로 그룹화하여 '2021년', '2022년', '2023년'의 합계를 구하는 부분합을 만드시오.
- '단과대학'으로 그룹화하여 '3년 총계'의 최대를 구하는 부분합을 만드시오. (새로운 값으로 대치하지 말 것)
- [D3:G20] 영역에 셀 서식의 표시 형식-숫자를 이용하여 1000 단위 구분 기호를 표시하시오.

❶ [A2] 셀을 클릭한 후 **[데이터] 탭**의 **[개요] 그룹**에서 **'부분합( )'**을 클릭합니다.

※ 부분합 작성 시 데이터 범위([A2:G12])를 드래그하거나, [A2:G12] 영역 안에 한 개의 셀만 선택한 후 작업해야 합니다.

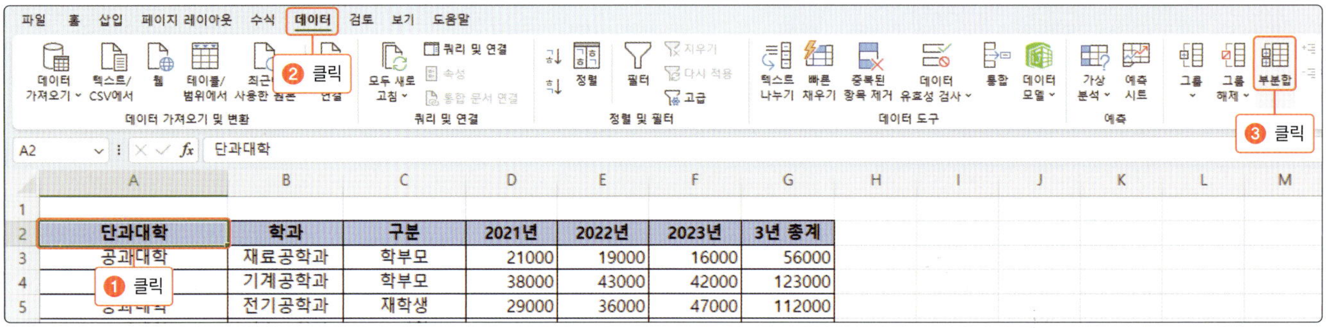

❷ [부분합] 대화상자가 나오면 《처리조건》을 참고하여 그룹화할 항목에 **'단과대학'**, 사용할 함수에 **'합계'**, 부분합 계산 항목에 **'2021년, 2022년, 2023년'**을 지정한 후 〈확인〉 단추를 클릭합니다.

※ 만약, '부분합 계산 항목'에 이미 선택된 계산 항목(예 : 3년 총계)이 있을 경우 《처리조건》에 상관없이 불필요하다면 반드시 체크(✓) 표시를 해제합니다.

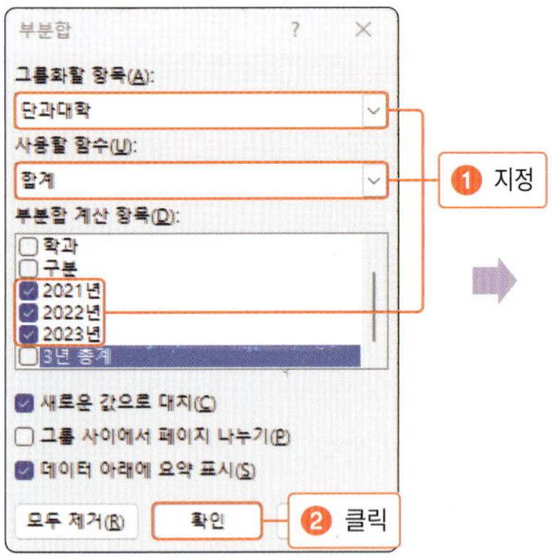

HELPFUL TIPS!

[부분합] 대화상자

❶ **그룹화할 항목** : 데이터를 그룹화할 항목을 선택
❷ **사용할 함수** : 그룹화된 데이터의 계산 방법을 선택
❸ **부분합 계산 항목** : 그룹화된 데이터에서 계산할 항목(필드)을 선택
❹ **새로운 값으로 대치** : 이전 부분합을 지우고 새롭게 계산된 부분합으로 바꾸어 표시
❺ **그룹 사이에 페이지 나누기** : 부분합이 계산된 그룹을 각 페이지 별로 분리
❻ **데이터 아래에 요약 표시** : 그룹별로 부분합이 구해져 그 결과값이 해당 그룹 아래에 표시
❼ **〈모두 제거〉 단추** : 부분합 결과를 모두 제거

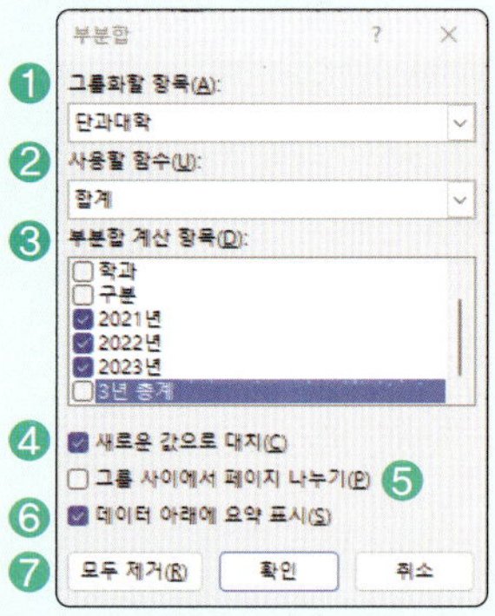

③ 이어서, **2차 부분합을 생성**하기 위해 다시 **[데이터] 탭**의 **[개요] 그룹**에서 **'부분합(▦)'**을 클릭합니다.

④ [부분합] 대화상자가 나오면 그룹화할 항목에 **'단과대학'**, 사용할 함수에 **'최대'**, 부분합 계산 항목에 **'3년 총계'**를 지정한 후 **'새로운 값으로 대치'** 항목의 **체크 표시(✓)를 반드시 해제**하고 〈확인〉 단추를 클릭합니다.

※ 부분합을 잘 못 만들었을 경우 [부분합] 대화상자의 〈모두 제거〉를 클릭한 후 처음부터 다시 작업합니다. 부분합을 처음부터 다시 만들 때는 '정렬 확인 → 1차 부분합 → 2차 부분합' 순서로 작업합니다.

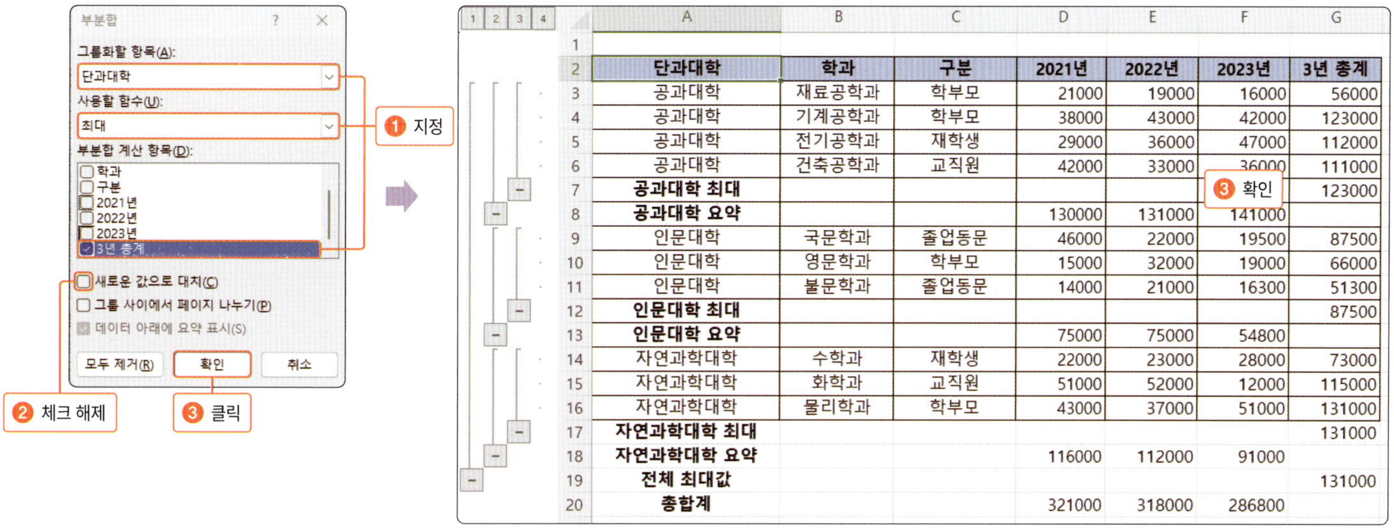

> **HELPFUL TIPS!**
>
> **중첩 부분합 작성시 알아두기**
>
> **중첩 부분합(2차 부분합 생성시)** : 중첩 부분합(2차 부분합)을 생성하기 위해서는 1차 부분합 범위 내에서 임의의 셀을 하나만 선택한 후 작업해야 하며, 반드시 '새로운 값으로 대치' 항목의 체크 표시(✓)를 해제해 주어야 합니다. 만일, 해제하지 않을 경우 1차 부분합 결과는 사라지고 2차 부분합 결과만 표시됩니다.

⑤ 2차 부분합이 완성되면 **[D3:G20] 영역**을 드래그한 후 영역으로 지정된 셀 범위 위에서 마우스 오른쪽 단추를 눌러 바로 가기 메뉴가 나오면 **[셀 서식]**을 클릭합니다.(셀 서식 바로 가기 키 : **Ctrl**+**1**)

※ 부분합의 순서(최대→합계 / 합계→최대)는 《출력형태》와 다를 수 있습니다.

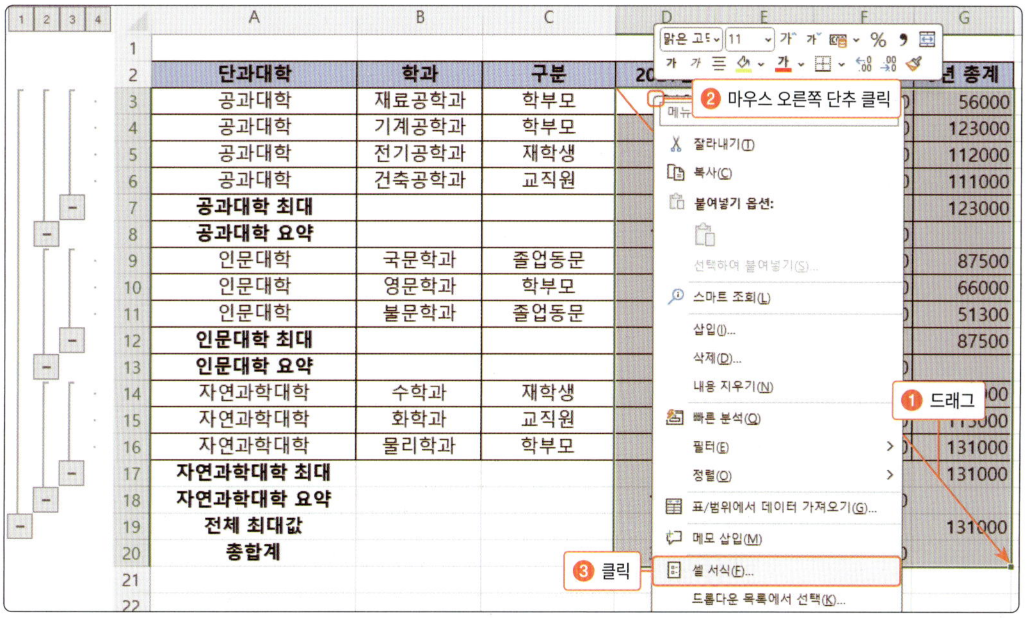

⑥ [셀 서식] 대화상자가 나오면 **[표시 형식] 탭**의 범주에서 **'숫자'**를 선택합니다. 이어서, **'1000 단위 구분 기호(,) 사용'**에 **체크 표시(✓)를 지정**한 후 〈확인〉 단추를 클릭합니다.

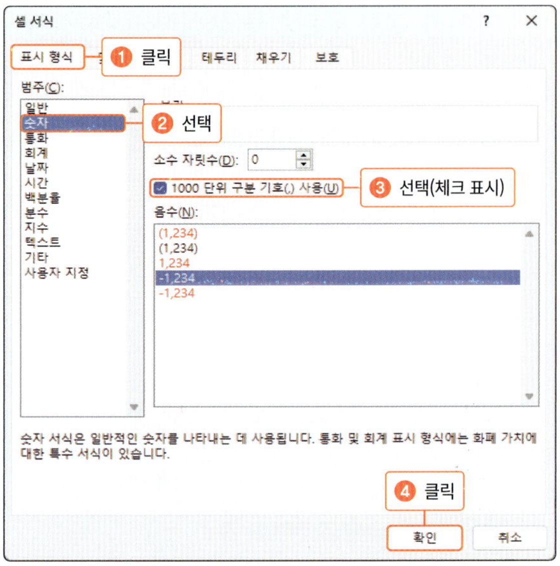

STEP 3

그룹 설정하기

▶ D~F열을 선택하여 그룹을 설정하시오.

① 《처리조건》을 참고하여 **D열 머리글**에서부터 **F열 머리글**까지 드래그하여 범위를 지정합니다.

② **[데이터] 탭**의 **[개요] 그룹**에서 **'그룹'**을 클릭합니다.

③ 임의의 셀을 클릭하여 그룹이 설정된 것을 확인합니다.

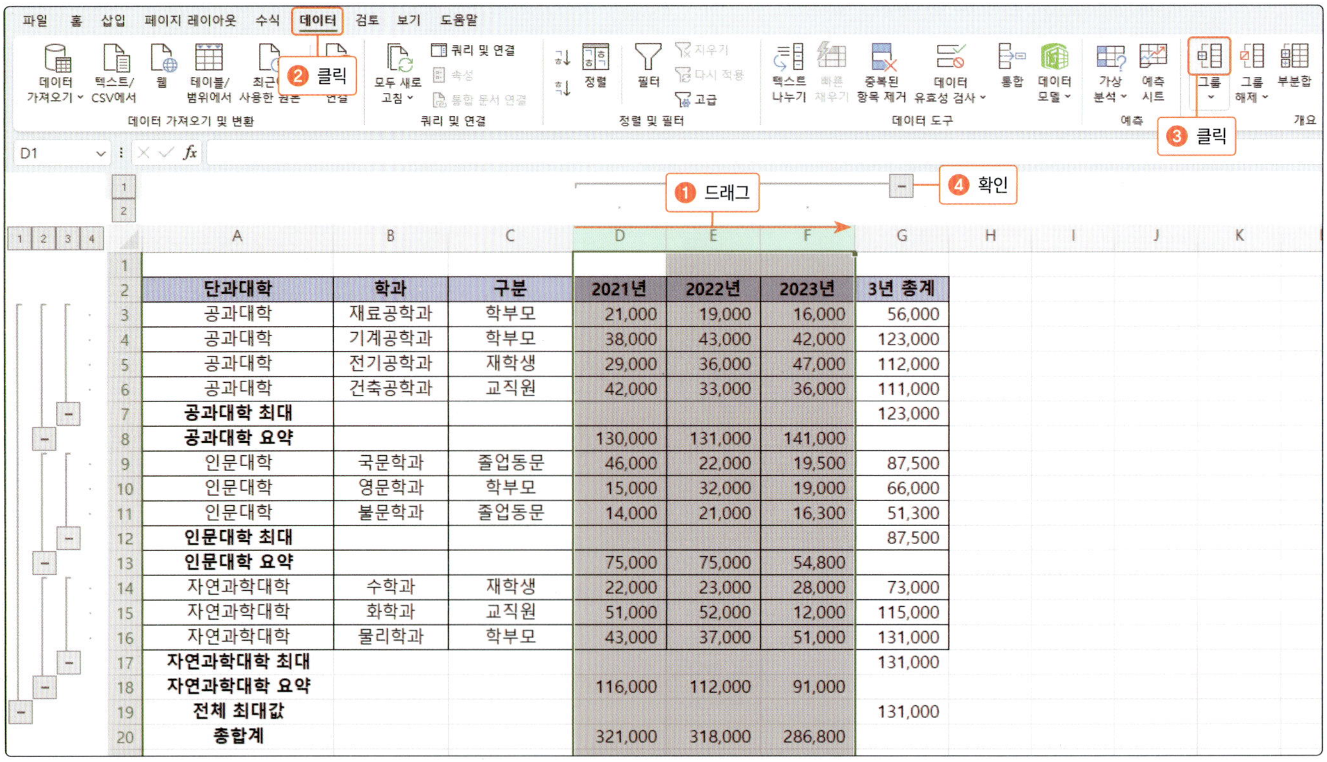

단과대학	학과	구분	2021년	2022년	2023년	3년 총계
공과대학	재료공학과	학부모	21,000	19,000	16,000	56,000
공과대학	기계공학과	학부모	38,000	43,000	42,000	123,000
공과대학	전기공학과	재학생	29,000	36,000	47,000	112,000
공과대학	건축공학과	교직원	42,000	33,000	36,000	111,000
공과대학 최대						123,000
공과대학 요약			130,000	131,000	141,000	
인문대학	국문학과	졸업동문	46,000	22,000	19,500	87,500
인문대학	영문학과	학부모	15,000	32,000	19,000	66,000
인문대학	불문학과	졸업동문	14,000	21,000	16,300	51,300
인문대학 최대						87,500
인문대학 요약			75,000	75,000	54,800	
자연과학대학	수학과	재학생	22,000	23,000	28,000	73,000
자연과학대학	화학과	교직원	51,000	52,000	12,000	115,000
자연과학대학	물리학과	학부모	43,000	37,000	51,000	131,000
자연과학대학 최대						131,000
자연과학대학 요약			116,000	112,000	91,000	
전체 최대값						131,000
총합계			321,000	318,000	286,800	

④ 부분합이 완성되면 《출력형태》와 동일한지 확인합니다.

※ 합계와 최대 부분합의 순서는 《출력형태》와 다를 수 있습니다.

	A	B	C	D	E	F	G
1							
2	단과대학	학과	구분	2021년	2022년	2023년	3년 총계
3	공과대학	재료공학과	학부모	21,000	19,000	16,000	56,000
4	공과대학	기계공학과	학부모	38,000	43,000	42,000	123,000
5	공과대학	전기공학과	재학생	29,000	36,000	47,000	112,000
6	공과대학	건축공학과	교직원	42,000	33,000	36,000	111,000
7	**공과대학 최대**						123,000
8	**공과대학 요약**			130,000	131,000	141,000	
9	인문대학	국문학과	졸업동문	46,000	22,000	19,500	87,500
10	인문대학	영문학과	학부모	15,000	32,000	19,000	66,000
11	인문대학	불문학과	졸업동문	14,000	21,000	16,300	51,300
12	**인문대학 최대**						87,500
13	**인문대학 요약**			75,000	75,000	54,800	
14	자연과학대학	수학과	재학생	22,000	23,000	28,000	73,000
15	자연과학대학	화학과	교직원	51,000	52,000	12,000	115,000
16	자연과학대학	물리학과	학부모	43,000	37,000	51,000	131,000
17	**자연과학대학 최대**						131,000
18	**자연과학대학 요약**			116,000	112,000	91,000	
19	**전체 최대값**						131,000
20	**총합계**			321,000	318,000	286,800	

입력 값이 잘리거나 '###'인 경우

부분합을 작성한 후 글자가 잘리거나, '###'으로 나올 경우에는 《출력형태》를 참고하여 모든 글자와 숫자가 보이도록 열과 열 사이를 더블클릭합니다.

더블 클릭

	A	B	C	D	E	F	G
1							
2	단과대학	학과	구분	2021년	2022년	2023년	3년 총계
3	공과대학	재료공학과	학부모	21,000	19,000	16,000	####
4	공과대학	기계공학과	학부모	38,000	43,000	42,000	####
5	공과대학	전기공학과	재학생	29,000	36,000	47,000	####
6	공과대학	건축공학과	교직원	42,000	33,000	36,000	####
7	**공과대학 최대**						####
8	**공과대학 요약**			130,000	131,000	141,000	

⑤ 부분합 작업이 끝나면 **[파일]−[저장]**(**Ctrl**+**S**) 또는 [빠른 실행 도구 모음]에서 **'저장(💾)'**을 클릭합니다.

※ 실제 시험을 볼 때 작업 도중에 수시로(10분에 한 번 정도) 저장을 하는 것이 좋습니다.

숏츠(Shorts)

01 "부분합" 시트를 참조하여 다음 《처리조건》에 맞도록 작업하시오. (30점)

• 소스 파일 : 정복04_문제01.xlsx • 정답 파일 : 정복04_정답01.xlsx

《출력형태》

	A	B	C	D	E	F	G
1							
2	모델명	종류	권역	7월	8월	9월	평균
3	R-CY-100	대여자전거	중부권	22,580	22,890	23,270	22,913
4	R-CY-101	대여자전거	수도권	22,720	22,950	23,850	23,173
5	R-CY-102	대여자전거	수도권	22,250	22,020	22,920	22,397
6		대여자전거 최대			22,950	23,850	
7		대여자전거 평균		22,517	22,620		
8	P-CY-500	전기자전거	수도권	23,120	23,030	23,570	23,240
9	P-CY-501	전기자전거	남부권	23,240	23,170	23,510	23,307
10	P-CY-503	전기자전거	수도권	22,370	22,620	22,780	22,590
11		전기자전거 최대			23,170	23,570	
12		전기자전거 평균		22,910	22,940		
13	P-KB-300	전동킥보드	중부권	23,100	23,590	24,050	23,580
14	P-KB-301	전동킥보드	남부권	22,120	22,390	22,760	22,423
15	P-KB-303	전동킥보드	수도권	22,290	22,040	23,160	22,497
16	P-KB-305	전동킥보드	중부권	22,530	22,770	22,920	22,740
17		전동킥보드 최대			23,590	24,050	
18		전동킥보드 평균		22,510	22,698		
19		전체 최대값			23,590	24,050	
20		전체 평균		22,632	22,747		

《처리조건》

▶ 데이터를 '종류' 기준으로 오름차순 정렬하시오.

▶ 아래 조건에 맞는 부분합을 작성하시오.
- '종류'로 그룹화하여 '7월', '8월'의 평균을 구하는 부분합을 만드시오.
- '종류'로 그룹화하여 '8월', '9월'의 최대를 구하는 부분합을 만드시오.
  (새로운 값으로 대치하지 말 것)
- [D3:G20] 영역에 셀 서식의 표시 형식-숫자를 이용하여 1000 단위 구분 기호를 표시하시오.

▶ D~G열을 선택하여 그룹을 설정하시오.

▶ 평균과 최대의 부분합 순서는 《출력형태》와 다를 수 있음

▶ 지시사항이 없는 경우는 기본 값을 적용하시오.

숏츠(Shorts)

02 "부분합" 시트를 참조하여 다음 《처리조건》에 맞도록 작업하시오. (30점)

• 소스 파일 : 정복04_문제02.xlsx • 정답 파일 : 정복04_정답02.xlsx

《출력형태》

	A	B	C	D	E	F	G
1							
2	제품 코드	종류	지역	2021년	2022년	2023년	평균
3	DR-001	드라이버	서울	16,610	16,790	17,020	16,807
4	DR-002	드라이버	경기	18,230	17,260	17,460	17,650
5	DR-003	드라이버	인천	17,180	18,120	18,400	17,900
6		**드라이버 최대**				18,400	17,900
7		**드라이버 평균**		17,340	17,390		
8	IR-200	아이언	서울	15,790	16,600	16,920	16,437
9	IR-205	아이언	서울	17,410	17,800	17,700	17,637
10	IR-207	아이언	경기	15,810	16,460	17,190	16,487
11		**아이언 최대**				17,700	17,637
12		**아이언 평균**		16,337	16,953		
13	WD-100	우드	경기	16,950	17,220	17,000	17,057
14	WD-101	우드	인천	17,140	17,180	17,390	17,237
15		**우드 최대**				17,390	17,237
16		**우드 평균**		17,045	17,200		
17	PT-500	퍼터	인천	16,700	16,800	16,830	16,777
18	PT-505	퍼터	서울	16,890	16,240	16,770	16,633
19		**퍼터 최대**				16,830	16,777
20		**퍼터 평균**		16,795	16,520		
21		**전체 최대값**				18,400	17,900
22		**전체 평균**		16,871	17,047		

《처리조건》

▶ 데이터를 '종류' 기준으로 오름차순 정렬하시오.

▶ 아래 조건에 맞는 부분합을 작성하시오.
- '종류'로 그룹화하여 '2021년', '2022년'의 평균을 구하는 부분합을 만드시오.
- '종류'로 그룹화하여 '2023년', '평균'의 최대를 구하는 부분합을 만드시오.
  (새로운 값으로 대치하지 말 것)
- [D3:G22] 영역에 셀 서식의 표시 형식-숫자를 이용하여 1000 단위 구분 기호를 표시하시오.

▶ D~G열을 선택하여 그룹을 설정하시오.

▶ 평균과 최대의 부분합 순서는 《출력형태》와 다를 수 있음

▶ 지시사항이 없는 경우는 기본 값을 적용하시오.

숏츠(Shorts)

03 "부분합" 시트를 참조하여 다음 《처리조건》에 맞도록 작업하시오. (30점)

• 소스 파일 : 정복04_문제03.xlsx • 정답 파일 : 정복04_정답03.xlsx

《출력형태》

	A	B	C	D	E	F	G	H
1								
2	강좌코드	과목구분	지역	1분기	2분기	3분기	평균	
3	H-U-710	한국사	강원	103,700	123,380	140,930	122,670	
4	S-U-501	사회탐구	강원	158,950	189,300	171,810	173,353	
5			강원 최대	158,950			173,353	
6			강원 평균		156,340	156,370		
7	K-O-004	국어	경기	104,580	123,480	105,160	111,073	
8	E-U-107	영어	경기	111,440	120,030	112,850	114,773	
9	M-T-305	수학	경기	146,680	154,390	123,680	141,583	
10			경기 최대	146,680			141,583	
11			경기 평균		132,633	113,897		
12	K-U-003	국어	서울	110,090	119,480	124,270	117,947	
13	H-K-730	한국사	서울	136,470	112,730	157,020	135,407	
14	S-K-520	사회탐구	서울	107,610	137,150	163,750	136,170	
15			서울 최대	136,470			136,170	
16			서울 평균		123,120	148,347		
17	M-U-301	수학	충청	160,940	133,560	110,790	135,097	
18	E-Y-130	영어	충청	182,260	178,730	113,620	158,203	
19			충청 최대	182,260			158,203	
20			충청 평균		156,145	112,205		
21			전체 최대값	182,260			173,353	
22			전체 평균		139,223	132,388		

《처리조건》

▶ 데이터를 '지역' 기준으로 오름차순 정렬하시오.

▶ 아래 조건에 맞는 부분합을 작성하시오.

– '지역'으로 그룹화하여 '2분기', '3분기'의 평균을 구하는 부분합을 만드시오.

– '지역'으로 그룹화하여 '1분기', '평균'의 최대를 구하는 부분합을 만드시오.
(새로운 값으로 대치하지 말 것)

– [D3:G22] 영역에 셀 서식의 표시 형식-숫자를 이용하여 1000 단위 구분 기호를 표시하시오.

▶ D~G열을 선택하여 그룹을 설정하시오.

▶ 평균과 최대의 부분합 순서는 《출력형태》와 다를 수 있음

▶ 지시사항이 없는 경우는 기본 값을 적용하시오.

숏츠(Shorts)

04 "부분합" 시트를 참조하여 다음 《처리조건》에 맞도록 작업하시오. (30점)

• 소스 파일 : 정복04_문제04.xlsx • 정답 파일 : 정복04_정답04.xlsx

《출력형태》

	A	B	C	D	E	F	G
1							
2	모델명	종류	거래처	1분기	2분기	3분기	평균
3	SG-AD-D	KF-AD	그린메디	25,410	25,440	23,360	24,737
4			**그린메디 최대**		25,440	23,360	
5			**그린메디 평균**	25,410	25,440		
6	SG-F80-K	KF-80	다나메디	24,280	25,470	26,550	25,433
7	SG-F94-M	KF-94	다나메디	26,390	25,420	27,320	26,377
8	SG-F80-L	KF-80	다나메디	25,330	25,250	25,240	25,273
9			**다나메디 최대**		25,470	27,320	
10			**다나메디 평균**	25,333	25,380		
11	SG-AD-K	KF-AD	메디올	23,280	25,360	24,260	24,300
12	SG-F80-W	KF-80	메디올	25,310	25,360	24,370	25,013
13	SG-F94-K	KF-94	메디올	23,070	25,400	24,330	24,267
14			**메디올 최대**		25,400	24,370	
15			**메디올 평균**	23,887	25,373		
16	SG-F94-L	KF-94	미래의료	25,300	24,320	24,410	24,677
17	SG-AD-L	KF-AD	미래의료	24,950	24,850	26,200	25,333
18	SG-F80-M	KF-80	미래의료	25,300	25,470	25,440	25,403
19			**미래의료 최대**		25,470	26,200	
20			**미래의료 평균**	25,183	24,880		
21			**전체 최대값**		25,470	27,320	
22			**전체 평균**	24,862	25,234		

《처리조건》

▶ 데이터를 '거래처' 기준으로 오름차순 정렬하시오.

▶ 아래 조건에 맞는 부분합을 작성하시오.
- '거래처'로 그룹화하여 '1분기', '2분기'의 평균을 구하는 부분합을 만드시오.
- '거래처'로 그룹화하여 '2분기', '3분기'의 최대를 구하는 부분합을 만드시오. (새로운 값으로 대치하지 말 것)
- [D3:G22] 영역에 셀 서식의 표시 형식-숫자를 이용하여 1000 단위 구분 기호를 표시하시오.

▶ D~G열을 선택하여 그룹을 설정하시오.

▶ 평균과 최대의 부분합 순서는 《출력형태》와 다를 수 있음

▶ 지시사항이 없는 경우는 기본 값을 적용하시오.

Chapter 5

고급 필터

- 조건식 작성과 필드명 복사하기
- 고급 필터 지정하기

문제 미리보기

소스 파일 : 유형05_문제.xlsx **정답 파일** : 유형05_정답.xlsx

필터 작성

【문제 3】 "필터"와 "시나리오" 시트를 참조하여 다음 《처리조건》에 맞도록 작업하시오. (60점)

《출력형태》

	A	B	C	D	E	F	G
1							
2	단과대학	학과	구분	2021년	2022년	2023년	3년 총계
3	공과대학	재료공학과	학부모	21,000	19,000	16,000	56,000
4	인문대학	국문학과	졸업동문	46,000	22,000	19,500	87,500
5	자연과학대학	수학과	재학생	22,000	23,000	28,000	73,000
6	공과대학	기계공학과	학부모	38,000	43,000	42,000	123,000
7	인문대학	영문학과	학부모	15,000	32,000	19,000	66,000
8	공과대학	전기공학과	재학생	29,000	36,000	47,000	112,000
9	자연과학대학	화학과	교직원	51,000	52,000	12,000	115,000
10	인문대학	불문학과	졸업동문	14,000	21,000	16,300	51,300
11	공과대학	건축공학과	교직원	42,000	33,000	36,000	111,000
12	자연과학대학	물리학과	학부모	43,000	37,000	51,000	131,000
13							
14	조건						
15	FALSE						
16							
17							
18	학과	구분	2021년	2022년	2023년		
19	국문학과	졸업동문	46,000	22,000	19,500		
20	기계공학과	학부모	38,000	43,000	42,000		
21	영문학과	학부모	15,000	32,000	19,000		
22	불문학과	졸업동문	14,000	21,000	16,300		
23	물리학과	학부모	43,000	37,000	51,000		

《처리조건》

▶ "필터" 시트의 [A2:G12]를 아래 조건에 맞게 고급 필터를 사용하여 작성하시오.

– '단과대학'이 "인문대학"이거나 '3년 총계'가 120000 이상인 데이터를 '학과', '구분', '2021년', '2022년', '2023년'의 데이터만 필터링하시오.

– 조건 위치 : 조건 함수는 [A15] 한 셀에 작성(OR 함수 이용)

– 결과 위치 : [A18]부터 출력

▶ 지시사항이 없는 경우는 《출력형태》와 동일하게 작성하시오.

STEP 1 조건식 작성 및 필드명 복사하기

▶ "필터" 시트의 [A2:G12]를 아래 조건에 맞게 고급 필터를 사용하여 작성하시오.

- '단과대학'이 "인문대학"이거나 '3년 총계'가 120000 이상인 데이터를 '학과', '구분', '2021년', '2022년', '2023년'의 데이터만 필터링하시오.
- 조건 위치 : 조건 함수는 [A15] 한 셀에 작성(OR 함수 이용)
- 결과 위치 : [A18]부터 출력

① **[파일]-[열기]**(Ctrl+O)를 클릭한 후, **[찾아보기]**를 클릭합니다. [열기] 대화상자가 나오면 **'유형05_문제.xlsx'** 파일을 불러와 **[필터]** 시트를 선택합니다.

② **[A15] 셀**에 《처리조건》을 참고하여 조건식 **'=OR(A3="인문대학",G3>=120000)'**을 입력한 후 Enter 키를 누릅니다.

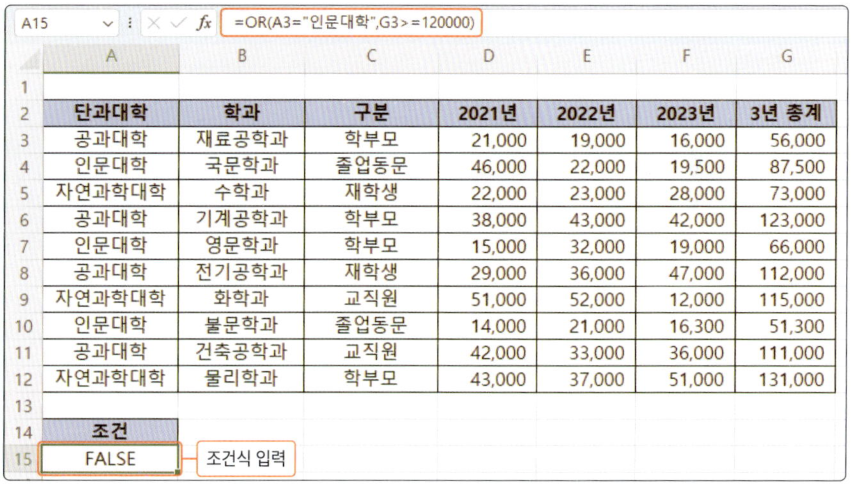

단과대학	학과	구분	2021년	2022년	2023년	3년 총계
공과대학	재료공학과	학부모	21,000	19,000	16,000	56,000
인문대학	국문학과	졸업동문	46,000	22,000	19,500	87,500
자연과학대학	수학과	재학생	22,000	23,000	28,000	73,000
공과대학	기계공학과	학부모	38,000	43,000	42,000	123,000
인문대학	영문학과	학부모	15,000	32,000	19,000	66,000
공과대학	전기공학과	재학생	29,000	36,000	47,000	112,000
자연과학대학	화학과	교직원	51,000	52,000	12,000	115,000
인문대학	불문학과	졸업동문	14,000	21,000	16,300	51,300
공과대학	건축공학과	교직원	42,000	33,000	36,000	111,000
자연과학대학	물리학과	학부모	43,000	37,000	51,000	131,000

조건
FALSE

AND / OR 함수를 이용한 조건식의 지정

HELPFUL TIPS!

AND 함수

- 기능 : 모든 조건을 만족하면 '참(TRUE)'을 그렇지 않으면 '거짓(FALSE)'을 표시하는 함수
- 형식 : =AND(조건1, 조건2, … 조건30)

OR 함수

- 기능 : 한 개의 조건이라도 만족하면 '참(TRUE)'을 그렇지 않으면 '거짓(FALSE)'을 표시하는 함수
- 형식 : =OR(조건1, 조건2, … 조건30)

③ 고급 필터를 적용할 필드명을 복사하기 위해 **[B2:F2] 영역**을 범위로 지정합니다. 이어서, 영역으로 지정된 범위 위에서 마우스 오른쪽 단추를 눌러 바로 가기 메뉴가 나오면 **[복사]**를 클릭합니다.
(복사 바로 가기 키 : Ctrl+C)

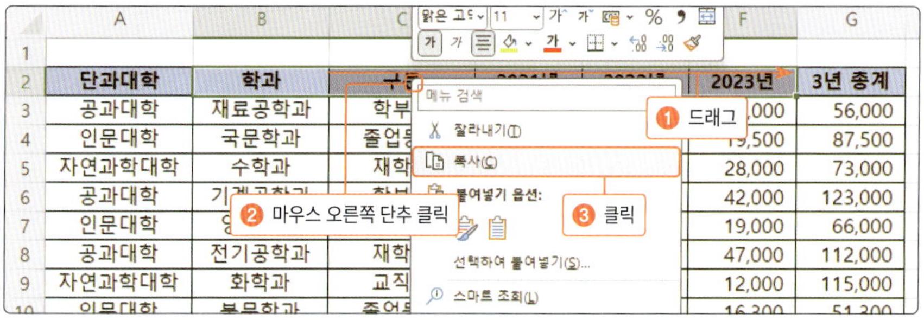

④ **[A18] 셀**을 클릭한 후 마우스 오른쪽 단추를 눌러 바로 가기 메뉴가 나오면 **[붙여넣기( )]**를 클릭합니다.
(붙여넣기 바로 가기 키 : **Ctrl**+**V**)

※ 붙여넣기가 완료되면 Esc 키를 눌러 셀 범위 지정을 해제합니다.

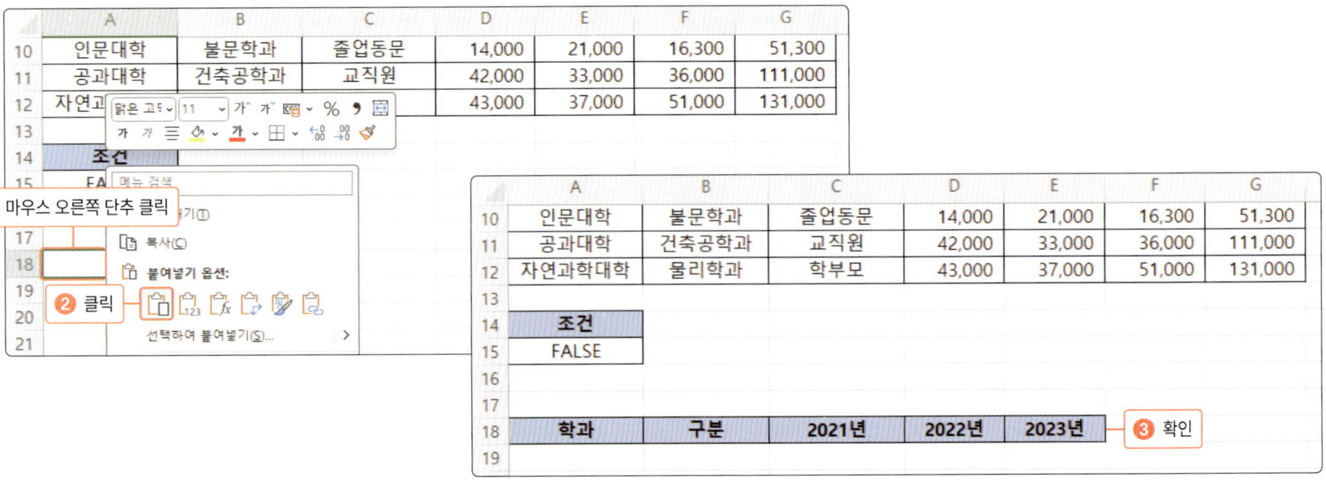

리본 메뉴를 이용하여 복사 및 붙여넣기

HELPFUL TIPS!

- **복사** : [홈] 탭의 [클립보드] 그룹에서 '복사( )'를 클릭합니다.
- **붙여넣기** : [홈] 탭의 [클립보드] 그룹에서 '붙여넣기( )'를 클릭합니다.

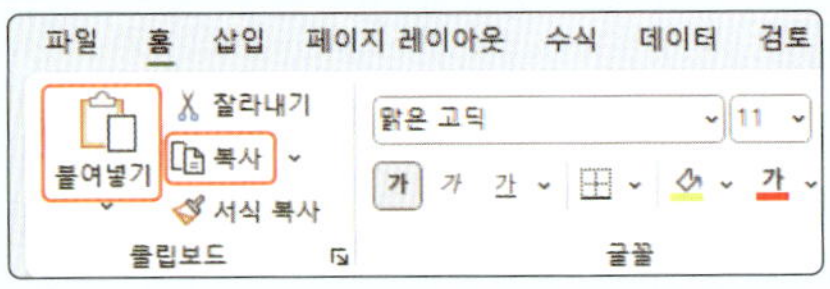

STEP 2 고급 필터 지정하기

① **[A2] 셀**을 클릭한 후 **[데이터] 탭**의 **[정렬 및 필터] 그룹**에서 **'고급(고급)'**을 클릭합니다.

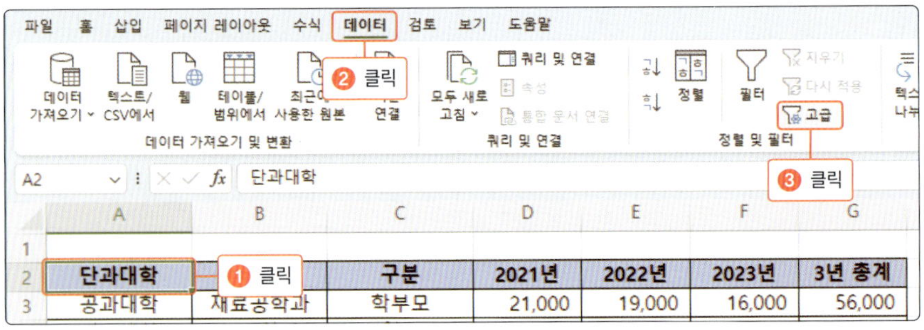

② [고급 필터] 대화상자가 나오면 다음과 같이 각각의 범위를 지정한 후 〈확인〉 단추를 클릭합니다.
- 결과를 '다른 장소에 복사'로 선택
- 자동으로 지정된 목록 범위($A$2:$G$12) 확인
- 조건 범위 입력 칸을 클릭한 후 [A14:A15] 영역 지정
- 복사 위치 입력 칸을 클릭한 후 [A18:F18] 영역 지정

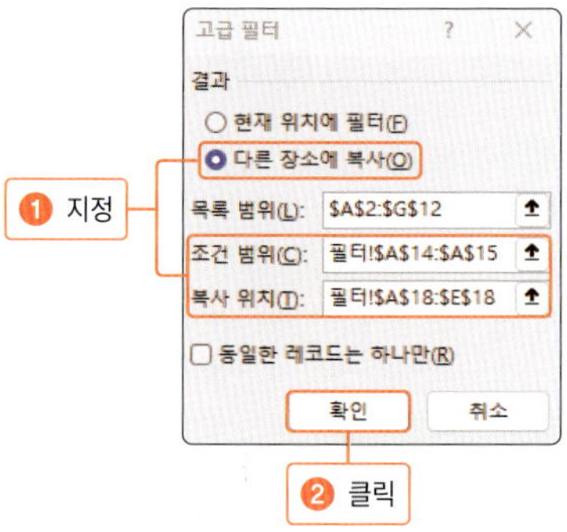

	A	B	C	D	E	F	G
1							
2	단과대학	학과	구분	2021년	2022년	2023년	3년 총계
3	공과대학	재료공학과	학부모	21,000	19,000	16,000	56,000
4	인문대학	국문학과	졸업동문	46,000	22,000	19,500	87,500
5	자연과학대학	수학과	재학생	22,000	23,000	28,000	73,000
6	공과대학	기계공학과	학부모	38,000	43,000	42,000	123,000
7	인문대학	영문학과	학부모	15,000	32,000	19,000	66,000
8	공과대학	전기공학과	재학생	29,000	36,000	47,000	112,000
9	자연과학대학	화학과	교직원	51,000	52,000	12,000	115,000
10	인문대학	불문학과	졸업동문	14,000	21,000	16,300	51,300
11	공과대학	건축공학과	교직원	42,000	33,000	36,000	111,000
12	자연과학대학	물리학과	학부모	43,000	37,000	51,000	131,000
13							
14	조건						
15	FALSE						
16							
17							
18	학과	구분	2021년	2022년	2023년		
19	국문학과	졸업동문	46,000	22,000	19,500		
20	기계공학과	학부모	38,000	43,000	42,000		
21	영문학과	학부모	15,000	32,000	19,000		
22	불문학과	졸업동문	14,000	21,000	16,300		
23	물리학과	학부모	43,000	37,000	51,000		

HELPFUL TIPS!

[고급 필터] 대화상자

❶ **현재 위치에 필터** : 원본 데이터 목록에 직접 필터 결과를 표시
❷ **다른 장소에 복사** : 다른 셀 범위에 필터 결과를 표시
❸ **목록 범위** : 원본 데이터 목록에서 필터링할 범위를 지정
❹ **조건 범위** : 필터 조건(조건식)이 위치한 범위를 지정
❺ **복사 위치** : '다른 장소에 복사'를 선택했을 경우 필터 결과를 표시할 위치를 지정
- 만약, 추출할 결과가 전체가 아닌 특정 자료만 추출하고자 할 때는 추출할 자료의 필드명을 입력한 후 해당 필드명을 복사 위치로 지정
❻ **동일한 레코드는 하나만** : 필터링한 결과 중 같은 레코드가 있을 경우 하나만 표시

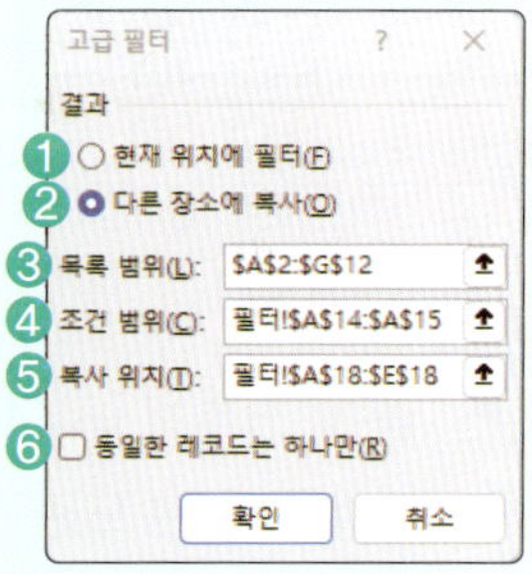

③ 고급 필터 결과를 확인한 후 **[파일]–[저장]**(Ctrl+S) 또는 [빠른 실행 도구 모음]에서 **'저장()'**을 클릭합니다.

※ 실제 시험을 볼 때 작업 도중에 수시로(10분에 한 번 정도) 저장을 하는 것이 좋습니다.

Actual Exercise

출제유형 완전정복

숏츠(Shorts)

01 "필터"와 "시나리오" 시트를 참조하여 다음 《처리조건》에 맞도록 작업하시오. (60점)

• 소스 파일 : 정복05_문제01.xlsx • 정답 파일 : 정복05_정답01.xlsx

《출력형태》

	A	B	C	D	E	F	G
1							
2	모델명	종류	권역	7월	8월	9월	평균
3	P-KB-300	전동킥보드	중부권	23,100	23,590	24,050	23,580
4	P-CY-500	전기자전거	수도권	23,120	23,030	23,570	23,240
5	R-CY-100	대여자전거	중부권	22,580	22,890	23,270	22,913
6	P-KB-301	전동킥보드	남부권	22,120	22,390	22,760	22,423
7	R-CY-101	대여자전거	수도권	22,720	22,950	23,850	23,173
8	P-KB-303	전동킥보드	수도권	22,290	22,040	23,160	22,497
9	P-CY-501	전기자전거	남부권	23,240	23,170	23,510	23,307
10	R-CY-102	대여자전거	수도권	22,250	22,020	22,920	22,397
11	P-KB-305	전동킥보드	중부권	22,530	22,770	22,920	22,740
12	P-CY-503	전기자전거	수도권	22,370	22,620	22,780	22,590
13							
14	조건						
15	FALSE						
16							
17							
18	모델명	종류	8월	9월	평균		
19	P-CY-500	전기자전거	23,030	23,570	23,240		
20	R-CY-101	대여자전거	22,950	23,850	23,173		
21	P-CY-503	전기자전거	22,620	22,780	22,590		

《처리조건》

▶ "필터" 시트의 [A2:G12]를 아래 조건에 맞게 고급 필터를 사용하여 작성하시오.

– '권역'이 "수도권"이고 '평균'이 22500 이상인 데이터를 '모델명', '종류', '8월', '9월', '평균'의 데이터만 필터링 하시오.

– 조건 위치 : 조건 함수는 [A15] 한 셀에 작성(AND 함수 이용)

– 결과 위치 : [A18]부터 출력

▶ 지시사항이 없는 경우는 《출력형태》와 동일하게 작성하시오.

02 "필터"와 "시나리오" 시트를 참조하여 다음 《처리조건》에 맞도록 작업하시오. (60점)

숏츠(Shorts)

• 소스 파일 : 정복05_문제02.xlsx • 정답 파일 : 정복05_정답02.xlsx

《출력형태》

	A	B	C	D	E	F	G
1							
2	제품 코드	종류	지역	2021년	2022년	2023년	평균
3	DR-001	드라이버	서울	16,610	16,790	17,020	16,807
4	WD-100	우드	경기	16,950	17,220	17,000	17,057
5	IR-200	아이언	서울	15,790	16,600	16,920	16,437
6	PT-500	퍼터	인천	16,700	16,800	16,830	16,777
7	DR-002	드라이버	경기	18,230	17,260	17,460	17,650
8	WD-101	우드	인천	17,140	17,180	17,390	17,237
9	IR-205	아이언	서울	17,410	17,800	17,700	17,637
10	DR-003	드라이버	인천	17,180	18,120	18,400	17,900
11	PT-505	퍼터	서울	16,890	16,240	16,770	16,633
12	IR-207	아이언	경기	15,810	16,460	17,190	16,487
13							
14	조건						
15	TRUE						
16							
17							
18	제품 코드	종류	2022년	2023년	평균		
19	DR-001	드라이버	16,790	17,020	16,807		
20	IR-200	아이언	16,600	16,920	16,437		
21	IR-205	아이언	17,800	17,700	17,637		

《처리조건》

▶ "필터" 시트의 [A2:G12]를 아래 조건에 맞게 고급 필터를 사용하여 작성하시오.

- '지역'이 "서울"이고 '2023년'이 16900 이상인 데이터를 '제품 코드', '종류', '2022년', '2023년', '평균'의 데이터만 필터링 하시오.
- 조건 위치 : 조건 함수는 [A15] 한 셀에 작성(AND 함수 이용)
- 결과 위치 : [A18]부터 출력

▶ 지시사항이 없는 경우는 《출력형태》와 동일하게 작성하시오.

숏츠(Shorts)

03 "필터"와 "시나리오" 시트를 참조하여 다음 《처리조건》에 맞도록 작업하시오. (60점)

• 소스 파일 : 정복05_문제03.xlsx • 정답 파일 : 정복05_정답03.xlsx

《출력형태》

	A	B	C	D	E	F	G
1							
2	강좌코드	과목구분	지역	1분기	2분기	3분기	평균
3	K-U-003	국어	서울	110,090	119,480	124,270	117,947
4	E-U-107	영어	경기	111,440	120,030	112,850	114,773
5	M-U-301	수학	충청	160,940	133,560	110,790	135,097
6	H-U-710	한국사	강원	103,700	123,380	140,930	122,670
7	K-O-004	국어	경기	104,580	123,480	105,160	111,073
8	S-U-501	사회탐구	강원	158,950	189,300	171,810	173,353
9	M-T-305	수학	경기	146,680	154,390	123,680	141,583
10	S-K-520	사회탐구	서울	107,610	137,150	163,750	136,170
11	H-K-730	한국사	서울	136,470	112,730	157,020	135,407
12	E-Y-130	영어	충청	182,260	178,730	113,620	158,203
13							
14	조건						
15	FALSE						
16							
17							
18	강좌코드	과목구분	2분기	3분기	평균		
19	E-U-107	영어	120,030	112,850	114,773		
20	M-T-305	수학	154,390	123,680	141,583		

《처리조건》

▶ "필터" 시트의 [A2:G12]를 아래 조건에 맞게 고급 필터를 사용하여 작성하시오.

– '지역'이 "경기"이고 '3분기'가 110000 이상인 데이터를 '강좌코드', '과목구분', '2분기', '3분기', '평균'의 데이터만 필터링 하시오.

– 조건 위치 : 조건 함수는 [A15] 한 셀에 작성(AND 함수 이용)

– 결과 위치 : [A18]부터 출력

▶ 지시사항이 없는 경우는 《출력형태》와 동일하게 작성하시오.

숏츠(Shorts)

04 "필터"와 "시나리오" 시트를 참조하여 다음 《처리조건》에 맞도록 작업하시오. (60점)

• 소스 파일 : 정복05_문제04.xlsx • 정답 파일 : 정복05_정답04.xlsx

《출력형태》

	A	B	C	D	E	F	G
1							
2	모델명	종류	거래처	1분기	2분기	3분기	평균
3	SG-F94-L	KF-94	미래의료	25,300	24,320	24,410	24,677
4	SG-F80-K	KF-80	다나메디	24,280	25,470	26,550	25,433
5	SG-AD-K	KF-AD	메디올	23,280	25,360	24,260	24,300
6	SG-AD-D	KF-AD	그린메디	25,410	25,440	23,360	24,737
7	SG-F94-M	KF-94	다나메디	26,390	25,420	27,320	26,377
8	SG-F80-W	KF-80	메디올	25,310	25,360	24,370	25,013
9	SG-AD-L	KF-AD	미래의료	24,950	24,850	26,200	25,333
10	SG-F80-L	KF-80	다나메디	25,330	25,250	25,240	25,273
11	SG-F94-K	KF-94	메디올	23,070	25,400	24,330	24,267
12	SG-F80-M	KF-80	미래의료	25,300	25,470	25,440	25,403
13							
14	조건						
15	FALSE						
16							
17							
18	모델명	종류	2분기	3분기	평균		
19	SG-F80-K	KF-80	25,470	26,550	25,433		
20	SG-F94-M	KF-94	25,420	27,320	26,377		

《처리조건》

▶ "필터" 시트의 [A2:G12]를 아래 조건에 맞게 고급 필터를 사용하여 작성하시오.

- '거래처'가 "다나메디"이고 '2분기'가 25400 이상인 데이터를 '모델명', '종류', '2분기', '3분기', '평균'의 데이터만 필터링 하시오.
- 조건 위치 : 조건 함수는 [A15] 한 셀에 작성(AND 함수 이용)
- 결과 위치 : [A18]부터 출력

▶ 지시사항이 없는 경우는 《출력형태》와 동일하게 작성하시오.

Chapter 6

시나리오 작성

- ☑ 시나리오 작성하기
- ☑ '시나리오 요약' 시트 작성하기

문제 미리보기

소스 파일 : 유형06_문제.xlsx **정답 파일** : 유형06_정답.xlsx

시나리오 작성

【문제 3】"필터"와 "시나리오" 시트를 참조하여 다음 《처리조건》에 맞도록 작업하시오. (60점)

《출력형태》

시나리오 요약				
		현재 값:	2023년 100 증가	2023년 80 감소
변경 셀:				
	$F$4	19,500	19,600	19,420
	$F$7	19,000	19,100	18,920
	$F$10	16,300	16,400	16,220
결과 셀:				
	$G$4	87,500	87,600	87,420
	$G$7	66,000	66,100	65,920
	$G$10	51,300	51,400	51,220

참고: 현재 값 열은 시나리오 요약 보고서가 작성될 때의
변경 셀 값을 나타냅니다. 각 시나리오의 변경 셀들은
회색으로 표시됩니다.

《처리조건》

▶ "시나리오" 시트의 [A2:G12]를 이용하여 '단과대학'이 "인문대학"인 경우, '2023년'이 변동할 때 '3년 총계'가 변동하는 가상분석(시나리오)을 작성하시오.

- 시나리오1 : 시나리오 이름은 "2023년 100 증가", '2023년'에 100을 증가시킨 값 설정.
- 시나리오2 : 시나리오 이름은 "2023년 80 감소", '2023년'에 80을 감소시킨 값 설정.
- "시나리오 요약" 시트를 작성하시오.

▶ 지시사항이 없는 경우는 《출력형태》와 동일하게 작성하시오.

STEP 1 '시나리오1' 작성하기

▶ "시나리오" 시트의 [A2:G12]를 이용하여 '단과대학'이 "인문대학"인 경우, '2023년'이 변동할 때 '3년 총계'가 변동하는 가상분석(시나리오)을 작성하시오.
 – 시나리오1 : 시나리오 이름은 "2023년 100 증가", '2023년'에 100을 증가시킨 값 설정.

① **[파일]–[열기]**(**Ctrl**+**O**)를 클릭한 후, **[찾아보기]**를 클릭합니다. [열기] 대화상자가 나오면 **'유형06_문제.xlsx'** 파일을 불러와 **[시나리오]** 시트를 선택합니다.

② **[데이터] 탭**의 **[예측] 그룹**에서 **[가상 분석]–'시나리오 관리자'**를 클릭합니다.

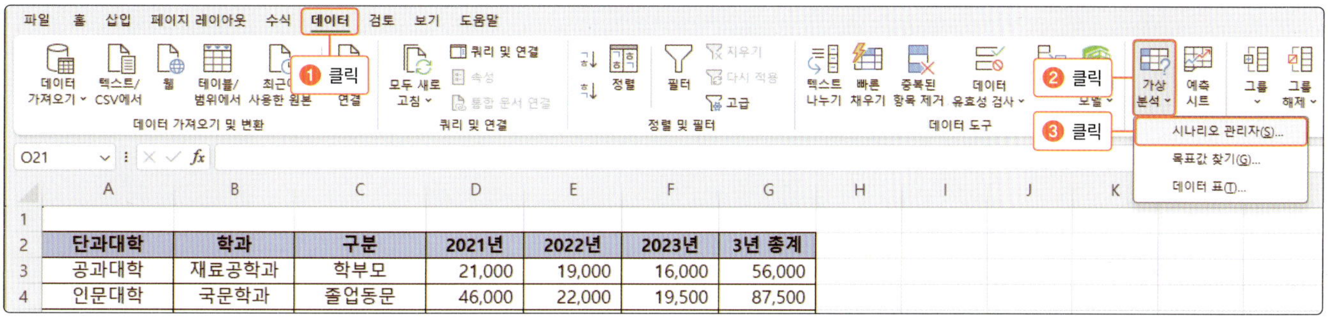

③ [시나리오 관리자] 대화상자가 나오면 〈추가〉 단추를 클릭합니다.

④ [시나리오 추가] 대화상자가 나오면 '시나리오 이름' 입력 칸에 **'2023년 100 증가'**를 입력합니다. 이어서, '변경 셀' 입력 칸에 **'F4,F7,F10'**을 입력한 후 〈확인〉 단추를 클릭합니다.

※ 변경 셀은 [F4] 셀을 클릭한 후 Ctrl 키를 누른 상태에서 [F7] 셀과 [F10] 셀을 클릭해도 됩니다.

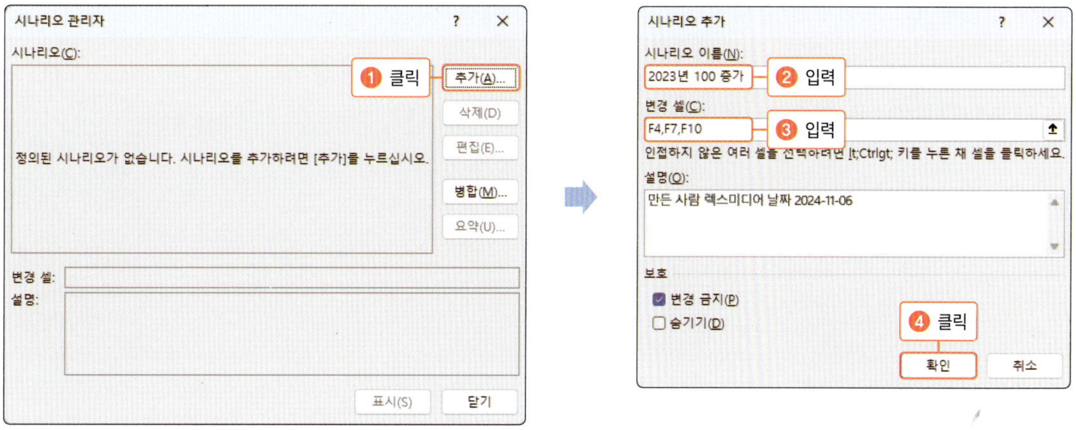

⑤ [시나리오 값] 대화상자가 나오면 '$F$4' 입력 칸에 **'19600'**을 입력합니다. 이어서, **'$F$7'** 입력 칸을 클릭하여 **'19100'**을 입력한 다음 '$F$10' 입력 칸에 **'16400'**을 입력한 후 〈추가〉 단추를 클릭합니다.

※ 《처리조건》을 보면 추가할 '감소' 시나리오가 있기 때문에 〈추가〉 단추를 클릭합니다. 만약, 추가할 시나리오가 없다면 〈확인〉 단추를 클릭합니다.

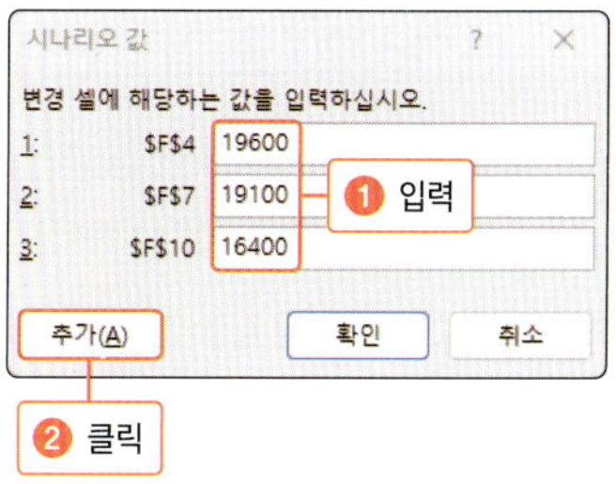

시나리오 값 계산

HELPFUL TIPS!

• 증가 사나리오를 만들기 위해 [F4] 셀의 기본 값(19,500)에 '100'을 더한 값을 입력하고, [F7] 셀의 기본 값(19,000)에 '100'을 더한 값을 입력한 다음 [F10] 셀의 기본 값(16,300)에 '100'을 더한 값을 입력합니다.
• 《출력형태》를 참고하여 변경 셀([$F$4],[$F$7],[$F$10])에 따른 '증가 및 감소' 값을 확인한 후 [시나리오 값] 대화상자에 '증가 및 감소' 값을 입력하면 보다 쉽게 작업할 수 있습니다.

《출력형태》

시나리오 요약				
		현재 값:	2023년 100 증가	2023년 80 감소
변경 셀:				
	$F$4	19,500	19,600	19,420
	$F$7	19,000	19,100	18,920
	$F$10	16,300	16,400	16,220
결과 셀:				
	$G$4	87,500	87,600	87,420
	$G$7	66,000	66,100	65,920
	$G$10	51,300	51,400	51,220

증가 및 감소 값 확인

STEP 2

'시나리오2' 작성하기

▶ "시나리오" 시트의 [A2:G12]를 이용하여 '단과대학'이 "인문대학"인 경우, '2023년'이 변동할 때 '3년 총계'가 변동하는 가상분석(시나리오)을 작성하시오.
– 시나리오2 : 시나리오 이름은 "2023년 80 감소", '2023년'에 80을 감소시킨 값 설정.

❶ [시나리오 추가] 대화상자가 나오면 '시나리오 이름' 입력 칸을 클릭하여 **'2023년 80 감소'**를 입력합니다. 이어서, 변경 셀(**F4,F7,F10**)을 확인한 후 〈확인〉 단추를 클릭합니다.

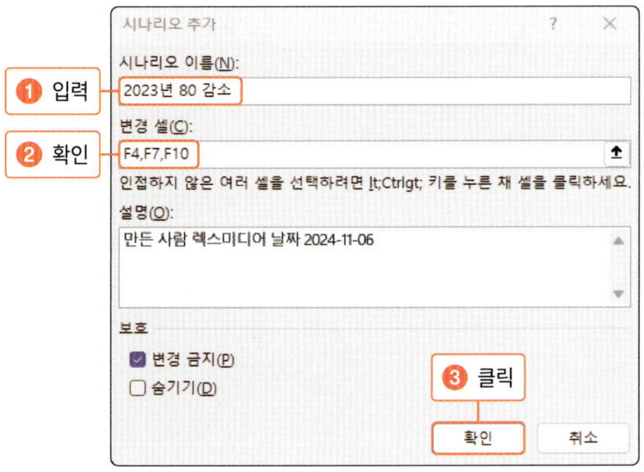

❷ [시나리오 값] 대화상자가 나오면 '$F$4' 입력 칸에 **'19420'**을 입력합니다. 이어서, **'$F$7'** 입력 칸을 클릭하여 **'18920'**을 입력한 후 '$F$10' 입력 칸에 **'16220'**을 입력한 다음 〈확인〉 단추를 클릭합니다.

※ 감소 시나리오를 만들기 위해 [F4] 셀의 기본 값(19,500)에 '80'을 뺀 값을 입력한 후 [F7] 셀의 기본 값(19,000)에 '80'을 뺀 값을 입력한 다음 [F10] 셀의 기본 값(16,300)에 '80'을 뺀 값을 입력합니다. 계산이 어려울 경우 《출력형태》의 '감소 값'을 확인한 후 바로 입력합니다.

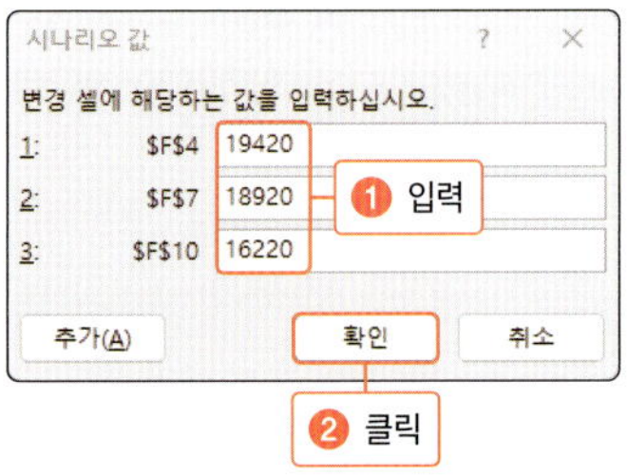

STEP 3

'시나리오 요약' 시트 작성

– "시나리오 요약" 시트를 작성하시오.

❶ [시나리오 관리자] 대화상자가 나오면 〈요약〉 단추를 클릭합니다.

❷ [시나리오 요약] 대화상자가 나오면 보고서 종류를 '시나리오 요약'으로 선택합니다. 이어서, '결과 셀' 입력 칸에 'G4,G7,G10'을 입력한 후 〈확인〉 단추를 클릭합니다.

※ 결과 셀은 [G4] 셀을 클릭한 후 Ctrl 키를 누른 상태에서 [G7] 셀과 [G10] 셀을 클릭해도 됩니다.

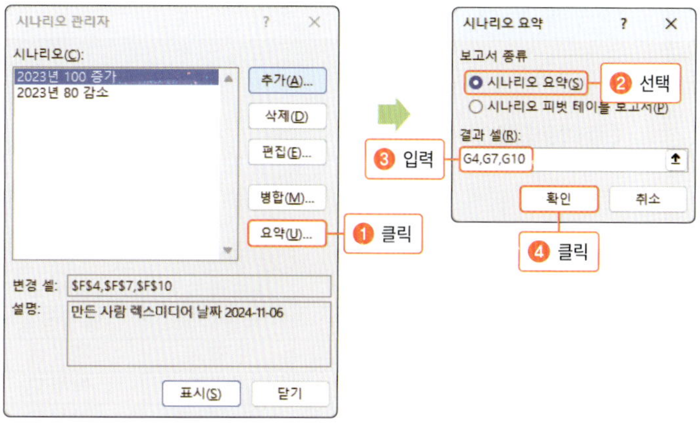

결과 셀

《출력형태》와 《처리조건》을 참고하여 '2023년'이 변동할 때 '3년 총계(G열)'이 변동하는 시나리오를 작성하기 때문에 결과 셀은 단과대학이 '인문대학'인 3년 총계 열(G)의 셀 주소를 지정합니다.

❸ [시나리오 요약] 시트가 만들어지면 《출력형태》와 같은지 확인합니다.

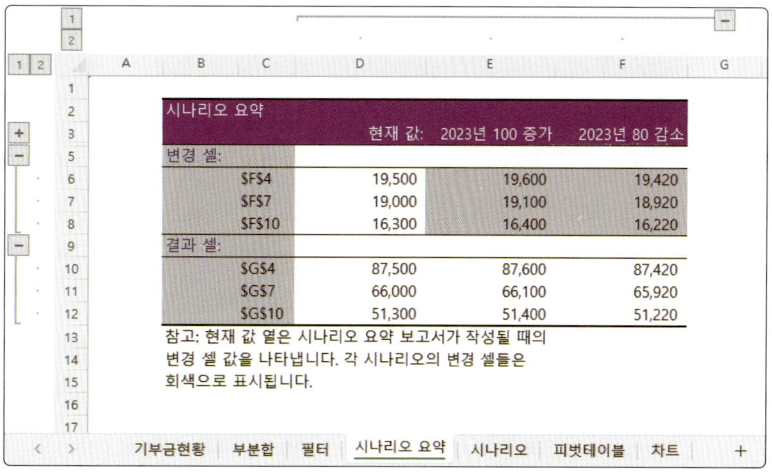

시나리오 요약				
		현재 값:	2023년 100 증가	2023년 80 감소
변경 셀:				
	$F$4	19,500	19,600	19,420
	$F$7	19,000	19,100	18,920
	$F$10	16,300	16,400	16,220
결과 셀:				
	$G$4	87,500	87,600	87,420
	$G$7	66,000	66,100	65,920
	$G$10	51,300	51,400	51,220

참고: 현재 값 열은 시나리오 요약 보고서가 작성될 때의
변경 셀 값을 나타냅니다. 각 시나리오의 변경 셀들은
회색으로 표시됩니다.

❹ 시나리오 결과를 확인한 후 **[파일]–[저장]**(**Ctrl**+**S**) 또는 [빠른 실행 도구 모음]에서 **'저장( )'**을 클릭합니다.

※ 실제 시험을 볼 때 작업 도중에 수시로(10분에 한 번 정도) 저장을 하는 것이 좋습니다.

Chapter

부록 매크로

최근 3년간 매크로 문제가 출제되지는 않았지만 전체적인 작업 방법은 알고 있어야 하기 때문에 학습에 참고하시기 바랍니다. 전체적인 작업 과정은 간략화 하여 설명하였기 때문에 한 번에 이해가 되지 않을 경우 다시 한 번 확인하시기 바랍니다.

문제 미리보기

소스 파일 : 매크로_문제.xlsm **정답 파일** : 매크로_정답.xlsm

매크로 작성

"매크로" 시트를 참조하여 다음 《처리조건》에 맞도록 작업하시오. (60점)

《출력형태》

단과대학	학과	구분	2021년	2022년	2023년	3년 총계
공과대학	재료공학과	학부모	21,000	19,000	16,000	56,000
인문대학	국문학과	졸업동문	46,000	22,000	19,500	87,500
자연과학대학	수학과	재학생	22,000	23,000	28,000	73,000
공과대학	기계공학과	학부모	38,000	43,000	42,000	123,000
인문대학	영문학과	학부모	15,000	32,000	19,000	66,000
공과대학	전기공학과	재학생	29,000	36,000	47,000	112,000
자연과학대학	화학과	교직원	51,000	52,000	12,000	115,000
인문대학	불문학과	졸업동문	14,000	21,000	16,300	51,300
공과대학	건축공학과	교직원	42,000	33,000	36,000	111,000
자연과학대학	물리학과	학부모	43,000	37,000	51,000	131,000

《처리조건》

▶ "매크로" 시트의 [A2:G12] 영역에 가운데 맞춤, 테두리(안쪽, 윤곽선 모두 실선, '검정, 텍스트 1'), [A2:G2] 영역에 채우기 색('주황, 강조 2, 40% 더 밝게'), 글꼴(굵게), [D3:G12] 영역에 셀 서식의 표시 형식-숫자를 이용하여 1000 단위 구분 기호를 표시하는 매크로를 기록하고 작성한 도형에 매크로를 지정하시오.

- 도형 : 기본 도형의 '배지'를 [C14:D17]에 위치
- 도형 서식 : 도형 채우기(파랑), 선 색(실선, 색 : 자주), 선 스타일(너비 : 3pt, 겹선 종류 : 단순형, 대시 종류 : 사각 점선), 텍스트 상자(세로 맞춤 : 정가운데, 텍스트 방향 : 가로)
- 크기 및 속성 : 크기(높이 : 2.04cm, 너비 : 4.9cm)
- 도형 글꼴 : 텍스트 입력("매크로"), 글꼴(HY견고딕, 22pt, 기울임꼴)
- 매크로 이름 : "매크로"

▶ 지시사항이 없는 경우는 《출력형태》와 동일하게 작성하시오.

STEP 1 도형 삽입하기

– 도형 : 기본 도형의 '배지'를 [C14:D17]에 위치

① [파일]–[열기] → **'매크로_문제.xlsm'** → [삽입]–[일러스트레이션]–[도형]–[기본 도형]–**'배지( )'** → [C14:D17] 영역에 드래그 → 도형 삽입 확인

※ 도형의 크기를 변경하는 《처리조건》이 있기 때문에 [C14:D17] 영역 안에 들어가도록 도형을 드래그 합니다.

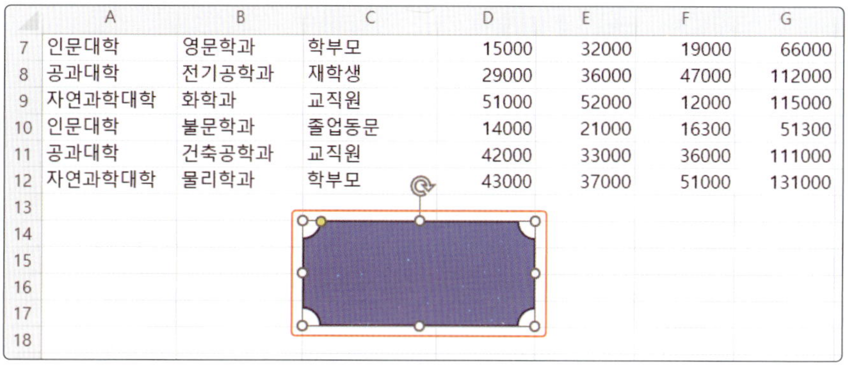

	A	B	C	D	E	F	G
7	인문대학	영문학과	학부모	15000	32000	19000	66000
8	공과대학	전기공학과	재학생	29000	36000	47000	112000
9	자연과학대학	화학과	교직원	51000	52000	12000	115000
10	인문대학	불문학과	졸업동문	14000	21000	16300	51300
11	공과대학	건축공학과	교직원	42000	33000	36000	111000
12	자연과학대학	물리학과	학부모	43000	37000	51000	131000
13							
14							
15							
16							
17							
18							

STEP 2 도형 서식 지정하기

– 도형 서식 : 도형 채우기(파랑), 선 색(실선, 색 : 자주),
선 스타일(너비 : 3pt, 겹선 종류 : 단순형, 대시 종류 : 사각 점선), 텍스트 상자(세로 맞춤 : 정가운데, 텍스트 방향 : 가로)

① 도형 위에서 마우스 오른쪽 단추 클릭 → [도형 서식] → [도형 서식] 작업 창

② [채우기]–[단색 채우기] → [색( )]–**'파랑( )'**

③ [선]–[실선] → [색( )]–**'자주( )'**

④ 너비(3pt) → **'겹선 종류(단순형)'** → **'대시 종류(사각 점선)'**

⑤ [크기 및 속성]–[텍스트 상자] → **'세로 맞춤(정가운데)'** → **'텍스트 방향(가로)'**

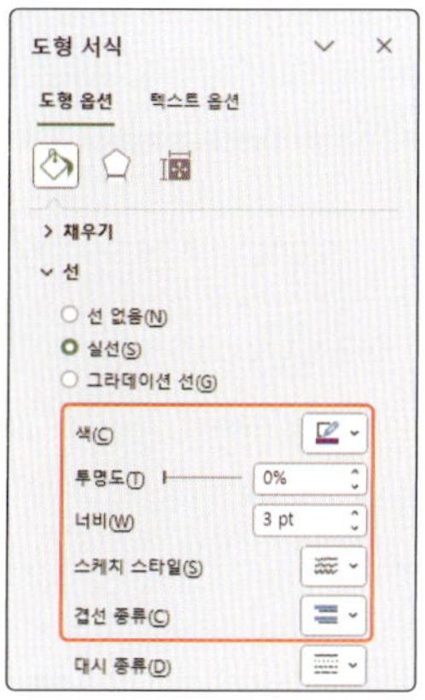

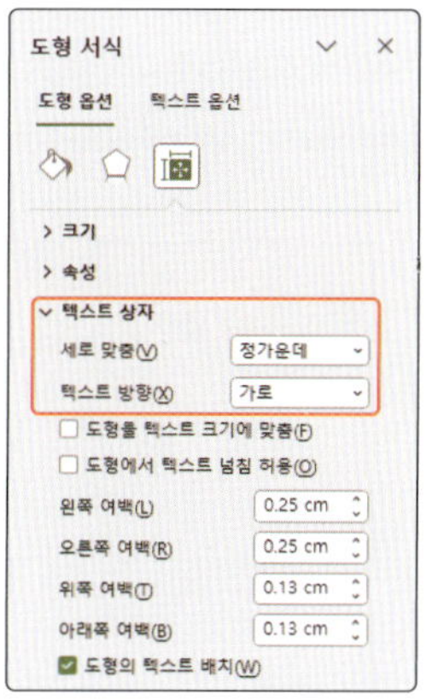

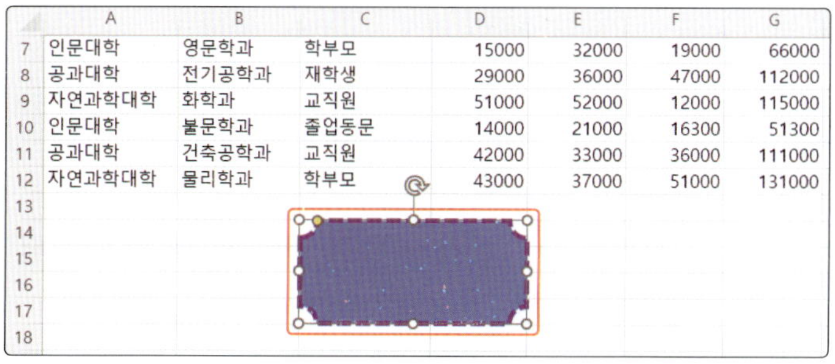

	A	B	C	D	E	F	G
7	인문대학	영문학과	학부모	15000	32000	19000	66000
8	공과대학	전기공학과	재학생	29000	36000	47000	112000
9	자연과학대학	화학과	교직원	51000	52000	12000	115000
10	인문대학	불문학과	졸업동문	14000	21000	16300	51300
11	공과대학	건축공학과	교직원	42000	33000	36000	111000
12	자연과학대학	물리학과	학부모	43000	37000	51000	131000
13							
14							
15							
16							
17							
18							

STEP 3 도형 크기 지정하기

– 크기 및 속성 : 크기(높이 : 2.04cm, 너비 : 4.9cm)

① 도형 위에서 마우스 오른쪽 단추 클릭 → [크기 및 속성] → [도형 서식] 작업 창

② [크기] → '높이(2.04cm)' → '너비(4.9cm)'

③ 방향키(←, →, ↑, ↓) 키를 이용하여 [C14:D17] 영역 안으로 이동

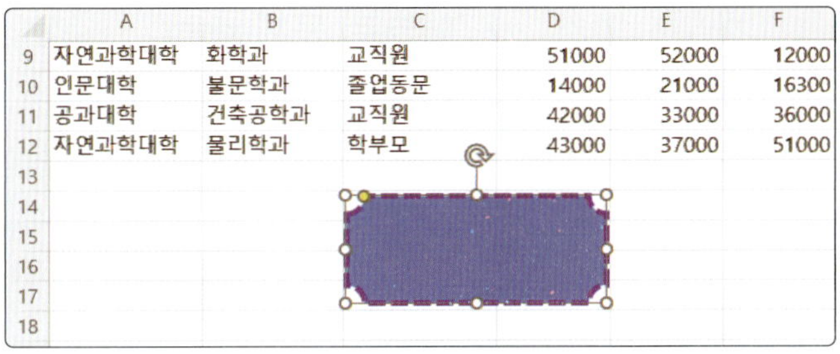

STEP 4 도형에 텍스트 입력 및 글꼴 서식 지정하기

– 도형 글꼴 : 텍스트 입력("매크로"), 글꼴(HY견고딕, 22pt, 기울임꼴)
– 매크로 이름 : "매크로"

① 도형이 선택된 상태에서 **'매크로'**를 입력 → 도형 클릭(글자가 없는 부분)

② [홈]–[글꼴] → **'글꼴(HY견고딕)'** → **'글꼴 크기(22pt)'** → **'기울임꼴(가)'**

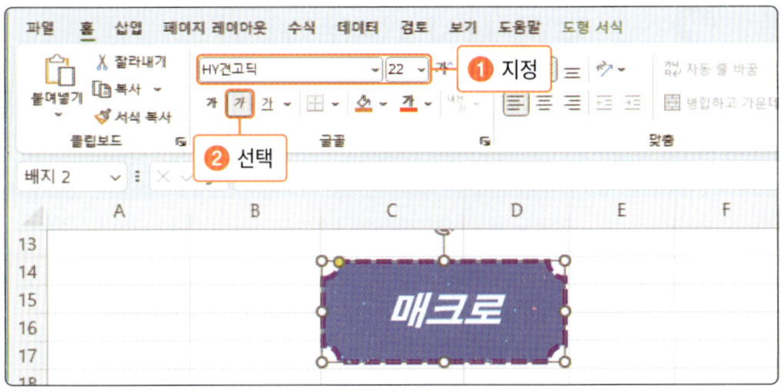

STEP 5 매크로 지정 및 기록하기

① 도형 위에서 마우스 오른쪽 단추 클릭 → [매크로 지정] → [매크로 지정] 대화상자 → **매크로 이름(매크로)** 입력 → 〈기록〉 → [매크로 기록] 대화상자 → 〈확인〉

※ [보기]–[매크로]–매크로 목록 단추–'매크로 기록'을 클릭하여 매크로를 기록할 수도 있습니다. 매크로 기록 작업을 먼저 하였을 경우 도형에 매크로를 별도로 지정해 주어야 합니다.

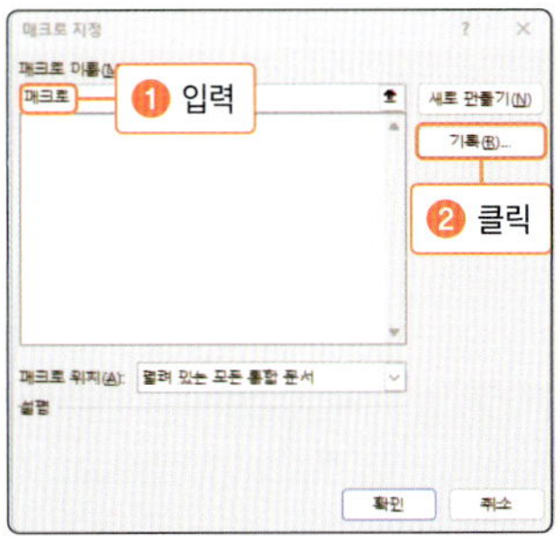

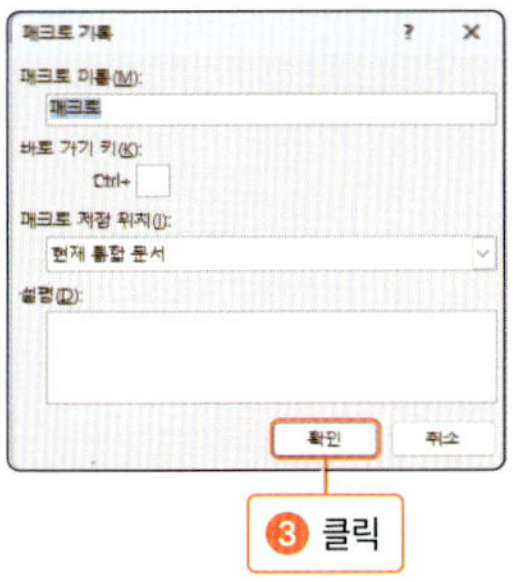

② [A2:G12] 영역 지정 → [홈]–[맞춤]–**'가운데 맞춤(☰)'** → 영역으로 지정된 셀 범위 위에서 마우스 오른쪽 단추 클릭 → [셀 서식] → [셀 서식] 대화상자

③ [테두리]–[선 스타일] → **'실선(——)'** → **'색(검정, 텍스트 1)'** → [미리 설정]–**'윤곽선(⊞)'**, **'안쪽(⊞)'** → 〈확인〉

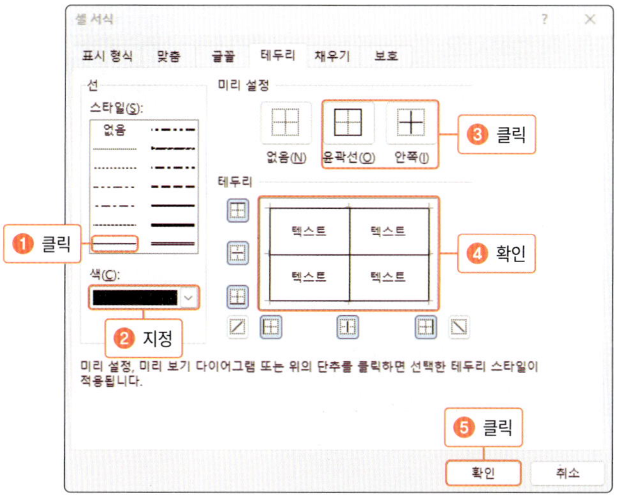

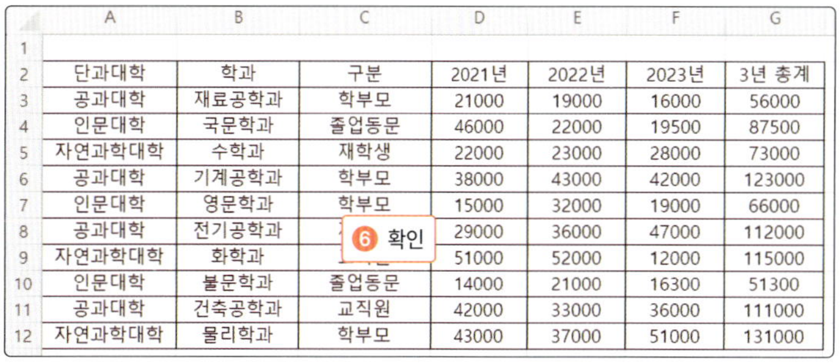

	A	B	C	D	E	F	G
1							
2	단과대학	학과	구분	2021년	2022년	2023년	3년 총계
3	공과대학	재료공학과	학부모	21000	19000	16000	56000
4	인문대학	국문학과	졸업동문	46000	22000	19500	87500
5	자연과학대학	수학과	재학생	22000	23000	28000	73000
6	공과대학	기계공학과	학부모	38000	43000	42000	123000
7	인문대학	영문학과	학부모	15000	32000	19000	66000
8	공과대학	전기공학과		29000	36000	47000	112000
9	자연과학대학	화학과		51000	52000	12000	115000
10	인문대학	불문학과	졸업동문	14000	21000	16300	51300
11	공과대학	건축공학과	교직원	42000	33000	36000	111000
12	자연과학대학	물리학과	학부모	43000	37000	51000	131000

④ [A2:G2] 영역 지정 → [홈]–[글꼴]–**'굵게(가)'** → '채우기 색(◇)'의 목록 단추(▾) → **'주황, 강조 2, 40% 더 밝게(■)'**

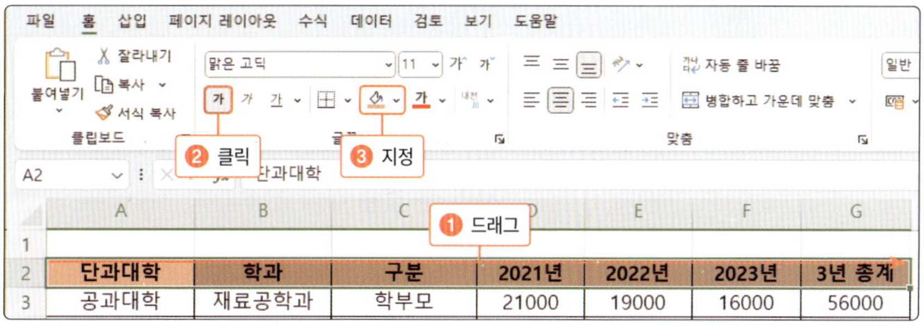

	A	B	C	D	E	F	G
1							
2	단과대학	학과	구분	2021년	2022년	2023년	3년 총계
3	공과대학	재료공학과	학부모	21000	19000	16000	56000

⑤ [D3:G12] 영역 지정 → 영역으로 지정된 셀 범위 위에서 마우스 오른쪽 단추 클릭 → [셀 서식] → [셀 서식] 대화상자

⑥ [표시 형식]–[범주]–[숫자] → '1000 단위 구분 기호(,) 사용'에 체크 표시(✓) → 〈확인〉

⑦ [A1] 셀을 클릭하여 범위 지정을 해제 → 워크시트 하단의 기록 중지(□) 단추 클릭 → 저장

※ 매크로 기록 중지 : [보기]–[매크로]–매크로 목록 단추–'기록 중지'

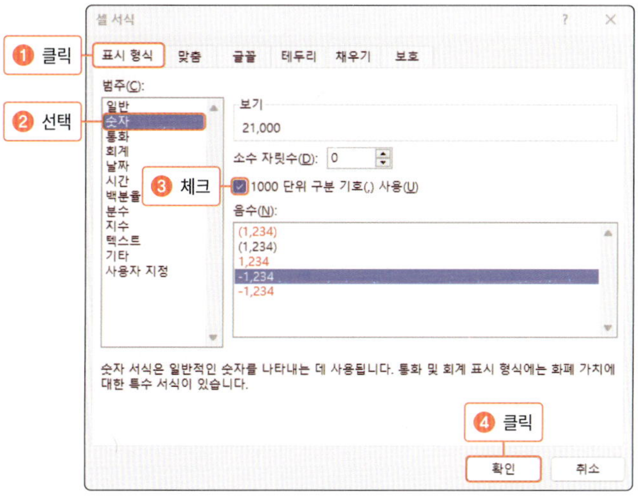

	A	B	C	D	E	F	G
1							
2	단과대학	학과	구분	2021년	2022년	2023년	3년 총계
3	공과대학	재료공학과	학부모	21,000	19,000	16,000	56,000
4	인문대학	국문학과	졸업동문	46,000	22,000	19,500	87,500
5	자연과학대학	수학과	재학생	22,000	23,000	28,000	73,000
6	공과대학	기계공학과	학부모	38,000	43,000	42,000	123,000
7	인문대학	영문학과	학부모	15,000	32,000	19,000	66,000
8	공과대학	전기공학과	재학생	29,000	36,000	47,000	112,000
9	자연과학대학	화학과	교직원	51,000	52,000	12,000	115,000
10	인문대학	불문학과	졸업동문	14,000	21,000	16,300	51,300
11	공과대학	건축공학과	교직원	42,000	33,000	36,000	111,000
12	자연과학대학	물리학과	학부모	43,000	37,000	51,000	131,000

Actual Exercise

출제유형 완전정복

숏츠(Shorts)

01 "필터"와 "시나리오" 시트를 참조하여 다음 《처리조건》에 맞도록 작업하시오. (60점)

• 소스 파일 : 정복06_문제01.xlsx • 정답 파일 : 정복06_정답01.xlsx

《출력형태》

	A	B	C	D	E	F	G
1							
2		시나리오 요약					
3				현재 값:	9월 1,300 증가	9월 1,000 감소	
5		변경 셀:					
6			$F$3	24,050	25,350	23,050	
7			$F$5	23,270	24,570	22,270	
8			$F$11	22,920	24,220	21,920	
9		결과 셀:					
10			$G$3	23,580	24,013	23,247	
11			$G$5	22,913	23,347	22,580	
12			$G$11	22,740	23,173	22,407	
13		참고: 현재 값 열은 시나리오 요약 보고서가 작성될 때의					
14		변경 셀 값을 나타냅니다. 각 시나리오의 변경 셀들은					
15		회색으로 표시됩니다.					

《처리조건》

▶ "시나리오" 시트의 [A2:G12]를 이용하여 '권역'이 "중부권"인 경우, '9월'이 변동할 때 '평균'이 변동하는 가상분석(시나리오)을 작성하시오.

– 시나리오1 : 시나리오 이름은 "9월 1,300 증가", '9월'에 1300을 증가시킨 값 설정.

– 시나리오2 : 시나리오 이름은 "9월 1,000 감소", '9월'에 1000을 감소시킨 값 설정.

– "시나리오 요약" 시트를 작성하시오.

▶ 지시사항이 없는 경우는 《출력형태》와 동일하게 작성하시오.

숏츠(Shorts)

02 "필터"와 "매크로" 시트를 참조하여 다음 《처리조건》에 맞도록 작업하시오. (60점)

• 소스 파일 : 정복06_문제02.xlsm • 정답 파일 : 정복06_정답02.xlsm

《출력형태》

	A	B	C	D	E	F	G
1							
2	제품 코드	종류	지역	2021년	2022년	2023년	평균
3	DR-001	드라이버	서울	16,610원	16,790원	17,020원	16,807원
4	WD-100	우드	경기	16,950원	17,220원	17,000원	17,057원
5	IR-200	아이언	서울	15,790원	16,600원	16,920원	16,437원
6	PT-500	퍼터	인천	16,700원	16,800원	16,830원	16,777원
7	DR-002	드라이버	경기	18,230원	17,260원	17,460원	17,650원
8	WD-101	우드	인천	17,140원	17,180원	17,390원	17,237원
9	IR-205	아이언	서울	17,410원	17,800원	17,700원	17,637원
10	DR-003	드라이버	인천	17,180원	18,120원	18,400원	17,900원
11	PT-505	퍼터	서울	16,890원	16,240원	16,770원	16,633원
12	IR-207	아이언	경기	15,810원	16,460원	17,190원	16,487원
13							
14							
15					매크로		
16							
17							
18							

《처리조건》

▶ "매크로" 시트의 [A2:G12] 영역에 가운데 맞춤, 테두리(안쪽, 윤곽선 모두 실선, '검정, 텍스트 1'), [A2:G2] 영역에 채우기 색('주황, 강조 2, 40% 더 밝게'), 글꼴(굵게), [D3:G12] 영역에 셀 서식의 표시 형식–사용자 지정을 이용하여 #,##0"원"으로 표시하는 매크로를 기록하고 작성한 도형에 매크로를 지정하시오.

– 도형 : 기본 도형의 "사각형: 모서리가 접힌 도형"을 [E14:F17]에 위치

– 도형 서식 : 도형 채우기('주황, 강조 2, 60% 더 밝게'), 선 색(실선, 색 : 진한 파랑),
선 스타일(너비 : 2pt, 겹선 종류 : 단순형, 대시 종류 : 사각 점선),
텍스트 상자(세로 맞춤 : 정가운데, 텍스트 방향 : 가로)

– 크기 및 속성 : 크기(높이 : 2.1cm, 너비 : 5.2cm)

– 도형 글꼴 : 텍스트 입력("매크로"), 글꼴(궁서체, 24pt, 굵게, '검정, 텍스트 1')

– 매크로 이름 : "매크로"

▶ 지시사항이 없는 경우는 《출력형태》와 동일하게 작성하시오.

03 "필터"와 "시나리오" 시트를 참조하여 다음 《처리조건》에 맞도록 작업하시오. (60점)

숏츠(Shorts)

• 소스 파일 : 정복06_문제03.xlsx • 정답 파일 : 정복06_정답03.xlsx

《출력형태》

시나리오 요약				
		현재 값:	3분기 13,000 증가	3분기 10,000 감소
변경 셀:				
	$F$3	124,270	137,270	114,270
	$F$10	163,750	176,750	153,750
	$F$11	157,020	170,020	147,020
결과 셀:				
	$G$3	117,947	122,280	114,613
	$G$10	136,170	140,503	132,837
	$G$11	135,407	139,740	132,073

참고: 현재 값 열은 시나리오 요약 보고서가 작성될 때의
변경 셀 값을 나타냅니다. 각 시나리오의 변경 셀들은
회색으로 표시됩니다.

《처리조건》

▶ "시나리오" 시트의 [A2:G12]를 이용하여 '지역'이 "서울"인 경우, '3분기'가 변동할 때 '평균'이 변동하는 가상분석(시나리오)을 작성하시오.

- 시나리오1 : 시나리오 이름은 "3분기 13,000 증가", '3분기'에 13000을 증가시킨 값 설정.
- 시나리오2 : 시나리오 이름은 "3분기 10,000 감소", '3분기'에 10000을 감소시킨 값 설정.
- "시나리오 요약" 시트를 작성하시오.

▶ 지시사항이 없는 경우는 《출력형태》와 동일하게 작성하시오.

04 "필터"와 "시나리오" 시트를 참조하여 다음 《처리조건》에 맞도록 작업하시오. (60점)

숏츠(Shorts)

• 소스 파일 : 정복06_문제04.xlsx • 정답 파일 : 정복06_정답04.xlsx

《출력형태》

시나리오 요약			
	현재 값:	3분기 1,500 증가	3분기 1,300 감소
변경 셀:			
$F$5	24,260	25,760	22,960
$F$8	24,370	25,870	23,070
$F$11	24,330	25,830	23,030
결과 셀:			
$G$5	24,300	24,800	23,867
$G$8	25,013	25,513	24,580
$G$11	24,267	24,767	23,833

참고: 현재 값 열은 시나리오 요약 보고서가 작성될 때의
변경 셀 값을 나타냅니다. 각 시나리오의 변경 셀들은
회색으로 표시됩니다.

《처리조건》

▶ "시나리오" 시트의 [A2:G12]를 이용하여 '거래처'가 "메디올"인 경우, '3분기'가 변동할 때 '평균'이 변동하는 가상분석(시나리오)을 작성하시오.

- 시나리오1 : 시나리오 이름은 "3분기 1,500 증가", '3분기'에 1500을 증가시킨 값 설정.
- 시나리오2 : 시나리오 이름은 "3분기 1,300 감소", '3분기'에 1300을 감소시킨 값 설정.
- "시나리오 요약" 시트를 작성하시오.

▶ 지시사항이 없는 경우는 《출력형태》와 동일하게 작성하시오.

Chapter 7

피벗 테이블

- 피벗 테이블 작성하기
- 피벗 테이블 보고서 레이아웃 및 서식 지정하기

문제 미리보기

소스 파일 : 유형05_문제.xlsx **정답 파일** : 유형05_정답.xlsx

피벗 테이블 작성

【문제 4】 "피벗테이블" 시트를 참조하여 다음 《처리조건》에 맞도록 작업하시오. (30점)

《출력형태》

	A	B	C	D	E
1					
2					
3			단과대학		
4	구분	값	공과대학	인문대학	자연과학대학
5	재학생	합계 : 2022년	36,000	**	23,000
6		합계 : 2023년	47,000	**	28,000
7	졸업동문	합계 : 2022년	**	43,000	**
8		합계 : 2023년	**	35,800	**
9	학부모	합계 : 2022년	62,000	32,000	37,000
10		합계 : 2023년	58,000	19,000	51,000
11	전체 합계 : 2022년		98,000	75,000	60,000
12	전체 합계 : 2023년		105,000	54,800	79,000

《처리조건》

▶ "피벗테이블" 시트의 [A2:G12]를 이용하여 새로운 시트에 《출력형태》와 같이 피벗테이블을 작성 후 시트명을 "피벗테이블 정답"으로 수정하시오.

▶ 구분(행)과 단과대학(열)을 기준으로 하여 《출력형태》와 같이 구하시오.

- '2022년', '2023년'의 합계를 구하시오.
- 피벗 테이블 옵션을 이용하여 레이블이 있는 셀 병합 및 가운데 맞춤하고 빈 셀을 "**"로 표시한 후, 행의 총합계를 감추기 하시오.
- 피벗 테이블 디자인에서 보고서 레이아웃은 '테이블 형식으로 표시', 피벗 테이블 스타일은 '중간 – 연한 파랑, 피벗 스타일 보통 9'로 표시하시오.
- 구분(행)은 "재학생", "졸업동문", "학부모"만 출력되도록 표시하시오.
- [C5:E12] 데이터는 셀 서식의 표시 형식-숫자를 이용하여 1000 단위 구분 기호 표시하고, 가운데 맞춤하시오.

▶ 구분의 순서는 《출력형태》와 다를 수 있음

▶ 지시사항이 없는 경우는 《출력형태》와 동일하게 작성하시오.

STEP 1

피벗 테이블 만들기

▶ "피벗테이블" 시트의 [A2:G12]를 이용하여 새로운 시트에 《출력형태》와 같이 피벗테이블을 작성 후 시트명을 "피벗테이블 정답"으로 수정하시오.

▶ 구분(행)과 단과대학(열)을 기준으로 하여 《출력형태》와 같이 구하시오.

– '2022년', '2023년'의 합계를 구하시오.

① **[파일]–[열기]**(Ctrl+O)를 클릭한 후, **[찾아보기]**를 클릭합니다. [열기] 대화상자가 나오면 **'유형07_문제.xlsx'** 파일을 불러와 **[피벗테이블]** 시트를 선택합니다.

② [A2] 셀을 클릭한 후 **[삽입] 탭**의 **[표] 그룹**에서 **'피벗 테이블'**을 클릭합니다.

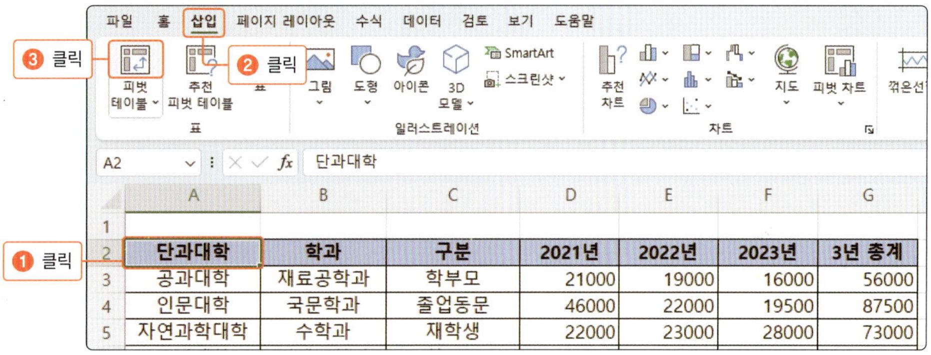

③ [표 또는 범위의 피벗 테이블] 대화상자가 나오면 **'표/범위(피벗테이블!$A$2:$G$12)'**를 확인합니다. 이어서, 피벗 테이블을 배치할 위치에서 **'새 워크시트'**를 선택한 후 〈확인〉 단추를 클릭합니다.

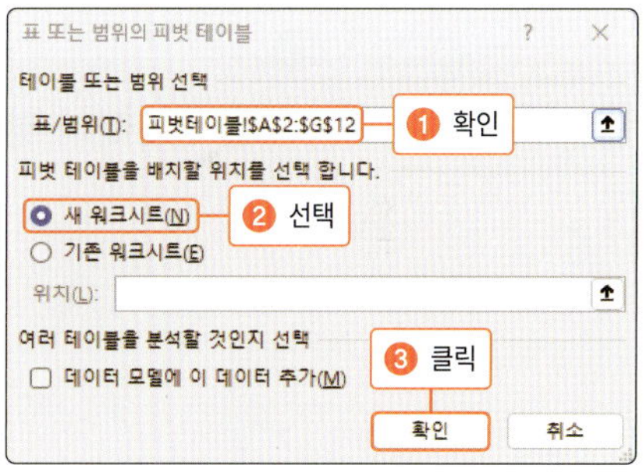

④ 새로운 워크시트가 삽입되면 오른쪽의 **[피벗 테이블 필드]**에서 '보고서에 추가할 필드 선택:' 항목 중 **'구분'** 필드를 **'행'** 위치로 드래그 합니다.

※ '구분' 필드 위에서 마우스 오른쪽 단추를 눌러 [행 레이블에 추가]를 클릭해도 됩니다.

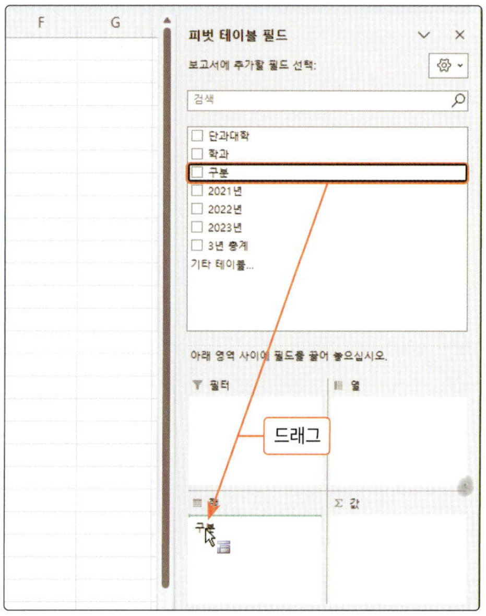

HELPFUL TIPS!

[피벗 테이블 필드 목록]이 사라졌을 경우

[피벗 테이블 분석] 탭의 [표시] 그룹에서 '필드 목록(▤)'을 클릭하면 다시 활성화됩니다.

⑤ 똑같은 방법으로 **'단과대학'** 필드를 **'열'** 위치로 드래그 합니다. 이어서, **'2022년'**, **'2023년'** 필드를 'Σ **값**' 위치로 각각 드래그 합니다.

※ 2022년, 2023년 필드를 'Σ 값' 위치로 드래그할 때 반드시 《처리조건》과 동일한 순서(2022년 → 2023년)로 드래그 해야 합니다.

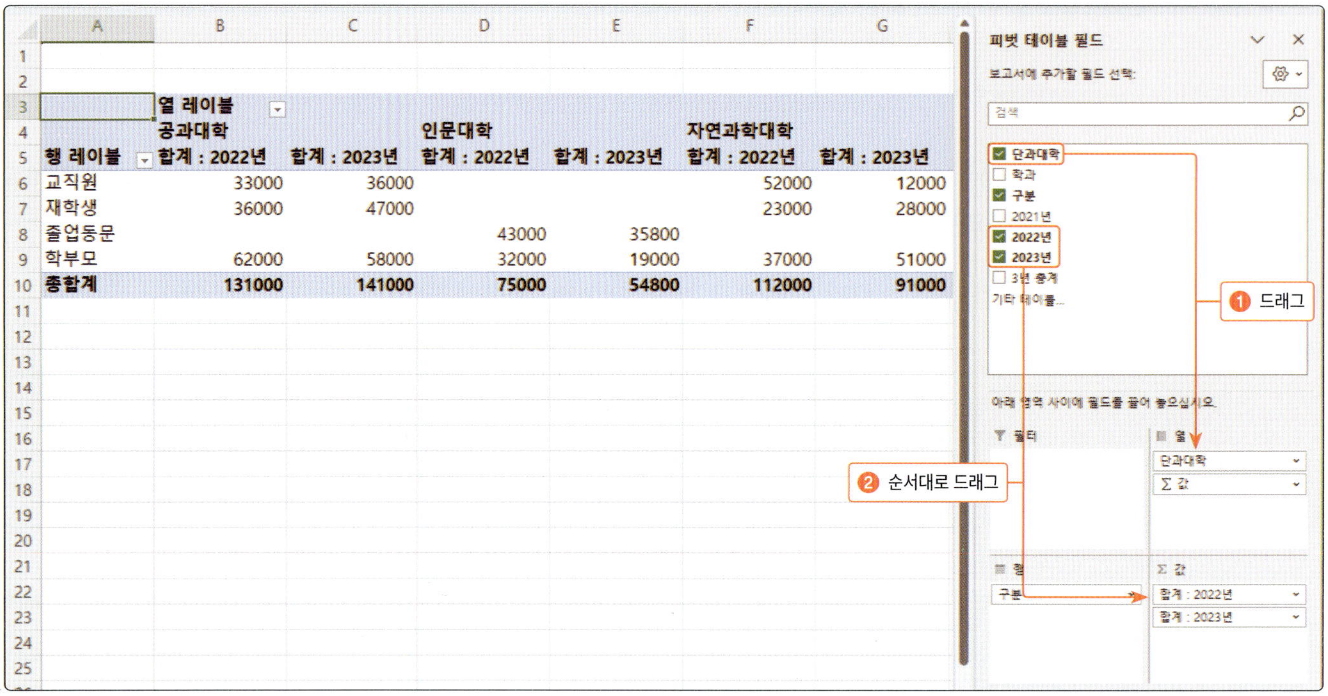

피벗 테이블

HELPFUL TIPS!

• 《출력형태》를 참고하여 '행, 열, Σ 값' 위치에 들어갈 필드를 확인할 수 있습니다.

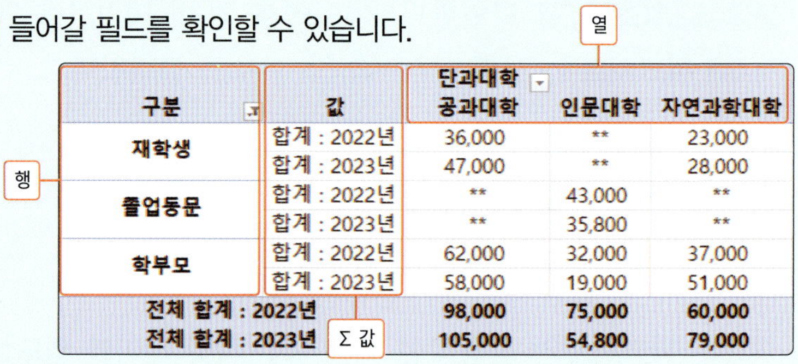

구분	값	단과대학 공과대학	인문대학	자연과학대학
재학생	합계 : 2022년	36,000	**	23,000
	합계 : 2023년	47,000	**	28,000
졸업동문	합계 : 2022년	**	43,000	**
	합계 : 2023년	**	35,800	**
학부모	합계 : 2022년	62,000	32,000	37,000
	합계 : 2023년	58,000	19,000	51,000
전체 합계 : 2022년		98,000	75,000	60,000
전체 합계 : 2023년		105,000	54,800	79,000

• **필드 삭제** : 삭제할 필드를 워크시트 쪽으로 드래그하거나, 필드를 클릭한 후 [필드 제거]를 선택합니다.

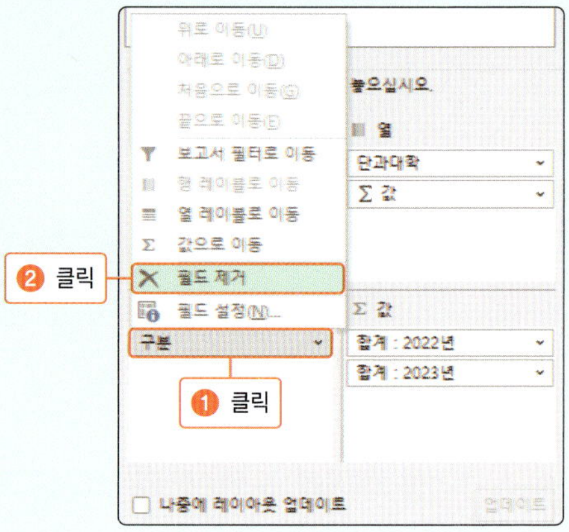

[값 필드 설정]

HELPFUL TIPS!

❶ 'Σ 값'에서 [합계 : 2022년 ⌄]을 클릭한 후 [값 필드 설정]을 선택합니다.

❷ [값 필드 설정] 대화상자가 나오면 [값 요약 기준] 탭에서 계산 유형을 평균'으로 선택한 후 〈확인〉 단추를 클릭합니다.

※ 계산 유형은 '평균, 합계, 최대, 최소'가 자주 출제되고 있습니다.

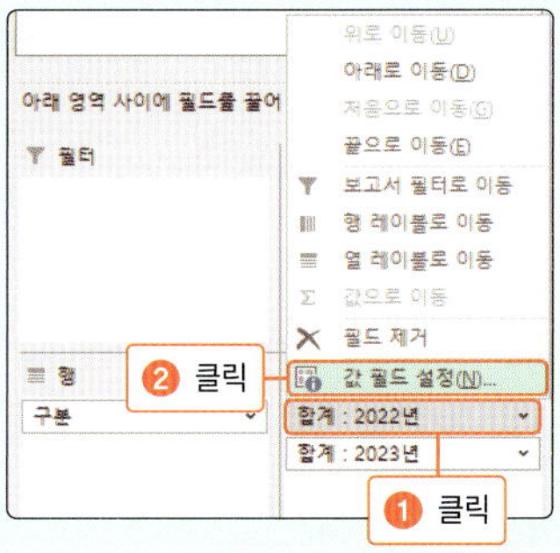

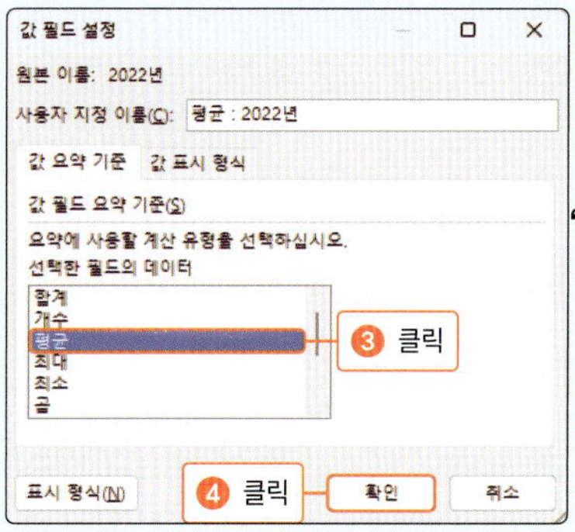

❻ '열'의 [Σ 값 ⌄]를 드래그하여 '행'의 [구분 ⌄] 아래쪽으로 이동시킨 후 피벗 테이블을 확인합니다.

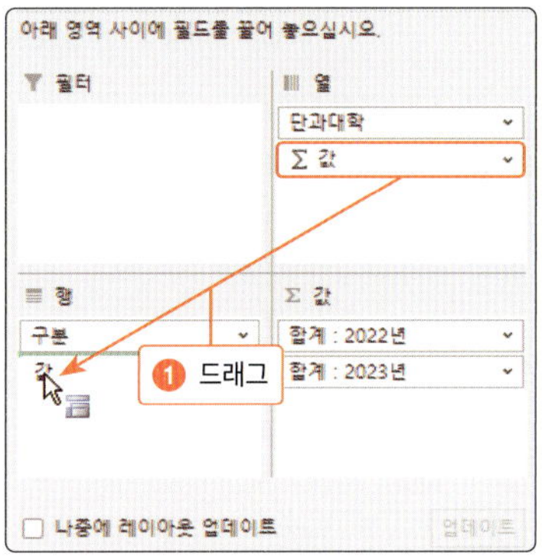

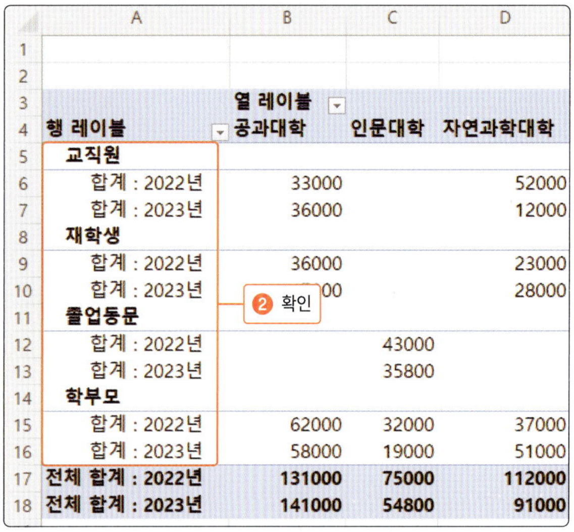

	A	B	C	D
3		열 레이블		
4	행 레이블	공과대학	인문대학	자연과학대학
5	교직원			
6	합계 : 2022년	33000		52000
7	합계 : 2023년	36000		12000
8	재학생			
9	합계 : 2022년	36000		23000
10	합계 : 2023년	[illegible]		28000
11	졸업동문			
12	합계 : 2022년		43000	
13	합계 : 2023년		35800	
14	학부모			
15	합계 : 2022년	62000	32000	37000
16	합계 : 2023년	58000	19000	51000
17	전체 합계 : 2022년	131000	75000	112000
18	전체 합계 : 2023년	141000	54800	91000

❷ 확인

STEP 2

피벗 테이블 레이아웃 및 스타일 지정하기

– 피벗 테이블 옵션을 이용하여 레이블이 있는 셀 병합 및 가운데 맞춤하고 빈 셀을 "**"로 표시한 후, 행의 총합계를 감추기 하시오.
– 피벗 테이블 디자인에서 보고서 레이아웃은 '테이블 형식으로 표시', 피벗 테이블 스타일은 '중간 – 연한 파랑, 피벗 스타일 보통 9'로 표시하시오.

❶ 작성된 피벗 테이블 안에서 마우스 오른쪽 단추를 눌러 바로 가기 메뉴가 나오면 [피벗 테이블 옵션]을 클릭합니다.

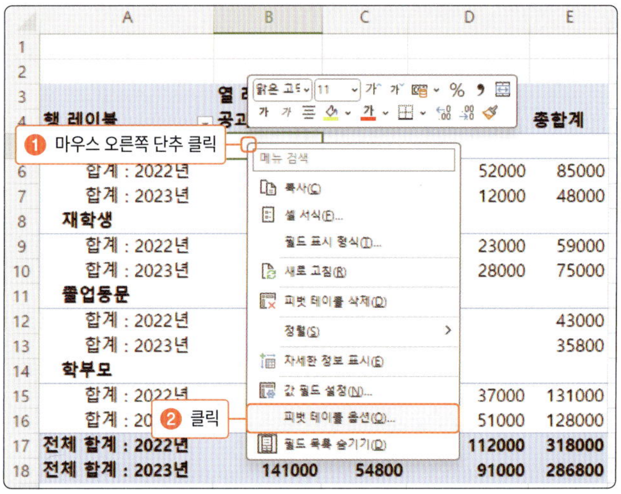

숫자 값이 '###'인 경우

피벗 테이블을 작성한 후 숫자 값이 '###'으로 나올 경우 《출력형태》를 참고하여 열과 열 사이를 더블 클릭하여 숫자 값이 보이도록 변경합니다.

❷ [피벗 테이블 옵션] 대화상자가 나오면 **[레이아웃 및 서식] 탭**을 클릭한 후 **'레이블이 있는 셀 병합 및 가운데 맞춤'** 항목에 **체크 표시(✓)를 지정**하고, **'빈 셀 표시'** 입력 칸에 '**'를 입력합니다.

※ 피벗 테이블 옵션 및 스타일 지정은 《처리조건》을 참고하여 작업합니다.

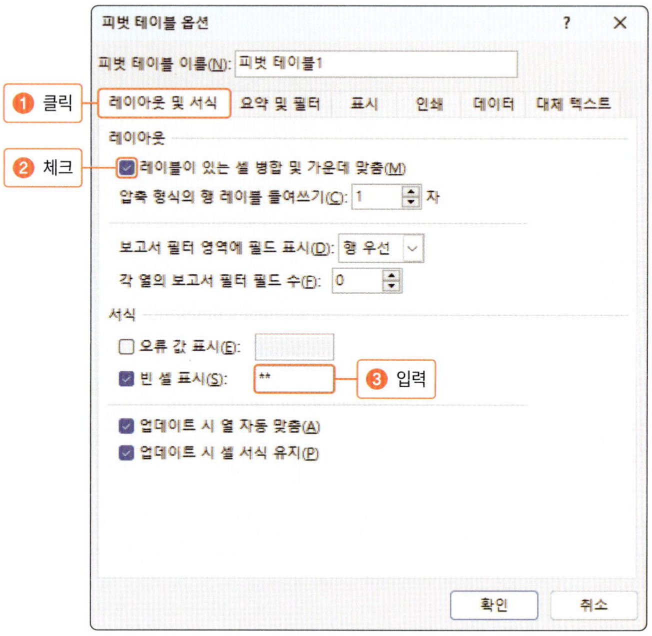

❸ 이어서, **[요약 및 필터] 탭**을 클릭한 후 **'행 총합계 표시'** 항목의 **체크 표시(✓)를 해제**하고 〈확인〉 단추를 클릭합니다.

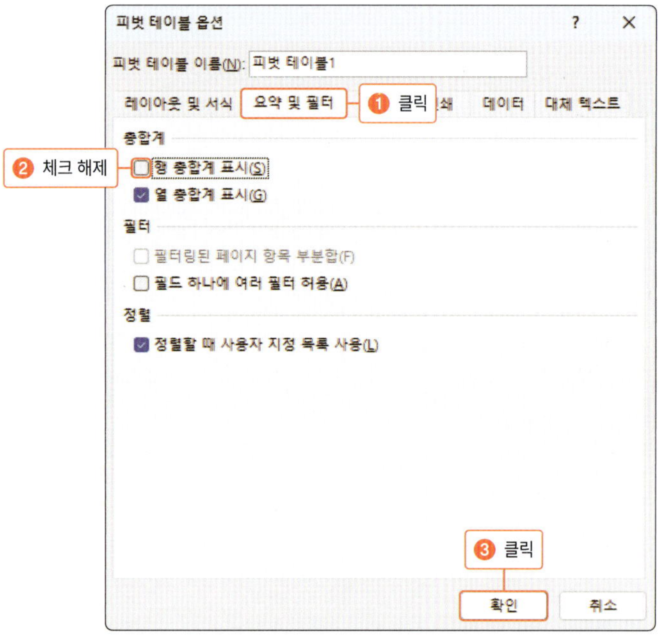

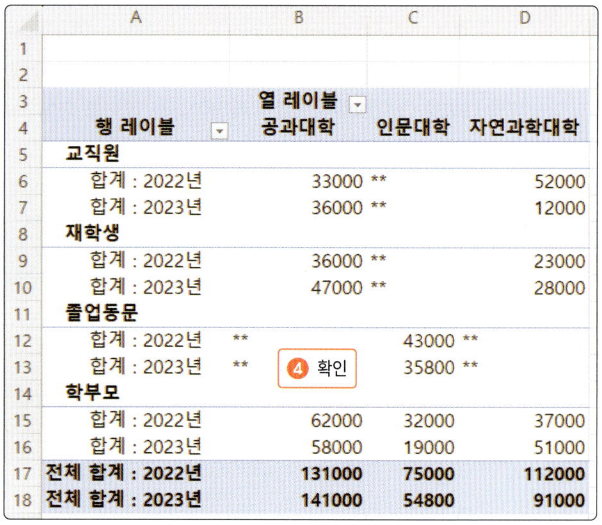

	A	B	C	D
1				
2				
3		열 레이블		
4	행 레이블	공과대학	인문대학	자연과학대학
5	교직원			
6	합계 : 2022년	33000	**	52000
7	합계 : 2023년	36000	**	12000
8	재학생			
9	합계 : 2022년	36000	**	23000
10	합계 : 2023년	47000	**	28000
11	졸업동문			
12	합계 : 2022년	**	43000	**
13	합계 : 2023년	**	35800	**
14	학부모			
15	합계 : 2022년	62000	32000	37000
16	합계 : 2023년	58000	19000	51000
17	전체 합계 : 2022년	131000	75000	112000
18	전체 합계 : 2023년	141000	54800	91000

④ 피벗 테이블 옵션 지정이 끝나면 **[디자인]** 탭의 **[레이아웃]** 그룹에서 **[보고서 레이아웃]–'테이블 형식으로 표시(▤)'**를 클릭합니다.

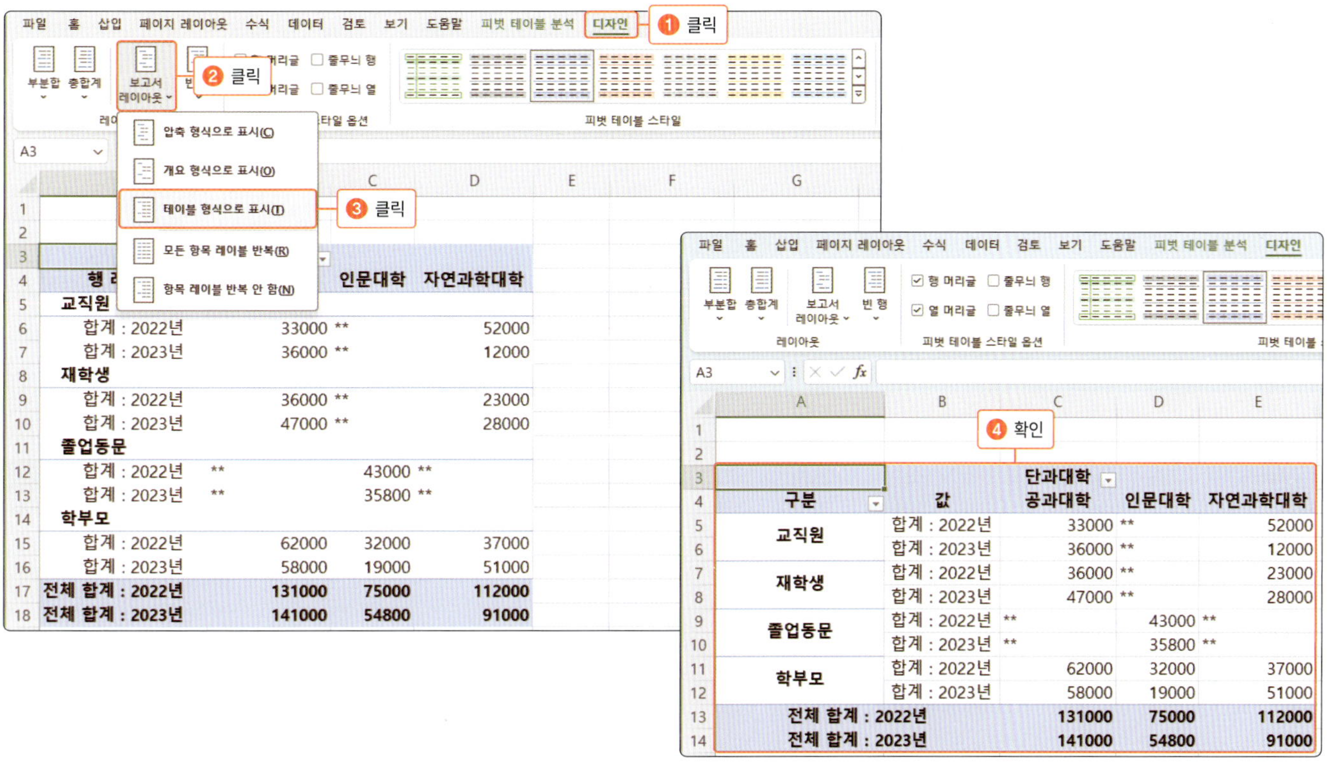

⑤ 이어서, **[디자인]** 탭의 **[피벗 테이블 스타일]** 그룹에서 **자세히(▿)** 단추를 클릭합니다.

⑥ 피벗 테이블 스타일 목록이 펼쳐지면 '중간'에서 **'연한 파랑, 피벗 스타일 보통 9(▦)'**을 선택합니다.

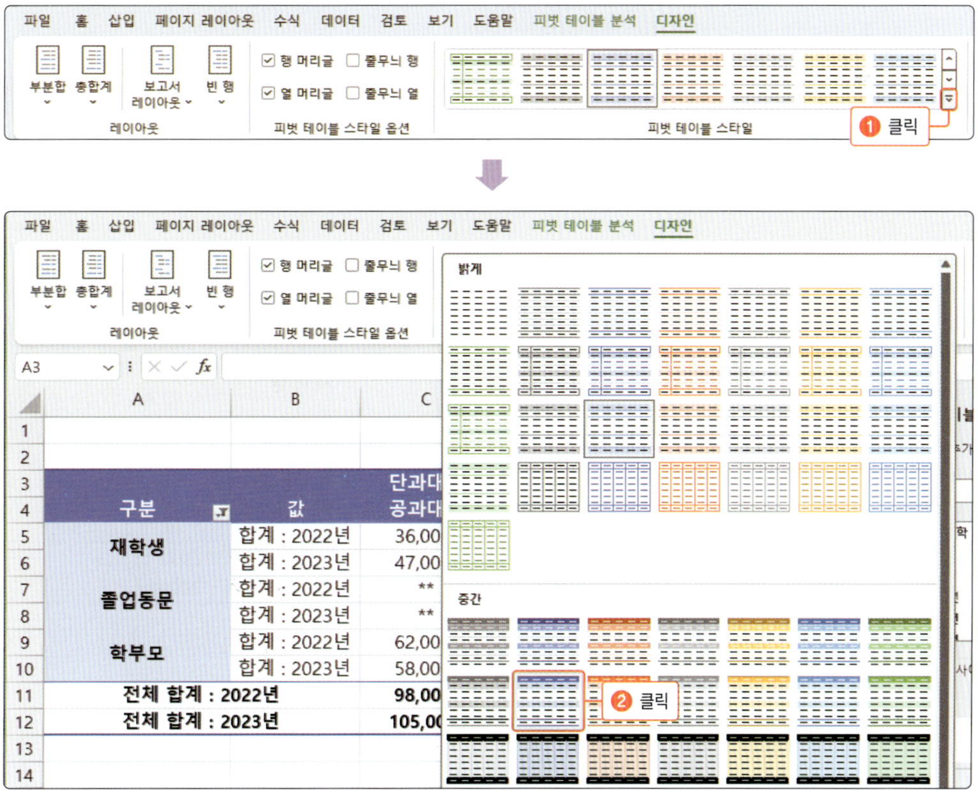

STEP 3

서식 지정 및 워크시트 이름 변경하기

▶ "피벗테이블" 시트의 [A2:G12]를 이용하여 새로운 시트에 《출력형태》와 같이 피벗테이블을 작성 후 시트명을 "피벗테이블 정답"으로 수정하시오.
- 구분(행)은 "재학생", "졸업동문", "학부모"만 출력되도록 표시하시오.
- [C5:E12] 데이터는 셀 서식의 표시 형식-숫자를 이용하여 1000 단위 구분 기호 표시하고, 가운데 맞춤하시오.

① [A4] 셀의 **'구분'** 행에서 목록 단추(▾)를 클릭합니다. 이어서, 목록이 펼쳐지면 **'교직원'**의 체크 박스(☑)를 클릭하여 **체크 박스(✓)를 해제**한 후 〈확인〉 단추를 클릭합니다.

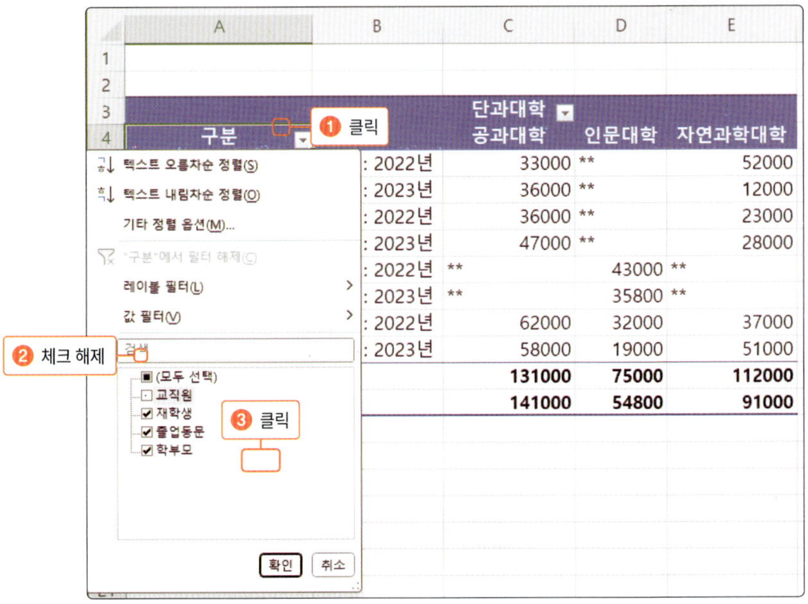

② [C5:E12] **영역**을 드래그한 후 영역으로 지정된 셀 범위 위에서 마우스 오른쪽 단추를 눌러 **[셀 서식]**을 클릭합니다.

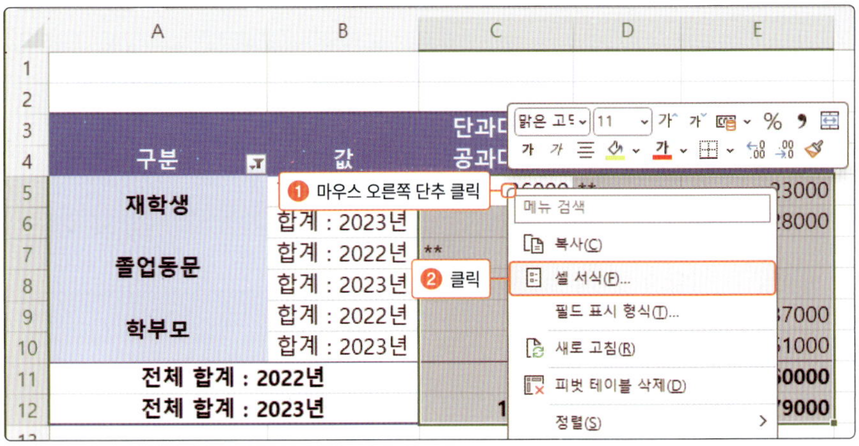

❸ [셀 서식] 대화상자가 나오면 **[표시 형식] 탭**의 '범주'에서 **'숫자'**를 선택합니다. 이어서, **'1000 단위 구분 기호(,) 사용'**에 **체크 표시(✓)를 지정**한 후 〈확인〉 단추를 클릭합니다.

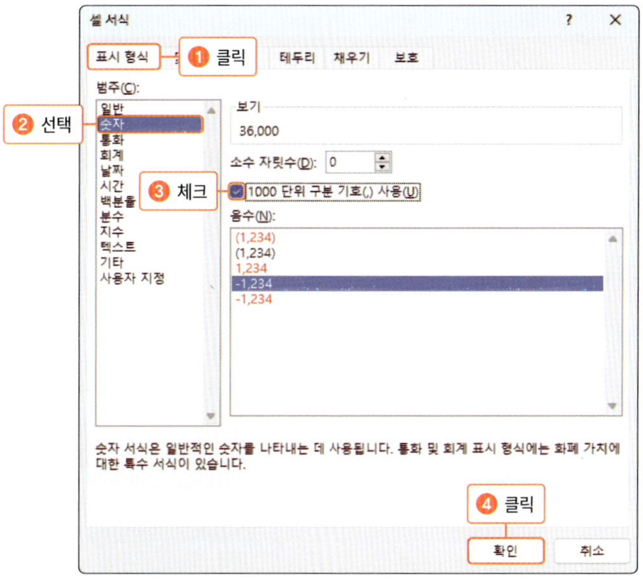

❹ **[홈] 탭**의 **[맞춤] 그룹**에서 **'가운데 맞춤(☰)'**을 클릭합니다. 이어서, 워크시트 하단의 Sheet1 시트 탭을 더블클릭한 후 **'피벗테이블 정답'**으로 시트 이름을 변경합니다.

※ Sheet1 시트 탭 위에서 마우스 오른쪽 단추를 눌러 바로 가기 메뉴가 나오면 [이름 바꾸기]를 선택해도 됩니다.

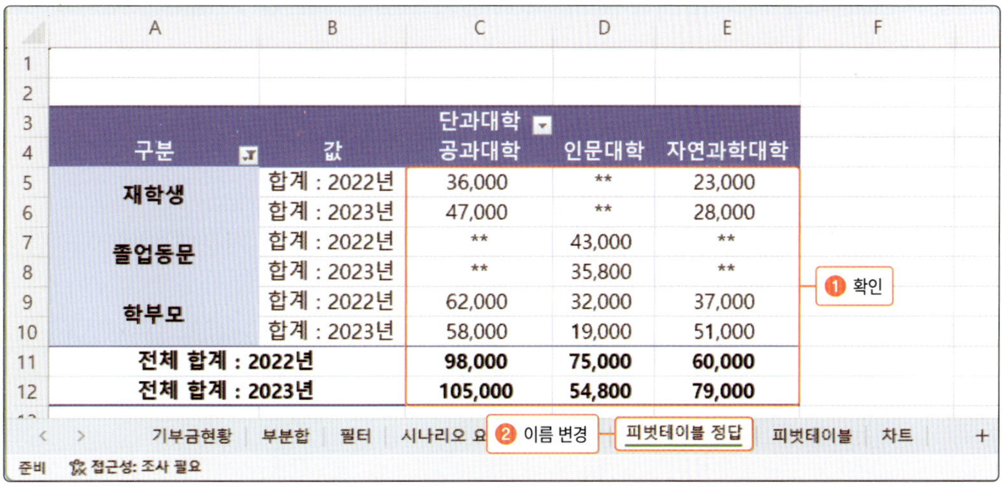

구분	값	단과대학 공과대학	인문대학	자연과학대학
재학생	합계 : 2022년	36,000	**	23,000
	합계 : 2023년	47,000	**	28,000
졸업동문	합계 : 2022년	**	43,000	**
	합계 : 2023년	**	35,800	**
학부모	합계 : 2022년	62,000	32,000	37,000
	합계 : 2023년	58,000	19,000	51,000
전체 합계 : 2022년		98,000	75,000	60,000
전체 합계 : 2023년		105,000	54,800	79,000

❺ **[파일]–[저장]**(Ctrl+S) 또는 [빠른 실행 도구 모음]에서 **'저장(💾)'**을 클릭합니다.

※ 실제 시험을 볼 때 작업 도중에 수시로(10분에 한 번 정도) 저장을 하는 것이 좋습니다.

Actual Exercise

출제유형 완전정복

숏츠(Shorts)

01 "피벗테이블" 시트를 참조하여 다음 《처리조건》에 맞도록 작업하시오. (30점)

• 소스 파일 : 정복07_문제01.xlsx • 정답 파일 : 정복07_정답01.xlsx

《출력형태》

	A	B	C	D	E
1					
2					
3			권역		
4	종류	값	남부권	수도권	중부권
5	대여자전거	최대 : 8월	***	22,950	22,890
6		최대 : 9월	***	23,850	23,270
7	전기자전거	최대 : 8월	23,170	23,030	***
8		최대 : 9월	23,510	23,570	***
9	전체 최대 : 8월		23,170	23,030	22,890
10	전체 최대 : 9월		23,510	23,850	23,270

《처리조건》

▶ "피벗테이블" 시트의 [A2:F12]를 이용하여 새로운 시트에 《출력형태》와 같이 피벗테이블을 작성 후 시트명을 "피벗테이블 정답"으로 수정하시오.

▶ 종류(행)와 권역(열)을 기준으로 하여 《출력형태》와 같이 구하시오.

- '8월', '9월'의 최대를 구하시오.
- 피벗 테이블 옵션을 이용하여 레이블이 있는 셀 병합 및 가운데 맞춤하고 빈 셀을 "***"로 표시한 후, 행의 총합계를 감추기 하시오.
- 피벗 테이블 디자인에서 보고서 레이아웃은 '테이블 형식으로 표시', 피벗 테이블 스타일은 '중간 – 연한 녹색, 피벗 스타일 보통 14'로 표시하시오.
- 종류(행)는 "대여자전거", "전기자전거"만 출력되도록 표시하시오.
- [C5:E10] 데이터는 셀 서식의 표시 형식–숫자를 이용하여 1000 단위 구분 기호를 표시하고, 오른쪽 맞춤하시오.

▶ 종류의 순서는 《출력형태》와 다를 수 있음

▶ 지시사항이 없는 경우는 《출력형태》와 동일하게 작성하시오.

숏츠(Shorts)

02 "피벗테이블" 시트를 참조하여 다음 《처리조건》에 맞도록 작업하시오. (30점)

• 소스 파일 : 정복07_문제02.xlsx • 정답 파일 : 정복07_정답02.xlsx

《출력형태》

	A	B	C	D	E
1					
2					
3			지역		
4	종류	값	경기	서울	인천
5	드라이버	최대 : 2021년	18,230	16,610	17,180
6		최대 : 2022년	17,260	16,790	18,120
7	아이언	최대 : 2021년	15,810	17,410	**
8		최대 : 2022년	16,460	17,800	**
9	우드	최대 : 2021년	16,950	**	17,140
10		최대 : 2022년	17,220	**	17,180
11	**전체 최대 : 2021년**		**18,230**	**17,410**	**17,180**
12	**전체 최대 : 2022년**		**17,260**	**17,800**	**18,120**

《처리조건》

▶ "피벗테이블" 시트의 [A2:F12]를 이용하여 새로운 시트에 《출력형태》와 같이 피벗테이블을 작성 후 시트명을 "피벗테이블 정답"으로 수정하시오.

▶ 종류(행)와 지역(열)을 기준으로 하여 《출력형태》와 같이 구하시오.

- '2021년', '2022년'의 최대를 구하시오.
- 피벗 테이블 옵션을 이용하여 레이블이 있는 셀 병합 및 가운데 맞춤하고 빈 셀을 "**"로 표시한 후, 행의 총합계를 감추기 하시오.
- 피벗 테이블 디자인에서 보고서 레이아웃은 '테이블 형식으로 표시', 피벗 테이블 스타일은 '중간 – 연한 녹색, 피벗 스타일 보통 7'로 표시하시오.
- 종류(행)는 "드라이버", "아이언", "우드"만 출력되도록 표시하시오.
- [C5:E12] 데이터는 셀 서식의 표시 형식-숫자를 이용하여 1000 단위 구분 기호를 표시하고, 오른쪽 맞춤하시오.

▶ 종류의 순서는 《출력형태》와 다를 수 있음

▶ 지시사항이 없는 경우는 《출력형태》와 동일하게 작성하시오.

숏츠(Shorts)

03 "피벗테이블" 시트를 참조하여 다음 《처리조건》에 맞도록 작업하시오. (30점)

• 소스 파일 : 정복07_문제03.xlsx • 정답 파일 : 정복07_정답03.xlsx

《출력형태》

	A	B	C	D	E	F
1						
2						
3			지역			
4	과목구분	값	강원	경기	서울	충청
5	국어	최대 : 1분기	**	104,580	110,090	**
6		최대 : 2분기	**	123,480	119,480	**
7	영어	최대 : 1분기	**	111,440	**	182,260
8		최대 : 2분기	**	120,030	**	178,730
9	한국사	최대 : 1분기	103,700	**	136,470	**
10		최대 : 2분기	123,380	**	112,730	**
11	전체 최대 : 1분기		103,700	111,440	136,470	182,260
12	전체 최대 : 2분기		123,380	123,480	119,480	178,730

《처리조건》

▶ "피벗테이블" 시트의 [A2:F12]를 이용하여 새로운 시트에 《출력형태》와 같이 피벗테이블을 작성 후 시트명을 "피벗테이블 정답"으로 수정하시오.

▶ 과목구분(행)과 지역(열)을 기준으로 하여 《출력형태》와 같이 구하시오.
- '1분기', '2분기'의 최대를 구하시오.
- 피벗 테이블 옵션을 이용하여 레이블이 있는 셀 병합 및 가운데 맞춤하고 빈 셀을 "**"로 표시한 후, 행의 총합계를 감추기 하시오.
- 피벗 테이블 디자인에서 보고서 레이아웃은 '테이블 형식으로 표시', 피벗 테이블 스타일은 '중간 – 연한 파랑, 피벗 스타일 보통 9'로 표시하시오.
- 과목구분(행)은 "국어", "영어", "한국사"만 출력되도록 표시하시오.
- [C5:F12] 데이터는 셀 서식의 표시 형식–숫자를 이용하여 1000 단위 구분 기호를 표시하고, 오른쪽 맞춤하시오.

▶ 과목구분의 순서는 《출력형태》와 다를 수 있음

▶ 지시사항이 없는 경우는 《출력형태》와 동일하게 작성하시오.

숏츠(Shorts)

04 "피벗테이블" 시트를 참조하여 다음 《처리조건》에 맞도록 작업하시오. (30점)

• 소스 파일 : 정복07_문제04.xlsx • 정답 파일 : 정복07_정답04.xlsx

《출력형태》

	A	B	C	D	E
1					
2					
3			종류		
4	거래처	값	KF-80	KF-94	KF-AD
5	그린메디	평균 : 2분기	**	**	25,440
6		평균 : 3분기	**	**	23,360
7	다나메디	평균 : 2분기	25,360	25,420	**
8		평균 : 3분기	25,895	27,320	**
9	메디올	평균 : 2분기	25,360	25,400	25,360
10		평균 : 3분기	24,370	24,330	24,260
11	전체 평균 : 2분기		25,360	25,410	25,400
12	전체 평균 : 3분기		25,387	25,825	23,810

《처리조건》

▶ "피벗테이블" 시트의 [A2:F12]를 이용하여 새로운 시트에 《출력형태》와 같이 피벗테이블을 작성 후 시트명을 "피벗테이블 정답"으로 수정하시오.

▶ 거래처(행)와 종류(열)를 기준으로 하여 《출력형태》와 같이 구하시오.
- '2분기', '3분기'의 평균을 구하시오.
- 피벗 테이블 옵션을 이용하여 레이블이 있는 셀 병합 및 가운데 맞춤하고 빈 셀을 "**"로 표시한 후, 행의 총합계를 감추기 하시오.
- 피벗 테이블 디자인에서 보고서 레이아웃은 '테이블 형식으로 표시', 피벗 테이블 스타일은 '밝게 – 연한 주황, 피벗 스타일 밝게 17'로 표시하시오.
- 거래처(행)는 "그린메디", "다나메디", "메디올"만 출력되도록 표시하시오.
- [C5:E12] 데이터는 셀 서식의 표시 형식-숫자를 이용하여 1000 단위 구분 기호를 표시하고, 오른쪽 맞춤하시오.

▶ 과목구분의 순서는 《출력형태》와 다를 수 있음

▶ 지시사항이 없는 경우는 《출력형태》와 동일하게 작성하시오.

Chapter

8 차트 작성

- ☑ 차트 만들고 이동하기
- ☑ 데이터 레이블 추가하기
- ☑ 차트 서식 지정하기

문제 미리보기

소스 파일 : 유형08_문제.xlsx **정답 파일** : 유형08_정답.xlsx

차트 작성

【문제 5】 "차트" 시트를 참조하여 다음 《처리조건》에 맞도록 작업하시오. (30점)

《출력형태》

학과	구분	2021년	2022년	2023년	3년 총계
재료공학과	학부모	21,000	19,000	16,000	56,000
수학과	재학생	22,000	23,000	28,000	73,000
기계공학과	학부모	38,000	43,000	42,000	123,000
전기공학과	재학생	29,000	36,000	47,000	112,000
화학과	교직원	51,000	52,000	12,000	115,000

《처리조건》

▶ "차트" 시트에 주어진 표를 이용하여 '묶은 세로 막대형' 차트를 작성하시오.
- 데이터 범위 : 현재 시트 [A2:A7], [D2:E7]의 데이터를 이용하여 작성하고, 행/열 전환은 '열'로 지정
- 차트 위치 : 현재 시트에 [A10:G25] 크기에 정확하게 맞추시오.
- 차트 제목("기부금 현황")
- 차트 스타일 : 색 변경(색상형 – 다양한 색상표 4, 스타일 6)
- 범례 위치 : 위쪽
- 차트 영역 서식 : 글꼴(굴림체, 9pt), 테두리 색(실선, 색 : 진한 파랑), 테두리 스타일(너비 : 1.5pt, 겹선 종류 : 단순형, 대시 종류 : 사각 점선)
- 차트 제목 서식 : 글꼴(궁서체, 18pt, 기울임꼴), 채우기(그림 또는 질감 채우기, 질감 : 파랑 박엽지)
- 그림 영역 서식 : 채우기(그라데이션 채우기, 그라데이션 미리 설정 : 위쪽 스포트라이트 강조 3, 종류 : 사각형, 방향 : 가운데에서)
- 데이터 레이블 추가 : '2023년' 계열에 "값" 표시

▶ 지시사항이 없는 경우는 《출력형태》와 동일하게 작성하시오.

STEP 1

차트 만들기

▶ "차트" 시트에 주어진 표를 이용하여 '묶은 세로 막대형' 차트를 작성하시오.
- 데이터 범위 : 현재 시트 [A2:A7], [D2:E7]의 데이터를 이용하여 작성하고, 행/열 전환은 '열'로 지정
- 차트 위치 : 현재 시트에 [A10:G25] 크기에 정확하게 맞추시오.
- 차트 제목("기부금 현황")
- 차트 스타일 : 색 변경(색상형 – 다양한 색상표 4, 스타일 6)
- 범례 위치 : 위쪽

① **[파일]–[열기]**(Ctrl+O)를 클릭한 후, **[찾아보기]**를 클릭합니다. [열기] 대화상자가 나오면 **'유형08_문제.xlsx'** 파일을 불러와 **[차트]** 시트를 선택합니다.

② **[A2:A7] 영역**을 드래그한 후 Ctrl 키를 누른 상태에서 **[D2:E7] 영역**까지 드래그 합니다. 이어서, **[삽입] 탭**의 **[차트] 그룹**에서 **[세로 또는 가로 막대형 차트 삽입]–'묶은 세로 막대형( )'**을 클릭합니다.

※ '묶은 가로 막대형' 차트를 삽입할 때는 [삽입]–[세로 또는 가로 막대형 차트 삽입]–'묶은 가로 막대형( )'을 선택하여 차트를 만듭니다.

※ 차트를 삽입한 후 차트 모양이 《출력형태》와 다를 경우 [차트 디자인] 탭의 [데이터] 그룹에서 '행/열 전환( )'을 클릭하여 변경합니다.

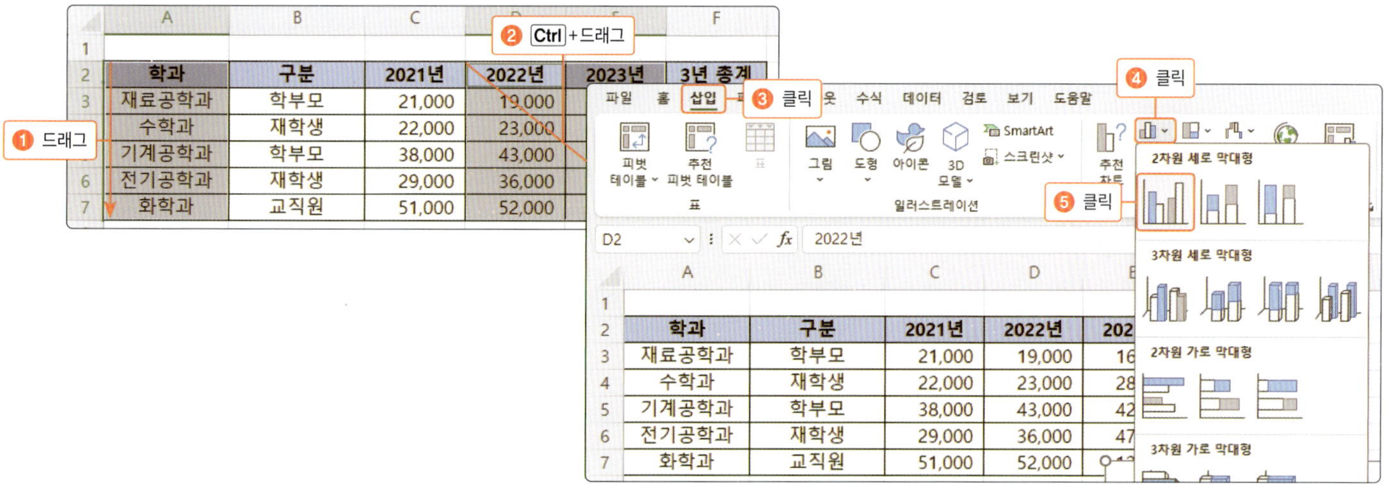

차트의 구성

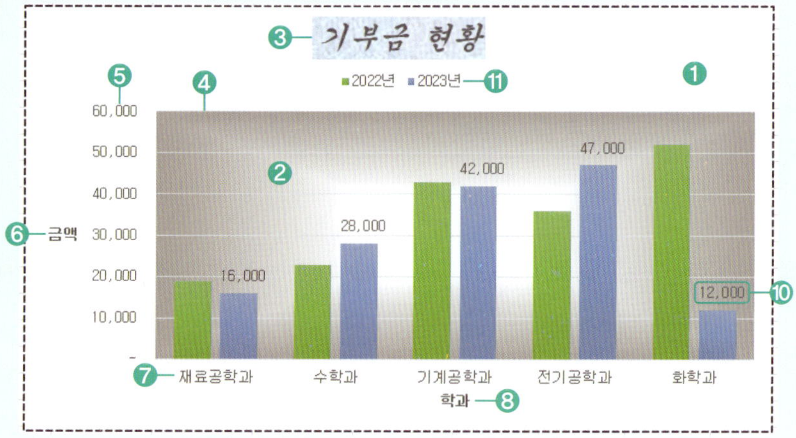

① 차트 영역
② 그림 영역
③ 차트 제목
④ 주 눈금선
⑤ 세로(값) 축
⑥ 세로(값) 축 제목
⑦ 가로(항목) 축
⑧ 가로(항목) 축 제목
⑨ 데이터 계열
⑩ 데이터 레이블
⑪ 범례

③ 워크시트에 차트가 삽입되면 마우스 포인터를 **'차트 영역'**에 위치시킨 후 [Alt] 키를 누른 상태에서 차트의 왼쪽 모서리가 **[A10] 셀**에 위치하도록 드래그 합니다.

※ 차트의 위치는 《처리조건》을 참고(위치 : [A10:G25])하여 크기와 위치를 맞춥니다.

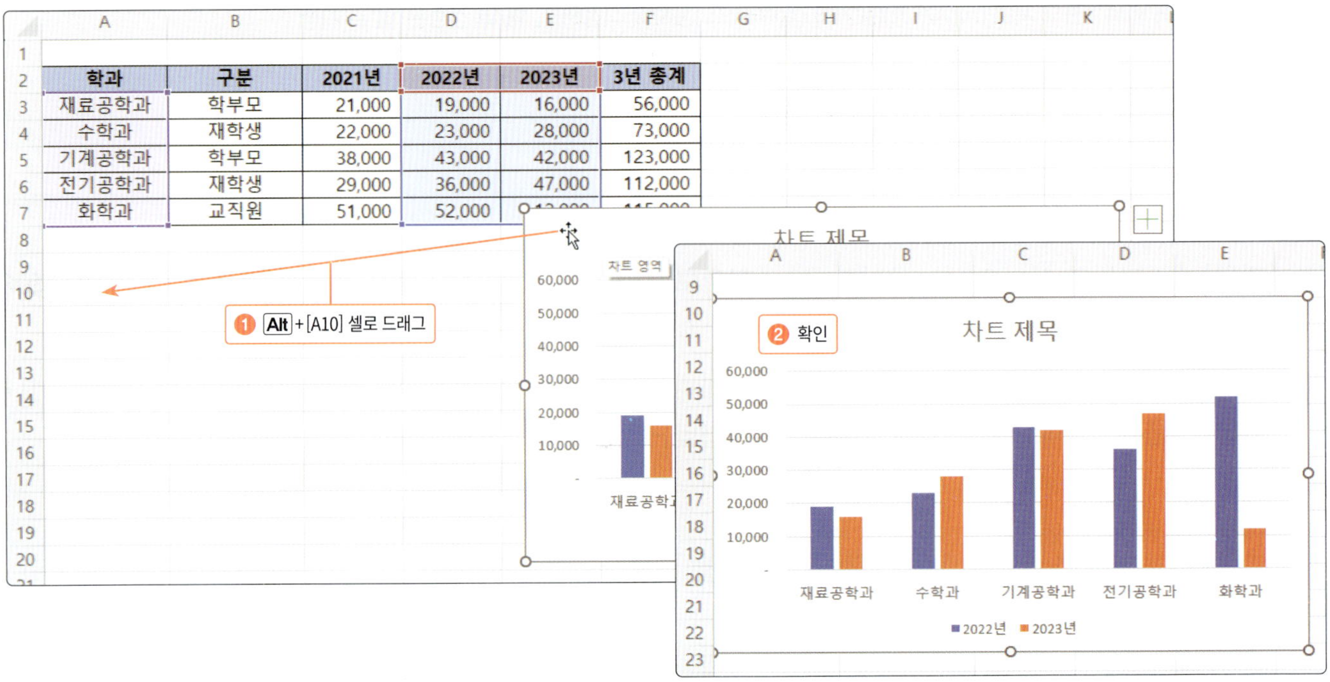

차트의 이동

[Alt] 키를 누른 상태에서 차트 영역을 드래그할 경우 셀 단위로 차트를 이동시킬 수 있습니다.

④ 차트가 [A10] 셀을 기준으로 이동되면 [Alt] 키를 누른 상태에서 차트의 **테두리(대각선 모서리 [ㅇ])**를 드래그하여 **[G25] 영역에 맞게 크기를 조절**합니다.

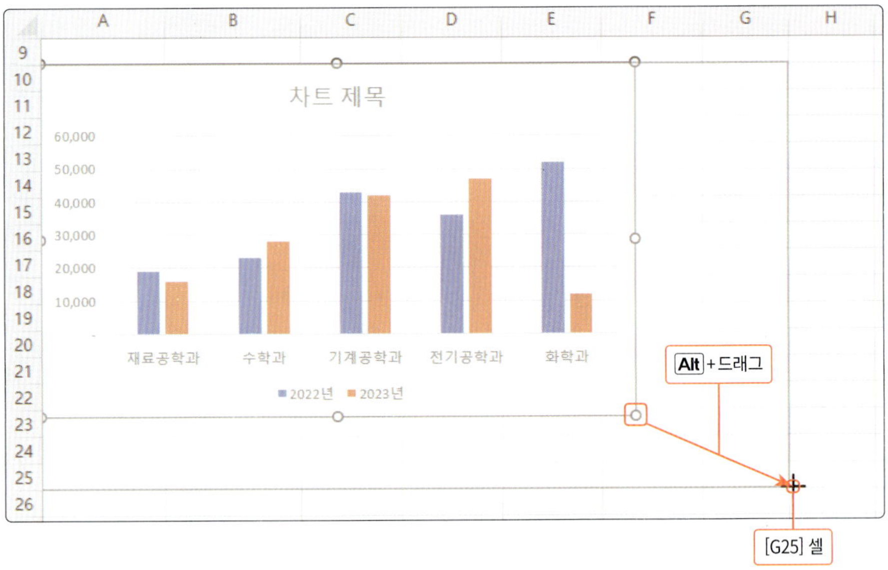

⑤ 차트 크기가 변경되면 **[차트 디자인] 탭**의 **[차트 스타일] 그룹**에서 **[색 변경]-[색상형]-'다양한 색상표 4'**를 선택하여 차트의 색상을 변경합니다.

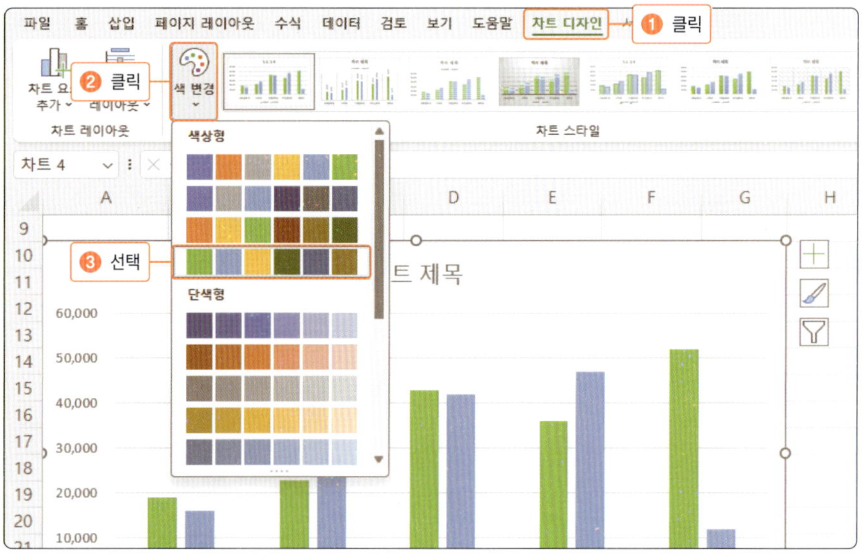

⑥ 차트 색상이 변경되면 **[차트 디자인] 탭**의 **[차트 스타일] 그룹**에서 **'스타일 6'**을 선택하여 차트 스타일을 변경합니다.

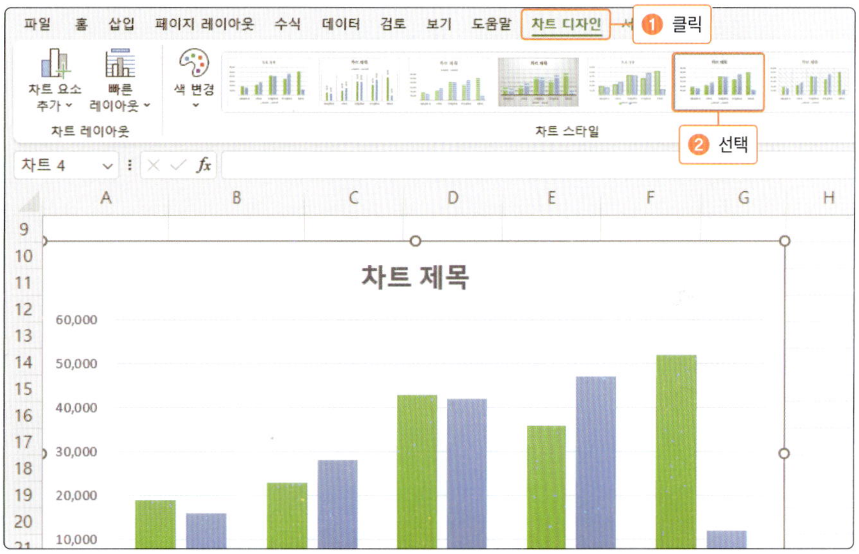

⑦ **'차트 제목'**의 안쪽을 클릭하여 테두리가 점선으로 변경되면 Delete 또는 BackSpace 키를 눌러 '차트 제목'을 삭제한 후 **'기부금 현황'**을 입력합니다.

※ 차트 제목을 드래그한 후 Delete 키를 한 번 눌러 삭제할 수도 있습니다.

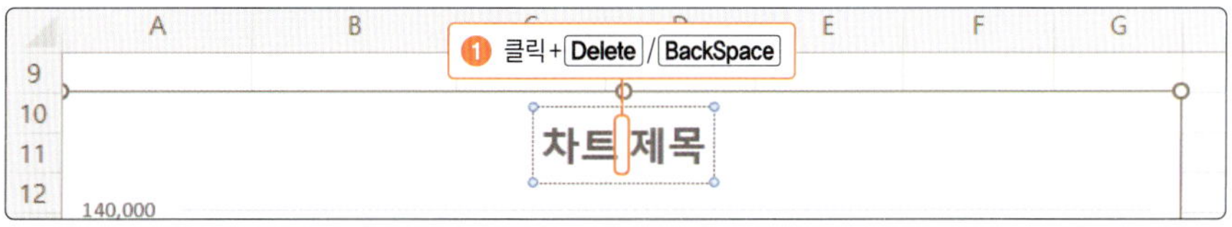

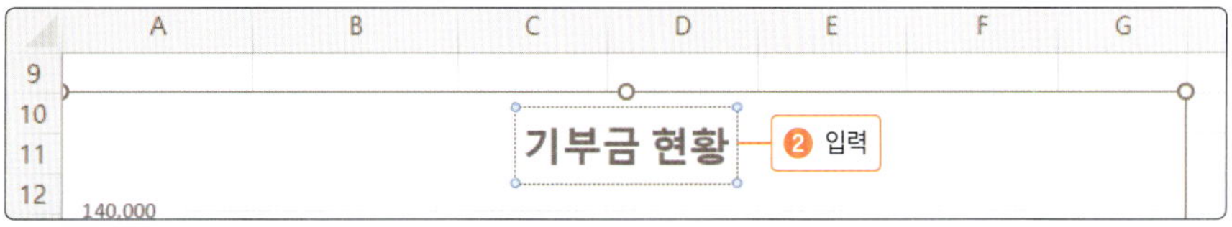

⑧ 차트 제목이 완성되면 **[차트 디자인]** 탭의 **[차트 레이아웃]** 그룹에서 **[차트 요소 추가]–[범례]–'위쪽( )'**를 클릭하여 차트 위쪽으로 범례를 이동시킵니다.

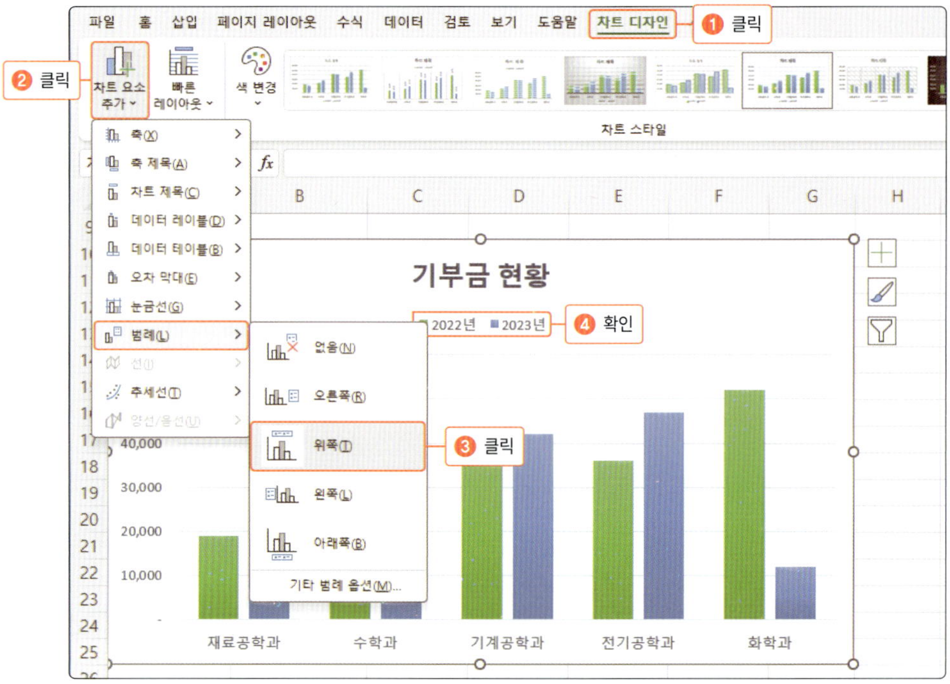

⑨ 기본적으로 완성된 차트 결과를 확인합니다.

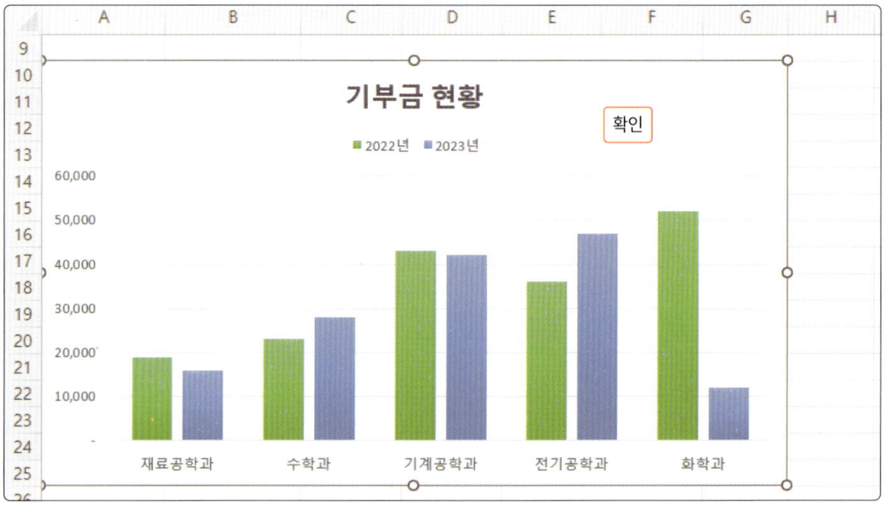

STEP 2

차트 영역 서식 지정하기

– 차트 영역 서식 : 글꼴(굴림체, 9pt), 테두리 색(실선, 색 : 진한 파랑),
테두리 스타일(너비 : 1.5pt, 겹선 종류 : 단순형, 대시 종류 : 사각 점선)

① '차트 영역'을 클릭한 후 **[홈] 탭**의 **[글꼴] 그룹**에서 **'글꼴(굴림체)'**과 **'글꼴 크기(9pt)'**를 지정합니다.

※ 차트에 글꼴 서식을 적용할 때는 반드시 '차트 영역'을 먼저 작업한 후 '제목'이나 '범례' 등에 글꼴 서식을 지정합니다.

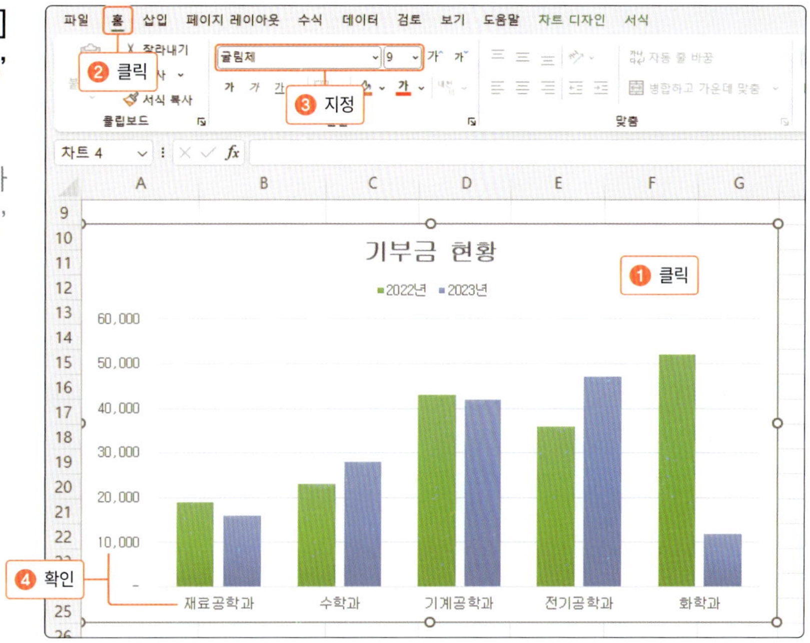

② 테두리 서식을 지정하기 위해 **'차트 영역'** 위에서 마우스 오른쪽 단추를 눌러 바로 가기 메뉴가 나오면 **[차트 영역 서식]**을 클릭합니다.

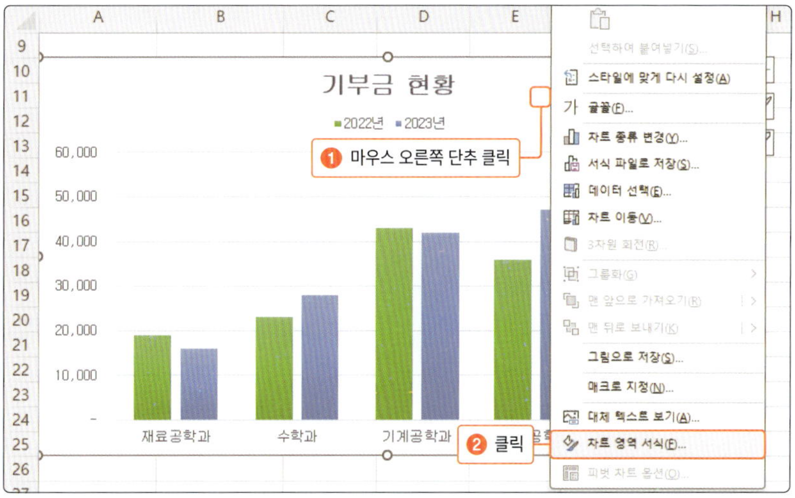

HELPFUL TIPS!

차트 서식 변경

- [서식] 탭의 [현재 선택 영역] 그룹에서 서식을 지정할 차트의 구성 요소를 선택합니다.
- 서식을 변경할 구성 요소(예 : 차트 영역)을 선택하였으면 바로 아래쪽에 있는 '선택 영역 서식'을 클릭하여 필요한 서식을 변경합니다.

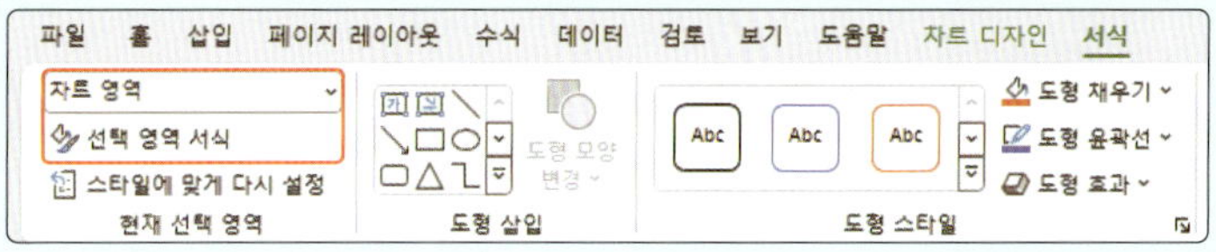

③ 화면 오른쪽에 [차트 영역 서식] 작업 창이 나오면 **[테두리]**를 클릭하여 **'실선'**을 선택합니다. 이어서, **'색( )'**을 클릭한 후 **'진한 파랑( )'**을 선택합니다.

④ '너비(1.5pt), 겹선 종류(단순형), 대시 종류(사각 점선)'를 지정합니다.

※ 시험 문제에서 '둥근 모서리' 조건이 나오는 경우 [차트 영역 서식] 작업 창에서 [테두리]–'둥근 모서리' 체크를 지정합니다.

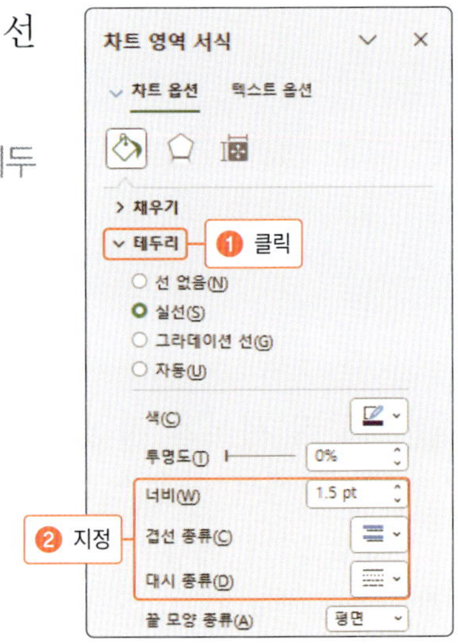

⑤ 서식이 적용된 차트 영역의 테두리를 확인합니다.

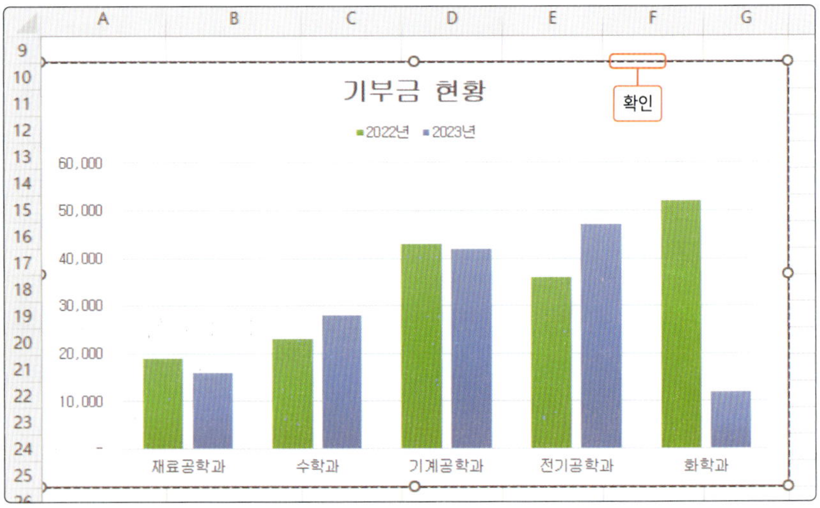

STEP 3

차트 제목 서식 지정하기

– 차트 제목 서식 : 글꼴(궁서체, 18pt, 기울임꼴), 채우기(그림 또는 질감 채우기, 질감 : 파랑 박엽지)

① 차트 제목('기부금 현황')을 클릭한 후 **[홈] 탭**의 **[글꼴] 그룹**에서 **'글꼴(궁서체), 글꼴 크기(18pt), 기울임꼴(가)'**을 각각 지정합니다.

※ 차트 제목이 '굵게(가)'로 지정되어 있는지 확인합니다. 만약, 《처리조건》에서 차트 제목 서식을 '굵게'로 지정하라는 지시가 없을 경우 '굵게'로 지정된 서식을 해제합니다.

② 차트 제목 위에서 마우스 오른쪽 단추를 눌러 바로 가기 메뉴가 나오면 **[차트 제목 서식]**을 클릭합니다.

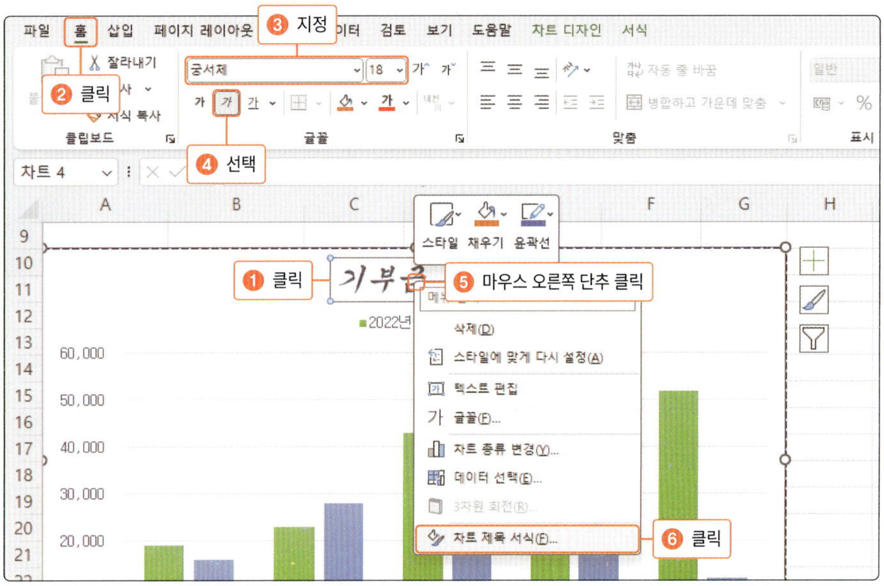

③ 화면 오른쪽에 [차트 제목 서식] 작업 창이 나오면 **[채우기]**에서 **'그림 또는 질감 채우기'**를 클릭합니다. 이어서, **'질감( )'**을 클릭하여 **'파랑 박엽지( )'**을 클릭합니다.

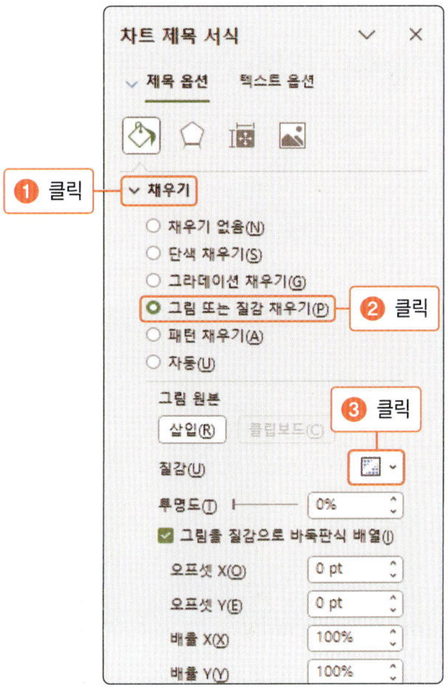

STEP 4

그림 영역 서식 지정하기

- 그림 영역 서식 : 채우기(그라데이션 채우기, 그라데이션 미리 설정 : 위쪽 스포트라이트 강조 3, 종류 : 사각형, 방향 : 가운데에서)

① **'그림 영역'** 위에서 마우스 오른쪽 단추를 눌러 바로 가기 메뉴가 나오면 **[그림 영역 서식]**을 클릭합니다.

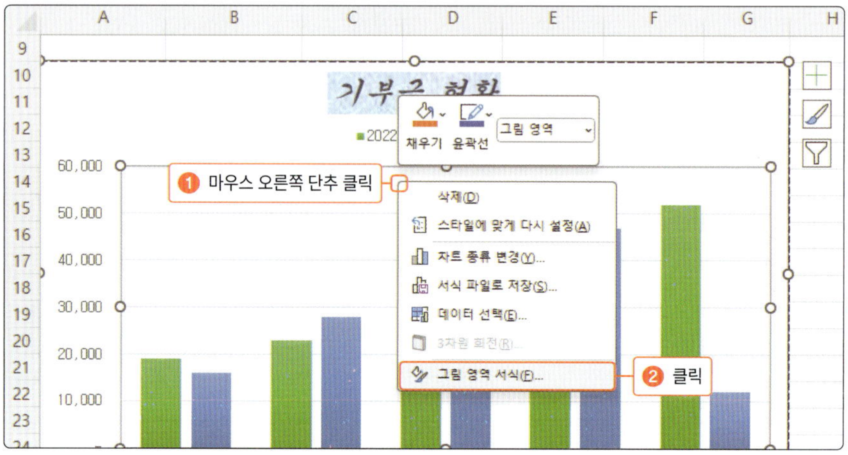

② 화면 오른쪽에 [그림 영역 서식] 작업 창이 나오면 **[채우기] 탭**의 **'그라데이션 채우기'**를 클릭합니다. 이어서, **'그라데이션 미리 설정( )'**을 클릭하여 **'위쪽 스포트라이트 강조 3( )'**을 선택합니다.

③ 그라데이션 채우기 색 지정이 끝나면 **'종류(사각형)'**를 지정한 후 **'방향'**을 클릭하여 **'가운데에서( )'**을 선택합니다.

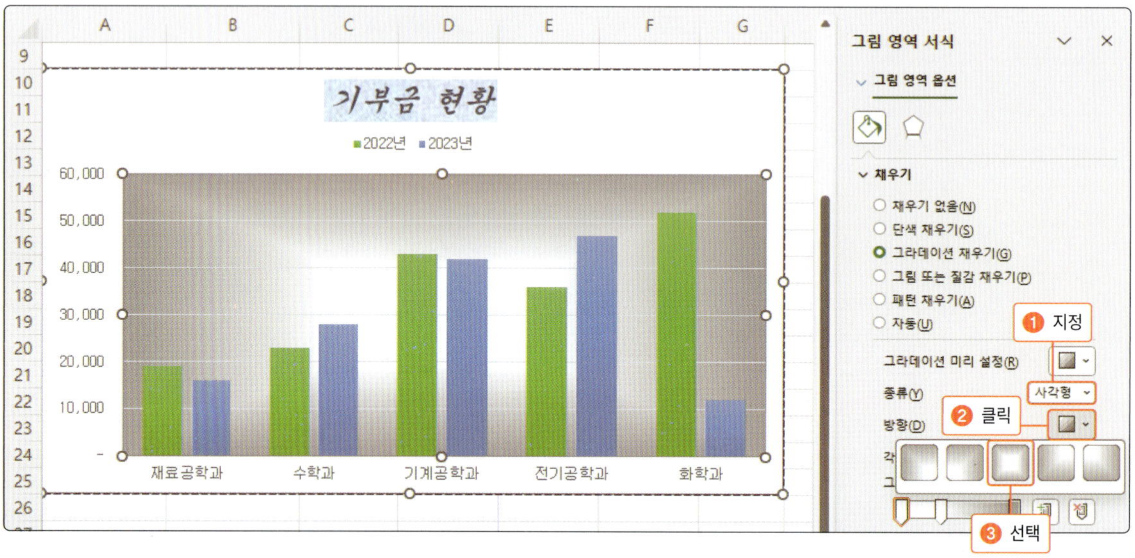

STEP 5 데이터 레이블 추가하기

– 데이터 레이블 추가 : '2023년' 계열에 "값" 표시

❶ **'2023년' 계열**을 클릭한 후 **[차트 디자인]** 탭의 **[차트 레이아웃] 그룹**에서 **[차트 요소 추가]** 클릭한 다음 **[데이터 레이블]–'바깥쪽 끝에( )'**를 선택합니다.

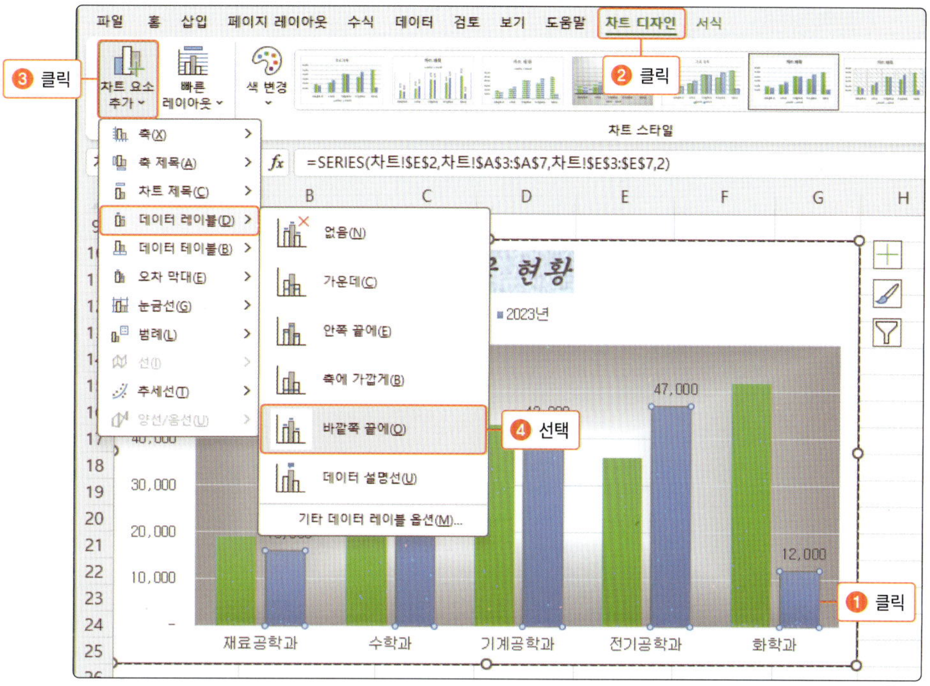

❷ **'2023년' 계열** 끝에 **'값'**이 표시된 것을 확인한 후 **[파일]–[저장]**(Ctrl+S) 또는 [빠른 실행 도구 모음]에서 **'저장( )'**을 클릭하여 최종 작업을 저장합니다.

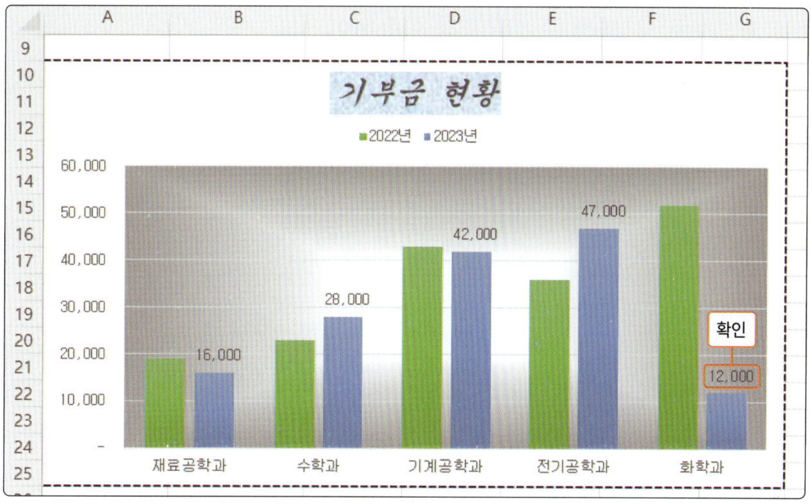

Actual Exercise

출제유형 완전정복

숏츠(Shorts)

01 "차트" 시트를 참조하여 다음 《처리조건》에 맞도록 작업하시오. (30점)

• 소스 파일 : 정복08_문제01.xlsx • 정답 파일 : 정복08_정답01.xlsx

《출력형태》

모델명	7월	8월	9월
P-KB-300	23,100	23,590	24,050
P-CY-500	23,120	23,030	23,570
R-CY-100	22,580	22,890	23,270
P-KB-301	22,120	22,390	22,760
R-CY-101	22,720	22,950	23,850
P-KB-303	22,290	22,040	23,160
P-CY-501	23,240	23,170	23,510
R-CY-102	22,250	22,020	22,920

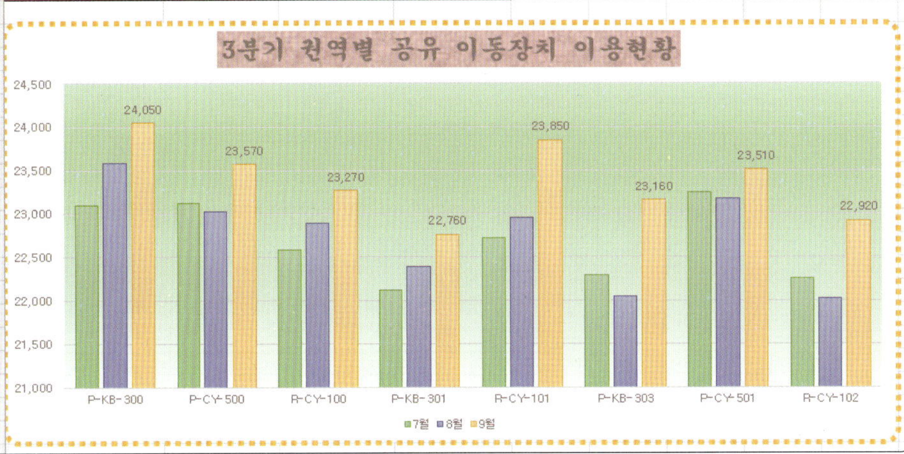

《처리조건》

▶ "차트" 시트에 주어진 표를 이용하여 '묶은 세로 막대형' 차트를 작성하시오.

- 데이터 범위 : 현재 시트 [A2:D10]의 데이터를 이용하여 작성하고, 행/열 전환은 '열'로 지정
- 차트 위치 : 현재 시트에 [A12:I29] 크기에 정확하게 맞추시오.
- 차트 제목 ("3분기 권역별 공유 이동장치 이용현황")
- 차트 스타일 : 색 변경(색상형 – 다양한 색상표 4, 스타일 5)
- 차트 영역 서식 : 글꼴(돋움, 8pt), 테두리 색(실선, 색 : 주황), 테두리 스타일(너비 : 3.75pt, 겹선 종류 : 단순형, 대시 종류 : 둥근 점선, 둥근 모서리)
- 차트 제목 서식 : 글꼴(궁서체, 18pt, 굵게), 채우기(그림 또는 질감 채우기, 질감 : 분홍 박엽지)
- 그림 영역 서식 : 채우기(그라데이션 채우기, 그라데이션 미리 설정 : 밝은 그라데이션 – 강조 6, 종류 : 선형, 방향 : 선형 위쪽)
- 데이터 레이블 추가 : '9월' 계열에 "값" 표시

▶ 지시사항이 없는 경우는 《출력형태》와 동일하게 작성하시오.

숏츠(Shorts)

02 "차트" 시트를 참조하여 다음 《처리조건》에 맞도록 작업하시오. (30점)

• 소스 파일 : 정복08_문제02.xlsx • 정답 파일 : 정복08_정답02.xlsx

《출력형태》

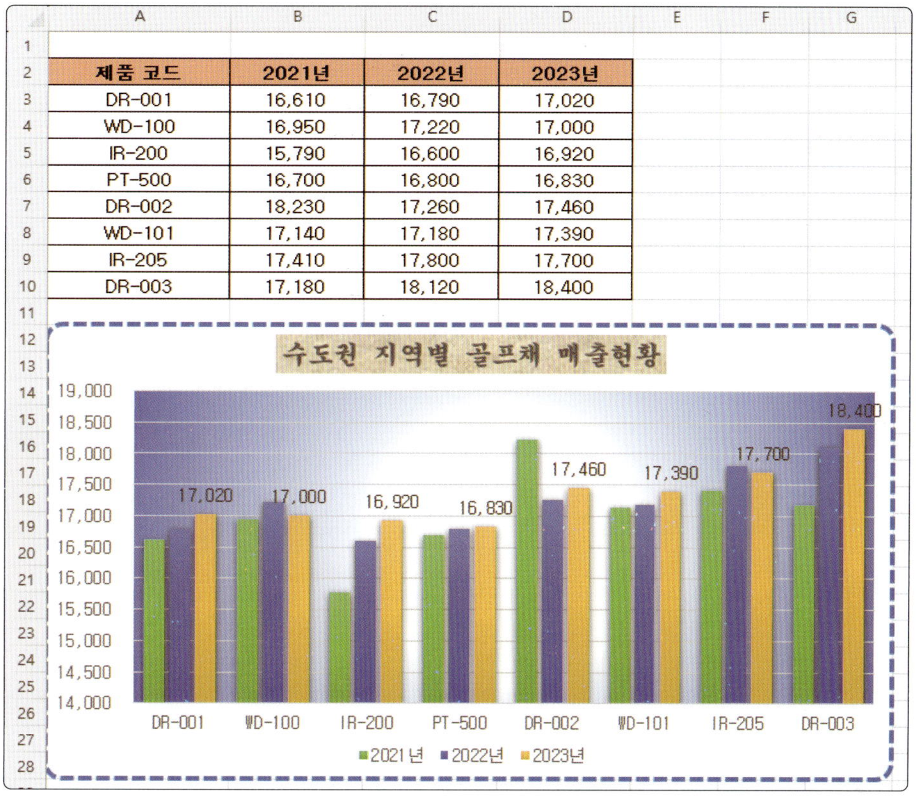

제품 코드	2021년	2022년	2023년
DR-001	16,610	16,790	17,020
WD-100	16,950	17,220	17,000
IR-200	15,790	16,600	16,920
PT-500	16,700	16,800	16,830
DR-002	18,230	17,260	17,460
WD-101	17,140	17,180	17,390
IR-205	17,410	17,800	17,700
DR-003	17,180	18,120	18,400

《처리조건》

▶ "차트" 시트에 주어진 표를 이용하여 '묶은 세로 막대형' 차트를 작성하시오.

- 데이터 범위 : 현재 시트 [A2:D10]의 데이터를 이용하여 작성하고, 행/열 전환은 '열'로 지정
- 차트 위치 : 현재 시트에 [A12:G28] 크기에 정확하게 맞추시오.
- 차트 제목("수도권 지역별 골프채 매출현황")
- 차트 스타일 : 색 변경(색상형 – 다양한 색상표 4, 스타일 14)
- 범례 위치 : 아래쪽
- 차트 영역 서식 : 글꼴(돋움체, 11pt), 테두리 색(실선, 색 : 파랑), 테두리 스타일(너비 : 2.75pt, 겹선 종류 : 단순형, 대시 종류 : 사각 점선, 둥근 모서리)
- 차트 제목 서식 : 글꼴(궁서체, 16pt, 굵게), 채우기(그림 또는 질감 채우기, 질감 : 편지지)
- 그림 영역 서식 : 채우기(그라데이션 채우기, 그라데이션 미리 설정 : 위쪽 스포트라이트 강조 5, 종류 : 방사형, 방향 : 가운데에서)
- 데이터 레이블 추가 : '2023년' 계열에 "값" 표시

▶ 지시사항이 없는 경우는 《출력형태》와 동일하게 작성하시오.

숏츠(Shorts)

03 "차트" 시트를 참조하여 다음 《처리조건》에 맞도록 작업하시오. (30점)

• 소스 파일 : 정복08_문제03.xlsx • 정답 파일 : 정복08_정답03.xlsx

《출력형태》

강좌코드	1분기	2분기	3분기
K-U-003	110,090	119,480	124,270
E-U-107	111,440	120,030	112,850
M-U-301	160,940	133,560	110,790
H-U-710	103,700	123,380	140,930
K-O-004	104,580	123,480	105,160
S-U-501	158,950	189,300	171,810
M-T-305	146,680	154,390	123,680
S-K-520	107,610	137,150	163,750

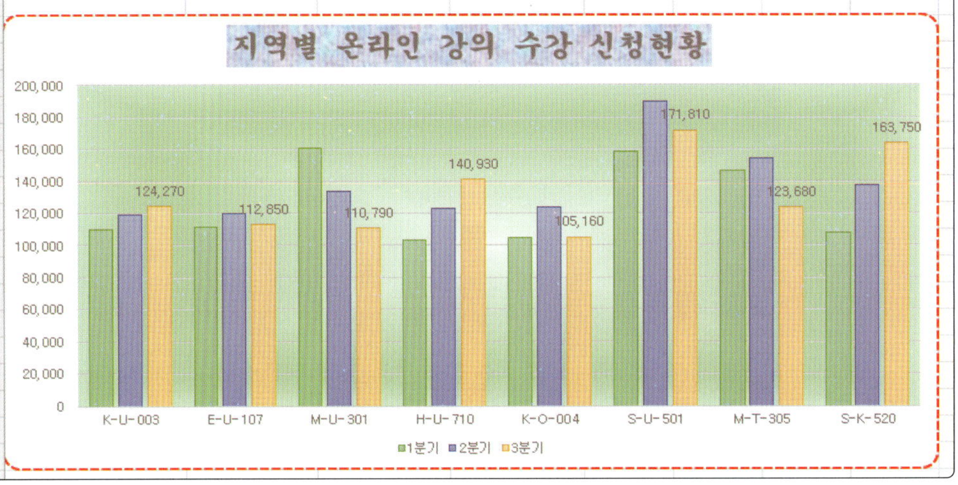

《처리조건》

▶ "차트" 시트에 주어진 표를 이용하여 '묶은 세로 막대형' 차트를 작성하시오.

– 데이터 범위 : 현재 시트 [A2:D10]의 데이터를 이용하여 작성하고, 행/열 전환은 '열'로 지정

– 차트 위치 : 현재 시트에 [A12:H28] 크기에 정확하게 맞추시오.

– 차트 제목("지역별 온라인 강의 수강 신청현황")

– 차트 스타일 : 색 변경(색상형 – 다양한 색상표 4, 스타일 5)

– 범례 위치 : 아래쪽

– 차트 영역 서식 : 글꼴(굴림, 8pt), 테두리 색(실선, 색 : 빨강), 테두리 스타일(너비 : 1.75pt, 겹선 종류 : 단순형, 대시 종류 : 사각 점선, 둥근 모서리)

– 차트 제목 서식 : 글꼴(궁서체, 18pt, 굵게), 채우기(그림 또는 질감 채우기, 질감 : 꽃다발)

– 그림 영역 서식 : 채우기(그라데이션 채우기, 그라데이션 미리 설정 : 밝은 그라데이션 – 강조 6, 종류 : 사각형, 방향 : 가운데에서)

– 데이터 레이블 추가 : '3분기' 계열에 "값" 표시

▶ 지시사항이 없는 경우는 《출력형태》와 동일하게 작성하시오.

숏츠(Shorts)

04 "차트" 시트를 참조하여 다음 《처리조건》에 맞도록 작업하시오. (30점)

• 소스 파일 : 정복08_문제04.xlsx • 정답 파일 : 정복08_정답04.xlsx

《출력형태》

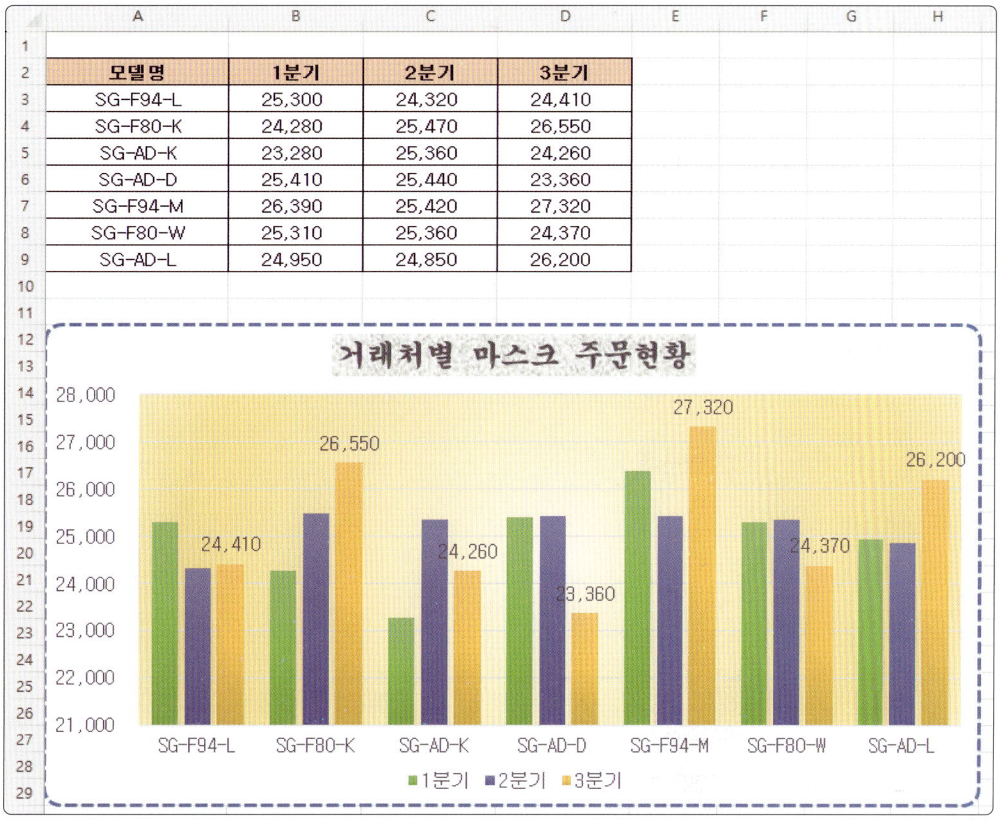

모델명	1분기	2분기	3분기
SG-F94-L	25,300	24,320	24,410
SG-F80-K	24,280	25,470	26,550
SG-AD-K	23,280	25,360	24,260
SG-AD-D	25,410	25,440	23,360
SG-F94-M	26,390	25,420	27,320
SG-F80-W	25,310	25,360	24,370
SG-AD-L	24,950	24,850	26,200

《처리조건》

▶ "차트" 시트에 주어진 표를 이용하여 '묶은 세로 막대형' 차트를 작성하시오.

- 데이터 범위 : 현재 시트 [A2:D9]의 데이터를 이용하여 작성하고, 행/열 전환은 '열'로 지정
- 차트 위치 : 현재 시트에 [A12:H29] 크기에 정확하게 맞추시오.
- 차트 제목("거래처별 마스크 주문현황")
- 차트 스타일 : 색 변경(색상형 – 다양한 색상표 4, 스타일 6)
- 범례 위치 : 아래쪽
- 차트 영역 서식 : 글꼴(굴림체, 12pt), 테두리 색(실선, 색 : 파랑), 테두리 스타일(너비 : 2.5pt, 겹선 종류 : 단순형, 대시 종류 : 사각 점선, 둥근 모서리)
- 차트 제목 서식 : 글꼴(궁서체, 18pt, 굵게), 채우기(그림 또는 질감 채우기, 질감 : 신문 용지)
- 그림 영역 서식 : 채우기(그라데이션 채우기, 그라데이션 미리 설정 : 밝은 그라데이션 – 강조 4, 종류 : 방사형, 방향 : 가운데에서)
- 데이터 레이블 추가 : '3분기' 계열에 "값" 표시

▶ 지시사항이 없는 경우는 《출력형태》와 동일하게 작성하시오.

MEMO

PART 03

출제예상
모의고사

제 01 회 디지털정보활용능력 출제예상 모의고사

- ☑ 시험과목 : 스프레드시트(엑셀)
- ☑ 시험일자 : 20XX. XX. XX. (X)
- ☑ 응시자 기재사항 및 감독위원 확인

MS Office 2021 버전용

수검번호	DIS - XXXX -	감독위원 확인
성 명		

·응시자 유의사항·

1. 응시자는 신분증을 지참하여야 시험에 응시할 수 있으며, 시험이 종료될 때까지 신분증을 제시하지 못 할 경우 해당 시험은 0점 처리됩니다.
2. 시스템(PC작동여부, 네트워크 상태 등)의 이상여부를 반드시 확인하여야 하며, 시스템 이상이 있을 시 감독위원에게 조치를 받으셔야 합니다.
3. 시험 중 부주의 또는 고의로 시스템을 파손한 경우는 응시자 부담으로 합니다.
4. 답안 전송 프로그램을 통해 다운로드 받은 파일을 이용하여 답안 파일을 작성하시기 바랍니다.
5. 작성한 답안 파일은 답안 전송 프로그램을 통하여 전송됩니다. 감독위원의 지시에 따라 주시기 바랍니다.
6. 다음 사항의 경우 실격(0점) 혹은 부정행위 처리됩니다.
   1) 답안 파일을 저장하지 않았거나, 저장한 파일이 손상되었을 경우
   2) 답안 파일을 지정된 폴더(바탕화면 – "KAIT" 폴더)에 저장하지 않았을 경우
      ※ 답안 전송 프로그램 로그인 시 바탕화면에 자동 생성됨
   3) 답안 파일을 다른 보조 기억장치(USB) 혹은 네트워크(메신저, 게시판 등)로 전송할 경우
   4) 휴대용 전화기 등 통신기기를 사용할 경우
7. 시트는 반드시 순서대로 작성해야 하며, 순서가 다를 경우 "0"점 처리됩니다.
8. 시험지에 제시된 글꼴이 응시 프로그램에 없는 경우, 반드시 감독위원에게 해당 내용을 통보한 뒤 조치를 받아야 합니다.
9. 시험의 완료는 작성이 완료된 답안을 저장하고, 답안 전송이 완료된 상태를 확인한 것으로 합니다. 답안 전송 확인 후 문제지는 감독위원에게 제출한 후 퇴실하여야 합니다.
10. 답안 전송을 완료한 경우는 수정 또는 정정이 불가합니다.
11. 시험 시행 후 합격자 발표는 홈페이지(www.ihd.or.kr)에서 확인하시기 바랍니다.
    ※ 합격자 발표 : 20XX. XX. XX. (X)
    ※ 시험지 공개 : 20XX. XX. XX. (X)

Korea Association for ICT promotion
한국정보통신진흥협회 KAIT

【문제 1】 **"납품현황"** 시트를 참조하여 다음 《처리조건》에 맞도록 작업하시오. (50점)

《출력형태》

	A	B	C	D	E	F	G	H	I
1		학교 식자재 납품현황							
2	납품일자	제품명	납품학교	단가	포장중량	개수	납품액	순위	비고
3	2022-10-04	애호박	푸름고등학교	9,450	950	286EA	2,702,700원	2	우수고객
4	2022-10-06	방울토마토	해와달중학교	10,300	800	148EA	1,524,400원	7	
5	*2022-10-07*	*알감자*	*으뜸고등학교*	*6,040*	*1,500*	*125EA*	*755,000원*	*10*	
6	2022-10-10	방울토마토	푸름고등학교	10,300	950	164EA	1,689,200원	6	
7	*2022-10-11*	*알감자*	*해와달중학교*	*6,040*	*1,050*	*166EA*	*1,002,640원*	*5*	
8	2022-10-13	애호박	으뜸고등학교	9,450	980	218EA	2,060,100원	4	우수고객
9	*2022-10-14*	*방울토마토*	*푸름고등학교*	*10,300*	*1,000*	*146EA*	*1,503,800원*	*8*	
10	2022-10-17	애호박	푸름고등학교	9,450	790	144EA	1,360,800원	9	
11	2022-10-19	방울토마토	으뜸고등학교	10,300	730	247EA	2,544,100원	3	우수고객
12	2022-10-21	알감자	푸름고등학교	6,040	820	287EA	1,733,480원	1	
13	'제품명'이 "애호박"인 '납품액'의 합계				6,123,600원				
14	'단가'의 최대값-최소값 차이				4,260원				
15	'납품액' 중 두 번째로 작은 값				1,002,640원				

《처리조건》

▶ 1행의 행 높이를 '80'으로 설정하고, 2행~15행의 행 높이를 '18'로 설정하시오.

▶ 제목("학교 식자재 납품현황") : 기본 도형의 '평행 사변형'을 이용하여 입력하시오.
- 도형 : 위치([B1:H1]), 도형 스타일(테마 스타일 – '보통 효과 – 파랑, 강조 1')
- 글꼴 : 궁서체, 32pt, 굵게
- 도형 서식 : 도형 옵션 – 크기 및 속성(텍스트 상자(세로 맞춤 : 정가운데, 텍스트 방향 : 가로))

▶ 셀 서식을 아래 조건에 맞게 작성하시오.
- [A2:I15] : 테두리(안쪽, 윤곽선 모두 실선, '검정, 텍스트 1'), 전체 가운데 맞춤
- [A13:D13], [A14:D14], [A15:D15] : 각각 병합하고 가운데 맞춤
- [A2:I2], [A13:D15] : 채우기 색('파랑, 강조 1, 60% 더 밝게'), 글꼴(굵게)
- [D3:E12] : 셀 서식의 표시 형식–숫자를 이용하여 1000 단위 구분 기호 표시
- [F3:F12] : 셀 서식의 표시 형식–사용자 지정을 이용하여 #"EA"자를 추가
- [G3:G12], [E13:G15] : 셀 서식의 표시 형식–사용자 지정을 이용하여 #,##0"원"자를 추가
- 조건부 서식[A3:I12] : '포장중량'이 1000 이상인 경우 레코드 전체에 글꼴(빨강, 굵은 기울임꼴) 적용
- 지시사항이 없는 경우는 주어진 문제 파일의 서식을 그대로 사용하시오.

▶ ① 순위[H3:H12] : '개수'를 기준으로 큰 순으로 순위를 구하시오. (RANK.EQ 함수)

▶ ② 비고[I3:I12] : '납품액'이 2000000 이상이면 "우수고객", 그렇지 않으면 공백으로 구하시오. (IF 함수)

▶ ③ 합계[E13:G13] : '제품명'이 "애호박"인 '납품액'의 합계를 구하시오. (DSUM 함수)

▶ ④ 최대값–최소값[E14:G14] : '단가'의 최대값과 최소값의 차이를 구하시오. (MAX, MIN 함수)

▶ ⑤ 순위[E15:G15] : '납품액' 중 두 번째로 작은 값을 구하시오. (SMALL 함수)

【문제 2】 **"부분합"** 시트를 참조하여 다음 《처리조건》에 맞도록 작업하시오. (30점)

《출력형태》

	A	B	C	D	E	F	G
1							
2	납품일자	제품명	납품학교	단가	포장중량	개수	납품액
3	2022-10-04	애호박	푸름고등학교	9,450	950	286	2,702,700
4	2022-10-13	애호박	으뜸고등학교	9,450	980	218	2,060,100
5	2022-10-17	애호박	푸름고등학교	9,450	790	144	1,360,800
6		**애호박 평균**		9,450			2,041,200
7		**애호박 최대**		9,450	980	286	
8	2022-10-07	알감자	으뜸고등학교	6,040	1,500	125	755,000
9	2022-10-11	알감자	해와달중학교	6,040	1,050	166	1,002,640
10	2022-10-21	알감자	푸름고등학교	6,040	820	287	1,733,480
11		**알감자 평균**		6,040			1,163,707
12		**알감자 최대**		6,040	1,500	287	
13	2022-10-06	방울토마토	해와달중학교	10,300	800	148	1,524,400
14	2022-10-10	방울토마토	푸름고등학교	10,300	950	164	1,689,200
15	2022-10-14	방울토마토	푸름고등학교	10,300	1,000	146	1,503,800
16	2022-10-19	방울토마토	으뜸고등학교	10,300	730	247	2,544,100
17		**방울토마토 평균**		10,300			1,815,375
18		**방울토마토 최대**		10,300	1,000	247	
19		**전체 평균**		8,767			1,687,622
20		**전체 최대값**		10,300	1,500	287	

《처리조건》

▶ 데이터를 '제품명' 기준으로 내림차순 정렬하시오.

▶ 아래 조건에 맞는 부분합을 작성하시오.
- '제품명'으로 그룹화하여 '단가', '포장중량', '개수'의 최대를 구하는 부분합을 만드시오.
- '제품명'으로 그룹화하여 '단가', '납품액'의 평균을 구하는 부분합을 만드시오.
  (새로운 값으로 대치하지 말 것)
- [D3:G20] 영역에 셀 서식의 표시 형식-숫자를 이용하여 1000 단위 구분 기호를 표시하시오.

▶ D~F열을 선택하여 그룹을 설정하시오.

▶ 최대와 평균의 부분합 순서는 《출력형태》와 다를 수 있음

▶ 지시사항이 없는 경우는 기본 값을 적용하시오.

【문제 3】 **"필터"**와 **"시나리오"** 시트를 참조하여 다음 《처리조건》에 맞도록 작업하시오. (60점)

(1) 필터

《출력형태》

	A	B	C	D	E	F	G
1							
2	납품일자	제품명	납품학교	단가	포장중량	개수	납품액
3	2022-10-04	애호박	푸름고등학교	9,450	950	286	2,702,700
4	2022-10-06	방울토마토	해와달중학교	10,300	800	148	1,524,400
5	2022-10-07	알감자	으뜸고등학교	6,040	1,500	125	755,000
6	2022-10-10	방울토마토	푸름고등학교	10,300	950	164	1,689,200
7	2022-10-11	알감자	해와달중학교	6,040	1,050	166	1,002,640
8	2022-10-13	애호박	으뜸고등학교	9,450	980	218	2,060,100
9	2022-10-14	방울토마토	푸름고등학교	10,300	1,000	146	1,503,800
10	2022-10-17	애호박	푸름고등학교	9,450	790	144	1,360,800
11	2022-10-19	방울토마토	으뜸고등학교	10,300	730	247	2,544,100
12	2022-10-21	알감자	푸름고등학교	6,040	820	287	1,733,480
13							
14	조건						
15	FALSE						
16							
17							
18	납품일자	제품명	단가	개수			
19	2022-10-10	방울토마토	10,300	164			
20	2022-10-14	방울토마토	10,300	146			
21	2022-10-17	애호박	9,450	144			

《처리조건》

▶ "필터" 시트의 [A2:G12]를 아래 조건에 맞게 고급 필터를 사용하여 작성하시오.

- '납품학교'가 "푸름고등학교"이고 '납품액'이 1700000 이하인 데이터를 '납품일자', '제품명', '단가', '개수'의 데이터만 필터링 하시오.
- 조건 위치 : 조건 함수는 [A15] 한 셀에 작성(AND 함수 이용)
- 결과 위치 : [A18]부터 출력

▶ 지시사항이 없는 경우는 《출력형태》와 동일하게 작성하시오.

(2) 시나리오

《출력형태》

	A	B	C	D	E	F	G
1							
2		시나리오 요약					
3				현재 값:	개수 20 증가	개수 15 감소	
5		변경 셀:					
6			$F$5	125	145	110	
7			$F$7	166	186	151	
8			$F$12	287	307	272	
9		결과 셀:					
10			$G$5	755,000	875,800	664,400	
11			$G$7	1,002,640	1,123,440	912,040	
12			$G$12	1,733,480	1,854,280	1,642,880	
13		참고: 현재 값 열은 시나리오 요약 보고서가 작성될 때의					
14		변경 셀 값을 나타냅니다. 각 시나리오의 변경 셀들은					
15		회색으로 표시됩니다.					

《처리조건》

▶ "시나리오" 시트의 [A2:G12]를 이용하여 '제품명'이 "알감자"인 경우, '개수'가 변동할 때 '납품액'이 변동하는 가상분석(시나리오)을 작성하시오.

- 시나리오1 : 시나리오 이름은 "개수 20 증가", '개수'에 20을 증가시킨 값 설정.
- 시나리오2 : 시나리오 이름은 "개수 15 감소", '개수'에 15를 감소시킨 값 설정.
- "시나리오 요약" 시트를 작성하시오.

▶ 지시사항이 없는 경우는 《출력형태》와 동일하게 작성하시오.

【문제 4】 **"피벗테이블"** 시트를 참조하여 다음 《처리조건》에 맞도록 작업하시오. (30점)

《출력형태》

	A	B	C	D	E
1					
2					
3			납품학교		
4	제품명	값	으뜸고등학교	해와달중학교	총합계
5	방울토마토	최대 : 단가	10,300	10,300	10,300
6		최대 : 납품액	2,544,100	1,524,400	2,544,100
7	알감자	최대 : 단가	6,040	6,040	6,040
8		최대 : 납품액	755,000	1,002,640	1,002,640
9	애호박	최대 : 단가	9,450	***	9,450
10		최대 : 납품액	2,060,100	***	2,060,100

《처리조건》

▶ "피벗테이블" 시트의 [A2:G12]를 이용하여 새로운 시트에 《출력형태》와 같이 피벗테이블을 작성 후 시트명을 "피벗테이블 정답"으로 수정하시오.

▶ 제품명(행)과 납품학교(열)를 기준으로 하여 《출력형태》와 같이 구하시오.
- '단가', '납품액'의 최대를 구하시오.
- 피벗 테이블 옵션을 이용하여 레이블이 있는 셀 병합 및 가운데 맞춤하고 빈 셀을 "***"로 표시한 후, 열의 총합계를 감추기 하시오.
- 피벗 테이블 디자인에서 보고서 레이아웃은 '테이블 형식으로 표시', 피벗 테이블 스타일은 '어둡게 – 연한 파랑, 피벗 스타일 어둡게 6'으로 표시하시오.
- 납품학교(열)는 "으뜸고등학교", "해와달중학교"만 출력되도록 표시하시오.
- [C5:E10] 데이터는 셀 서식의 표시 형식–숫자를 이용하여 1000 단위 구분 기호를 표시하고, 가운데 맞춤하시오.

▶ 제품명의 순서는 《출력형태》와 다를 수 있음

▶ 지시사항이 없는 경우는 《출력형태》와 동일하게 작성하시오.

【문제 5】 **"차트"** 시트를 참조하여 다음 《처리조건》에 맞도록 작업하시오. (30점)

《출력형태》

제품명	납품학교	단가	포장중량	상반기 납품액	하반기 납품액
애호박	푸름고등학교	9,450	950	2,702,700	2,162,800
방울토마토	해와달중학교	10,300	800	1,524,400	1,607,600
알감자	으뜸고등학교	6,040	1,500	755,000	1,218,320
깐대파	푸름고등학교	5,300	480	2,104,000	1,815,880
계란	해와달중학교	8,050	750	1,002,650	1,238,600

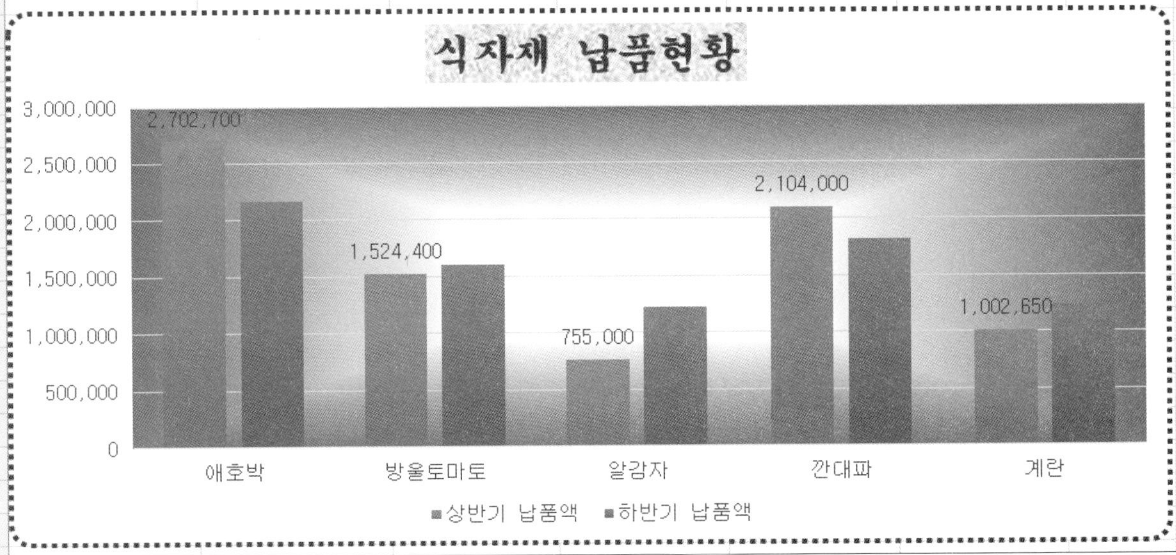

《처리조건》

▶ "차트" 시트에 주어진 표를 이용하여 '묶은 세로 막대형' 차트를 작성하시오.
- 데이터 범위 : 현재 시트 [A2:A7], [E2:F7]의 데이터를 이용하여 작성하고, 행/열 전환은 '열'로 지정
- 차트 위치 : 현재 시트에 [A10:G25] 크기에 정확하게 맞추시오.
- 차트 제목("식자재 납품현황")
- 차트 스타일 : 색 변경(색상형 – 다양한 색상표 4, 스타일 6)
- 범례 위치 : 아래쪽
- 차트 영역 서식 : 글꼴(굴림체, 10pt), 테두리 색(실선, 색 : 자주), 테두리 스타일(너비 : 2.5pt, 겹선 종류 : 단순형, 대시 종류 : 둥근 점선, 둥근 모서리)
- 차트 제목 서식 : 글꼴(궁서체, 20pt, 굵게), 채우기(그림 또는 질감 채우기, 질감 : 신문 용지)
- 그림 영역 서식 : 채우기(그라데이션 채우기, 그라데이션 미리 설정 : 위쪽 스포트라이트 강조 5, 종류 : 사각형, 방향 : 가운데에서)
- 데이터 레이블 추가 : '상반기 납품액' 계열에 "값" 표시

▶ 지시사항이 없는 경우는 《출력형태》와 동일하게 작성하시오.

제 02 회 디지털정보활용능력 출제예상 모의고사

☑ 시험과목 : 스프레드시트(엑셀)
☑ 시험일자 : 20XX. XX. XX. (X)
☑ 응시자 기재사항 및 감독위원 확인

MS Office 2021 버전용

수검번호	DIS - XXXX -	감독위원 확인
성 명		

·응시자 유의사항·

1. 응시자는 신분증을 지참하여야 시험에 응시할 수 있으며, 시험이 종료될 때까지 신분증을 제시하지 못 할 경우 해당 시험은 0점 처리됩니다.
2. 시스템(PC작동여부, 네트워크 상태 등)의 이상여부를 반드시 확인하여야 하며, 시스템 이상이 있을 시 감독위원에게 조치를 받으셔야 합니다.
3. 시험 중 부주의 또는 고의로 시스템을 파손한 경우는 응시자 부담으로 합니다.
4. 답안 전송 프로그램을 통해 다운로드 받은 파일을 이용하여 답안 파일을 작성하시기 바랍니다.
5. 작성한 답안 파일은 답안 전송 프로그램을 통하여 전송됩니다. 감독위원의 지시에 따라 주시기 바랍니다.
6. 다음 사항의 경우 실격(0점) 혹은 부정행위 처리됩니다.
   1) 답안 파일을 저장하지 않았거나, 저장한 파일이 손상되었을 경우
   2) 답안 파일을 지정된 폴더(바탕화면 – "KAIT" 폴더)에 저장하지 않았을 경우
      ※ 답안 전송 프로그램 로그인 시 바탕화면에 자동 생성됨
   3) 답안 파일을 다른 보조 기억장치(USB) 혹은 네트워크(메신저, 게시판 등)로 전송할 경우
   4) 휴대용 전화기 등 통신기기를 사용할 경우
7. 시트는 반드시 순서대로 작성해야 하며, 순서가 다를 경우 "0"점 처리됩니다.
8. 시험지에 제시된 글꼴이 응시 프로그램에 없는 경우, 반드시 감독위원에게 해당 내용을 통보한 뒤 조치를 받아야 합니다.
9. 시험의 완료는 작성이 완료된 답안을 저장하고, 답안 전송이 완료된 상태를 확인한 것으로 합니다. 답안 전송 확인 후 문제지는 감독위원에게 제출한 후 퇴실하여야 합니다.
10. 답안 전송을 완료한 경우는 수정 또는 정정이 불가합니다.
11. 시험 시행 후 합격자 발표는 홈페이지(www.ihd.or.kr)에서 확인하시기 바랍니다.
    ※ 합격자 발표 : 20XX. XX. XX. (X)
    ※ 시험지 공개 : 20XX. XX. XX. (X)

Korea Association for ICT promotion
한국정보통신진흥협회 KAIT

【문제 1】 **"수강료현황"** 시트를 참조하여 다음 《처리조건》에 맞도록 작업하시오. (50점)

《출력형태》

	A	B	C	D	E	F	G	H	I
1		평생교육 수강료현황							
2	운영장소	운영시간	프로그램명	봄학기	여름학기	가을학기	겨울학기	순위	비고
3	국민 체육센터	오전	다이어트 체조	473,600	461,000	407,500	472,800	3위	
4	한마을 문화센터	오후	기타교실	483,900	418,500	483,300	491,500	1위	
5	넘버원 평생교육원	야간	서예교실	395,300	414,700	312,400	335,400	7위	가을 검토
6	**해피 문화센터**	**오후**	**기타교실**	**391,700**	**365,900**	**275,700**	**296,000**	**10위**	**가을 검토**
7	건강 체육센터	야간	다이어트 체조	478,000	413,600	287,300	321,200	8위	가을 검토
8	**글로벌 평생교육원**	**오전**	**서예교실**	**277,700**	**275,500**	**387,200**	**415,700**	**5위**	
9	튼트니 건강교실	오후	다이어트 체조	378,000	446,400	430,800	309,900	9위	
10	백세 평생교육원	오전	서예교실	261,000	456,400	442,700	424,300	4위	
11	**미래엔 문화센터**	**오후**	**기타교실**	**355,200**	**259,600**	**354,100**	**477,200**	**2위**	
12	**플레이 문화센터**	**오전**	**서예교실**	**468,400**	**362,700**	**336,000**	**380,400**	**6위**	**가을 검토**
13	'운영시간'이 "오전"인 '봄학기'의 평균				370,175원				
14	'여름학기' 중 세 번째로 작은 값				362,700원				
15	'가을학기'의 최대값-최소값 차이				207,600원				

《처리조건》

▶ 1행의 행 높이를 '80'으로 설정하고, 2행~15행의 행 높이를 '18'로 설정하시오.

▶ 제목("평생교육 수강료현황") : 블록 화살표의 '화살표: 갈매기형 수장'을 이용하여 입력하시오.
- 도형 : 위치([B1:H1]), 도형 스타일(테마 스타일 – '보통 효과 – 녹색, 강조 6')
- 글꼴 : 궁서체, 32pt, 굵게
- 도형 서식 : 도형 옵션 – 크기 및 속성(텍스트 상자(세로 맞춤 : 정가운데, 텍스트 방향 : 가로))

▶ 셀 서식을 아래 조건을 맞게 작성하시오.
- [A2:I15] : 테두리(안쪽, 윤곽선 모두 실선, '검정, 텍스트 1'), 전체 가운데 맞춤
- [A13:D13], [A14:D14], [A15:D15] : 각각 병합하고 가운데 맞춤
- [A2:I2], [A13:D15] : 채우기 색('녹색, 강조 6, 60% 더 밝게'), 글꼴(굵게)
- [D3:G12] : 셀 서식의 표시 형식–숫자를 이용하여 1000 단위 구분 기호 표시
- [H3:H12] : 셀 서식의 표시 형식–사용자 지정을 이용하여 #"위"자를 추가
- [E13:G15] : 셀 서식의 표시 형식–사용자 지정을 이용하여 #,##0"원"자를 추가
- 조건부 서식[A3:I12] : '여름학기'가 400000 이하인 경우 레코드 전체에 글꼴(자주, 굵게) 적용
- 지시사항이 없는 경우는 주어진 문제 파일의 서식을 그대로 사용하시오.

▶ ① 순위[H3:H12] : '겨울학기'를 기준으로 큰 순으로 순위를 구하시오. **(RANK.EQ 함수)**

▶ ② 비고[I3:I12] : '가을학기'가 350000 이하이면 "가을 검토", 그렇지 않으면 공백으로 구하시오. **(IF 함수)**

▶ ③ 평균[E13:G13] : '운영시간'이 "오전"인 '봄학기'의 평균을 구하시오. **(DAVERAGE 함수)**

▶ ④ 순위[E14:G14] : '여름학기' 중 세 번째로 작은 값을 구하시오. **(SMALL 함수)**

▶ ⑤ 최대값–최소값[E15:G15] : '가을학기'의 최대값과 최소값의 차이를 구하시오. **(MAX, MIN 함수)**

【문제 2】 **"부분합"** 시트를 참조하여 다음 《처리조건》에 맞도록 작업하시오. (30점)

《출력형태》

	A	B	C	D	E	F	G
1							
2	**운영장소**	**운영시간**	**프로그램명**	**봄학기**	**여름학기**	**가을학기**	**겨울학기**
3	넘버원 평생교육원	야간	서예교실	395,300	414,700	312,400	335,400
4	건강 체육센터	야간	다이어트 체조	478,000	413,600	287,300	321,200
5		**야간 최대**				312,400	335,400
6		**야간 평균**		436,650	414,150		
7	국민 체육센터	오전	다이어트 체조	473,600	461,000	407,500	472,800
8	글로벌 평생교육원	오전	서예교실	277,700	275,500	387,200	415,700
9	백세 평생교육원	오전	서예교실	261,000	456,400	442,700	424,300
10	플레이 문화센터	오전	서예교실	468,400	362,700	336,000	380,400
11		**오전 최대**				442,700	472,800
12		**오전 평균**		370,175	388,900		
13	한마을 문화센터	오후	기타교실	483,900	418,500	483,300	491,500
14	해피 문화센터	오후	기타교실	391,700	365,900	275,700	296,000
15	튼튼니 건강교실	오후	다이어트 체조	378,000	446,400	430,800	309,900
16	미래엔 문화센터	오후	기타교실	355,200	259,600	354,100	477,200
17		**오후 최대**				483,300	491,500
18		**오후 평균**		402,200	372,600		
19		**전체 최대값**				483,300	491,500
20		**전체 평균**		396,280	387,430		

《처리조건》

▶ 데이터를 '운영시간' 기준으로 오름차순 정렬하시오.

▶ 아래 조건에 맞는 부분합을 작성하시오.
- '운영시간'으로 그룹화하여 '봄학기', '여름학기'의 평균을 구하는 부분합을 만드시오.
- '운영시간'으로 그룹화하여 '가을학기', '겨울학기'의 최대를 구하는 부분합을 만드시오.
  (새로운 값으로 대치하지 말 것)

▶ D~E열을 선택하여 그룹을 설정하시오.

▶ 평균과 최대의 부분합 순서는 《출력형태》와 다를 수 있음

▶ 지시사항이 없는 경우는 기본 값을 적용하시오.

【문제 3】 **"필터"**와 **"시나리오"** 시트를 참조하여 다음 《처리조건》에 맞도록 작업하시오. (60점)

(1) 필터

《출력형태》

	A	B	C	D	E	F	G
1							
2	운영장소	운영시간	프로그램명	봄학기	여름학기	가을학기	겨울학기
3	국민 체육센터	오전	다이어트 체조	473,600	461,000	407,500	472,800
4	한마을 문화센터	오후	기타교실	483,900	418,500	483,300	491,500
5	넘버원 평생교육원	야간	서예교실	395,300	414,700	312,400	335,400
6	해피 문화센터	오후	기타교실	391,700	365,900	275,700	296,000
7	건강 체육센터	야간	다이어트 체조	478,000	413,600	287,300	321,200
8	글로벌 평생교육원	오전	서예교실	277,700	275,500	387,200	415,700
9	튼튼니 건강교실	오후	다이어트 체조	378,000	446,400	430,800	309,900
10	백세 평생교육원	오전	서예교실	261,000	456,400	442,700	424,300
11	미래엔 문화센터	오후	기타교실	355,200	259,600	354,100	477,200
12	플레이 문화센터	오전	서예교실	468,400	362,700	336,000	380,400
13							
14	조건						
15	TRUE						
16							
17							
18	운영장소	운영시간	프로그램명	가을학기	겨울학기		
19	국민 체육센터	오전	다이어트 체조	407,500	472,800		
20	한마을 문화센터	오후	기타교실	483,300	491,500		
21	넘버원 평생교육원	야간	서예교실	312,400	335,400		
22	건강 체육센터	야간	다이어트 체조	287,300	321,200		
23	플레이 문화센터	오전	서예교실	336,000	380,400		

《처리조건》

▶ "필터" 시트의 [A2:G12]를 아래 조건에 맞게 고급 필터를 사용하여 작성하시오.

– '운영시간'이 "야간"이거나 '봄학기'가 450000 이상인 데이터를 '운영장소', '운영시간', '프로그램명', '가을학기', '겨울학기'의 데이터만 필터링 하시오.

– 조건 위치 : 조건 함수는 [A15] 한 셀에 작성(OR 함수 이용)

– 결과 위치 : [A18]부터 출력

▶ 지시사항이 없는 경우는 《출력형태》와 동일하게 작성하시오.

(2) 시나리오

《출력형태》

	A	B	C	D	E	F	G
1							
2		시나리오 요약					
3				현재 값:	기타 겨울학기 20,000 증가	기타 겨울학기 15,000 감소	
5		변경 셀:					
6			$G$4	491,500	511,500	476,500	
7			$G$6	296,000	316,000	281,000	
8			$G$11	477,200	497,200	462,200	
9		결과 셀:					
10			$H$4	1,877,200	1,897,200	1,862,200	
11			$H$6	1,329,300	1,349,300	1,314,300	
12			$H$11	1,446,100	1,466,100	1,431,100	
13		참고: 현재 값 열은 시나리오 요약 보고서가 작성될 때의					
14		변경 셀 값을 나타냅니다. 각 시나리오의 변경 셀들은					
15		회색으로 표시됩니다.					

《처리조건》

▶ "시나리오" 시트의 [A2:H12]를 이용하여 '프로그램명'이 "기타교실"인 경우, '겨울학기'가 변동할 때 '합계'가 변동하는 가상분석(시나리오)을 작성하시오.

- 시나리오1 : 시나리오 이름은 "기타 겨울학기 20,000 증가", '겨울학기'에 20000을 증가시킨 값 설정.
- 시나리오2 : 시나리오 이름은 "기타 겨울학기 15,000 감소", '겨울학기'에 15000을 감소시킨 값 설정.
- "시나리오 요약" 시트를 작성하시오.

▶ 지시사항이 없는 경우는 《출력형태》와 동일하게 작성하시오.

【문제 4】 "피벗테이블" 시트를 참조하여 다음 《처리조건》에 맞도록 작업하시오. (30점)

《출력형태》

	A	B	C	D	E
1					
2					
3			운영시간		
4	프로그램명	값	야간	오전	오후
5	기타교실	최대 : 봄학기	***	***	483,900
6		최대 : 가을학기	***	***	483,300
7	서예교실	최대 : 봄학기	395,300	468,400	***
8		최대 : 가을학기	312,400	442,700	***
9	전체 최대 : 봄학기		395,300	468,400	483,900
10	전체 최대 : 가을학기		312,400	442,700	483,300

《처리조건》

▶ "피벗테이블" 시트의 [A2:G12]를 이용하여 새로운 시트에 《출력형태》와 같이 피벗테이블을 작성 후 시트명을 "피벗테이블 정답"으로 수정하시오.

▶ 프로그램명(행)과 운영시간(열)을 기준으로 하여 《출력형태》와 같이 구하시오.
- '봄학기', '가을학기'의 최대를 구하시오.
- 피벗 테이블 옵션을 이용하여 레이블이 있는 셀 병합 및 가운데 맞춤하고 빈 셀을 "***"로 표시한 후, 행의 총합계를 감추기 하시오.
- 피벗 테이블 디자인에서 보고서 레이아웃은 '테이블 형식으로 표시', 피벗 테이블 스타일은 '어둡게 - 진한 녹색, 피벗 스타일 어둡게 7'로 표시하시오.
- 프로그램명(행)은 "기타교실", "서예교실"만 출력되도록 표시하시오.
- [C5:E10] 데이터는 셀 서식의 표시 형식-숫자를 이용하여 1000 단위 구분 기호를 표시하고, 가운데 맞춤하시오.

▶ 프로그램명의 순서는 《출력형태》와 다를 수 있음

▶ 지시사항이 없는 경우는 《출력형태》와 동일하게 작성하시오.

【문제 5】 "차트" 시트를 참조하여 다음 《처리조건》에 맞도록 작업하시오. (30점)

《출력형태》

운영장소	운영시간	봄학기	여름학기	가을학기	겨울학기
국민 체육센터	오전	473,600	461,000	407,500	472,800
한마을 문화센터	오후	483,900	418,500	483,300	491,500
넘버원 평생교육원	야간	395,300	414,700	312,400	335,400
건강 체육센터	야간	478,000	413,600	287,300	321,200
글로벌 평생교육원	오전	277,700	275,500	387,200	415,700

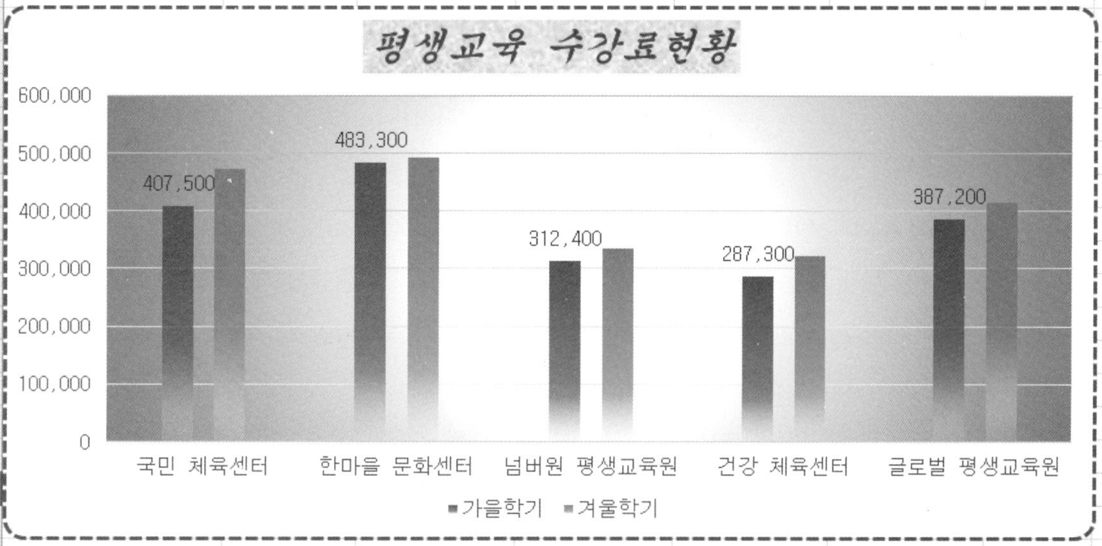

《처리조건》

▶ "차트" 시트에 주어진 표를 이용하여 '묶은 세로 막대형' 차트를 작성하시오.

– 데이터 범위 : 현재 시트 [A2:A7], [E2:F7]의 데이터를 이용하여 작성하고, 행/열 전환은 '열'로 지정

– 차트 위치 : 현재 시트에 [A10:G25] 크기에 정확하게 맞추시오.

– 차트 제목("평생교육 수강료현황")

– 차트 스타일 : 색 변경(색상형 – 다양한 색상표 1, 스타일 9)

– 범례 위치 : 아래쪽

– 차트 영역 서식 : 글꼴(돋움체, 10pt), 테두리 색(실선, 색 : 파랑), 테두리 스타일(너비 : 2pt, 겹선 종류 : 단순형, 대시 종류 : 사각 점선, 둥근 모서리)

– 차트 제목 서식 : 글꼴(궁서체, 18pt, 기울임꼴), 채우기(그림 또는 질감 채우기, 질감 : 양피지)

– 그림 영역 서식 : 채우기(그라데이션 채우기, 그라데이션 미리 설정 : 위쪽 스포트라이트 강조 6, 종류 : 방사형, 방향 : 가운데에서)

– 데이터 레이블 추가 : '가을학기' 계열에 "값" 표시

▶ 지시사항이 없는 경우는 《출력형태》와 동일하게 작성하시오.

제 03 회 디지털정보활용능력 출제예상 모의고사

- ☑ 시험과목 : 스프레드시트(엑셀)
- ☑ 시험일자 : 20XX. XX. XX. (X)
- ☑ 응시자 기재사항 및 감독위원 확인

MS Office 2021 버전용

수검번호	DIS - XXXX -	감독위원 확인
성 명		

·응시자 유의사항·

1. 응시자는 신분증을 지참하여야 시험에 응시할 수 있으며, 시험이 종료될 때까지 신분증을 제시하지 못 할 경우 해당 시험은 0점 처리됩니다.
2. 시스템(PC작동여부, 네트워크 상태 등)의 이상여부를 반드시 확인하여야 하며, 시스템 이상이 있을 시 감독위원에게 조치를 받으셔야 합니다.
3. 시험 중 부주의 또는 고의로 시스템을 파손한 경우는 응시자 부담으로 합니다.
4. 답안 전송 프로그램을 통해 다운로드 받은 파일을 이용하여 답안 파일을 작성하시기 바랍니다.
5. 작성한 답안 파일은 답안 전송 프로그램을 통하여 전송됩니다. 감독위원의 지시에 따라 주시기 바랍니다.
6. 다음 사항의 경우 실격(0점) 혹은 부정행위 처리됩니다.
   1) 답안 파일을 저장하지 않았거나, 저장한 파일이 손상되었을 경우
   2) 답안 파일을 지정된 폴더(바탕화면 – "KAIT" 폴더)에 저장하지 않았을 경우
      ※ 답안 전송 프로그램 로그인 시 바탕화면에 자동 생성됨
   3) 답안 파일을 다른 보조 기억장치(USB) 혹은 네트워크(메신저, 게시판 등)로 전송할 경우
   4) 휴대용 전화기 등 통신기기를 사용할 경우
7. 시트는 반드시 순서대로 작성해야 하며, 순서가 다를 경우 "0"점 처리됩니다.
8. 시험지에 제시된 글꼴이 응시 프로그램에 없는 경우, 반드시 감독위원에게 해당 내용을 통보한 뒤 조치를 받아야 합니다.
9. 시험의 완료는 작성이 완료된 답안을 저장하고, 답안 전송이 완료된 상태를 확인한 것으로 합니다. 답안 전송 확인 후 문제지는 감독위원에게 제출한 후 퇴실하여야 합니다.
10. 답안 전송을 완료한 경우는 수정 또는 정정이 불가합니다.
11. 시험 시행 후 합격자 발표는 홈페이지(www.ihd.or.kr)에서 확인하시기 바랍니다.
    ※ 합격자 발표 : 20XX. XX. XX. (X)
    ※ 시험지 공개 : 20XX. XX. XX. (X)

Korea Association for ICT promotion
한국정보통신진흥협회 KAIT

【문제 1】 "등록현황" 시트를 참조하여 다음 《처리조건》에 맞도록 작업하시오. (50점)

《출력형태》

	A	B	C	D	E	F	G	H	I
1		자동차 등록현황							
2	지역	용도	분류	2019년	2020년	2021년	2022년	순위	비고
3	여주시	화물	관용	558	579	573	588	10등	
4	부천시	승합	관용	618	627	606	609	8등	
5	파주시	특수	자가용	570	594	858	1,320	4등	혼잡
6	화성시	화물	관용	785	831	894	875	6등	
7	**의정부시**	**승합**	**영업용**	**1,419**	**1,350**	**1,332**	**1,248**	**5등**	
8	**가평군**	**화물**	**영업용**	**492**	**501**	**507**	**605**	**9등**	
9	평택시	특수	자가용	900	987	1,326	1,833	1등	혼잡
10	남양주시	화물	관용	609	621	622	648	7등	
11	과천시	승합	자가용	1,911	1,809	1,689	1,704	2등	혼잡
12	**이천시**	**특수**	**영업용**	**1,338**	**1,401**	**1,443**	**1,500**	**3등**	**혼잡**
13	'용도'가 "화물"인 '2022년'의 합계				2,716대				
14	'2021년' 중 두 번째로 작은 값				573대				
15	'2019년'의 최대값-최소값 차이				1,419대				

《처리조건》

▶ 1행의 행 높이를 '80'으로 설정하고, 2행~15행의 행 높이를 '18'로 설정하시오.

▶ 제목("자동차 등록현황") : 기본 도형의 '사각형: 빗면'을 이용하여 입력하시오.

- 도형 : 위치([B1:H1]), 도형 스타일(테마 스타일 – '보통 효과 – 파랑, 강조 5')
- 글꼴 : 궁서체, 32pt, 기울임꼴
- 도형 서식 : 도형 옵션 – 크기 및 속성(텍스트 상자(세로 맞춤 : 정가운데, 텍스트 방향 : 가로))

▶ 셀 서식을 아래 조건에 맞게 작성하시오.

- [A2:I15] : 테두리(안쪽, 윤곽선 모두 실선, '검정, 텍스트 1'), 전체 가운데 맞춤
- [A13:D13], [A14:D14], [A15:D15] : 각각 병합하고 가운데 맞춤
- [A2:I2], [A13:D15] : 채우기 색('파랑, 강조 5, 80% 더 밝게'), 글꼴(굵게)
- [D3:G12] : 셀 서식의 표시 형식–숫자를 이용하여 1000 단위 구분 기호 표시
- [H3:H12] : 셀 서식의 표시 형식–사용자 지정을 이용하여 #"등"자를 추가
- [E13:G15] : 셀 서식의 표시 형식–사용자 지정을 이용하여 #,##0"대"자를 추가
- 조건부 서식[A3:I12] : '분류'가 "영업용"인 경우 레코드 전체에 글꼴(진한 파랑, 굵게) 적용
- 지시사항이 없는 경우는 주어진 문제 파일의 서식을 그대로 사용하시오.

▶ ① 순위[H3:H12] : '2022년'을 기준으로 큰 순으로 순위를 구하시오. **(RANK.EQ 함수)**

▶ ② 비고[I3:I12] : '2022년'이 1300 이상이면 "혼잡", 그렇지 않으면 공백으로 구하시오. **(IF 함수)**

▶ ③ 합계[E13:G13] : '용도'가 "화물"인 '2022년'의 합계를 구하시오. **(DSUM 함수)**

▶ ④ 순위[E14:G14] : '2021년' 중 두 번째로 작은 값을 구하시오. **(SMALL 함수)**

▶ ⑤ 최대값–최소값[E15:G15] : '2019년'의 최대값과 최소값의 차이를 구하시오. **(MAX, MIN 함수)**

【문제 2】 **"부분합"** 시트를 참조하여 다음 《처리조건》에 맞도록 작업하시오. (30점)

《출력형태》

	A	B	C	D	E	F	G
1							
2	지역	용도	분류	2019년	2020년	2021년	2022년
3	부천시	승합	관용	618	627	606	609
4	의정부시	승합	영업용	1,419	1,350	1,332	1,248
5	과천시	승합	자가용	1,911	1,809	1,689	1,704
6		**승합 최대**				1,689	1,704
7		**승합 평균**		1,316	1,262	1,209	1,187
8	파주시	특수	자가용	570	594	858	1,320
9	평택시	특수	자가용	900	987	1,326	1,833
10	이천시	특수	영업용	1,338	1,401	1,443	1,500
11		**특수 최대**				1,443	1,833
12		**특수 평균**		936	994	1,209	1,551
13	여주시	화물	관용	558	579	573	588
14	화성시	화물	관용	785	831	894	875
15	가평군	화물	영업용	492	501	507	605
16	남양주시	화물	관용	609	621	622	648
17		**화물 최대**				894	875
18		**화물 평균**		611	633	649	679
19		**전체 최대값**				1,689	1,833
20		**전체 평균**		920	930	985	1,093

《처리조건》

▶ 데이터를 '용도' 기준으로 오름차순 정렬하시오.

▶ 아래 조건에 맞는 부분합을 작성하시오.
- '용도'로 그룹화하여 '2019년', '2020년', '2021년', '2022년'의 평균을 구하는 부분합을 만드시오.
- '용도'로 그룹화하여 '2021년', '2022년'의 최대를 구하는 부분합을 만드시오.
  (새로운 값으로 대치하지 말 것)
- [D3:G20] 영역에 셀 서식의 표시 형식-숫자를 이용하여 1000 단위 구분 기호를 표시하시오.

▶ D~E열을 선택하여 그룹을 설정하시오.

▶ 평균과 최대의 부분합 순서는 《출력형태》와 다를 수 있음

▶ 지시사항이 없는 경우는 기본 값을 적용하시오.

【문제 3】 **"필터"**와 **"시나리오"** 시트를 참조하여 다음 《처리조건》에 맞도록 작업하시오. (60점)

(1) 필터

《출력형태》

	A	B	C	D	E	F	G
1							
2	지역	용도	분류	2019년	2020년	2021년	2022년
3	여주시	화물	관용	558	579	573	588
4	부천시	승합	관용	618	627	606	609
5	파주시	특수	자가용	570	594	858	1,320
6	화성시	화물	관용	785	831	894	875
7	의정부시	승합	영업용	1,419	1,350	1,332	1,248
8	가평군	화물	영업용	492	501	507	605
9	평택시	특수	자가용	900	987	1,326	1,833
10	남양주시	화물	관용	609	621	622	648
11	과천시	승합	자가용	1,911	1,809	1,689	1,704
12	이천시	특수	영업용	1,338	1,401	1,443	1,500
13							
14	조건						
15	TRUE						
16							
17							
18	지역	분류	2019년	2020년	2021년		
19	여주시	관용	558	579	573		
20	부천시	관용	618	627	606		
21	의정부시	영업용	1,419	1,350	1,332		
22	과천시	자가용	1,911	1,809	1,689		

《처리조건》

▶ "필터" 시트의 [A2:G12]를 아래 조건에 맞게 고급 필터를 사용하여 작성하시오.
- '용도'가 "승합"이거나 '2022년'이 600 이하인 데이터를 '지역', '분류', '2019년', '2020년', '2021년'의 데이터만 필터링 하시오.
- 조건 위치 : 조건 함수는 [A15] 한 셀에 작성(OR 함수 이용)
- 결과 위치 : [A18]부터 출력

▶ 지시사항이 없는 경우는 《출력형태》와 동일하게 작성하시오.

(2) 시나리오

《출력형태》

시나리오 요약	현재 값:	2019년 영업용 100 증가	2019년 영업용 50 감소
변경 셀:			
$D$7	1,419	1,519	1,369
$D$8	492	592	442
$D$12	1,338	1,438	1,288
결과 셀:			
$H$7	1,337	1,362	1,325
$H$8	526	551	514
$H$12	1,421	1,446	1,408

참고: 현재 값 열은 시나리오 요약 보고서가 작성될 때의 변경 셀 값을 나타냅니다. 각 시나리오의 변경 셀들은 회색으로 표시됩니다.

《처리조건》

▶ "시나리오" 시트의 [A2:H12]를 이용하여 '분류'가 "영업용"인 경우, '2019년'이 변동할 때 '평균'이 변동하는 가상분석(시나리오)을 작성하시오.

- 시나리오1 : 시나리오 이름은 "2019년 영업용 100 증가", '2019년'에 100을 증가시킨 값 설정.
- 시나리오2 : 시나리오 이름은 "2019년 영업용 50 감소", '2019년'에 50을 감소시킨 값 설정.
- "시나리오 요약" 시트를 작성하시오.

▶ 지시사항이 없는 경우는《출력형태》와 동일하게 작성하시오.

【문제 4】 **"피벗테이블"** 시트를 참조하여 다음 《처리조건》에 맞도록 작업하시오. (30점)

《출력형태》

	A	B	C	D
1				
2				
3			용도	
4	분류	값	승합	특수
5	관용	평균: 2021년	606	****
6		평균: 2022년	609	****
7	영업용	평균: 2021년	1,332	1,443
8		평균: 2022년	1,248	1,500
9	자가용	평균: 2021년	1,689	1,092
10		평균: 2022년	1,704	1,577
11	전체 평균: 2021년		1,209	1,209
12	전체 평균: 2022년		1,187	1,551

《처리조건》

▶ "피벗테이블" 시트의 [A2:G12]를 이용하여 새로운 시트에 《출력형태》와 같이 피벗테이블을 작성 후 시트명을 "피벗테이블 정답"으로 수정하시오.

▶ 분류(행)와 용도(열)를 기준으로 하여 《출력형태》와 같이 구하시오.
- '2021년', '2022년'의 평균을 구하시오.
- 피벗 테이블 옵션을 이용하여 레이블이 있는 셀 병합 및 가운데 맞춤하고 빈 셀을 "****"로 표시한 후, 행의 총합계를 감추기 하시오.
- 피벗 테이블 디자인에서 보고서 레이아웃은 '테이블 형식으로 표시', 피벗 테이블 스타일은 '어둡게 – 진한 파랑, 피벗 스타일 어둡게 6'으로 표시하시오.
- 용도(열)는 "승합", "특수"만 출력되도록 표시하시오.
- [C5:D12] 데이터는 셀 서식의 표시 형식–숫자를 이용하여 1000 단위 구분 기호를 표시하고, 가운데 맞춤하시오.

▶ 분류의 순서는 《출력형태》와 다를 수 있음

▶ 지시사항이 없는 경우는 《출력형태》와 동일하게 작성하시오.

【문제 5】 **"차트"** 시트를 참조하여 다음 《처리조건》에 맞도록 작업하시오. (30점)

《출력형태》

	A	B	C	D	E	F	G
1							
2	지역	용도	2019년	2020년	2021년	2022년	
3	여주시	화물	558	579	573	588	
4	부천시	승합	618	627	606	609	
5	파주시	특수	570	594	858	1,320	
6	화성시	화물	785	831	894	875	
7	남양주시	화물	609	621	622	648	

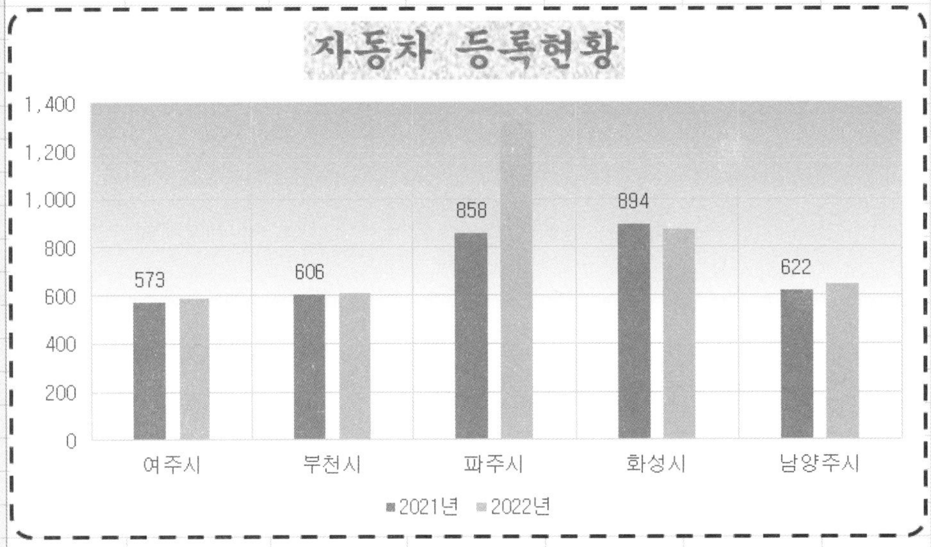

《처리조건》

▶ "차트" 시트에 주어진 표를 이용하여 '묶은 세로 막대형' 차트를 작성하시오.

- 데이터 범위 : 현재 시트 [A2:A7], [E2:F7]의 데이터를 이용하여 작성하고, 행/열 전환은 '열'로 지정
- 차트 위치 : 현재 시트에 [A10:G25] 크기에 정확하게 맞추시오.
- 차트 제목("자동차 등록현황")
- 차트 스타일 : 색 변경(색상형 – 다양한 색상표 3, 스타일 7)
- 범례 위치 : 아래쪽
- 차트 영역 서식 : 글꼴(굴림체, 10pt), 테두리 색(실선, 색 : 진한 파랑), 테두리 스타일(너비 : 2pt, 겹선 종류 : 단순형, 대시 종류 : 파선, 둥근 모서리)
- 차트 제목 서식 : 글꼴(궁서체, 20pt, 굵게), 채우기(그림 또는 질감 채우기, 질감 : 신문 용지)
- 그림 영역 서식 : 채우기(그라데이션 채우기, 그라데이션 미리 설정 : 위쪽 스포트라이트 강조 4, 종류 : 선형, 방향 : 선형 위쪽)
- 데이터 레이블 추가 : '2021년' 계열에 "값" 표시

▶ 지시사항이 없는 경우는 《출력형태》와 동일하게 작성하시오.

제 04 회 디지털정보활용능력 출제예상 모의고사

- ☑ 시험과목 : 스프레드시트(엑셀)
- ☑ 시험일자 : 20XX. XX. XX. (X)
- ☑ 응시자 기재사항 및 감독위원 확인

MS Office 2021 버전용

수검번호	DIS - XXXX -	감독위원 확인
성 명		

·응시자 유의사항·

1. 응시자는 신분증을 지참하여야 시험에 응시할 수 있으며, 시험이 종료될 때까지 신분증을 제시하지 못 할 경우 해당 시험은 0점 처리됩니다.
2. 시스템(PC작동여부, 네트워크 상태 등)의 이상여부를 반드시 확인하여야 하며, 시스템 이상이 있을 시 감독위원에게 조치를 받으셔야 합니다.
3. 시험 중 부주의 또는 고의로 시스템을 파손한 경우는 응시자 부담으로 합니다.
4. 답안 전송 프로그램을 통해 다운로드 받은 파일을 이용하여 답안 파일을 작성하시기 바랍니다.
5. 작성한 답안 파일은 답안 전송 프로그램을 통하여 전송됩니다. 감독위원의 지시에 따라 주시기 바랍니다.
6. 다음 사항의 경우 실격(0점) 혹은 부정행위 처리됩니다.
   1) 답안 파일을 저장하지 않았거나, 저장한 파일이 손상되었을 경우
   2) 답안 파일을 지정된 폴더(바탕화면 – "KAIT" 폴더)에 저장하지 않았을 경우
      ※ 답안 전송 프로그램 로그인 시 바탕화면에 자동 생성됨
   3) 답안 파일을 다른 보조 기억장치(USB) 혹은 네트워크(메신저, 게시판 등)로 전송할 경우
   4) 휴대용 전화기 등 통신기기를 사용할 경우
7. 시트는 반드시 순서대로 작성해야 하며, 순서가 다를 경우 "0"점 처리됩니다.
8. 시험지에 제시된 글꼴이 응시 프로그램에 없는 경우, 반드시 감독위원에게 해당 내용을 통보한 뒤 조치를 받아야 합니다.
9. 시험의 완료는 작성이 완료된 답안을 저장하고, 답안 전송이 완료된 상태를 확인한 것으로 합니다. 답안 전송 확인 후 문제지는 감독위원에게 제출한 후 퇴실하여야 합니다.
10. 답안 전송을 완료한 경우는 수정 또는 정정이 불가합니다.
11. 시험 시행 후 합격자 발표는 홈페이지(www.ihd.or.kr)에서 확인하시기 바랍니다.
    ※ 합격자 발표 : 20XX. XX. XX. (X)
    ※ 시험지 공개 : 20XX. XX. XX. (X)

Korea Association for ICT promotion
한국정보통신진흥협회 KAIT

【문제 1】 **"지출내역"** 시트를 참조하여 다음 《처리조건》에 맞도록 작업하시오. (50점)

《출력형태》

복지관 운영비 지출내역

	A	B	C	D	E	F	G	H	I
1		복지관 운영비 지출내역							
2	기관코드	분류	지출내역	1분기	2분기	3분기	4분기	순위	비고
3	S-595	일반	사례관리	2,307,960	5,938,140	7,053,540	4,854,320	6위	
4	S-535	특수	지역사회조직	6,598,580	7,038,820	5,162,670	7,517,290	1위	2분기 내역첨부
5	**K-461**	**일반**	**서비스제공**	**5,329,550**	**2,409,120**	**4,821,350**	**4,862,560**	**5위**	
6	**S-537**	**지정**	**사례관리**	**6,749,040**	**1,641,040**	**2,701,360**	**6,456,770**	**2위**	
7	A-182	특수	지역사회조직	6,807,910	7,855,950	2,327,920	2,948,390	10위	2분기 내역첨부
8	**A-939**	**지정**	**서비스제공**	**2,334,920**	**2,715,360**	**2,426,130**	**3,296,580**	**9위**	
9	K-674	일반	지역사회조직	7,067,800	4,880,130	1,643,080	5,171,590	4위	
10	A-889	지정	서비스제공	3,061,610	7,930,750	7,373,070	5,543,370	3위	2분기 내역첨부
11	S-526	특수	사례관리	6,693,090	3,087,680	6,482,830	3,848,930	7위	
12	K-650	일반	서비스제공	7,214,790	3,681,100	5,281,810	3,751,440	8위	
13	'3분기'의 최대값-최소값 차이				5,729,990원				
14	'지출내역'이 "사례관리"인 '4분기'의 합계				15,160,020원				
15	'1분기' 중 세 번째로 큰 값				6,807,910원				

《처리조건》

▶ 1행의 행 높이를 '80'으로 설정하고, 2행~15행의 행 높이를 '18'로 설정하시오.

▶ 제목("복지관 운영비 지출내역") : 기본 도형의 '원통형'을 이용하여 입력하시오.

- 도형 : 위치([B1:H1]), 도형 스타일(테마 스타일 – '미세 효과 – 파랑, 강조 5')
- 글꼴 : 궁서체, 30pt, 밑줄
- 도형 서식 : 도형 옵션 – 크기 및 속성(텍스트 상자(세로 맞춤 : 정가운데, 텍스트 방향 : 가로))

▶ 셀 서식을 아래 조건에 맞게 작성하시오.

- [A2:I15] : 테두리(안쪽, 윤곽선 모두 실선, '검정, 텍스트 1'), 전체 가운데 맞춤
- [A13:D13], [A14:D14], [A15:D15] : 각각 병합하고 가운데 맞춤
- [A2:I2], [A13:D15] : 채우기 색('파랑, 강조 5, 60% 더 밝게'), 글꼴(굵게)
- [D3:G12] : 셀 서식의 표시 형식–숫자를 이용하여 1000 단위 구분 기호 표시
- [H3:H12] : 셀 서식의 표시 형식– 사용자 지정을 이용하여 #"위"자를 추가
- [E13:G15] : 셀 서식의 표시 형식–사용자 지정을 이용하여 #,##0"원"자를 추가
- 조건부 서식[A3:I12] : '2분기'가 3000000 이하인 경우 레코드 전체에 글꼴(진한 파랑, 굵게) 적용
- 지시사항이 없는 경우는 주어진 문제 파일의 서식을 그대로 사용하시오.

▶ ① 순위[H3:H12] : '4분기'를 기준으로 큰 순으로 순위를 구하시오. **(RANK.EQ 함수)**

▶ ② 비고[I3:I12] : '2분기'가 7000000 이상이면 "2분기 내역첨부", 그렇지 않으면 공백으로 구하시오. **(IF 함수)**

▶ ③ 최대값–최소값[E13:G13] : '3분기'의 최대값과 최소값의 차이를 구하시오. **(MAX, MIN 함수)**

▶ ④ 합계[E14:G14] : '지출내역'이 "사례관리"인 '4분기'의 합계를 구하시오. **(DSUM 함수)**

▶ ⑤ 순위[E15:G15] : '1분기' 중 세 번째로 큰 값을 구하시오. **(LARGE 함수)**

【문제 2】 **"부분합"** 시트를 참조하여 다음 《처리조건》에 맞도록 작업하시오. (30점)

《출력형태》

	A	B	C	D	E	F	G
1							
2	기관코드	분류	지출내역	1분기	2분기	3분기	4분기
3	S-595	일반	사례관리	2,307,960	5,938,140	7,053,540	4,854,320
4	K-461	일반	서비스제공	5,329,550	2,409,120	4,821,350	4,862,560
5	K-674	일반	지역사회조직	7,067,800	4,880,130	1,643,080	5,171,590
6	K-650	일반	서비스제공	7,214,790	3,681,100	5,281,810	3,751,440
7		**일반 요약**		21,920,100	16,908,490	18,799,780	18,639,910
8		**일반 최대**		7,214,790	5,938,140		
9	S-537	지정	사례관리	6,749,040	1,641,040	2,701,360	6,456,770
10	A-939	지정	서비스제공	2,334,920	2,715,360	2,426,130	3,296,580
11	A-889	지정	서비스제공	3,061,610	7,930,750	7,373,070	5,543,370
12		**지정 요약**		12,145,570	12,287,150	12,500,560	15,296,720
13		**지정 최대**		6,749,040	7,930,750		
14	S-535	특수	지역사회조직	6,598,580	7,038,820	5,162,670	7,517,290
15	A-182	특수	지역사회조직	6,807,910	7,855,950	2,327,920	2,948,390
16	S-526	특수	사례관리	6,693,090	3,087,680	6,482,830	3,848,930
17		**특수 요약**		20,099,580	17,982,450	13,973,420	14,314,610
18		**특수 최대**		6,807,910	7,855,950		
19		**총합계**		54,165,250	47,178,090	45,273,760	48,251,240
20		**전체 최대값**		7,214,790	7,930,750		

《처리조건》

▶ 데이터를 '분류' 기준으로 오름차순 정렬하시오.

▶ 아래 조건에 맞는 부분합을 작성하시오.
- '분류'로 그룹화하여 '1분기', '2분기'의 최대를 구하는 부분합을 만드시오.
- '분류'로 그룹화하여 '1분기', '2분기', '3분기', '4분기'의 합계를 구하는 부분합을 만드시오.
  (새로운 값으로 대치하지 말 것)
- [D3:G20] 영역에 셀 서식의 표시 형식–숫자를 이용하여 1000 단위 구분 기호를 표시하시오.

▶ D~E열을 선택하여 그룹을 설정하시오.

▶ 최대와 합계의 부분합 순서는 《출력형태》와 다를 수 있음

▶ 지시사항이 없는 경우는 기본 값을 적용하시오.

【문제 3】 **"필터"**와 **"시나리오"** 시트를 참조하여 다음 《처리조건》에 맞도록 작업하시오. (60점)

(1) 필터

《출력형태》

	A	B	C	D	E	F	G
1							
2	기관코드	분류	지출내역	1분기	2분기	3분기	4분기
3	S-595	일반	사례관리	2,307,960	5,938,140	7,053,540	4,854,320
4	S-535	특수	지역사회조직	6,598,580	7,038,820	5,162,670	7,517,290
5	K-461	일반	서비스제공	5,329,550	2,409,120	4,821,350	4,862,560
6	S-537	지정	사례관리	6,749,040	1,641,040	2,701,360	6,456,770
7	A-182	특수	지역사회조직	6,807,910	7,855,950	2,327,920	2,948,390
8	A-939	지정	서비스제공	2,334,920	2,715,360	2,426,130	3,296,580
9	K-674	일반	지역사회조직	7,067,800	4,880,130	1,643,080	5,171,590
10	A-889	지정	서비스제공	3,061,610	7,930,750	7,373,070	5,543,370
11	S-526	특수	사례관리	6,693,090	3,087,680	6,482,830	3,848,930
12	K-650	일반	서비스제공	7,214,790	3,681,100	5,281,810	3,751,440
13							
14	조건						
15	FALSE						
16							
17							
18	기관코드	분류	2분기	3분기	4분기		
19	K-461	일반	2,409,120	4,821,350	4,862,560		
20	A-889	지정	7,930,750	7,373,070	5,543,370		
21	K-650	일반	3,681,100	5,281,810	3,751,440		

《처리조건》

▶ "필터" 시트의 [A2:G12]를 아래 조건에 맞게 고급 필터를 사용하여 작성하시오.

- '지출내역'이 "서비스제공"이고 '1분기'가 3000000 이상인 데이터를 '기관코드', '분류', '2분기', '3분기', '4분기'의 데이터만 필터링 하시오.
- 조건 위치 : 조건 함수는 [A15] 한 셀에 작성(AND 함수 이용)
- 결과 위치 : [A18]부터 출력

▶ 지시사항이 없는 경우는 《출력형태》와 동일하게 작성하시오.

(2) 시나리오

《출력형태》

	A	B	C	D	E	F	G
1							
2		시나리오 요약					
3				현재 값:	지정 4분기 15,000증가	지정 4분기 10,000감소	
5		변경 셀:					
6			$G$6	6,456,770	6,471,770	6,446,770	
7			$G$8	3,296,580	3,311,580	3,286,580	
8			$G$10	5,543,370	5,558,370	5,533,370	
9		결과 셀:					
10			$H$6	4,387,053	4,390,803	4,384,553	
11			$H$8	2,693,248	2,696,998	2,690,748	
12			$H$10	5,977,200	5,980,950	5,974,700	
13		참고: 현재 값 열은 시나리오 요약 보고서가 작성될 때의					
14		변경 셀 값을 나타냅니다. 각 시나리오의 변경 셀들은					
15		회색으로 표시됩니다.					

《처리조건》

▶ "시나리오" 시트의 [A2:H12]를 이용하여 '분류'가 "지정"인 경우, '4분기'가 변동할 때 '평균'이 변동하는 가상분석(시나리오)을 작성하시오.

- 시나리오1 : 시나리오 이름은 "지정 4분기 15,000 증가", '4분기'에 15000을 증가시킨 값 설정.
- 시나리오2 : 시나리오 이름은 "지정 4분기 10,000 감소", '4분기'에 10000을 감소시킨 값 설정.
- "시나리오 요약" 시트를 작성하시오.

▶ 지시사항이 없는 경우는 《출력형태》와 동일하게 작성하시오.

【문제 4】 **"피벗테이블"** 시트를 참조하여 다음 《처리조건》에 맞도록 작업하시오. (30점)

《출력형태》

	A	B	C	D	E
1					
2					
3			분류		
4	지출내역	값	일반	지정	특수
5	서비스제공	최소 : 3분기	4,821,350	2,426,130	**
6		최소 : 4분기	3,751,440	3,296,580	**
7	지역사회조직	최소 : 3분기	1,643,080	**	2,327,920
8		최소 : 4분기	5,171,590	**	2,948,390
9	전체 최소 : 3분기		1,643,080	2,426,130	2,327,920
10	전체 최소 : 4분기		3,751,440	3,296,580	2,948,390

《처리조건》

▶ "피벗테이블" 시트의 [A2:G12]를 이용하여 새로운 시트에 《출력형태》와 같이 피벗테이블을 작성 후 시트명을 "피벗테이블 정답"으로 수정하시오.

▶ 지출내역(행)과 분류(열)를 기준으로 하여 《출력형태》와 같이 구하시오.
- '3분기', '4분기'의 최소를 구하시오.
- 피벗 테이블 옵션을 이용하여 레이블이 있는 셀 병합 및 가운데 맞춤하고 빈 셀을 "**"로 표시한 후, 행의 총합계를 감추기 하시오.
- 피벗 테이블 디자인에서 보고서 레이아웃은 '테이블 형식으로 표시', 피벗 테이블 스타일은 '어둡게 – 진한 회색, 피벗 스타일 어둡게 13'으로 표시하시오.
- 지출내역(행)은 "서비스제공", "지역사회조직"만 출력되도록 표시하시오.
- [C5:E10] 데이터는 셀 서식의 표시 형식–숫자를 이용하여 1000 단위 구분 기호를 표시하고, 가운데 맞춤하시오.

▶ 지출내역의 순서는 《출력형태》와 다를 수 있음

▶ 지시사항이 없는 경우는 《출력형태》와 동일하게 작성하시오.

【문제 5】 **"차트"** 시트를 참조하여 다음 《처리조건》에 맞도록 작업하시오. (30점)

《출력형태》

	A	B	C	D	E	F
2	기관코드	분류	1분기	2분기	3분기	4분기
3	S-535	특수	6,598,580	7,038,820	5,162,670	7,517,290
4	K-461	일반	5,329,550	2,409,120	4,821,350	4,862,560
5	S-537	지정	6,749,040	1,641,040	2,701,360	6,456,770
6	K-674	일반	7,067,800	4,880,130	1,643,080	5,171,590
7	A-889	지정	3,061,610	7,930,750	7,373,070	5,543,370

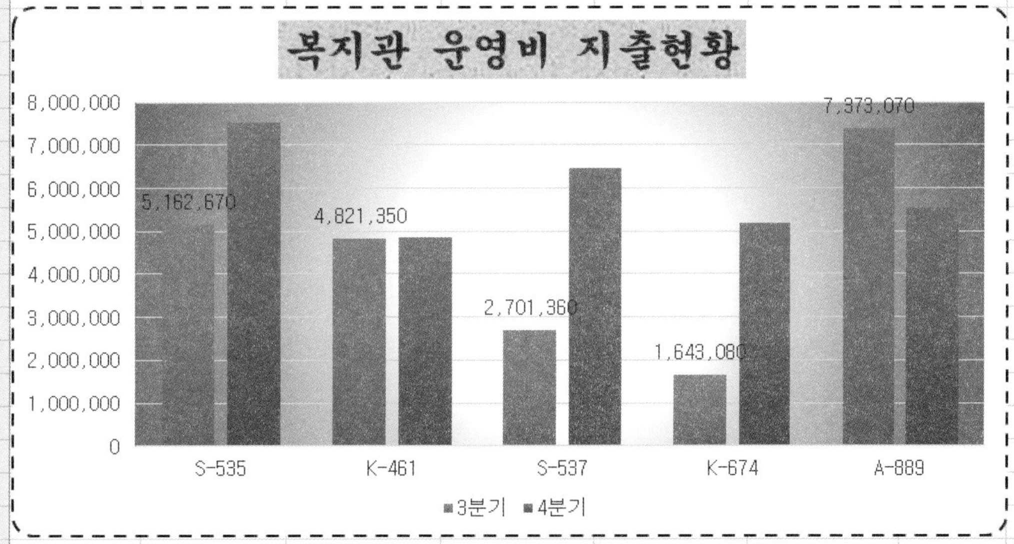

《처리조건》

▶ "차트" 스트에 주어진 표를 이용하여 '묶은 세로 막대형' 차트를 작성하시오.
- 데이터 범위 : 현재 시트 [A2:A7], [E2:F7]의 데이터를 이용하여 작성하고, 행/열 전환은 '열'로 지정
- 차트 위치 : 현재 시트에 [A10:G25] 크기에 정확하게 맞추시오.
- 차트 제목("복지관 운영비 지출현황")
- 차트 스타일 : 색 변경(색상형 – 다양한 색상표 4, 스타일 6)
- 범례 위치 : 아래쪽
- 차트 영역 서식 : 글꼴(돋움체, 10pt), 테두리 색(실선, 색 : 진한 파랑), 테두리 스타일(너비 : 1.5pt, 겹선 종류 : 단순형, 대시 종류 : 파선, 둥근 모서리)
- 차트 제목 서식 : 글꼴(궁서체, 20pt, 굵게), 채우기(그림 또는 질감 채우기, 질감 : 재생지)
- 그림 영역 서식 : 채우기(그라데이션 채우기, 그라데이션 미리 설정 : 위쪽 스포트라이트 강조 5, 종류 : 방사형, 방향 : 가운데에서)
- 데이터 레이블 추가 : '3분기' 계열에 "값" 표시

▶ 지시사항이 없는 경우는 《출력형태》와 동일하게 작성하시오.

제 05 회 디지털정보활용능력 출제예상 모의고사

☑ 시험과목 : 스프레드시트(엑셀)
☑ 시험일자 : 20XX. XX. XX. (X)
☑ 응시자 기재사항 및 감독위원 확인

MS Office 2021 버전용

수검번호	DIS - XXXX -	감독위원 확인
성 명		

·응시자 유의사항·

1. 응시자는 신분증을 지참하여야 시험에 응시할 수 있으며, 시험이 종료될 때까지 신분증을 제시하지 못 할 경우 해당 시험은 0점 처리됩니다.
2. 시스템(PC작동여부, 네트워크 상태 등)의 이상여부를 반드시 확인하여야 하며, 시스템 이상이 있을 시 감독위원에게 조치를 받으셔야 합니다.
3. 시험 중 부주의 또는 고의로 시스템을 파손한 경우는 응시자 부담으로 합니다.
4. 답안 전송 프로그램을 통해 다운로드 받은 파일을 이용하여 답안 파일을 작성하시기 바랍니다.
5. 작성한 답안 파일은 답안 전송 프로그램을 통하여 전송됩니다. 감독위원의 지시에 따라 주시기 바랍니다.
6. 다음 사항의 경우 실격(0점) 혹은 부정행위 처리됩니다.
   1) 답안 파일을 저장하지 않았거나, 저장한 파일이 손상되었을 경우
   2) 답안 파일을 지정된 폴더(바탕화면 – "KAIT" 폴더)에 저장하지 않았을 경우
      ※ 답안 전송 프로그램 로그인 시 바탕화면에 자동 생성됨
   3) 답안 파일을 다른 보조 기억장치(USB) 혹은 네트워크(메신저, 게시판 등)로 전송할 경우
   4) 휴대용 전화기 등 통신기기를 사용할 경우
7. 시트는 반드시 순서대로 작성해야 하며, 순서가 다를 경우 "0"점 처리됩니다.
8. 시험지에 제시된 글꼴이 응시 프로그램에 없는 경우, 반드시 감독위원에게 해당 내용을 통보한 뒤 조치를 받아야 합니다.
9. 시험의 완료는 작성이 완료된 답안을 저장하고, 답안 전송이 완료된 상태를 확인한 것으로 합니다. 답안 전송 확인 후 문제지는 감독위원에게 제출한 후 퇴실하여야 합니다.
10. 답안 전송을 완료한 경우는 수정 또는 정정이 불가합니다.
11. 시험 시행 후 합격자 발표는 홈페이지(www.ihd.or.kr)에서 확인하시기 바랍니다.
    ※ 합격자 발표 : 20XX. XX. XX. (X)
    ※ 시험지 공개 : 20XX. XX. XX. (X)

Korea Association for ICT promotion
한국정보통신진흥협회 KAIT

【문제 1】 **"매출현황"** 시트를 참조하여 다음 《처리조건》에 맞도록 작업하시오. (50점)

《출력형태》

	A	B	C	D	E	F	G	H	I
1		업체별 렌터카 매출현황							
2	업체명	차종	연료종류	전년도	상반기	하반기	합계	순위	비고
3	안전 렌탈	중형	하이브리드	181,968	123,876	69,623	193,499원	4위	
4	**라노 렌터카**	**소형**	**휘발유**	**191,968**	**132,105**	**95,666**	**227,771원**	**1위**	
5	**키오 렌탈**	**대형**	**하이브리드**	**159,789**	**78,136**	**98,679**	**176,815원**	**6위**	
6	오솔길 투어	중형	경유	227,204	106,106	91,079	197,185원	3위	전년우수
7	엄지 렌터카	대형	휘발유	206,049	71,000	78,394	149,394원	8위	전년우수
8	쿠쿠 렌터카	소형	하이브리드	110,937	77,638	62,134	139,772원	9위	
9	가로수 렌탈	중형	경유	181,014	71,950	65,298	137,248원	10위	
10	에프엘 투어	소형	휘발유	175,820	72,778	90,390	163,168원	7위	
11	**푸르나 렌탈**	**대형**	**경유**	**331,056**	**83,638**	**140,508**	**224,146원**	**2위**	**전년우수**
12	**피크닉 투어**	**중형**	**하이브리드**	**152,817**	**81,477**	**103,285**	**184,762원**	**5위**	
13	'연료종류'가 "하이브리드"인 '상반기'의 평균				90,282원				
14	'전년도'의 최대값-최소값 차이				220,119원				
15	'하반기' 중 두 번째로 작은 값				65,298원				

《처리조건》

▶ 1행의 행 높이를 '80'으로 설정하고, 2행~15행의 행 높이를 '18'로 설정하시오.

▶ 제목("업체별 렌터카 매출현황") : 기본 도형의 '십자형'을 이용하여 입력하시오.
- 도형 : 위치([B1:H1]), 도형 스타일(테마 스타일 – '보통 효과 – 주황, 강조 2')
- 글꼴 : 궁서체, 28pt, 밑줄
- 도형 서식 : 도형 옵션 – 크기 및 속성(텍스트 상자(세로 맞춤 : 정가운데, 텍스트 방향 : 가로))

▶ 셀 서식을 아래 조건에 맞게 작성하시오.
- [A2:I15] : 테두리(안쪽, 윤곽선 모두 실선, '검정, 텍스트 1'), 전체 가운데 맞춤
- [A13:D13], [A14:D14], [A15:D15] : 각각 병합하고 가운데 맞춤
- [A2:I2], [A13:D15] : 채우기 색('주황, 강조 2, 60% 더 밝게'), 글꼴(굵게)
- [D3:F12] : 셀 서식의 표시 형식–숫자를 이용하여 1000 단위 구분 기호 표시
- [G3:G12], [E13:G15] : 셀 서식의 표시 형식–사용자 지정을 이용하여 #,##0"원"자를 추가
- [H3:H12] : 셀 서식의 표시 형식–사용자 지정을 이용하여 #"위"자를 추가
- 조건부 서식[A3:I12] : '하반기'가 95000 이상인 경우 레코드 전체에 글꼴(자주, 굵게) 적용
- 지시사항이 없는 경우는 주어진 문제 파일의 서식을 그대로 사용하시오.

▶ ① 순위[H3:H12] : '합계'를 기준으로 큰 순으로 순위를 구하시오. **(RANK.EQ 함수)**

▶ ② 비고[I3:I12] : '전년도'가 200000 이상이면 "전년우수", 그렇지 않으면 공백으로 구하시오. **(IF 함수)**

▶ ③ 평균[E13:G13] : '연료종류'가 "하이브리드"인 '상반기'의 평균을 구하시오. **(DAVERAGE 함수)**

▶ ④ 최대값–최소값[E14:G14] : '전년도'의 최대값과 최소값의 차이를 구하시오. **(MAX, MIN 함수)**

▶ ⑤ 순위[E15:G15] : '하반기' 중 두 번째로 작은 값을 구하시오. **(SMALL 함수)**

【문제 2】 **"부분합"** 시트를 참조하여 다음 《처리조건》에 맞도록 작업하시오. (30점)

《출력형태》

	A	B	C	D	E	F	G
1							
2	업체명	차종	연료종류	전년도	상반기	하반기	합계
3	안전 렌탈	중형	하이브리드	181,968	123,876	69,623	193,499
4	오솔길 투어	중형	경유	227,204	106,106	91,079	197,185
5	가로수 렌탈	중형	경유	181,014	71,950	65,298	137,248
6	피크닉 투어	중형	하이브리드	152,817	81,477	103,285	184,762
7		중형 요약		743,003	383,409	329,285	712,694
8		중형 최대			123,876	103,285	
9	라노 렌터카	소형	휘발유	191,968	132,105	95,666	227,771
10	쿠쿠 렌터카	소형	하이브리드	110,937	77,638	62,134	139,772
11	에프엘 투어	소형	휘발유	175,820	72,778	90,390	163,168
12		소형 요약		478,725	282,521	248,190	530,711
13		소형 최대			132,105	95,666	
14	키오 렌탈	대형	하이브리드	159,789	78,136	98,679	176,815
15	엄지 렌터카	대형	휘발유	206,049	71,000	78,394	149,394
16	푸르나 렌탈	대형	경유	331,056	83,638	140,508	224,146
17		대형 요약		696,894	232,774	317,581	550,355
18		대형 최대			83,638	140,508	
19		총합계		1,918,622	898,704	895,056	1,793,760
20		전체 최대값			132,105	140,508	

《처리조건》

▶ 데이터를 '차종' 기준으로 내림차순 정렬하시오.

▶ 아래 조건에 맞는 부분합을 작성하시오.
- '차종'으로 그룹화하여 '상반기', '하반기'의 최대를 구하는 부분합을 만드시오.
- '차종'으로 그룹화하여 '전년도', '상반기', '하반기', '합계'의 합계를 구하는 부분합을 만드시오. (새로운 값으로 대치하지 말 것)
- [D3:G20] 영역에 셀 서식의 표시 형식-숫자를 이용하여 1000 단위 구분 기호를 표시하시오.

▶ D~F열을 선택하여 그룹을 설정하시오.

▶ 최대와 합계의 부분합 순서는 《출력형태》와 다를 수 있음

▶ 지시사항이 없는 경우는 기본 값을 적용하시오.

【문제 3】 **"필터"**와 **"시나리오"** 시트를 참조하여 다음 《처리조건》에 맞도록 작업하시오. (60점)

(1) 필터

《출력형태》

	A	B	C	D	E	F	G
1							
2	업체명	차종	연료종류	전년도	상반기	하반기	합계
3	안전 렌탈	중형	하이브리드	181,968	123,876	69,623	193,499
4	라노 렌터카	소형	휘발유	191,968	132,105	95,666	227,771
5	키오 렌탈	대형	하이브리드	159,789	78,136	98,679	176,815
6	오솔길 투어	중형	경유	227,204	106,106	91,079	197,185
7	엄지 렌터카	대형	휘발유	206,049	71,000	78,394	149,394
8	쿠쿠 렌터카	소형	하이브리드	110,937	77,638	62,134	139,772
9	가로수 렌탈	중형	경유	181,014	71,950	65,298	137,248
10	에프엘 투어	소형	휘발유	175,820	72,778	90,390	163,168
11	푸르나 렌탈	대형	경유	331,056	83,638	140,508	224,146
12	피크닉 투어	중형	하이브리드	152,817	81,477	103,285	184,762
13							
14	조건						
15	TRUE						
16							
17							
18	업체명	연료종류	상반기	하반기	합계		
19	안전 렌탈	하이브리드	123,876	69,623	193,499		
20	가로수 렌탈	경유	71,950	65,298	137,248		
21	피크닉 투어	하이브리드	81,477	103,285	184,762		

《처리조건》

▶ "필터" 시트의 [A2:G12]를 아래 조건에 맞게 고급 필터를 사용하여 작성하시오.
- '차종'이 "중형"이고 '전년도'가 200000 이하인 데이터를 '업체명', '연료종류', '상반기', '하반기', '합계'의 데이터만 필터링 하시오.
- 조건 위치 : 조건 함수는 [A15] 한 셀에 작성(AND 함수 이용)
- 결과 위치 : [A18]부터 출력

▶ 지시사항이 없는 경우는 《출력형태》와 동일하게 작성하시오.

(2) 시나리오

《출력형태》

시나리오 요약				
		현재 값:	하반기 경유 225 증가	하반기 경유 100 감소
변경 셀:				
	$F$6	91,079	91,304	90,979
	$F$9	65,298	65,523	65,198
	$F$11	140,508	140,733	140,408
결과 셀:				
	$G$6	197,185	197,410	197,085
	$G$9	137,248	137,473	137,148
	$G$11	224,146	224,371	224,046

참고: 현재 값 열은 시나리오 요약 보고서가 작성될 때의
변경 셀 값을 나타냅니다. 각 시나리오의 변경 셀들은
회색으로 표시됩니다.

《처리조건》

▶ "시나리오" 시트의 [A2:G12]를 이용하여 '연료종류'가 "경유"인 경우, '하반기'가 변동할 때 '합계'가 변동하는 가상분석(시나리오)을 작성하시오.

- 시나리오1 : 시나리오 이름은 "하반기 경유 225 증가", '하반기'에 225를 증가시킨 값 설정.
- 시나리오2 : 시나리오 이름은 "하반기 경유 100 감소", '하반기'에 100을 감소시킨 값 설정.
- "시나리오 요약" 시트를 작성하시오.

▶ 지시사항이 없는 경우는 《출력형태》와 동일하게 작성하시오.

【문제 4】 **"피벗테이블"** 시트를 참조하여 다음 《처리조건》에 맞도록 작업하시오. (30점)

《출력형태》

	A	B	C	D	E
1					
2					
3			연료종류		
4	차종	값	경유	하이브리드	휘발유
5	소형	최소 : 상반기	*	77,638	72,778
6		최소 : 하반기	*	62,134	90,390
7	중형	최소 : 상반기	71,950	81,477	*
8		최소 : 하반기	65,298	69,623	*
9	전체 최소 : 상반기		71,950	77,638	72,778
10	전체 최소 : 하반기		65,298	62,134	90,390

《처리조건》

▶ "피벗테이블" 시트의 [A2:G12]를 이용하여 새로운 시트에 《출력형태》와 같이 피벗테이블을 작성 후 시트명을 "피벗테이블 정답"으로 수정하시오.

▶ 차종(행)과 연료종류(열)를 기준으로 하여 《출력형태》와 같이 구하시오.
- '상반기', '하반기'의 최소를 구하시오.
- 피벗 테이블 옵션을 이용하여 레이블이 있는 셀 병합 및 가운데 맞춤하고 빈 셀을 "*"로 표시한 후, 행의 총합계를 감추기 하시오.
- 피벗 테이블 디자인에서 보고서 레이아웃은 '테이블 형식으로 표시', 피벗 테이블 스타일은 '어둡게 – 밤색, 피벗 스타일 어둡게 3'으로 표시하시오.
- 차종(행)은 "소형", "중형"만 출력되도록 표시하시오.
- [C5:E10] 데이터는 셀 서식의 표시 형식–숫자를 이용하여 1000 단위 구분 기호를 표시하고, 가운데 맞춤하시오.

▶ 차종의 순서는 《출력형태》와 다를 수 있음

▶ 지시사항이 없는 경우는 《출력형태》와 동일하게 작성하시오.

【문제 5】 "차트" 시트를 참조하여 다음 《처리조건》에 맞도록 작업하시오. (30점)

《출력형태》

업체명	차종	연료종류	전년도	상반기	하반기	합계
안전 렌탈	중형	하이브리드	181,968	123,876	69,623	193,499
키오 렌탈	대형	하이브리드	159,789	78,136	98,679	176,815
엄지 렌터카	대형	휘발유	206,049	71,000	78,394	149,394
가로수 렌탈	중형	경유	181,014	71,950	65,298	137,248
에프엘 투어	소형	휘발유	175,820	72,778	90,390	163,168

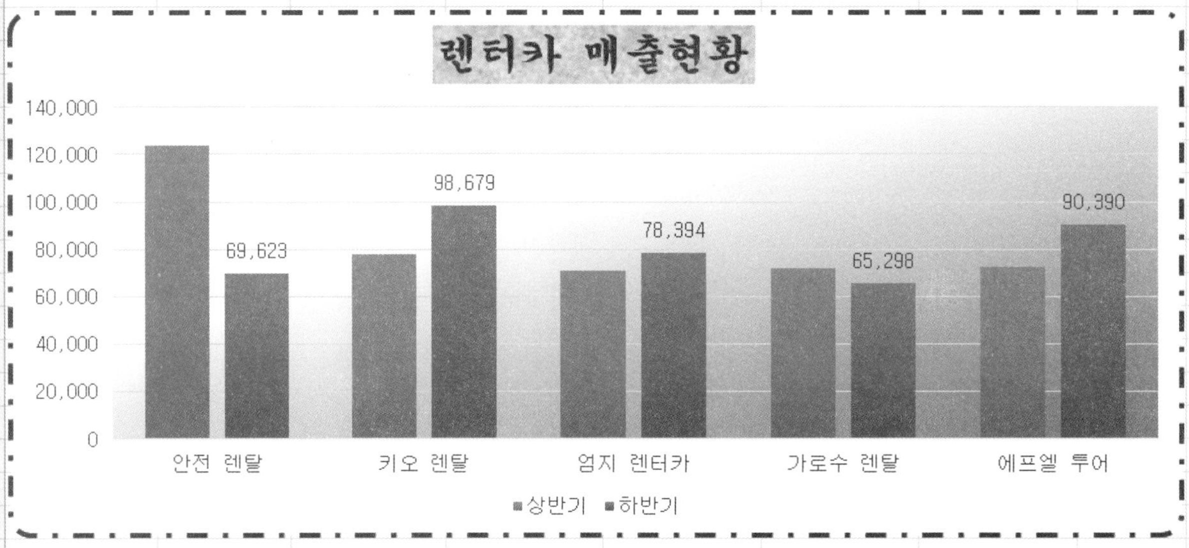

《처리조건》

▶ "차트" 시트에 주어진 표를 이용하여 '묶은 세로 막대형' 차트를 작성하시오.
- 데이터 범위 : 현재 시트 [A2:A7], [E2:F7]의 데이터를 이용하여 작성하고, 행/열 전환은 '열'로 지정
- 차트 위치 : 현재 시트에 [A10:H25] 크기에 정확하게 맞추시오.
- 차트 제목("렌터카 매출현황")
- 차트 스타일 : 색 변경(색상형 – 다양한 색상표 4, 스타일 6)
- 범례 위치 : 아래쪽
- 차트 영역 서식 : 글꼴(굴림체, 10pt), 테두리 색(실선, 색 : 진한 빨강), 테두리 스타일(너비 : 2.5pt, 겹선 종류 : 단순형, 대시 종류 : 파선–점선, 둥근 모서리)
- 차트 제목 서식 : 글꼴(궁서체, 20pt, 굵게), 채우기(그림 또는 질감 채우기, 질감 : 꽃다발)
- 그림 영역 서식 : 채우기(그라데이션 채우기, 그라데이션 미리 설정 : 위쪽 스포트라이트 강조 2, 종류 : 선형, 방향 : 선형 대각선 – 왼쪽 위에서 오른쪽 아래로)
- 데이터 레이블 추가 : '하반기' 계열에 "값" 표시

▶ 지시사항이 없는 경우는 《출력형태》와 동일하게 작성하시오.

제 06 회 디지털정보활용능력 출제예상 모의고사

- 시험과목 : 스프레드시트(엑셀)
- 시험일자 : 20XX. XX. XX. (X)
- 응시자 기재사항 및 감독위원 확인

MS Office 2021 버전용

수검번호	DIS - XXXX -	감독위원 확인
성 명		

·응시자 유의사항·

1. 응시자는 신분증을 지참하여야 시험에 응시할 수 있으며, 시험이 종료될 때까지 신분증을 제시하지 못 할 경우 해당 시험은 0점 처리됩니다.
2. 시스템(PC작동여부, 네트워크 상태 등)의 이상여부를 반드시 확인하여야 하며, 시스템 이상이 있을 시 감독위원에게 조치를 받으셔야 합니다.
3. 시험 중 부주의 또는 고의로 시스템을 파손한 경우는 응시자 부담으로 합니다.
4. 답안 전송 프로그램을 통해 다운로드 받은 파일을 이용하여 답안 파일을 작성하시기 바랍니다.
5. 작성한 답안 파일은 답안 전송 프로그램을 통하여 전송됩니다. 감독위원의 지시에 따라 주시기 바랍니다.
6. 다음 사항의 경우 실격(0점) 혹은 부정행위 처리됩니다.
   1) 답안 파일을 저장하지 않았거나, 저장한 파일이 손상되었을 경우
   2) 답안 파일을 지정된 폴더(바탕화면 – "KAIT" 폴더)에 저장하지 않았을 경우
      ※ 답안 전송 프로그램 로그인 시 바탕화면에 자동 생성됨
   3) 답안 파일을 다른 보조 기억장치(USB) 혹은 네트워크(메신저, 게시판 등)로 전송할 경우
   4) 휴대용 전화기 등 통신기기를 사용할 경우
7. 시트는 반드시 순서대로 작성해야 하며, 순서가 다를 경우 "0"점 처리됩니다.
8. 시험지에 제시된 글꼴이 응시 프로그램에 없는 경우, 반드시 감독위원에게 해당 내용을 통보한 뒤 조치를 받아야 합니다.
9. 시험의 완료는 작성이 완료된 답안을 저장하고, 답안 전송이 완료된 상태를 확인한 것으로 합니다. 답안 전송 확인 후 문제지는 감독위원에게 제출한 후 퇴실하여야 합니다.
10. 답안 전송을 완료한 경우는 수정 또는 정정이 불가합니다.
11. 시험 시행 후 합격자 발표는 홈페이지(www.ihd.or.kr)에서 확인하시기 바랍니다.
    ※ 합격자 발표 : 20XX. XX. XX. (X)
    ※ 시험지 공개 : 20XX. XX. XX. (X)

Korea Association for ICT promotion
한국정보통신진흥협회 KAIT

【문제 1】 "수출현황" 시트를 참조하여 다음 《처리조건》에 맞도록 작업하시오. (50점)

《출력형태》

	A	B	C	D	E	F	G	H	I
1		주요품목 수출현황							
2	관리코드	국가명	분류	상반기	하반기	합계	증감률	순위	비고
3	*21-409*	*중국*	*화장품*	*1,069,100*	*1,229,000*	*2,298,100원*	*-11.8%*	*3*	
4	22-904	미국	플라스틱제품	1,117,300	1,112,800	2,230,100원	54.6%	4	
5	21-413	중국	화장품	850,200	791,900	1,642,100원	64.2%	9	하반기 부진
6	83-403	베트남	화장품	1,039,200	1,075,300	2,114,500원	33.1%	6	
7	*83-411*	*베트남*	*플라스틱제품*	*857,700*	*709,500*	*1,567,200원*	*-39.1%*	*10*	*하반기 부진*
8	22-910	미국	자동차부품	1,286,000	1,107,400	2,393,400원	8.8%	1	
9	21-422	중국	플라스틱제품	1,073,500	1,101,500	2,175,000원	30.8%	5	
10	*22-925*	*미국*	*화장품*	*892,100*	*762,800*	*1,654,900원*	*-5.7%*	*8*	*하반기 부진*
11	*82-428*	*베트남*	*자동차부품*	*1,056,300*	*1,003,100*	*2,059,400원*	*-20.1%*	*7*	
12	22-936	미국	플라스틱제품	1,227,900	1,125,600	2,353,500원	32.3%	2	
13	'합계'의 최대값-최소값 차이				826,200원				
14	'분류'가 "화장품"인 '하반기'의 평균				964,750원				
15	'상반기' 중 세 번째로 큰 값				1,117,300원				

《처리조건》

▶ 1행의 행 높이를 '80'으로 설정하고, 2행~15행의 행 높이를 '18'로 설정하시오.

▶ 제목("주요품목 수출현황") : 기본 도형의 '배지'를 이용하여 입력하시오.
- 도형 : 위치([B1:H1]), 도형 스타일(테마 스타일 – '보통 효과 – 파랑, 강조 1')
- 글꼴 : 궁서체, 36pt, 기울임꼴
- 도형 서식 : 도형 옵션 – 크기 및 속성(텍스트 상자(세로 맞춤 : 정가운데, 텍스트 방향 : 가로))

▶ 셀 서식을 아래 조건에 맞게 작성하시오.
- [A2:I15] : 테두리(안쪽, 윤곽선 모두 실선, '검정, 텍스트 1'), 전체 가운데 맞춤
- [A13:D13], [A14:D14], [A15:D15] : 각각 병합하고 가운데 맞춤
- [A2:I2], [A13:D15] : 채우기 색('파랑, 강조 5, 60% 더 밝게'), 글꼴(굵게)
- [D3:E12] : 셀 서식의 표시 형식–숫자를 이용하여 1000 단위 구분 기호 표시
- [F3:F12], [E13:G15] : 셀 서식의 표시 형식–사용자 지정을 이용하여 #,##0"원"자를 추가
- [G3:G12] : 셀 서식의 표시 형식–사용자 지정을 이용하여 0.0"%"자를 추가
- 조건부 서식[A3:I12] : '증감률'이 0 이하인 경우 레코드 전체에 글꼴(빨강, 굵은 기울임꼴) 적용
- 지시사항이 없는 경우는 주어진 문제 파일의 서식을 그대로 사용하시오.

▶ ① 순위[H3:H12] : '합계'를 기준으로 큰 순으로 순위를 구하시오. (RANK.EQ **함수**)

▶ ② 비고[I3:I12] : '하반기'가 800000 이하이면 "하반기 부진", 그렇지 않으면 공백으로 구하시오. (IF **함수**)

▶ ③ 최대값–최소값[E13:G13] : '합계'의 최대값과 최소값의 차이를 구하시오. (MAX, MIN **함수**)

▶ ④ 평균[E14:G14] : '분류'가 "화장품"인 '하반기'의 평균을 구하시오. (DAVERAGE **함수**)

▶ ⑤ 순위[E15:G15] : '상반기' 중 세 번째로 큰 값을 구하시오. (LARGE **함수**)

【문제 2】 "부분합" 시트를 참조하여 다음 《처리조건》에 맞도록 작업하시오. (30점)

《출력형태》

	A	B	C	D	E	F	G
1							
2	관리코드	국가명	분류	상반기	하반기	합계	증감률
3	21-409	중국	화장품	1,069,100	1,229,000	2,298,100	-11.8
4	21-413	중국	화장품	850,200	791,900	1,642,100	64.2
5	21-422	중국	플라스틱제품	1,073,500	1,101,500	2,175,000	30.8
6		**중국 최소**		850,200	791,900	1,642,100	
7		**중국 평균**		997,600	1,040,800		
8	83-403	베트남	화장품	1,039,200	1,075,300	2,114,500	33.1
9	83-411	베트남	플라스틱제품	857,700	709,500	1,567,200	-39.1
10	82-428	베트남	자동차부품	1,056,300	1,003,100	2,059,400	-20.1
11		**베트남 최소**		857,700	709,500	1,567,200	
12		**베트남 평균**		984,400	929,300		
13	22-904	미국	플라스틱제품	1,117,300	1,112,800	2,230,100	54.6
14	22-910	미국	자동차부품	1,286,000	1,107,400	2,393,400	8.8
15	22-925	미국	화장품	892,100	762,800	1,654,900	-5.7
16	22-936	미국	플라스틱제품	1,227,900	1,125,600	2,353,500	32.3
17		**미국 최소**		892,100	762,800	1,654,900	
18		**미국 평균**		1,130,825	1,027,150		
19		**전체 최소값**		850,200	709,500	1,567,200	
20		**전체 평균**		1,046,930	1,001,890		

《처리조건》

▶ 데이터를 '국가명' 기준으로 내림차순 정렬하시오.

▶ 아래 조건에 맞는 부분합을 작성하시오.
- '국가명'으로 그룹화하여 '상반기', '하반기'의 평균을 구하는 부분합을 만드시오.
- '국가명'으로 그룹화하여 '상반기', '하반기', '합계'의 최소를 구하는 부분합을 만드시오.
  (새로운 값으로 대치하지 말 것)
- [D3:F20] 영역에 셀 서식의 표시 형식-숫자를 이용하여 1000 단위 구분 기호를 표시하시오.

▶ D~E열을 선택하여 그룹을 설정하시오.

▶ 평균과 최소의 부분합 순서는 《출력형태》와 다를 수 있음

▶ 지시사항이 없는 경우는 기본 값을 적용하시오.

【문제 3】 **"필터"**와 **"시나리오"** 시트를 참조하여 다음 《처리조건》에 맞도록 작업하시오. (60점)

(1) 필터

《출력형태》

	A	B	C	D	E	F	G
1							
2	관리코드	국가명	분류	상반기	하반기	합계	증감률
3	21-409	중국	화장품	1,069,100	1,229,000	2,298,100	-11.8
4	22-904	미국	플라스틱제품	1,117,300	1,112,800	2,230,100	54.6
5	21-413	중국	화장품	850,200	791,900	1,642,100	64.2
6	83-403	베트남	화장품	1,039,200	1,075,300	2,114,500	33.1
7	83-411	베트남	플라스틱제품	857,700	709,500	1,567,200	-39.1
8	22-910	미국	자동차부품	1,286,000	1,107,400	2,393,400	8.8
9	21-422	중국	플라스틱제품	1,073,500	1,101,500	2,175,000	30.8
10	22-925	미국	화장품	892,100	762,800	1,654,900	-5.7
11	82-428	베트남	자동차부품	1,056,300	1,003,100	2,059,400	-20.1
12	22-936	미국	플라스틱제품	1,227,900	1,125,600	2,353,500	32.3
13							
14	조건						
15	TRUE						
16							
17							
18	관리코드	국가명	상반기	하반기	증감률		
19	21-409	중국	1,069,100	1,229,000	-11.8		
20	22-904	미국	1,117,300	1,112,800	54.6		
21	22-910	미국	1,286,000	1,107,400	8.8		
22	82-428	베트남	1,056,300	1,003,100	-20.1		
23	22-936	미국	1,227,900	1,125,600	32.3		

《처리조건》

▶ "필터" 시트의 [A2:G12]를 아래 조건에 맞게 고급 필터를 사용하여 작성하시오.
- '분류'가 "자동차부품"이거나 '합계'가 2200000 이상인 데이터를 '관리코드', '국가명', '상반기', '하반기', '증감률'의 데이터만 필터링 하시오.
- 조건 위치 : 조건 함수는 [A15] 한 셀에 작성(OR 함수 이용)
- 결과 위치 : [A18]부터 출력

▶ 지시사항이 없는 경우는 《출력형태》와 동일하게 작성하시오.

(2) 시나리오

《출력형태》

시나리오 요약			
	현재 값:	상반기 베트남 15,000 증가	상반기 베트남 10,000 감소
변경 셀:			
$D$6	1,039,200	1,054,200	1,029,200
$D$7	857,700	872,700	847,700
$D$11	1,056,300	1,071,300	1,046,300
결과 셀:			
$F$6	1,057,250	1,064,750	1,052,250
$F$7	783,600	791,100	778,600
$F$11	1,029,700	1,037,200	1,024,700

참고: 현재 값 열은 시나리오 요약 보고서가 작성될 때의
변경 셀 값을 나타냅니다. 각 시나리오의 변경 셀들은
회색으로 표시됩니다.

《처리조건》

▶ "시나리오" 시트의 [A2:F12]를 이용하여 '국가명'이 "베트남"인 경우, '상반기'가 변동할 때 '평균'이 변동하는 가상분석(시나리오)을 작성하시오.

- 시나리오1 : 시나리오 이름은 "상반기 베트남 15,000 증가", '상반기'에 15000을 증가시킨 값 설정.
- 시나리오2 : 시나리오 이름은 "상반기 베트남 10,000 감소", '상반기'에 10000을 감소시킨 값 설정.
- "시나리오 요약" 시트를 작성하시오.

▶ 지시사항이 없는 경우는 《출력형태》와 동일하게 작성하시오.

【문제 4】 "피벗테이블" 시트를 참조하여 다음 《처리조건》에 맞도록 작업하시오. (30점)

《출력형태》

	A	B	C	D
1				
2				
3			국가명	
4	분류	값	베트남	중국
5	자동차부품	평균 : 상반기	1,056,300	*
6		평균 : 하반기	1,003,100	*
7	플라스틱제품	평균 : 상반기	857,700	1,073,500
8		평균 : 하반기	709,500	1,101,500
9	화장품	평균 : 상반기	1,039,200	959,650
10		평균 : 하반기	1,075,300	1,010,450
11	전체 평균 : 상반기		984,400	997,600
12	전체 평균 : 하반기		929,300	1,040,800

《처리조건》

▶ "피벗테이블" 시트의 [A2:G12]를 이용하여 새로운 시트에 《출력형태》와 같이 피벗테이블을 작성 후 시트명을 "피벗테이블 정답"으로 수정하시오.

▶ 분류(행)와 국가명(열)을 기준으로 하여 《출력형태》와 같이 구하시오.
- '상반기', '하반기'의 평균을 구하시오.
- 피벗 테이블 옵션을 이용하여 레이블이 있는 셀 병합 및 가운데 맞춤하고 빈 셀을 "*"로 표시한 후, 행의 총합계를 감추기 하시오.
- 피벗 테이블 디자인에서 보고서 레이아웃은 '테이블 형식으로 표시', 피벗 테이블 스타일은 '어둡게 – 진한 파랑, 피벗 스타일 어둡게 6'으로 표시하시오.
- 국가명(열)은 "베트남", "중국"만 출력되도록 표시하시오.
- [C5:D12] 데이터는 셀 서식의 표시 형식–숫자를 이용하여 1000 단위 구분 기호를 표시하고, 가운데 맞춤하시오.

▶ 분류의 순서는 《출력형태》와 다를 수 있음

▶ 지시사항이 없는 경우는 《출력형태》와 동일하게 작성하시오.

【문제 5】 **"차트"** 시트를 참조하여 다음 《처리조건》에 맞도록 작업하시오. (30점)

《출력형태》

관리코드	분류	상반기	하반기	합계
21-409	화장품	1,069,100	1,229,000	2,298,100
22-904	플라스틱제품	1,117,300	1,112,800	2,230,100
83-411	플라스틱제품	857,700	709,500	1,567,200
22-910	자동차부품	1,286,000	1,107,400	2,393,400
22-925	화장품	892,100	762,800	1,654,900

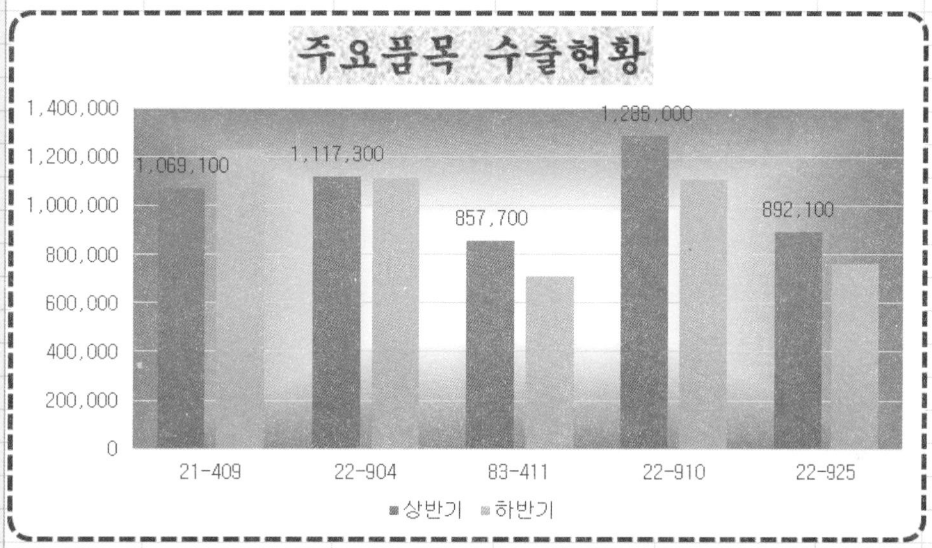

《처리조건》

▶ "차트" 시트에 주어진 표를 이용하여 '묶은 세로 막대형' 차트를 작성하시오.
- 데이터 범위 : 현재 시트 [A2:A7], [C2:D7]의 데이터를 이용하여 작성하고, 행/열 전환은 '열'로 지정
- 차트 위치 : 현재 시트에 [A10:F25] 크기에 정확하게 맞추시오.
- 차트 제목("주요품목 수출현황")
- 차트 스타일 : 색 변경(색상형 – 다양한 색상표 3, 스타일 6)
- 범례 위치 : 아래쪽
- 차트 영역 서식 : 글꼴(굴림체, 10pt), 테두리 색(실선, 색 : 자주), 테두리 스타일(너비 : 2.5pt, 겹선 종류 : 단순형, 대시 종류 : 사각 점선, 둥근 모서리)
- 차트 제목 서식 : 글꼴(궁서체, 20pt, 굵게), 채우기(그림 또는 질감 채우기, 질감 : 신문 용지)
- 그림 영역 서식 : 채우기(그라데이션 채우기, 그라데이션 미리 설정 : 위쪽 스포트라이트 강조 3, 종류 : 사각형, 방향 : 가운데에서)
- 데이터 레이블 추가 : '상반기' 계열에 "값" 표시

▶ 지시사항이 없는 경우는 《출력형태》와 동일하게 작성하시오.

제 07 회 디지털정보활용능력 출제예상 모의고사

☑ 시험과목 : 스프레드시트(엑셀)
☑ 시험일자 : 20XX. XX. XX. (X)
☑ 응시자 기재사항 및 감독위원 확인

MS Office 2021 버전용

수검번호	DIS - XXXX -	감독위원 확인
성 명		

·응시자 유의사항·

1. 응시자는 신분증을 지참하여야 시험에 응시할 수 있으며, 시험이 종료될 때까지 신분증을 제시하지 못 할 경우 해당 시험은 0점 처리됩니다.
2. 시스템(PC작동여부, 네트워크 상태 등)의 이상여부를 반드시 확인하여야 하며, 시스템 이상이 있을 시 감독위원에게 조치를 받으셔야 합니다.
3. 시험 중 부주의 또는 고의로 시스템을 파손한 경우는 응시자 부담으로 합니다.
4. 답안 전송 프로그램을 통해 다운로드 받은 파일을 이용하여 답안 파일을 작성하시기 바랍니다.
5. 작성한 답안 파일은 답안 전송 프로그램을 통하여 전송됩니다. 감독위원의 지시에 따라 주시기 바랍니다.
6. 다음 사함의 경우 실격(0점) 혹은 부정행위 처리됩니다.
   1) 답안 파일을 저장하지 않았거나, 저장한 파일이 손상되었을 경우
   2) 답안 파일을 지정된 폴더(바탕화면 – "KAIT" 폴더)에 저장하지 않았을 경우
      ※ 답안 전송 프로그램 로그인 시 바탕화면에 자동 생성됨
   3) 답안 파일을 다른 보조 기억장치(USB) 혹은 네트워크(메신저, 게시판 등)로 전송할 경우
   4) 휴대용 전화기 등 통신기기를 사용할 경우
7. 시트는 반드시 순서대로 작성해야 하며, 순서가 다를 경우 "0"점 처리됩니다.
8. 시험지에 제시된 글꼴이 응시 프로그램에 없는 경우, 반드시 감독위원에게 해당 내용을 통보한 뒤 조치를 받아야 합니다.
9. 시험의 완료는 작성이 완료된 답안을 저장하고, 답안 전송이 완료된 상태를 확인한 것으로 합니다. 답안 전송 확인 후 문제지는 감독위원에게 제출한 후 퇴실하여야 합니다.
10. 답안 전송을 완료한 경우는 수정 또는 정정이 불가합니다.
11. 시험 시행 후 합격자 발표는 홈페이지(www.ihd.or.kr)에서 확인하시기 바랍니다.
    ※ 합격자 발표 : 20XX. XX. XX. (X)
    ※ 시험지 공개 : 20XX. XX. XX. (X)

Korea Association for ICT promotion
한국정보통신진흥협회 KAIT

【문제 1】 **"동양란 판매현황"** 시트를 참조하여 다음 《처리조건》에 맞도록 작업하시오. (50점)

《출력형태》

동양란 판매현황

종류	분류	주문수량	단가	판매금액	할인액	최종판매액	순위	비고
홍화	화예품	13	82,000	1,066,000	53,300	1,012,700	8위	
호반	엽예품	25	45,000	1,125,000	56,250	1,068,750	7위	
수선판	꽃잎	29	23,000	667,000	33,350	633,650	10위	
백화	**화예품**	**50**	**32,000**	**1,600,000**	**80,000**	**1,520,000**	**5위**	
복색화	화예품	14	53,500	749,000	37,450	711,550	9위	
복륜	엽예품	20	123,000	2,460,000	123,000	2,337,000	4위	
산반	**엽예품**	**80**	**160,000**	**12,800,000**	**640,000**	**12,160,000**	**2위**	**최다 판매**
매판	꽃잎	15	87,000	1,305,000	65,250	1,239,750	6위	
원판화	**화예품**	**210**	**92,000**	**19,320,000**	**966,000**	**18,354,000**	**1위**	**최다 판매**
색설화	화예품	24	120,000	2,880,000	144,000	2,736,000	3위	
'할인액' 중 가장 큰 값				966,000원				
'분류'가 "화예품"인 '주문수량'의 합계				311				
'최종판매액'의 최대값-최소값 차이				17,720,350원				

《처리조건》

▶ 1행의 행 높이를 '80'으로 설정하고, 2행~15행의 행 높이를 '18'로 설정하시오.

▶ 제목("동양란 판매현황") : 별 및 현수막의 '별: 꼭짓점 32개'를 이용하여 입력하시오.
- 도형 : 위치([B1:H1]), 도형 스타일(테마 스타일 – '강한 효과 – 회색, 강조 3')
- 글꼴 : 궁서, 25pt, 굵게
- 도형 서식 : 도형 옵션 – 크기 및 속성(텍스트 상자(세로 맞춤 : 정가운데, 텍스트 방향 : 가로))

▶ 셀 서식을 아래 조건에 맞게 작성하시오.
- [A2:I15] : 테두리(안쪽, 윤곽선 모두 실선, '검정, 텍스트 1'), 전체 가운데 맞춤
- [A13:D13], [A14:D14], [A15:D15] : 각각 병합하고 가운데 맞춤
- [A2:I2], [A13:D15] : 채우기 색('청회색, 텍스트 2, 60% 더 밝게'), 글꼴(굵게)
- [D3:G12] : 셀 서식의 표시 형식–숫자를 이용하여 1000 단위 구분 기호 표시
- [H3:H12] : 셀 서식의 표시 형식–사용자 지정을 이용하여 #"위"자를 추가
- [E13:G13], [E15:G15] : 셀 서식의 표시 형식–사용자 지정을 이용하여 #,##0"원"자를 추가
- 조건부 서식[A3:I12] : '주문수량'이 50 이상인 경우 레코드 전체에 글꼴(빨강, 굵게) 적용
- 지시사항이 없는 경우는 주어진 문제 파일의 서식을 그대로 사용하시오.

▶ ① 순위[H3:H12] : '할인액'을 기준으로 큰 순으로 순위를 구하시오. **(RANK.EQ 함수)**

▶ ② 비고[I3:I12] : '최종판매액'이 10000000 이상이면 "최다 판매", 그렇지 않으면 공백으로 구하시오. **(IF 함수)**

▶ ③ 순위[E13:G13] : '할인액' 중 가장 큰 값을 구하시오. **(LARGE 함수)**

▶ ④ 합계[E14:G14] : '분류'가 "화예품"인 '주문수량'의 합계를 구하시오. **(DSUM 함수)**

▶ ⑤ 최대값–최소값[E15:G15] : '최종판매액'의 최대값과 최소값의 차이를 구하시오. **(MAX, MIN 함수)**

【문제 2】 **"부분합"** 시트를 참조하여 다음 《처리조건》에 맞도록 작업하시오. (30점)

《출력형태》

	A	B	C	D	E	F	G
1							
2	종류	분류	주문수량	단가	판매금액	할인액	최종판매액
3	수선판	꽃잎	29	23,000	667,000	33,350	633,650
4	매판	꽃잎	15	87,000	1,305,000	65,250	1,239,750
5		**꽃잎 최소**			667,000	33,350	633,650
6		**꽃잎 최대**			1,305,000	65,250	
7	호반	엽예품	25	45,000	1,125,000	56,250	1,068,750
8	복륜	엽예품	20	123,000	2,460,000	123,000	2,337,000
9	산반	엽예품	80	160,000	12,800,000	640,000	12,160,000
10		**엽예품 최소**			1,125,000	56,250	1,068,750
11		**엽예품 최대**			12,800,000	640,000	
12	홍화	화예품	13	82,000	1,066,000	53,300	1,012,700
13	백화	화예품	50	32,000	1,600,000	80,000	1,520,000
14	복색화	화예품	14	53,500	749,000	37,450	711,550
15	원판화	화예품	210	92,000	19,320,000	966,000	18,354,000
16	색설화	화예품	24	120,000	2,880,000	144,000	2,736,000
17		**화예품 최소**			749,000	37,450	711,550
18		**화예품 최대**			19,320,000	966,000	
19		**전체 최소값**			667,000	33,350	633,650
20		**전체 최대값**			19,320,000	966,000	

《처리조건》

▶ 데이터를 '분류' 기준으로 오름차순 정렬하시오.

▶ 아래 조건에 맞는 부분합을 작성하시오.
- '분류'로 그룹화하여 '판매금액', '할인액'의 최대를 구하는 부분합을 만드시오.
- '분류'로 그룹화하여 '판매금액', '할인액', '최종판매액'의 최소를 구하는 부분합을 만드시오. (새로운 값으로 대치하지 말 것)
- [D3:G20] 영역에 셀 서식의 표시 형식-숫자를 이용하여 1000 단위 구분 기호를 표시하시오.

▶ D~E열을 선택하여 그룹을 설정하시오.

▶ 최대와 최소의 부분합 순서는 《출력형태》와 다를 수 있음

▶ 지시사항이 없는 경우는 기본 값을 적용하시오.

【문제 3】 **"필터"**와 **"시나리오"** 시트를 참조하여 다음 《처리조건》에 맞도록 작업하시오. (60점)

(1) 필터

《출력형태》

	A	B	C	D	E	F	G
1							
2	종류	분류	주문수량	단가	판매금액	할인액	최종판매액
3	홍화	화예품	13	82,000	1,066,000	53,300	1,012,700
4	호반	엽예품	25	45,000	1,125,000	56,250	1,068,750
5	수선판	꽃잎	29	23,000	667,000	33,350	633,650
6	백화	화예품	50	32,000	1,600,000	80,000	1,520,000
7	복색화	화예품	14	53,500	749,000	37,450	711,550
8	복륜	엽예품	20	123,000	2,460,000	123,000	2,337,000
9	산반	엽예품	80	160,000	12,800,000	640,000	12,160,000
10	매판	꽃잎	15	87,000	1,305,000	65,250	1,239,750
11	원판화	화예품	210	92,000	19,320,000	966,000	18,354,000
12	색설화	화예품	24	120,000	2,880,000	144,000	2,736,000
13							
14	조건						
15	TRUE						
16							
17							
18	종류	주문수량	단가	최종판매액			
19	홍화	13	82,000	1,012,700			
20	백화	50	32,000	1,520,000			
21	원판화	210	92,000	18,354,000			
22	색설화	24	120,000	2,736,000			

《처리조건》

▶ "필터" 시트의 [A2:G12]를 아래 조건에 맞게 고급 필터를 사용하여 작성하시오.
- '분류'가 "화예품"이면서 '최종판매액'이 1000000 이상인 데이터를 '종류', '주문수량', '단가', '최종판매액'의 데이터만 필터링 하시오.
- 조건 위치 : 조건 함수는 [A15] 한 셀에 작성(AND 함수 이용)
- 결과 위치 : [A18]부터 출력

▶ 지시사항이 없는 경우는 《출력형태》와 동일하게 작성하시오.

(2) 시나리오

《출력형태》

	A	B	C	D	E	F	G
1							
2		시나리오 요약					
3				현재 값:	할인액 8,000원 증가	할인액 5,500원 감소	
5		변경 셀:					
6			$F$4	56,250	64,250	50,750	
7			$F$8	123,000	131,000	117,500	
8			$F$9	640,000	648,000	634,500	
9		결과 셀:					
10			$G$4	1,068,750	1,060,750	1,074,250	
11			$G$8	2,337,000	2,329,000	2,342,500	
12			$G$9	12,160,000	12,152,000	12,165,500	
13		참고: 현재 값 열은 시나리오 요약 보고서가 작성될 때의					
14		변경 셀 값을 나타냅니다. 각 시나리오의 변경 셀들은					
15		회색으로 표시됩니다.					

《처리조건》

▶ "시나리오" 시트의 [A2:G12]를 이용하여 '분류'가 "엽예품"인 경우, '할인액'이 변동할 때 '최종판매액'이 변동하는 가상분석(시나리오)을 작성하시오.

– 시나리오1 : 시나리오 이름은 "할인액 8,000원 증가", '할인액'에 8000을 증가시킨 값 설정.
– 시나리오2 : 시나리오 이름은 "할인액 5,500원 감소", '할인액'에 5500을 감소시킨 값 설정.
– "시나리오 요약" 시트를 작성하시오.

▶ 지시사항이 없는 경우는 《출력형태》와 동일하게 작성하시오.

【문제 4】 "피벗테이블" 시트를 참조하여 다음 《처리조건》에 맞도록 작업하시오. (30점)

《출력형태》

	A	B	C	D	E
1					
2					
3			분류		
4	종류	값	꽃잎	엽예품	화예품
5	복륜	최대 : 판매금액	*	2,460,000	*
6		최대 : 최종판매액	*	2,337,000	*
7	복색화	최대 : 판매금액	*	*	749,000
8		최대 : 최종판매액	*	*	711,550
9	수선판	최대 : 판매금액	667,000	*	*
10		최대 : 최종판매액	633,650	*	*
11	홍화	최대 : 판매금액	*	*	1,066,000
12		최대 : 최종판매액	*	*	1,012,700
13	전체 최대 : 판매금액		667,000	2,460,000	1,066,000
14	전체 최대 : 최종판매액		633,650	2,337,000	1,012,700

《처리조건》

▶ "피벗테이블" 시트의 [A2:G12]를 이용하여 새로운 시트에 《출력형태》와 같이 피벗테이블을 작성 후 시트명을 "피벗테이블 정답"으로 수정하시오.

▶ 종류(행)와 분류(열)를 기준으로 하여 《출력형태》와 같이 구하시오.
- '판매금액', '최종판매액'의 최대를 구하시오.
- 피벗 테이블 옵션을 이용하여 레이블이 있는 셀 병합 및 가운데 맞춤하고 빈 셀을 "*"로 표시한 후, 행의 총합계를 감추기 하시오.
- 피벗 테이블 디자인에서 보고서 레이아웃은 '테이블 형식으로 표시', 피벗 테이블 스타일은 '중간 – 연한 녹색, 피벗 스타일 보통 14'로 표시하시오.
- 종류(행)는 "복륜", "복색화", "수선판", "홍화"만 출력되도록 표시하시오.
- [C5:E14] 데이터는 셀 서식의 표시 형식-숫자를 이용하여 1000 단위 구분 기호를 표시하고, 가운데 맞춤하시오.

▶ 종류의 순서는 《출력형태》와 다를 수 있음

▶ 지시사항이 없는 경우는 《출력형태》와 동일하게 작성하시오.

【문제 5】 **"차트"** 시트를 참조하여 다음 《처리조건》에 맞도록 작업하시오. (30점)

《출력형태》

종류	분류	단가	판매금액	할인액	최종판매액
홍화	화예품	82,000	1,066,000	53,300	1,012,700
호반	엽예품	45,000	1,125,000	56,250	1,068,750
수선판	꽃잎	23,000	667,000	33,350	633,650
백화	화예품	32,000	1,600,000	80,000	1,520,000
복색화	화예품	53,500	749,000	37,450	711,550

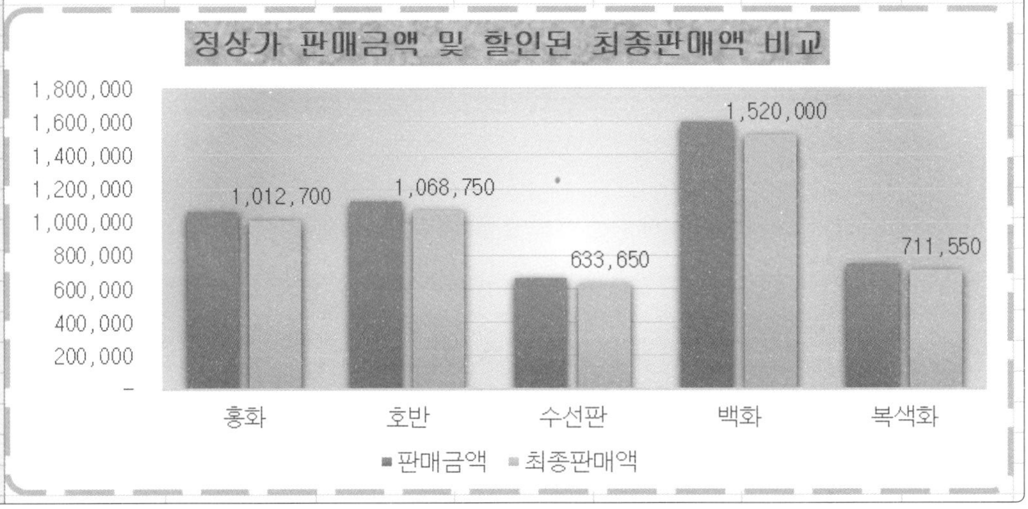

《처리조건》

▶ "차트" 시트에 주어진 표를 이용하여 '묶은 세로 막대형' 차트를 작성하시오.

- 데이터 범위 : 현재 시트 [A2:A7], [D2:D7], [F2:F7]의 데이터를 이용하여 작성하고, 행/열 전환은 '열'로 지정
- 차트 위치 : 현재 시트에 [A11:G26] 크기에 정확하게 맞추시오.
- 차트 제목("정상가 판매금액 및 할인된 최종판매액 비교")
- 차트 스타일 : 색 변경(색상형 – 다양한 색상표 3, 스타일 14)
- 범례 위치 : 아래쪽
- 차트 영역 서식 : 글꼴(돋움체, 11pt), 테두리 색(실선, 색 : 주황), 테두리 스타일(너비 : 3pt, 겹선 종류 : 단순형, 대시 종류 : 긴 파선, 둥근 모서리)
- 차트 제목 서식 : 글꼴(굴림체, 15pt, 굵게), 채우기(그림 또는 질감 채우기, 질감 : 분홍 박엽지)
- 그림 영역 서식 : 채우기(그라데이션 채우기, 그라데이션 미리 설정 : 밝은 그라데이션 – 강조 2, 종류 : 방사형, 방향 : 가운데에서)
- 데이터 레이블 추가 : '최종판매액' 계열에 "값" 표시

▶ 지시사항이 없는 경우는 《출력형태》와 동일하게 작성하시오.

제 08 회 디지털정보활용능력 출제예상 모의고사

- ☑ 시험과목 : 스프레드시트(엑셀)
- ☑ 시험일자 : 20XX. XX. XX. (X)
- ☑ 응시자 기재사항 및 감독위원 확인

MS Office 2021 버전용

수검번호	DIS - XXXX -	감독위원 확인
성 명		

·응시자 유의사항·

1. 응시자는 신분증을 지참하여야 시험에 응시할 수 있으며, 시험이 종료될 때까지 신분증을 제시하지 못 할 경우 해당 시험은 0점 처리됩니다.
2. 시스템(PC작동여부, 네트워크 상태 등)의 이상여부를 반드시 확인하여야 하며, 시스템 이상이 있을 시 감독위원에게 조치를 받으셔야 합니다.
3. 시험 중 부주의 또는 고의로 시스템을 파손한 경우는 응시자 부담으로 합니다.
4. 답안 전송 프로그램을 통해 다운로드 받은 파일을 이용하여 답안 파일을 작성하시기 바랍니다.
5. 작성한 답안 파일은 답안 전송 프로그램을 통하여 전송됩니다. 감독위원의 지시에 따라 주시기 바랍니다.
6. 다음 사항의 경우 실격(0점) 혹은 부정행위 처리됩니다.
   1) 답안 파일을 저장하지 않았거나, 저장한 파일이 손상되었을 경우
   2) 답안 파일을 지정된 폴더(바탕화면 – "KAIT" 폴더)에 저장하지 않았을 경우
      ※ 답안 전송 프로그램 로그인 시 바탕화면에 자동 생성됨
   3) 답안 파일을 다른 보조 기억장치(USB) 혹은 네트워크(메신저, 게시판 등)로 전송할 경우
   4) 휴대용 전화기 등 통신기기를 사용할 경우
7. 시트는 반드시 순서대로 작성해야 하며, 순서가 다를 경우 "0"점 처리됩니다.
8. 시험지에 제시된 글꼴이 응시 프로그램에 없는 경우, 반드시 감독위원에게 해당 내용을 통보한 뒤 조치를 받아야 합니다.
9. 시험의 완료는 작성이 완료된 답안을 저장하고, 답안 전송이 완료된 상태를 확인한 것으로 합니다. 답안 전송 확인 후 문제지는 감독위원에게 제출한 후 퇴실하여야 합니다.
10. 답안 전송을 완료한 경우는 수정 또는 정정이 불가합니다.
11. 시험 시행 후 합격자 발표는 홈페이지(www.ihd.or.kr)에서 확인하시기 바랍니다.
    ※ 합격자 발표 : 20XX. XX. XX. (X)
    ※ 시험지 공개 : 20XX. XX. XX. (X)

Korea Association for ICT promotion
한국정보통신진흥협회 KAIT

【문제 1】 **"참여현황"** 시트를 참조하여 다음 《처리조건》에 맞도록 작업하시오. (50점)

《출력형태》

	A	B	C	D	E	F	G	H	I
1		권역별 헌혈 참여현황							
2	센터명	지역	권역	2020년	2021년	2022년	평균	순위	비고
3	*목동센터*	*서울중앙*	*수도권*	*16,506*	*16,361*	*16,309*	*16,392*	*2위*	많은 참여
4	세종센터	대전세종충남	중부권	16,109	15,834	16,095	16,013	4위	많은 참여
5	해운대센터	부산	남부권	16,263	15,588	16,216	16,022	3위	많은 참여
6	*수지센터*	*경기*	*수도권*	*15,850*	*16,192*	*15,888*	*15,977*	*7위*	
7	충주센터	충북	중부권	18,457	16,257	16,343	17,019	1위	많은 참여
8	*구리센터*	*서울동부*	*수도권*	*15,399*	*15,794*	*15,944*	*15,712*	*10위*	
9	중앙로센터	대구경북	남부권	15,854	16,016	16,203	16,024	6위	많은 참여
10	둔산센터	대전세종충남	중부권	16,071	16,184	16,275	16,177	5위	많은 참여
11	충장로센터	광주전남	남부권	15,597	16,365	16,488	16,150	9위	많은 참여
12	*일산센터*	*서울중앙*	*수도권*	*15,771*	*15,836*	*15,983*	*15,863*	*8위*	
13	'2022년'의 최대값-최소값 차이				600명				
14	'권역'이 "수도권"인 '2020년'의 합계				63,526명				
15	'2021년' 중 세 번째로 작은 값				15,834명				

《처리조건》

▶ 1행의 행 높이를 '80'으로 설정하고, 2행~15행의 행 높이를 '18'로 설정하시오.

▶ 제목("권역별 헌혈 참여현황") : 기본 도형의 '사각형: 빗면'을 이용하여 입력하시오.
- 도형 : ([B1:H1]), 도형 스타일(테마 스타일 – '미세 효과 – 주황, 강조 2')
- 글꼴 : 궁서체, 26pt, 기울임꼴
- 도형 서식 : 도형 옵션 – 크기 및 속성(텍스트 상자(세로 맞춤 : 정가운데, 텍스트 방향 : 가로))

▶ 셀 서식을 아래 조건에 맞게 작성하시오.
- [A2:I15] : 테두리(안쪽, 윤곽선 모두 실선, '검정, 텍스트 1'), 전체 가운데 맞춤
- [A13:D13], [A14:D14], [A15:D15] : 각각 병합하고 가운데 맞춤
- [A2:I2], [A13:D15] : 채우기 색('황금색, 강조 4, 40% 더 밝게'), 글꼴(굵게)
- [H3:H12] : 셀 서식의 표시 형식–사용자 지정을 이용하여 #"위"자를 추가
- [D3:G12] : 셀 서식의 표시 형식–숫자를 이용하여 1000 단위 구분 기호 표시
- [E13:G15] : 셀 서식의 표시 형식–사용자 지정을 이용하여 #,##0"명"자를 추가
- 조건부 서식[A3:I12] : '권역'이 "수도권"인 경우 레코드 전체에 글꼴(자주, 굵은 기울임꼴) 적용
- 지시사항이 없는 경우는 주어진 문제 파일의 서식을 그대로 사용하시오.

▶ ① 순위[H3:H12] : '2020년'을 기준으로 큰 순으로 순위를 구하시오. **(RANK.EQ 함수)**

▶ ② 비고[I3:I12] : '평균'이 16000 이상이면 "많은 참여", 그렇지 않으면 공백으로 구하시오. **(IF 함수)**

▶ ③ 최대값–최소값[E13:G13] : '2022년'의 최대값과 최소값의 차이를 구하시오. **(MAX, MIN 함수)**

▶ ④ 합계[E14:G14] : '권역'이 "수도권"인 '2020년'의 합계를 구하시오. **(DSUM 함수)**

▶ ⑤ 순위[E15:G15] : '2021년' 중 세 번째로 작은 값을 구하시오. **(SMALL 함수)**

【문제 2】 **"부분합"** 시트를 참조하여 다음 《처리조건》에 맞도록 작업하시오. (30점)

《출력형태》

	A	B	C	D	E	F	G	H
1								
2	센터명	지역	권역	2020년	2021년	2022년	평균	
3	해운대센터	부산	남부권	16,263	15,588	16,216	16,022	
4	중앙로센터	대구경북	남부권	15,854	16,016	16,203	16,024	
5	충장로센터	광주전남	남부권	15,597	16,365	16,488	16,150	
6			**남부권 최대**		16,365	16,488		
7			**남부권 평균**	15,905	15,990			
8	목동센터	서울중앙	수도권	16,506	16,361	16,309	16,392	
9	수지센터	경기	수도권	15,850	16,192	15,888	15,977	
10	구리센터	서울동부	수도권	15,399	15,794	15,944	15,712	
11	일산센터	서울중앙	수도권	15,771	15,836	15,983	15,863	
12			**수도권 최대**		16,361	16,309		
13			**수도권 평균**	15,882	16,046			
14	세종센터	대전세종충남	중부권	16,109	15,834	16,095	16,013	
15	충주센터	충북	중부권	18,457	16,257	16,343	17,019	
16	둔산센터	대전세종충남	중부권	16,071	16,184	16,275	16,177	
17			**중부권 최대**		16,257	16,343		
18			**중부권 평균**	16,879	16,092			
19			**전체 최대값**		16,365	16,488		
20			**전체 평균**	16,188	16,043			

《처리조건》

▶ 데이터를 '권역' 기준으로 오름차순 정렬하시오.

▶ 아래 조건에 맞는 부분합을 작성하시오.
- '권역'으로 그룹화하여 '2020년', '2021년'의 평균을 구하는 부분합을 만드시오.
- '권역'으로 그룹화하여 '2021년', '2022년'의 최대를 구하는 부분합을 만드시오. (새로운 값으로 대치하지 말 것)
- [D3:G20] 영역에 셀 서식의 표시 형식-숫자를 이용하여 1000 단위 구분 기호를 표시하시오.

▶ D~G열을 선택하여 그룹을 설정하시오.

▶ 평균과 최대의 부분합 순서는 《출력형태》와 다를 수 있음

▶ 지시사항이 없는 경우는 기본 값을 적용하시오.

【문제 3】 **"필터"**와 **"시나리오"** 시트를 참조하여 다음 《처리조건》에 맞도록 작업하시오. (60점)

(1) 필터

《출력형태》

	A	B	C	D	E	F	G
1							
2	센터명	지역	권역	2020년	2021년	2022년	평균
3	목동센터	서울중앙	수도권	16,506	16,361	16,309	16,392
4	세종센터	대전세종충남	중부권	16,109	15,834	16,095	16,013
5	해운대센터	부산	남부권	16,263	15,588	16,216	16,022
6	수지센터	경기	수도권	15,850	16,192	15,888	15,977
7	충주센터	충북	중부권	18,457	16,257	16,343	17,019
8	구리센터	서울동부	수도권	15,399	15,794	15,944	15,712
9	중앙로센터	대구경북	남부권	15,854	16,016	16,203	16,024
10	둔산센터	대전세종충남	중부권	16,071	16,184	16,275	16,177
11	충장로센터	광주전남	남부권	15,597	16,365	16,488	16,150
12	일산센터	서울중앙	수도권	15,771	15,836	15,983	15,863
13							
14	조건						
15	TRUE						
16							
17							
18	센터명	지역	2021년	2022년	평균		
19	목동센터	서울중앙	16,361	16,309	16,392		
20	구리센터	서울동부	15,794	15,944	15,712		
21	일산센터	서울중앙	15,836	15,983	15,863		

《처리조건》

▶ "필터" 시트의 [A2:G12]를 아래 조건에 맞게 고급 필터를 사용하여 작성하시오.

- '권역'이 "수도권"이고 '2022년'이 15900 이상인 데이터를 '센터명', '지역', '2021년', '2022년', '평균'의 데이터만 필터링 하시오.
- 조건 위치 : 조건 함수는 [A15] 한 셀에 작성(AND 함수 이용)
- 결과 위치 : [A18]부터 출력

▶ 지시사항이 없는 경우는 《출력형태》와 동일하게 작성하시오.

(2) 시나리오

《출력형태》

시나리오 요약				
		현재 값:	2022년 1,000증가	2022년 800감소
변경 셀:				
	$F$3	16,309	17,309	15,509
	$F$6	15,888	16,888	15,088
	$F$8	15,944	16,944	15,144
	$F$12	15,983	16,983	15,183
결과 셀:				
	$G$3	16,392	16,725	16,125
	$G$6	15,977	16,310	15,710
	$G$8	15,712	16,046	15,446
	$G$12	15,863	16,197	15,597

참고: 현재 값 열은 시나리오 요약 보고서가 작성될 때의 변경 셀 값을 나타냅니다. 각 시나리오의 변경 셀들은 회색으로 표시됩니다.

《처리조건》

▶ "시나리오" 시트의 [A2:G12]를 이용하여 '권역'이 "수도권"인 경우, '2022년'이 변동할 때 '평균'이 변동하는 가상분석(시나리오)을 작성하시오.

- 시나리오1 : 시나리오 이름은 "2022년 1,000 증가", '2022년'에 1000을 증가시킨 값 설정.
- 시나리오2 : 시나리오 이름은 "2022년 800 감소", '2022년'에 800을 감소시킨 값 설정.
- "시나리오 요약" 시트를 작성하시오.

▶ 지시사항이 없는 경우는 《출력형태》와 동일하게 작성하시오.

【문제 4】 **"피벗테이블"** 시트를 참조하여 다음 《처리조건》에 맞도록 작업하시오. (30점)

《출력형태》

	A	B	C	D	E
1					
2					
3			권역		
4	지역	값	남부권	수도권	중부권
5	경기	평균 : 2021년	**	16,192	**
6		평균 : 2022년	**	15,888	**
7	광주전남	평균 : 2021년	16,365	**	**
8		평균 : 2022년	16,488	**	**
9	대구경북	평균 : 2021년	16,016	**	**
10		평균 : 2022년	16,203	**	**
11	대전세종충남	평균 : 2021년	**	**	16,009
12		평균 : 2022년	**	**	16,185
13	전체 평균 : 2021년		16,191	16,192	16,009
14	전체 평균 : 2022년		16,346	15,888	16,185

《처리조건》

▶ "피벗테이블" 시트의 [A2:F12]를 이용하여 새로운 시트에 《출력형태》와 같이 피벗테이블을 작성 후 시트명을 "피벗테이블 정답"으로 수정하시오.

▶ 지역(행)과 권역(열)을 기준으로 하여 《출력형태》와 같이 구하시오.
- '2021년', '2022년'의 평균을 구하시오.
- 피벗 테이블 옵션을 이용하여 레이블이 있는 셀 병합 및 가운데 맞춤하고 빈 셀을 "**"로 표시한 후, 행의 총합계를 감추기 하시오.
- 피벗 테이블 디자인에서 보고서 레이아웃은 '테이블 형식으로 표시', 피벗 테이블 스타일은 '중간 – 연한 주황, 피벗 스타일 보통 10'으로 표시하시오.
- 지역(행)은 "경기", "광주전남", "대구경북", "대전세종충남"만 출력되도록 표시하시오.
- [C5:E14] 데이터는 셀 서식의 표시 형식–숫자를 이용하여 1000 단위 구분 기호를 표시하고, 오른쪽 맞춤하시오.

▶ 지역의 순서는 《출력형태》와 다를 수 있음

▶ 지시사항이 없는 경우는 《출력형태》와 동일하게 작성하시오.

【문제 5】 "차트" 시트를 참조하여 다음 《처리조건》에 맞도록 작업하시오. (30점)

《출력형태》

센터명	2020년	2021년	2022년
목동센터	16,506	16,361	16,309
세종센터	16,109	15,834	16,095
해운대센터	16,263	15,588	16,216
수지센터	15,850	16,192	15,888
충주센터	18,457	16,257	16,343
구리센터	15,399	15,794	15,944
중앙로센터	15,854	16,016	16,203

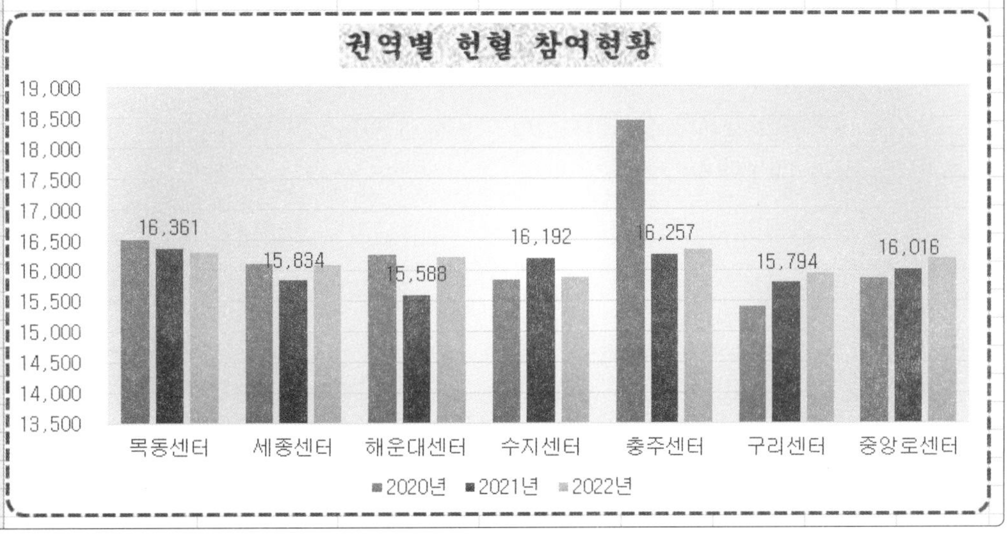

《처리조건》

▶ "차트" 시트에 주어진 표를 이용하여 '묶은 세로 막대형' 차트를 작성하시오.

- 데이터 범위 : 현재 시트 [A2:D9]의 데이터를 이용하여 작성하고, 행/열 전환은 '열'로 지정
- 차트 위치 : 현재 시트에 [A12:H29] 크기에 정확하게 맞추시오.
- 차트 제목("권역별 헌혈 참여현황")
- 차트 스타일 : 색 변경(색상형 – 다양한 색상표 4, 스타일 6)
- 범례 위치 : 아래쪽
- 차트 영역 서식 : 글꼴(굴림체, 12pt), 테두리 색(실선, 색 : 파랑), 테두리 스타일(너비 : 2.5pt, 겹선 종류 : 단순형, 대시 종류 : 사각 점선, 둥근 모서리)
- 차트 제목 서식 : 글꼴(궁서체, 18pt, 굵게), 채우기(그림 또는 질감 채우기, 질감 : 신문 용지)
- 그림 영역 서식 : 채우기(그라데이션 채우기, 그라데이션 미리 설정 : 밝은 그라데이션 – 강조 4, 종류 : 방사형, 방향 : 가운데에서)
- 데이터 레이블 추가 : '2021년' 계열에 "값" 표시

▶ 지시사항이 없는 경우는 《출력형태》와 동일하게 작성하시오.

제 09 회 디지털정보활용능력 출제예상 모의고사

MS Office 2021 버전용

- ☑ 시험과목 : 스프레드시트(엑셀)
- ☑ 시험일자 : 20XX. XX. XX. (X)
- ☑ 응시자 기재사항 및 감독위원 확인

수검번호	DIS - XXXX -	감독위원 확인
성 명		

·응시자 유의사항·

1. 응시자는 신분증을 지참하여야 시험에 응시할 수 있으며, 시험이 종료될 때까지 신분증을 제시하지 못 할 경우 해당 시험은 0점 처리됩니다.
2. 시스템(PC작동여부, 네트워크 상태 등)의 이상여부를 반드시 확인하여야 하며, 시스템 이상이 있을 시 감독위원에게 조치를 받으셔야 합니다.
3. 시험 중 부주의 또는 고의로 시스템을 파손한 경우는 응시자 부담으로 합니다.
4. 답안 전송 프로그램을 통해 다운로드 받은 파일을 이용하여 답안 파일을 작성하시기 바랍니다.
5. 작성한 답안 파일은 답안 전송 프로그램을 통하여 전송됩니다. 감독위원의 지시에 따라 주시기 바랍니다.
6. 다음 사항의 경우 실격(0점) 혹은 부정행위 처리됩니다.
   1) 답안 파일을 저장하지 않았거나, 저장한 파일이 손상되었을 경우
   2) 답안 파일을 지정된 폴더(바탕화면 – "KAIT" 폴더)에 저장하지 않았을 경우
      ※ 답안 전송 프로그램 로그인 시 바탕화면에 자동 생성됨
   3) 답안 파일을 다른 보조 기억장치(USB) 혹은 네트워크(메신저, 게시판 등)로 전송할 경우
   4) 휴대용 전화기 등 통신기기를 사용할 경우
7. 시트는 반드시 순서대로 작성해야 하며, 순서가 다를 경우 "0"점 처리됩니다.
8. 시험지에 제시된 글꼴이 응시 프로그램에 없는 경우, 반드시 감독위원에게 해당 내용을 통보한 뒤 조치를 받아야 합니다.
9. 시험의 완료는 작성이 완료된 답안을 저장하고, 답안 전송이 완료된 상태를 확인한 것으로 합니다. 답안 전송 확인 후 문제지는 감독위원에게 제출한 후 퇴실하여야 합니다.
10. 답안 전송을 완료한 경우는 수정 또는 정정이 불가합니다.
11. 시험 시행 후 합격자 발표는 홈페이지(www.ihd.or.kr)에서 확인하시기 바랍니다.
    ※ 합격자 발표 : 20XX. XX. XX. (X)
    ※ 시험지 공개 : 20XX. XX. XX. (X)

Korea Association for ICT promotion
한국정보통신진흥협회 KAIT

【문제 1】 "사용현황" 시트를 참조하여 다음 《처리조건》에 맞도록 작업하시오. (50점)

《출력형태》

	A	B	C	D	E	F	G	H	I
1		업무추진비 사용현황							
2	사용장소	사용내역	결제방법	7월	8월	9월	총비용	순위	비고
3	워크스테이지	업무추진비	카드	746,000	906,000	416,000	2,068,000원	1위	내역첨부
4	프레시청과	경조사비	현금	176,000	779,000	533,000	1,488,000원	7위	
5	열일문구	물품구입비	카드	477,000	599,000	574,000	1,650,000원	6위	
6	***동해바다***	***업무추진비***	***카드***	***559,000***	***171,000***	***366,000***	***1,096,000원***	***10위***	
7	***가나조합***	***물품구입비***	***계좌입금***	***315,000***	***332,000***	***839,000***	***1,486,000원***	***8위***	
8	해피해피	경조사비	현금	885,000	548,000	404,000	1,837,000원	4위	내역첨부
9	에스앤마트	물품구입비	카드	318,000	636,000	963,000	1,917,000원	3위	내역첨부
10	***준인청과***	***경조사비***	***계좌입금***	***846,000***	***221,000***	***347,000***	***1,414,000원***	***9위***	
11	전통시장	업무추진비	현금	706,000	572,000	452,000	1,730,000원	5위	
12	상원마라	업무추진비	계좌입금	267,000	956,000	794,000	2,017,000원	2위	내역첨부
13	**'7월'의 최대값-최소값의 차이**				709,000원				
14	**'결제방법'이 "카드"인 '9월'의 평균**				579,750원				
15	**'7월' 중 두 번째로 작은 값**				267,000원				

《처리조건》

▶ 1행의 행 높이를 '80'으로 설정하고, 2행~15행의 행 높이를 '18'로 설정하시오.

▶ 제목("업무추진비 사용현황") : 기본 도형의 '사각형: 빗면'을 이용하여 입력하시오.

- 도형 : 위치([B1:H1]), 도형 스타일(테마 스타일 – '보통 효과 – 녹색, 강조 6')
- 글꼴 : 궁서체, 30pt, 굵게
- 도형 서식 : 도형 옵션 – 크기 및 속성(텍스트 상자(세로 맞춤 : 정가운데, 텍스트 방향 : 가로))

▶ 셀 서식을 아래 조건에 맞게 작성하시오.

- [A2:I15] : 테두리(안쪽, 윤곽선 모두 실선, '검정, 텍스트 1'), 전체 가운데 맞춤
- [A13:D13], [A14:D14], [A15:D15] : 각각 병합하고 가운데 맞춤
- [A2:I2], [A13:D15] : 채우기 색('녹색, 강조 6, 80% 더 밝게'), 글꼴(굵게)
- [D3:F12] : 셀 서식의 표시 형식–숫자를 이용하여 1000 단위 구분 기호 표시
- [G3:G12], [E13:G15] : 셀 서식의 표시 형식–사용자 지정을 이용하여 #,##0"원"자를 추가
- [H3:H12] : 셀 서식의 표시 형식–사용자 지정을 이용하여 #"위"자를 추가
- 조건부 서식[A3:I12] : '8월'이 400000 이하인 경우 레코드 전체에 글꼴(진한 파랑, 굵은 기울임꼴) 적용
- 지시사항이 없는 경우는 주어진 문제 파일의 서식을 그대로 사용하시오.

▶ ① 순위[H3:H12] : '총비용'을 기준으로 큰 순으로 순위를 구하시오. (RANK.EQ **함수**)

▶ ② 비고[I3:I12] : '총비용'이 1800000 이상이면 "내역첨부", 그렇지 않으면 공백으로 구하시오. (IF **함수**)

▶ ③ 최대값–최소값[E13:G13] : '7월'의 최대값과 최소값의 차이를 구하시오. (MAX, MIN **함수**)

▶ ④ 평균[E14:G14] : '결제방법'이 "카드"인 '9월'의 평균을 구하시오. (DAVERAGE **함수**)

▶ ⑤ 순위[E15:G15] : '7월' 중 두 번째로 작은 값을 구하시오. (SMALL **함수**)

【문제 2】 **"부분합"** 시트를 참조하여 다음 《처리조건》에 맞도록 작업하시오. (30점)

《출력형태》

	A	B	C	D	E	F	G
1							
2	사용장소	사용내역	결제방법	7월	8월	9월	총비용
3	프레시청과	경조사비	현금	176,000	779,000	533,000	1,488,000
4	해피해피	경조사비	현금	885,000	548,000	404,000	1,837,000
5	전통시장	업무추진비	현금	706,000	572,000	452,000	1,730,000
6			**현금 평균**	589,000	633,000	463,000	1,685,000
7			**현금 최대**	885,000	779,000	533,000	
8	워크스테이지	업무추진비	카드	746,000	906,000	416,000	2,068,000
9	열일문구	물품구입비	카드	477,000	599,000	574,000	1,650,000
10	동해바다	업무추진비	카드	559,000	171,000	366,000	1,096,000
11	에스앤마트	물품구입비	카드	318,000	636,000	963,000	1,917,000
12			**카드 평균**	525,000	578,000	579,750	1,682,750
13			**카드 최대**	746,000	906,000	963,000	
14	가나조합	물품구입비	계좌입금	315,000	332,000	839,000	1,486,000
15	준인청과	경조사비	계좌입금	846,000	221,000	347,000	1,414,000
16	상원마라	업무추진비	계좌입금	267,000	956,000	794,000	2,017,000
17			**계좌입금 평균**	476,000	503,000	660,000	1,639,000
18			**계좌입금 최대**	846,000	956,000	839,000	
19			**전체 평균**	529,500	572,000	568,800	1,670,300
20			**전체 최대값**	885,000	956,000	963,000	

《처리조건》

▶ 데이터를 '결제방법' 기준으로 내림차순 정렬하시오.

▶ 아래 조건에 맞는 부분합을 작성하시오.
- '결제방법'으로 그룹화하여 '7월', '8월', '9월'의 최대를 구하는 부분합을 만드시오.
- '결제방법'으로 그룹화하여 '7월', '8월', '9월', '총비용'의 평균을 구하는 부분합을 만드시오. (새로운 값으로 대치하지 말 것)
- [D3:G20] 영역에 셀 서식의 표시 형식-숫자를 이용하여 1000 단위 구분 기호를 표시하시오.

▶ D~F열을 선택하여 그룹을 설정하시오.

▶ 최대와 평균의 부분합 순서는 《출력형태》와 다를 수 있음

▶ 지시사항이 없는 경우는 기본 값을 적용하시오.

【문제 3】 **"필터"**와 **"시나리오"** 시트를 참조하여 다음 《처리조건》에 맞도록 작업하시오. (60점)

(1) 필터

《출력형태》

	A	B	C	D	E	F	G
1							
2	사용장소	사용내역	결제방법	7월	8월	9월	총비용
3	워크스테이지	업무추진비	카드	746,000	906,000	416,000	2,068,000
4	프레시청과	경조사비	현금	176,000	779,000	533,000	1,488,000
5	열일문구	물품구입비	카드	477,000	599,000	574,000	1,650,000
6	동해바다	업무추진비	카드	559,000	171,000	366,000	1,096,000
7	가나조합	물품구입비	계좌입금	315,000	332,000	839,000	1,486,000
8	해피해피	경조사비	현금	885,000	548,000	404,000	1,837,000
9	에스앤마트	물품구입비	카드	318,000	636,000	963,000	1,917,000
10	준인청과	경조사비	계좌입금	846,000	221,000	347,000	1,414,000
11	전통시장	업무추진비	현금	706,000	572,000	452,000	1,730,000
12	상원마라	업무추진비	계좌입금	267,000	956,000	794,000	2,017,000
13							
14	조건						
15	TRUE						
16							
17							
18	사용장소	결제방법	7월	8월	9월		
19	워크스테이지	카드	746,000	906,000	416,000		
20	전통시장	현금	706,000	572,000	452,000		
21	상원마라	계좌입금	267,000	956,000	794,000		

《처리조건》

▶ "필터" 시트의 [A2:G12]를 아래 조건에 맞게 고급 필터를 사용하여 작성하시오.

- '사용내역'이 "업무추진비"이고 '총비용'이 1700000 이상인 데이터를 '사용장소', '결제방법', '7월', '8월', '9월'의 데이터만 필터링 하시오.
- 조건 위치 : 조건 함수는 [A15] 한 셀에 작성(AND 함수 이용)
- 결과 위치 : [A18]부터 출력

▶ 지시사항이 없는 경우는 《출력형태》와 동일하게 작성하시오.

(2) 시나리오

《출력형태》

	A	B	C	D	E	F	G
1							
2		시나리오 요약					
3				현재 값:	8월 15,000 증가	8월 10,000 감소	
5		변경 셀:					
6			$E$5	599,000	614,000	589,000	
7			$E$7	332,000	347,000	322,000	
8			$E$9	636,000	651,000	626,000	
9		결과 셀:					
10			$G$5	1,650,000	1,665,000	1,640,000	
11			$G$7	1,486,000	1,501,000	1,476,000	
12			$G$9	1,917,000	1,932,000	1,907,000	
13		참고: 현재 값 열은 시나리오 요약 보고서가 작성될 때의					
14		변경 셀 값을 나타냅니다. 각 시나리오의 변경 셀들은					
15		회색으로 표시됩니다.					

《처리조건》

▶ "시나리오" 시트의 [A2:G12]를 이용하여 '사용내역'이 "물품구입비"인 경우, '8월'이 변동할 때 '총비용'이 변동하는 가상분석(시나리오)을 작성하시오.

- 시나리오1 : 시나리오 이름은 "8월 15,000 증가", '8월'에 15000을 증가시킨 값 설정.
- 시나리오2 : 시나리오 이름은 "8월 10,000 감소", '8월'에 10000을 감소시킨 값 설정.
- "시나리오 요약" 시트를 작성하시오.

▶ 지시사항이 없는 경우는 《출력형태》와 동일하게 작성하시오.

【문제 4】 **"피벗테이블"** 시트를 참조하여 다음 《처리조건》에 맞도록 작업하시오. (30점)

《출력형태》

	A	B	C	D	E
1					
2					
3			결제방법		
4	사용내역	값	계좌입금	카드	현금
5	물품구입비	최소 : 7월	315,000	318,000	**
6		최소 : 9월	839,000	574,000	**
7	업무추진비	최소 : 7월	267,000	559,000	706,000
8		최소 : 9월	794,000	366,000	452,000
9	전체 최소 : 7월		267,000	318,000	706,000
10	전체 최소 : 9월		794,000	366,000	452,000

《처리조건》

▶ "피벗테이블" 시트의 [A2:G12]를 이용하여 새로운 시트에 《출력형태》와 같이 피벗테이블을 작성 후 시트명을 "피벗테이블 정답"으로 수정하시오.

▶ 사용내역(행)과 결제방법(열)를 기준으로 하여 《출력형태》와 같이 구하시오.
- '7월', '9월'의 최소를 구하시오.
- 피벗 테이블 옵션을 이용하여 레이블이 있는 셀 병합 및 가운데 맞춤하고 빈 셀을 "**"로 표시한 후, 행의 총합계를 감추기 하시오.
- 피벗 테이블 디자인에서 보고서 레이아웃은 '테이블 형식으로 표시', 피벗 테이블 스타일은 '어둡게 – 진한 녹색, 피벗 스타일 어둡게 7'로 표시하시오.
- 사용내역(행)은 "물품구입비", "업무추진비"만 출력되도록 표시하시오.
- [C5:E10] 데이터는 셀 서식의 표시 형식–숫자를 이용하여 1000 단위 구분 기호를 표시하고, 가운데 맞춤하시오.

▶ 사용내역의 순서는 《출력형태》와 다를 수 있음

▶ 지시사항이 없는 경우는 《출력형태》와 동일하게 작성하시오.

【문제 5】 **"차트"** 시트를 참조하여 다음 《처리조건》에 맞도록 작업하시오. (30점)

《출력형태》

사용장소	결제방법	7월	8월	총비용
프레시청과	현금	176,000	779,000	955,000
가나조합	계좌입금	315,000	332,000	647,000
에스앤마트	카드	318,000	636,000	954,000
준인청과	계좌입금	846,000	221,000	1,067,000
전통시장	현금	706,000	572,000	1,278,000

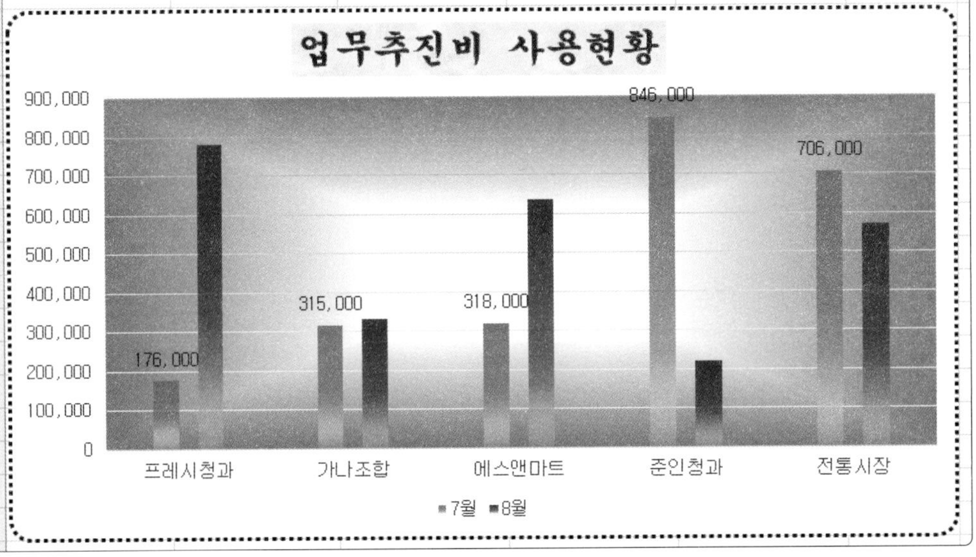

《처리조건》

▶ "차트" 시트에 주어진 표를 이용하여 '묶은 세로 막대형' 차트를 작성하시오.

- 데이터 범위 : 현재 시트 [A2:A7], [C2:D7]의 데이터를 이용하여 작성하고, 행/열 전환은 '열'로 지정
- 차트 위치 : 현재 시트에 [A10:F25] 크기에 정확하게 맞추시오.
- 차트 제목("업무추진비 사용현황")
- 차트 스타일 : 색 변경(색상형 – 다양한 색상표 4, 스타일 9)
- 범례 위치 : 아래쪽
- 차트 영역 서식 : 글꼴(굴림체, 9pt), 테두리 색(실선, 색 : 진한 파랑), 테두리 스타일(너비 : 2pt, 겹선 : 단순형, 대시 종류 : 둥근 점선, 둥근 모서리)
- 차트 제목 서식 : 글꼴(궁서체, 18pt, 굵게), 채우기(그림 또는 질감 채우기, 질감 : 양피지)
- 그림 영역 서식 : 채우기(그라데이션 채우기, 그라데이션 미리 설정 : 위쪽 스포트라이트 강조 3, 종류 : 사각형, 방향 : 가운데에서)
- 데이터 레이블 추가 : '7월' 계열에 "값" 표시

▶ 지시사항이 없는 경우는 《출력형태》와 동일하게 작성하시오.

제 10 회 디지털정보활용능력 출제예상 모의고사

MS Office 2021 버전용

- ☑ 시험과목 : 스프레드시트(엑셀)
- ☑ 시험일자 : 20XX. XX. XX. (X)
- ☑ 응시자 기재사항 및 감독위원 확인

수 검 번 호	DIS - XXXX -	감독위원 확인
성 명		

·응시자 유의사항·

1. 응시자는 신분증을 지참하여야 시험에 응시할 수 있으며, 시험이 종료될 때까지 신분증을 제시하지 못 할 경우 해당 시험은 0점 처리됩니다.
2. 시스템(PC작동여부, 네트워크 상태 등)의 이상여부를 반드시 확인하여야 하며, 시스템 이상이 있을 시 감독위원에게 조치를 받으셔야 합니다.
3. 시험 중 부주의 또는 고의로 시스템을 파손한 경우는 응시자 부담으로 합니다.
4. 답안 전송 프로그램을 통해 다운로드 받은 파일을 이용하여 답안 파일을 작성하시기 바랍니다.
5. 작성한 답안 파일은 답안 전송 프로그램을 통하여 전송됩니다. 감독위원의 지시에 따라 주시기 바랍니다.
6. 다음 사항의 경우 실격(0점) 혹은 부정행위 처리됩니다.
   1) 답안 파일을 저장하지 않았거나, 저장한 파일이 손상되었을 경우
   2) 답안 파일을 지정된 폴더(바탕화면 – “KAIT” 폴더)에 저장하지 않았을 경우
      ※ 답안 전송 프로그램 로그인 시 바탕화면에 자동 생성됨
   3) 답안 파일을 다른 보조 기억장치(USB) 혹은 네트워크(메신저, 게시판 등)로 전송할 경우
   4) 휴대용 전화기 등 통신기기를 사용할 경우
7. 시트는 반드시 순서대로 작성해야 하며, 순서가 다를 경우 “0”점 처리됩니다.
8. 시험지에 제시된 글꼴이 응시 프로그램에 없는 경우, 반드시 감독위원에게 해당 내용을 통보한 뒤 조치를 받아야 합니다.
9. 시험의 완료는 작성이 완료된 답안을 저장하고, 답안 전송이 완료된 상태를 확인한 것으로 합니다. 답안 전송 확인 후 문제지는 감독위원에게 제출한 후 퇴실하여야 합니다.
10. 답안 전송을 완료한 경우는 수정 또는 정정이 불가합니다.
11. 시험 시행 후 합격자 발표는 홈페이지(www.ihd.or.kr)에서 확인하시기 바랍니다.
    ※ 합격자 발표 : 20XX. XX. XX. (X)
    ※ 시험지 공개 : 20XX. XX. XX. (X)

Korea Association for ICT promotion
한국정보통신진흥협회 KAIT

【문제 1】 **"교육실적"** 시트를 참조하여 다음 《처리조건》에 맞도록 작업하시오. (50점)

《출력형태》

	A	B	C	D	E	F	G	H	I
1		디지털 정보화 교육실적							
2	카테고리	과정명	과정수준	1분기	2분기	3분기	4분기	순위	비고
3	프로그래밍	파이썬 기초	입문과정	634	1,434	575	1,888	2	1분기 저조
4	데이터 분석	데이터 시각화	입문과정	697	1,088	1,601	1,935	1	1분기 저조
5	프로그래밍	파이썬 웹개발	통합과정	1,451	774	758	1,417	3	
6	업무 생산성	엑셀VBA	심화과정	1,610	674	1,764	1,105	8	
7	데이터 분석	빅데이터 분석가	통합과정	1,968	1,415	1,487	1,313	5	
8	프로그래밍	파이썬 심화	심화과정	1,997	546	940	1,210	7	
9	업무 생산성	엑셀실무	입문과정	1,062	970	1,302	865	9	
10	데이터 분석	데이터 사이언스	통합과정	1,801	829	743	1,272	6	
11	업무 생산성	PPT 제작/디자인	입문과정	823	670	1,626	1,375	4	1분기 저조
12	프로그래밍	백엔드 웹개발	심화과정	1,103	665	1,928	544	10	
13	'3분기'의 최대값-최소값 차이				1,353명				
14	'카테고리'가 "프로그래밍"인 '1분기'의 합계				5,185명				
15	'2분기' 중 세 번째로 작은 값				670명				

《처리조건》

▶ 1행의 행 높이를 '80'으로 설정하고, 2행~15행의 행 높이를 '18'로 설정하시오.

▶ 제목("디지털 정보화 교육실적") : 기본 도형의 '배지'를 이용하여 입력하시오.
- 도형 : 위치([B1:H1]), 도형 스타일(테마 스타일 – '미세 효과 – 주황, 강조 2')
- 글꼴 : 궁서체, 30pt, 굵게
- 도형 서식 : 도형 옵션 – 크기 및 속성(텍스트 상자(세로 맞춤 : 정가운데, 텍스트 방향 : 가로))

▶ 셀 서식을 아래 조건에 맞게 작성하시오.
- [A2:I15] : 테두리(안쪽, 윤곽선 모두 실선, '검정, 텍스트 1'), 전체 가운데 맞춤
- [A13:D13], [A14:D14], [A15:D15] : 각각 병합하고 가운데 맞춤
- [A2:I2], [A13:D15] : 채우기 색('주황, 강조 2, 80% 더 밝게'), 글꼴(굵게)
- [C3:C12] : 셀 서식의 표시 형식–사용자 지정을 이용하여 @"과정"자를 추가
- [D3:G12] : 셀 서식의 표시 형식–숫자를 이용하여 1000 단위 구분 기호 표시
- [E13:G15] : 셀 서식의 표시 형식–사용자 지정을 이용하여 #,##0"명"자를 추가
- 조건부 서식[A3:I12] : '1분기'가 1200 이하인 경우 레코드 전체에 글꼴(자주, 굵게) 적용
- 지시사항이 없는 경우는 주어진 문제 파일의 서식을 그대로 사용하시오.

▶ ① 순위[H3:H12] : '4분기'를 기준으로 큰 순으로 순위를 구하시오. (RANK.EQ 함수)

▶ ② 비고[I3:I12] : '1분기'가 1000 이하이면 "1분기 저조", 그렇지 않으면 공백으로 구하시오. (IF 함수)

▶ ③ 최대값–최소값[E13:G13] : '3분기'의 최대값과 최소값의 차이를 구하시오. (MAX, MIN 함수)

▶ ④ 합계[E14:G14] : '카테고리'가 "프로그래밍"인 '1분기'의 합계를 구하시오. (DSUM 함수)

▶ ⑤ 순위[E15:G15] : '2분기' 중 세 번째로 작은 값을 구하시오. (SMALL 함수)

【문제 2】 **"부분합"** 시트를 참조하여 다음 《처리조건》에 맞도록 작업하시오. (30점)

《출력형태》

	A	B	C	D	E	F	G
1							
2	카테고리	과정명	과정수준	1분기	2분기	3분기	4분기
3	업무 생산성	엑셀VBA	심화과정	1,610	674	1,764	1,105
4	프로그래밍	파이썬 심화	심화과정	1,997	546	940	1,210
5	프로그래밍	백엔드 웹개발	심화과정	1,103	665	1,928	544
6			**심화과정 요약**	4,710	1,885	4,632	2,859
7			**심화과정 최대**			1,928	1,210
8	프로그래밍	파이썬 기초	입문과정	634	1,434	575	1,888
9	데이터 분석	데이터 시각화	입문과정	697	1,088	1,601	1,935
10	업무 생산성	엑셀실무	입문과정	1,062	970	1,302	865
11	업무 생산성	PPT 제작/디자인	입문과정	823	670	1,626	1,375
12			**입문과정 요약**	3,216	4,162	5,104	6,063
13			**입문과정 최대**			1,626	1,935
14	프로그래밍	파이썬 웹개발	통합과정	1,451	774	758	1,417
15	데이터 분석	빅데이터 분석가	통합과정	1,968	1,415	1,487	1,313
16	데이터 분석	데이터 사이언스	통합과정	1,801	829	743	1,272
17			**통합과정 요약**	5,220	3,018	2,988	4,002
18			**통합과정 최대**			1,487	1,417
19			**총합계**	13,146	9,065	12,724	12,924
20			**전체 최대값**			1,928	1,935

《처리조건》

▶ 데이터를 '과정수준' 기준으로 오름차순 정렬하시오.

▶ 아래 조건에 맞는 부분합을 작성하시오.
- '과정수준'으로 그룹화하여 '3분기', '4분기'의 최대를 구하는 부분합을 만드시오.
- '과정수준'으로 그룹화하여 '1분기', '2분기', '3분기', '4분기'의 합계를 구하는 부분합을 만드시오.
  (새로운 값으로 대치하지 말 것)
- [D3:G20] 영역에 셀 서식의 표시 형식-숫자를 이용하여 1000 단위 구분 기호를 표시하시오.

▶ D~E열을 선택하여 그룹을 설정하시오.

▶ 최대와 합계의 부분합 순서는 《출력형태》와 다를 수 있음

▶ 지시사항이 없는 경우는 기본 값을 적용하시오.

【문제 3】 **"필터"**와 **"시나리오"** 시트를 참조하여 다음 《처리조건》에 맞도록 작업하시오. (60점)

(1) 필터

《출력형태》

	A	B	C	D	E	F	G
1							
2	카테고리	과정명	과정수준	1분기	2분기	3분기	4분기
3	프로그래밍	파이썬 기초	입문과정	634	1,434	575	1,888
4	데이터 분석	데이터 시각화	입문과정	697	1,088	1,601	1,935
5	프로그래밍	파이썬 웹개발	통합과정	1,451	774	758	1,417
6	업무 생산성	엑셀VBA	심화과정	1,610	674	1,764	1,105
7	데이터 분석	빅데이터 분석가	통합과정	1,968	1,415	1,487	1,313
8	프로그래밍	파이썬 심화	심화과정	1,997	546	940	1,210
9	업무 생산성	엑셀실무	입문과정	1,062	970	1,302	865
10	데이터 분석	데이터 사이언스	통합과정	1,801	829	743	1,272
11	업무 생산성	PPT 제작/디자인	입문과정	823	670	1,626	1,375
12	프로그래밍	백엔드 웹개발	심화과정	1,103	665	1,928	544
13							
14	조건						
15	FALSE						
16							
17							
18	과정명	1분기	2분기	3분기	4분기		
19	데이터 시각화	697	1,088	1,601	1,935		
20	엑셀VBA	1,610	674	1,764	1,105		
21	파이썬 심화	1,997	546	940	1,210		
22	백엔드 웹개발	1,103	665	1,928	544		

《처리조건》

▶ "필터" 시트의 [A2:G12]를 아래 조건에 맞게 고급 필터를 사용하여 작성하시오.

- '과정수준'이 "심화과정"이거나 '4분기'가 1900 이상인 데이터를 '과정명', '1분기', '2분기', '3분기', '4분기'의 데이터만 필터링 하시오.
- 조건 위치 : 조건 함수는 [A15] 한 셀에 작성(OR 함수 이용)
- 결과 위치 : [A18]부터 출력

▶ 지시사항이 없는 경우는 《출력형태》와 동일하게 작성하시오.

(2) 시나리오

《출력형태》

	A	B	C	D	E	F	G
1							
2		시나리오 요약					
3				현재 값:	1분기 데이터 분석 20 증가	1분기 데이터 분석 10 감소	
5		변경 셀:					
6			$D$4	697	717	687	
7			$D$7	1,968	1,988	1,958	
8			$D$10	1,801	1,821	1,791	
9		결과 셀:					
10			$H$4	1,330	1,335	1,328	
11			$H$7	1,546	1,551	1,543	
12			$H$10	1,161	1,166	1,159	
13		참고: 현재 값 열은 시나리오 요약 보고서가 작성될 때의					
14		변경 셀 값을 나타냅니다. 각 시나리오의 변경 셀들은					
15		회색으로 표시됩니다.					

《처리조건》

▶ "시나리오" 시트의 [A2:H12]를 이용하여 '카테고리'가 "데이터 분석"인 경우, '1분기'가 변동할 때 '평균'이 변동하는 가상분석(시나리오)을 작성하시오.

– 시나리오1 : 시나리오 이름은 "1분기 데이터 분석 20 증가", '1분기'에 20을 증가시킨 값 설정.
– 시나리오2 : 시나리오 이름은 "1분기 데이터 분석 10 감소", '1분기'에 10을 감소시킨 값 설정.
– "시나리오 요약" 시트를 작성하시오.

▶ 지시사항이 없는 경우는 《출력형태》와 동일하게 작성하시오.

【문제 4】 **"피벗테이블"** 시트를 참조하여 다음 《처리조건》에 맞도록 작업하시오. (30점)

《출력형태》

	A	B	C	D	E
1					
2					
3			카테고리		
4	과정수준	값	데이터 분석	업무 생산성	프로그래밍
5	심화과정	최대 : 1분기	***	1,610	1,997
6		최대 : 2분기	***	674	665
7	통합과정	최대 : 1분기	1,968	***	1,451
8		최대 : 2분기	1,415	***	774
9	**전체 최대 : 1분기**		**1,968**	**1,610**	**1,997**
10	**전체 최대 : 2분기**		**1,415**	**674**	**774**

《처리조건》

▶ "피벗테이블" 시트의 [A2:G12]를 이용하여 새로운 시트에 《출력형태》와 같이 피벗테이블을 작성 후 시트명을 "피벗테이블 정답"으로 수정하시오.

▶ 과정수준(행)과 카테고리(열)를 기준으로 하여 《출력형태》와 같이 구하시오.
- '1분기', '2분기'의 최대를 구하시오.
- 피벗 테이블 옵션을 이용하여 레이블이 있는 셀 병합 및 가운데 맞춤하고 빈 셀을 "***"로 표시한 후, 행의 총합계를 감추기 하시오.
- 피벗 테이블 디자인에서 보고서 레이아웃은 '테이블 형식으로 표시', 피벗 테이블 스타일은 '중간 – 연한 주황, 피벗 스타일 보통 10'으로 표시하시오.
- 과정수준(행)은 "심화과정", "통합과정"만 출력되도록 표시하시오.
- [C5:E10] 데이터는 셀 서식의 표시 형식–숫자를 이용하여 1000 단위 구분 기호를 표시하고, 가운데 맞춤하시오.

▶ 과정수준의 순서는 《출력형태》와 다를 수 있음

▶ 지시사항이 없는 경우는 《출력형태》와 동일하게 작성하시오.

【문제 5】 **"차트"** 시트를 참조하여 다음 《처리조건》에 맞도록 작업하시오. (30점)

《출력형태》

카테고리	과정명	1분기	2분기	3분기	4분기
프로그래밍	파이썬 기초	634	1,434	575	1,888
데이터 분석	데이터 시각화	697	1,088	1,601	1,935
업무 생산성	엑셀VBA	1,610	674	1,764	1,105
프로그래밍	파이썬 심화	1,997	546	940	1,210
업무 생산성	엑셀실무	1,062	970	1,302	865

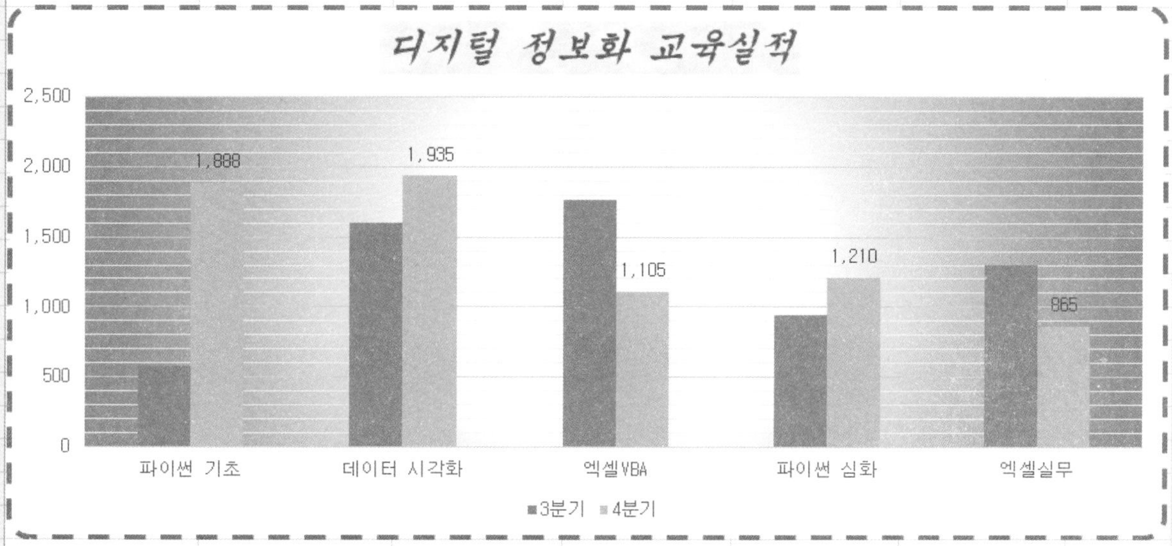

《처리조건》

▶ "차트" 시트에 주어진 표를 이용하여 '묶은 세로 막대형' 차트를 작성하시오.
- 데이터 범위 : 현재 시트 [B2:B7], [E2:F7]의 데이터를 이용하여 작성하고, 행/열 전환은 '열'로 지정
- 차트 위치 : 현재 시트에 [A10:G25] 크기에 정확하게 맞추시오.
- 차트 제목("디지털 정보화 교육실적")
- 차트 스타일 : 색 변경(색상형 – 다양한 색상표 3, 스타일 11)
- 범례 위치 : 아래쪽
- 차트 영역 서식 : 글꼴(돋움체, 9pt), 테두리 색(실선, 색 : 빨강), 테두리 스타일(너비 : 2.5pt, 겹선 종류 : 단순형, 대시 종류 : 파선, 둥근 모서리)
- 차트 제목 서식 : 글꼴(궁서체, 18pt, 기울임꼴), 채우기(그림 또는 질감 채우기, 질감 : 양피지)
- 그림 영역 서식 : 채우기(그라데이션 채우기, 그라데이션 미리 설정 : 위쪽 스포트라이트 강조 2, 종류 : 방사형, 방향 : 가운데에서)
- 데이터 레이블 추가 : '4분기' 계열에 "값" 표시

▶ 지시사항이 없는 경우는 《출력형태》와 동일하게 작성하시오.

MEMO

PART 04

최신유형 기출문제

제 01 회 디지털정보활용능력 최신유형 기출문제

☑ 시험과목 : 스프레드시트(엑셀)
☑ 시험일자 : 20XX. XX. XX. (X)
☑ 응시자 기재사항 및 감독위원 확인

MS Office 2021 버전용

수검번호	DIS - XXXX -	감독위원 확인
성 명		

·응시자 유의사항·

1. 응시자는 신분증을 지참하여야 시험에 응시할 수 있으며, 시험이 종료될 때까지 신분증을 제시하지 못 할 경우 해당 시험은 0점 처리됩니다.
2. 시스템(PC작동여부, 네트워크 상태 등)의 이상여부를 반드시 확인하여야 하며, 시스템 이상이 있을 시 감독위원에게 조치를 받으셔야 합니다.
3. 시험 중 부주의 또는 고의로 시스템을 파손한 경우는 응시자 부담으로 합니다.
4. 답안 전송 프로그램을 통해 다운로드 받은 파일을 이용하여 답안 파일을 작성하시기 바랍니다.
5. 작성한 답안 파일은 답안 전송 프로그램을 통하여 전송됩니다. 감독위원의 지시에 따라 주시기 바랍니다.
6. 다음 사항의 경우 실격(0점) 혹은 부정행위 처리됩니다.
   1) 답안 파일을 저장하지 않았거나, 저장한 파일이 손상되었을 경우
   2) 답안 파일을 지정된 폴더(바탕화면 – "KAIT" 폴더)에 저장하지 않았을 경우
      ※ 답안 전송 프로그램 로그인 시 바탕화면에 자동 생성됨
   3) 답안 파일을 다른 보조 기억장치(USB) 혹은 네트워크(메신저, 게시판 등)로 전송할 경우
   4) 휴대용 전화기 등 통신기기를 사용할 경우
7. 시트는 반드시 순서대로 작성해야 하며, 순서가 다를 경우 "0"점 처리됩니다.
8. 시험지에 제시된 글꼴이 응시 프로그램에 없는 경우, 반드시 감독위원에게 해당 내용을 통보한 뒤 조치를 받아야 합니다.
9. 시험의 완료는 작성이 완료된 답안을 저장하고, 답안 전송이 완료된 상태를 확인한 것으로 합니다. 답안 전송 확인 후 문제지는 감독위원에게 제출한 후 퇴실하여야 합니다.
10. 답안 전송을 완료한 경우는 수정 또는 정정이 불가합니다.
11. 시험 시행 후 합격자 발표는 홈페이지(www.ihd.or.kr)에서 확인하시기 바랍니다.
    ※ 합격자 발표 : 20XX. XX. XX. (X)
    ※ 시험지 공개 : 20XX. XX. XX. (X)

Korea Association for ICT promotion
한국정보통신진흥협회 KAIT

【문제 1】 "예산현황" 시트를 참조하여 다음 《처리조건》에 맞도록 작업하시오. (50점)

《출력형태》

	A	B	C	D	E	F	G	H	I
1		지사별 예산 현황							
2	지사명	구분	항목	이월액	예산액	예산현액	지출액	지출순위	비고
3	동부지사	인력양성	사이버보안	494	29,137	29,631	23,917	1	
4	중부지사	산업육성	정보보호	461	23,530	23,990	23,792	2	예산감소
5	북부지사	기술개발	시스템보안	364	23,396	23,760	19,935	3	예산감소
6	서부지사	산업육성	사이버보안	275	25,430	25,705	15,284	9	
7	남부지사	산업육성	시스템보안	212	23,088	23,300	12,795	10	예산감소
8	중부지사	인력양성	정보보호	273	38,057	38,330	16,911	8	
9	남부지사	기술개발	암호인증	267	38,734	39,001	17,552	7	
10	중부지사	인력양성	시스템보안	270	45,786	46,050	19,474	4	
11	동부지사	기술개발	정보보호	235	48,623	48,858	18,442	5	
12	남부지사	인력양성	보안관리	208	27,036	27,244	18,060	6	
13	'예산현액'의 최대값-최소값 차이				25,558천원				
14	'구분'이 "인력양성"인 '예산현액'의 합계				141,255천원				
15	'예산액' 중 세 번째로 큰 값				38,734천원				

《처리조건》

▶ 1행의 행 높이를 '80'으로 설정하고, 2행~15행의 행 높이를 '18'로 설정하시오.

▶ 제목("지사별 예산 현황") : 블록 화살표의 '화살표: 갈매기형 수장'을 이용하여 입력하시오.
- 도형 : 위치([B1:H1]), 도형 스타일(테마 스타일 – '미세 효과 – 회색, 강조 3')
- 글꼴 : 궁서체, 32pt, 굵게
- 도형 서식 : 도형 옵션 – 크기 및 속성(텍스트 상자(세로 맞춤 : 정가운데, 텍스트 방향 : 가로))

▶ 셀 서식을 아래 조건에 맞게 작성하시오.
- [A2:I15] : 테두리(안쪽, 윤곽선 모두 실선, '검정, 텍스트 1'), 전체 가운데 맞춤
- [A13:D13], [A14:D14], [A15:D15] : 각각 병합하고 가운데 맞춤
- [A2:I2], [A13:D15] : 채우기 색('회색, 강조 3, 60% 더 밝게'), 글꼴(굵게)
- [A3:A12] : 셀 서식의 표시 형식–사용자 지정을 이용하여 @"지사"자를 추가
- [E3:G12] : 셀 서식의 표시 형식–숫자를 이용하여 1000 단위 구분 기호 표시
- [E13:G15] : 셀 서식의 표시 형식–사용자 지정을 이용하여 #,##0"천원"자를 추가
- 조건부 서식[A3:I12] : '이월액'이 250 이하인 경우 레코드 전체에 글꼴(파랑, 굵게) 적용
- 지시사항이 없는 경우는 주어진 문제 파일의 서식을 그대로 사용하시오.

▶ ① 순위[H3:H12] : '지출액'을 기준으로 큰 순으로 순위를 구하시오. (RANK.EQ **함수**)

▶ ② 비고[I3:I12] : '예산액'이 25000 이하이면 "예산감소", 그렇지 않으면 공백으로 구하시오. (IF **함수**)

▶ ③ 최대값–최소값[E13:G13] : '예산현액'의 최대값과 최소값의 차이를 구하시오. (MAX, MIN **함수**)

▶ ④ 합계[E14:G14] : '구분'이 "인력양성"인 '예산현액'의 합계를 구하시오. (DSUM **함수**)

▶ ⑤ 순위[E15:G15] : '예산액' 중 세 번째로 큰 값을 구하시오. (LARGE **함수**)

【문제 2】 **"부분합"** 시트를 참조하여 다음 《처리조건》에 맞도록 작업하시오. (30점)

《출력형태》

	A	B	C	D	E	F	G
1							
2	지사명	구분	항목	이월액	예산액	예산현액	지출액
3	동부지사	인력양성	사이버보안	494	29,137	29,631	23,917
4	중부지사	인력양성	정보보호	273	38,057	38,330	16,911
5	중부지사	인력양성	시스템보안	270	45,786	46,050	19,474
6	남부지사	인력양성	보안관리	208	27,036	27,244	18,060
7		**인력양성 요약**					78,362
8		**인력양성 최대**		494	45,786	46,050	
9	중부지사	산업육성	정보보호	461	23,530	23,990	23,792
10	서부지사	산업육성	사이버보안	275	25,430	25,705	15,284
11	남부지사	산업육성	시스템보안	212	23,088	23,300	12,795
12		**산업육성 요약**					51,871
13		**산업육성 최대**		461	25,430	25,705	
14	북부지사	기술개발	시스템보안	364	23,396	23,760	19,935
15	남부지사	기술개발	암호인증	267	38,734	39,001	17,552
16	동부지사	기술개발	정보보호	235	48,623	48,858	18,442
17		**기술개발 요약**					55,929
18		**기술개발 최대**		364	48,623	48,858	
19		**총합계**					186,162
20		**전체 최대값**		494	48,623	48,858	

《처리조건》

▶ 데이터를 '구분' 기준으로 내림차순 정렬하시오.

▶ 아래 조건에 맞는 부분합을 작성하시오.
- '구분'으로 그룹화하여 '이월액', '예산액', '예산현액'의 최대를 구하는 부분합을 만드시오.
- '구분'으로 그룹화하여 '지출액'의 합계를 구하는 부분합을 만드시오.
  (새로운 값으로 대치하지 말 것)
- [D3:G20] 영역에 셀 서식의 표시 형식-숫자를 이용하여 1000 단위 구분 기호를 표시하시오.

▶ D~F열을 선택하여 그룹을 설정하시오.

▶ 최대와 합계의 부분합 순서는 《출력형태》와 다를 수 있음

▶ 지시사항이 없는 경우는 기본 값을 적용하시오.

【문제 3】 **"필터"**와 **"시나리오"** 시트를 참조하여 다음 《처리조건》에 맞도록 작업하시오. (60점)

(1) 필터

《출력형태》

	A	B	C	D	E	F	G
1							
2	지사명	구분	항목	이월액	예산액	예산현액	지출액
3	동부지사	인력양성	사이버보안	494	29,137	29,631	23,917
4	중부지사	산업육성	정보보호	461	23,530	23,990	23,792
5	북부지사	기술개발	시스템보안	364	23,396	23,760	19,935
6	서부지사	산업육성	사이버보안	275	25,430	25,705	15,284
7	남부지사	산업육성	시스템보안	212	23,088	23,300	12,795
8	중부지사	인력양성	정보보호	273	38,057	38,330	16,911
9	남부지사	기술개발	암호인증	267	38,734	39,001	17,552
10	중부지사	인력양성	시스템보안	270	45,786	46,050	19,474
11	동부지사	기술개발	정보보호	235	48,623	48,858	18,442
12	남부지사	인력양성	보안관리	208	27,036	27,244	18,060
13							
14	조건						
15	FALSE						
16							
17							
18	지사명	항목	예산현액	지출액			
19	중부지사	정보보호	38,330	16,911			
20	중부지사	시스템보안	46,050	19,474			
21	남부지사	보안관리	27,244	18,060			

《처리조건》

▶ "필터" 시트의 [A2:G12]를 아래 조건에 맞게 고급 필터를 사용하여 작성하시오.

- '구분'이 "인력양성"이고, '이월액'이 300 이하인 데이터를 '지사명', '항목', '예산현액', '지출액'의 데이터만 필터링 하시오.
- 조건 위치 : 조건 함수는 [A15] 한 셀에 작성(AND 함수 이용)
- 결과 위치 : [A18]부터 출력

▶ 지시사항이 없는 경우는 《출력형태》와 동일하게 작성하시오.

(2) 시나리오

《출력형태》

시나리오 요약		현재 값:	예산현액 1,200 증가	예산현액 1,000 감소
변경 셀:				
	$F$4	23,990	25,190	22,990
	$F$8	38,330	39,530	37,330
	$F$10	46,050	47,250	45,050
결과 셀:				
	$H$4	198	1,398	-802
	$H$8	21,419	22,619	20,419
	$H$10	26,576	27,776	25,576

참고: 현재 값 열은 시나리오 요약 보고서가 작성될 때의
변경 셀 값을 나타냅니다. 각 시나리오의 변경 셀들은
회색으로 표시됩니다.

《처리조건》

▶ "시나리오" 시트의 [A2:H12]를 이용하여 '지사명'이 "중부지사"인 경우, '예산현액'이 변동할 때 '차액'이 변동하는 가상분석(시나리오)을 작성하시오.

– 시나리오1 : 시나리오 이름은 "예산현액 1,200 증가", '예산현액'에 1200을 증가시킨 값 설정.
– 시나리오2 : 시나리오 이름은 "예산현액 1,000 감소", '예산현액'에 1000을 감소시킨 값 설정.
– "시나리오 요약" 시트를 작성하시오.

▶ 지시사항이 없는 경우는 《출력형태》와 동일하게 작성하시오.

【문제 4】 **"피벗테이블"** 시트를 참조하여 다음 《처리조건》에 맞도록 작업하시오. (30점)

《출력형태》

	A	B	C	D	E
1					
2					
3			지사명		
4	구분	값	남부지사	동부지사	중부지사
5	기술개발	최소 : 예산현액	39,001	48,858	*
6		최소 : 지출액	17,552	18,442	*
7	산업육성	최소 : 예산현액	23,300	*	23,990
8		최소 : 지출액	12,795	*	23,792
9	인력양성	최소 : 예산현액	27,244	29,631	38,330
10		최소 : 지출액	18,060	23,917	16,911
11	전체 최소 : 예산현액		23,300	29,631	23,990
12	전체 최소 : 지출액		12,795	18,442	16,911

《처리조건》

▶ "피벗테이블" 시트의 [A2:G12]를 이용하여 새로운 시트에 《출력형태》와 같이 피벗테이블을 작성 후 시트명을 "피벗테이블 정답"으로 수정하시오.

▶ 구분(행)과 지사명(열)를 기준으로 하여 《출력형태》와 같이 구하시오.
- '예산현액', '지출액'의 최소를 구하시오.
- 피벗 테이블 옵션을 이용하여 레이블이 있는 셀 병합 및 가운데 맞춤하고 빈 셀을 "*"로 표시한 후, 행의 총합계를 감추기 하시오.
- 피벗 테이블 디자인에서 보고서 레이아웃은 '테이블 형식으로 표시', 피벗 테이블 스타일은 '어둡게 – 진한 회색, 피벗 스타일 어둡게 4'로 표시하시오.
- 지사명(열)은 "남부지사", "동부지사", "중부지사"만 출력되도록 표시하시오.
- [C5:E12] 데이터는 셀 서식의 표시 형식–숫자를 이용하여 1000 단위 구분 기호를 표시하고, 가운데 맞춤하시오.

▶ 구분의 순서는 《출력형태》와 다를 수 있음

▶ 지시사항이 없는 경우는 《출력형태》와 동일하게 작성하시오.

【문제 5】 "차트" 시트를 참조하여 다음 《처리조건》에 맞도록 작업하시오. (30점)

《출력형태》

지사명	항목	이월액	예산액	예산현액	지출액
중부지사	정보보호	461	23,530	23,990	23,792
서부지사	사이버보안	275	25,430	25,705	15,284
남부지사	암호인증	267	38,734	39,001	17,552
중부지사	시스템보안	270	45,786	46,050	19,474
남부지사	보안관리	208	27,036	27,244	18,060

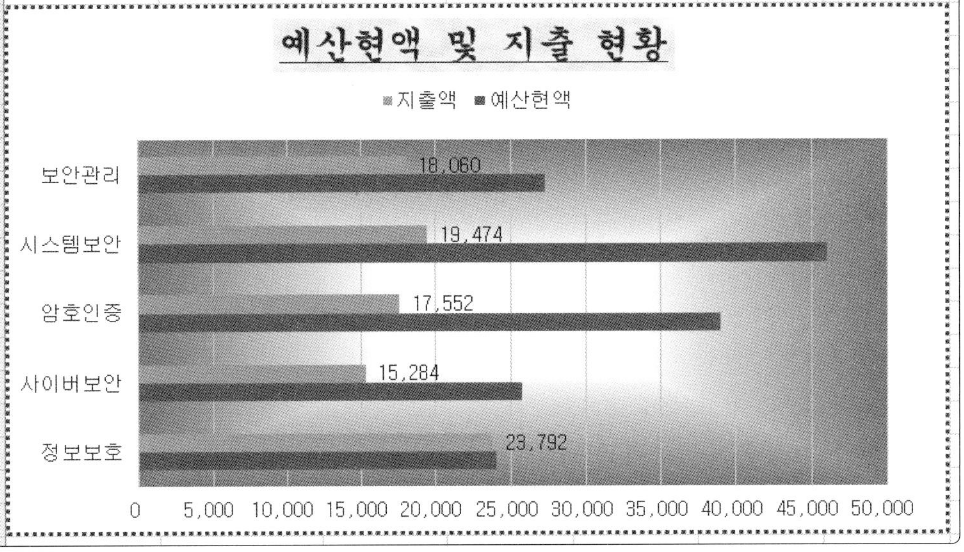

《처리조건》

▶ "차트" 시트에 주어진 표를 이용하여 '묶은 가로 막대형' 차트를 작성하시오.
- 데이터 범위 : 현재 시트 [B2:B7], [E2:F7]의 데이터를 이용하여 작성하고, 행/열 전환은 '열'로 지정
- 차트 위치 : 현재 시트에 [A10:G25] 크기에 정확하게 맞추시오.
- 차트 제목("예산현액 및 지출 현황")
- 차트 스타일 : 색 변경(단색형 – 단색 색상표 7, 스타일 1)
- 범례 위치 : 위쪽
- 차트 영역 서식 : 글꼴(굴림체, 10pt), 테두리 색(실선, 색 : 파랑), 테두리 스타일(너비 : 2pt, 겹선 종류 : 단순형, 대시 종류 : 둥근 점선)
- 차트 제목 서식 : 글꼴(궁서체, 18pt, 밑줄), 채우기(그림 또는 질감 채우기, 질감 : 양피지)
- 그림 영역 서식 : 채우기(그라데이션 채우기, 그라데이션 미리 설정 : 위쪽 스포트라이트 강조 3, 종류 : 사각형, 방향 : 가운데에서)
- 데이터 레이블 추가 : '지출액' 계열에 "값" 표시

▶ 지시사항이 없는 경우는 《출력형태》와 동일하게 작성하시오.

제 02 회 디지털정보활용능력 최신유형 기출문제

☑ 시험과목 : 스프레드시트(엑셀)
☑ 시험일자 : 20XX. XX. XX. (X)
☑ 응시자 기재사항 및 감독위원 확인

MS Office 2021 버전용

수검번호	DIS - XXXX -	감독위원 확인
성 명		

·응시자 유의사항·

1. 응시자는 신분증을 지참하여야 시험에 응시할 수 있으며, 시험이 종료될 때까지 신분증을 제시하지 못 할 경우 해당 시험은 0점 처리됩니다.
2. 시스템(PC작동여부, 네트워크 상태 등)의 이상여부를 반드시 확인하여야 하며, 시스템 이상이 있을 시 감독위원에게 조치를 받으셔야 합니다.
3. 시험 중 부주의 또는 고의로 시스템을 파손한 경우는 응시자 부담으로 합니다.
4. 답안 전송 프로그램을 통해 다운로드 받은 파일을 이용하여 답안 파일을 작성하시기 바랍니다.
5. 작성한 답안 파일은 답안 전송 프로그램을 통하여 전송됩니다. 감독위원의 지시에 따라 주시기 바랍니다.
6. 다음 사항의 경우 실격(0점) 혹은 부정행위 처리됩니다.
   1) 답안 파일을 저장하지 않았거나, 저장한 파일이 손상되었을 경우
   2) 답안 파일을 지정된 폴더(바탕화면 – "KAIT" 폴더)에 저장하지 않았을 경우
      ※ 답안 전송 프로그램 로그인 시 바탕화면에 자동 생성됨
   3) 답안 파일을 다른 보조 기억장치(USB) 혹은 네트워크(메신저, 게시판 등)로 전송할 경우
   4) 휴대용 전화기 등 통신기기를 사용할 경우
7. 시트는 반드시 순서대로 작성해야 하며, 순서가 다를 경우 "0"점 처리됩니다.
8. 시험지에 제시된 글꼴이 응시 프로그램에 없는 경우, 반드시 감독위원에게 해당 내용을 통보한 뒤 조치를 받아야 합니다.
9. 시험의 완료는 작성이 완료된 답안을 저장하고, 답안 전송이 완료된 상태를 확인한 것으로 합니다. 답안 전송 확인 후 문제지는 감독위원에게 제출한 후 퇴실하여야 합니다.
10. 답안 전송을 완료한 경우는 수정 또는 정정이 불가합니다.
11. 시험 시행 후 합격자 발표는 홈페이지(www.ihd.or.kr)에서 확인하시기 바랍니다.
    ※ 합격자 발표 : 20XX. XX. XX. (X)
    ※ 시험지 공개 : 20XX. XX. XX. (X)

Korea Association for ICT promotion
한국정보통신진흥협회 KAIT

【문제 1】 "판매현황" 시트를 참조하여 다음 《처리조건》에 맞도록 작업하시오. (50점)

《출력형태》

2020~2022년 의류 판매현황

지역	용도	품목	2020년	2021년	2022년	3년 평균	순위	비고
서울특별시	하복	신사정장	477,000	787,000	314,000	526,000원	7등	
경기도	춘추복	자켓	279,000	890,000	829,000	666,000원	3등	전년 우수
대전광역시	**하복**	**여성정장**	**416,000**	**281,000**	**305,000**	**334,000원**	**10등**	
충청남도	춘추복	여성정장	497,000	821,000	539,000	619,000원	4등	
충청북도	동복	자켓	391,000	772,000	421,000	528,000원	6등	
경상남도	**춘추복**	**여성정장**	**629,000**	**302,000**	**215,000**	**382,000원**	**8등**	
경상북도	춘추복	신사정장	495,000	707,000	799,000	667,000원	2등	전년 우수
대구광역시	하복	자켓	562,000	817,000	886,000	755,000원	1등	전년 우수
전라북도	**동복**	**신사정장**	**462,000**	**557,000**	**607,000**	**542,000원**	**5등**	**전년 우수**
전라남도	**하복**	**자켓**	**319,000**	**328,000**	**430,000**	**359,000원**	**9등**	
'품목'이 "신사정장"인 '2022년'의 합계				1,720,000원				
'2021년'의 최대값-최소값의 차이				609,000원				
'2020년' 중 세 번째로 큰 값				497,000원				

《처리조건》

▶ 1행의 행 높이를 '80'으로 설정하고, 2행~15행의 행 높이를 '18'로 설정하시오.

▶ 제목("2020~2022년 의류 판매현황") : 기본 도형의 '정육면체'를 이용하여 입력하시오.
- 도형 : 위치([B1:H1]), 도형 스타일(테마 스타일 – '보통 효과 – 주황, 강조 2')
- 글꼴 : 궁서체, 30pt, 기울임꼴
- 도형 서식 : 도형 옵션 – 크기 및 속성(텍스트 상자(세로 맞춤 : 정가운데, 텍스트 방향 : 가로))

▶ 셀 서식을 아래 조건을 맞게 작성하시오.
- [A2:I15] : 테두리(안쪽, 윤곽선 모두 실선, '검정, 텍스트 1'), 전체 가운데 맞춤
- [A13:D13], [A14:D14], [A15:D15] : 각각 병합하고 가운데 맞춤
- [A2:I2], [A13:D15] : 채우기 색('주황, 강조 2, 60% 더 밝게'), 글꼴(굵게)
- [D3:F12] : 셀 서식의 표시 형식–숫자를 이용하여 1000 단위 구분 기호 표시
- [G3:G12], [E13:G15] : 셀 서식의 표시 형식–사용자 지정을 이용하여 #,##0"원"자를 추가
- [H3:H12] : 셀 서식의 표시 형식–사용자 지정을 이용하여 #"등"자를 추가
- 조건부 서식[A3:I12] : '2021년'이 600000 이하인 경우 레코드 전체에 글꼴(자주, 굵게) 적용
- 지시사항이 없는 경우는 주어진 문제 파일의 서식을 그대로 사용하시오.

▶ ① 순위[H3:H12] : '3년 평균'을 기준으로 큰 순으로 순위를 구하시오. (RANK.EQ **함수**)

▶ ② 비고[I3:I12] : '2022년'이 600000 이상이면 "전년 우수", 그렇지 않으면 공백으로 구하시오. (IF **함수**)

▶ ③ 합계[E13:G13] : '품목'이 "신사정장"인 '2022년'의 합계를 구하시오. (DSUM **함수**)

▶ ④ 최대값–최소값[E14:G14] : '2021년'의 최대값과 최소값의 차이를 구하시오. (MAX, MIN **함수**)

▶ ⑤ 순위[E15:G15] : '2020년' 중 세 번째로 큰 값을 구하시오. (LARGE **함수**)

【문제 2】 **"부분합"** 시트를 참조하여 다음 《처리조건》에 맞도록 작업하시오. (30점)

《출력형태》

	A	B	C	D	E	F	G
1							
2	**지역**	**용도**	**품목**	**2020년**	**2021년**	**2022년**	**3년 평균**
3	서울특별시	하복	신사정장	477,000	787,000	314,000	526,000
4	대전광역시	하복	여성정장	416,000	281,000	305,000	334,000
5	대구광역시	하복	자켓	562,000	817,000	886,000	755,000
6	전라남도	하복	자켓	319,000	328,000	430,000	359,000
7		**하복 최소**		319,000	281,000	305,000	334,000
8		**하복 최대**		562,000	817,000	886,000	
9	경기도	춘추복	자켓	279,000	890,000	829,000	666,000
10	충청남도	춘추복	여성정장	497,000	821,000	539,000	619,000
11	경상남도	춘추복	여성정장	629,000	302,000	215,000	382,000
12	경상북도	춘추복	신사정장	495,000	707,000	799,000	667,000
13		**춘추복 최소**		279,000	302,000	215,000	382,000
14		**춘추복 최대**		629,000	890,000	829,000	
15	충청북도	동복	자켓	391,000	772,000	421,000	528,000
16	전라북도	동복	신사정장	462,000	557,000	607,000	542,000
17		**동복 최소**		391,000	557,000	421,000	528,000
18		**동복 최대**		462,000	772,000	607,000	
19		**전체 최소값**		279,000	281,000	215,000	334,000
20		**전체 최대값**		629,000	890,000	886,000	

《처리조건》

▶ 데이터를 '용도' 기준으로 내림차순 정렬하시오.

▶ 아래 조건에 맞는 부분합을 작성하시오.
- '용도'로 그룹화하여 '2020년', '2021년', '2022년'의 최대를 구하는 부분합을 만드시오.
- '용도'로 그룹화하여 '2020년', '2021년', '2022년', '3년 평균'의 최소를 구하는 부분합을 만드시오. (새로운 값으로 대치하지 말 것)
- [D3:G20] 영역에 셀 서식의 표시 형식–숫자를 이용하여 1000 단위 구분 기호를 표시하시오.

▶ D~F열을 선택하여 그룹을 설정하시오.

▶ 최대와 최소의 부분합 순서는 《출력형태》와 다를 수 있음

▶ 지시사항이 없는 경우는 기본 값을 적용하시오.

【문제 3】 **"필터"**와 **"시나리오"** 시트를 참조하여 다음 《처리조건》에 맞도록 작업하시오. (60점)

(1) 필터

《출력형태》

	A	B	C	D	E	F	G
1							
2	지역	용도	품목	2020년	2021년	2022년	3년 평균
3	서울특별시	하복	신사정장	477,000	787,000	314,000	526,000
4	경기도	춘추복	자켓	279,000	890,000	829,000	666,000
5	대전광역시	하복	여성정장	416,000	281,000	305,000	334,000
6	충청남도	춘추복	여성정장	497,000	821,000	539,000	619,000
7	충청북도	동복	자켓	391,000	772,000	421,000	528,000
8	경상남도	춘추복	여성정장	629,000	302,000	215,000	382,000
9	경상북도	춘추복	신사정장	495,000	707,000	799,000	667,000
10	대구광역시	하복	자켓	562,000	817,000	886,000	755,000
11	전라북도	동복	신사정장	462,000	557,000	607,000	542,000
12	전라남도	하복	자켓	319,000	328,000	430,000	359,000
13							
14	조건						
15	TRUE						
16							
17							
18	지역	품목	2020년	2021년	2022년		
19	서울특별시	신사정장	477,000	787,000	314,000		
20	대구광역시	자켓	562,000	817,000	886,000		
21	전라남도	자켓	319,000	328,000	430,000		

《처리조건》

▶ "필터" 시트의 [A2:G12]를 아래 조건에 맞게 고급 필터를 사용하여 작성하시오.
- '용도'가 "하복"이고 '3년 평균'이 350000 이상인 데이터를 '지역', '품목', '2020년', '2021년', '2022년'의 데이터만 필터링 하시오.
- 조건 위치 : 조건 함수는 [A15] 한 셀에 작성(AND 함수 이용)
- 결과 위치 : [A18]부터 출력

▶ 지시사항이 없는 경우는 《출력형태》와 동일하게 작성하시오.

(2) 시나리오

《출력형태》

	A	B	C	D	E	F	G
1							
2		시나리오 요약					
3				현재 값:	2022년 10,000 증가	2022년 15,000 감소	
5		변경 셀:					
6			$F$5	305,000	315,000	290,000	
7			$F$6	539,000	549,000	524,000	
8			$F$8	215,000	225,000	200,000	
9		결과 셀:					
10			$G$5	334,000	337,333	329,000	
11			$G$6	619,000	622,333	614,000	
12			$G$8	382,000	385,333	377,000	
13		참고: 현재 값 열은 시나리오 요약 보고서가 작성될 때의					
14		변경 셀 값을 나타냅니다. 각 시나리오의 변경 셀들은					
15		회색으로 표시됩니다.					

《처리조건》

▶ "시나리오" 시트의 [A2:G12]를 이용하여 '품목'이 "여성정장"인 경우, '2022년'이 변동할 때 '3년 평균'이 변동하는 가상분석(시나리오)을 작성하시오.

- 시나리오1 : 시나리오 이름은 "2022년 10,000 증가", '2022년'에 10000을 증가시킨 값 설정.
- 시나리오2 : 시나리오 이름은 "2022년 15,000 감소", '2022년'에 15000을 감소시킨 값 설정.
- "시나리오 요약" 시트를 작성하시오.

▶ 지시사항이 없는 경우는 《출력형태》와 동일하게 작성하시오.

【문제 4】 **"피벗테이블"** 시트를 참조하여 다음 《처리조건》에 맞도록 작업하시오. (30점)

《출력형태》

	A	B	C	D	E
1					
2					
3			용도		
4	품목	값	동복	하복	총합계
5	신사정장	최소 : 2021년	557,000	787,000	557,000
6		최소 : 2022년	607,000	314,000	314,000
7	여성정장	최소 : 2021년	*****	281,000	281,000
8		최소 : 2022년	*****	305,000	305,000
9	자켓	최소 : 2021년	772,000	328,000	328,000
10		최소 : 2022년	421,000	430,000	421,000

《처리조건》

▶ "피벗테이블" 시트의 [A2:G12]를 이용하여 새로운 시트에 《출력형태》와 같이 피벗테이블을 작성 후 시트명을 "피벗테이블 정답"으로 수정하시오.

▶ 품목(행)과 용도(열)을 기준으로 하여 《출력형태》와 같이 구하시오.
- '2021년', '2022년'의 최소를 구하시오.
- 피벗 테이블 옵션을 이용하여 레이블이 있는 셀 병합 및 가운데 맞춤하고 빈 셀을 "*****"로 표시한 후, 열의 총합계를 감추기 하시오.
- 피벗 테이블 디자인에서 보고서 레이아웃은 '테이블 형식으로 표시', 피벗 테이블 스타일은 '중간 – 연한 주황, 피벗 스타일 보통 10'으로 표시하시오.
- 용도(열)는 "동복", "하복"만 출력되도록 표시하시오.
- [C5:E10] 데이터는 셀 서식의 표시 형식-숫자를 이용하여 1000 단위 구분 기호를 표시하고, 가운데 맞춤하시오.

▶ 품목의 순서는 《출력형태》와 다를 수 있음

▶ 지시사항이 없는 경우는 《출력형태》와 동일하게 작성하시오.

【문제 5】 "차트" 시트를 참조하여 다음 《처리조건》에 맞도록 작업하시오. (30점)

《출력형태》

지역	품목	2020년	2021년	2022년	3년 평균
경기도	자켓	279,000	890,000	829,000	666,000
대전광역시	여성정장	416,000	281,000	305,000	334,000
경상북도	신사정장	495,000	707,000	799,000	667,000
대구광역시	자켓	562,000	817,000	886,000	755,000
전라남도	자켓	319,000	328,000	430,000	359,000

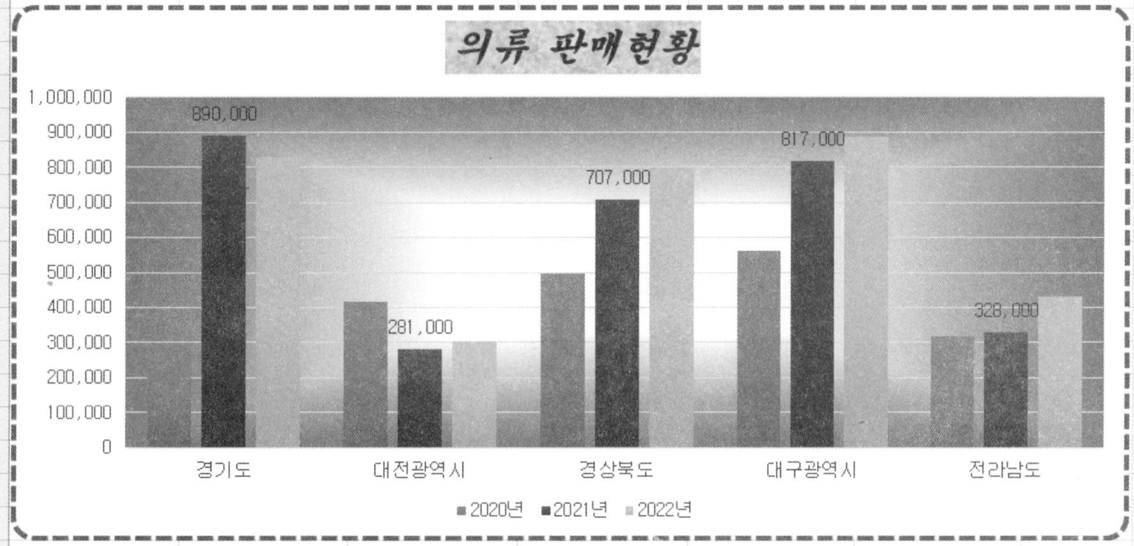

《처리조건》

▶ "차트" 시트에 주어진 표를 이용하여 '묶은 세로 막대형' 차트를 작성하시오.
- 데이터 범위 : 현재 시트 [A2:A7], [C2:E7]의 데이터를 이용하여 작성하고, 행/열 전환은 '열'로 지정
- 차트 위치 : 현재 시트에 [A10:G25] 크기에 정확하게 맞추시오.
- 차트 제목("의류 판매현황")
- 차트 스타일 : 색 변경(색상형 – 다양한 색상표 4, 스타일 6)
- 범례 위치 : 아래쪽
- 차트 영역 서식 : 글꼴(굴림체, 9pt), 테두리 색(실선, 색 : 빨강), 테두리 스타일(너비 : 2.5pt, 겹선 종류 : 단순형, 대시 종류 : 사각 점선, 둥근 모서리)
- 차트 제목 서식 : 글꼴(궁서체, 18pt, 굵게, 기울임꼴), 채우기(그림 또는 질감 채우기, 질감 : 꽃다발)
- 그림 영역 서식 : 채우기(그라데이션 채우기, 그라데이션 미리 설정 : 위쪽 스포트라이트 강조 2, 종류 : 사각형, 방향 : 가운데에서)
- 데이터 레이블 추가 : '2021년' 계열에 "값" 표시

▶ 지시사항이 없는 경우는 《출력형태》와 동일하게 작성하시오.

제 03 회 디지털정보활용능력 최신유형 기출문제

☑ 시험과목 : 스프레드시트(엑셀)
☑ 시험일자 : 20XX. XX. XX. (X)
☑ 응시자 기재사항 및 감독위원 확인

MS Office 2021 버전용

수 검 번 호	DIS - XXXX -	감독위원 확인
성 명		

·응시자 유의사항·

1. 응시자는 신분증을 지참하여야 시험에 응시할 수 있으며, 시험이 종료될 때까지 신분증을 제시하지 못 할 경우 해당 시험은 0점 처리됩니다.
2. 시스템(PC작동여부, 네트워크 상태 등)의 이상여부를 반드시 확인하여야 하며, 시스템 이상이 있을 시 감독위원에게 조치를 받으셔야 합니다.
3. 시험 중 부주의 또는 고의로 시스템을 파손한 경우는 응시자 부담으로 합니다.
4. 답안 전송 프로그램을 통해 다운로드 받은 파일을 이용하여 답안 파일을 작성하시기 바랍니다.
5. 작성한 답안 파일은 답안 전송 프로그램을 통하여 전송됩니다. 감독위원의 지시에 따라 주시기 바랍니다.
6. 다음 사항의 경우 실격(0점) 혹은 부정행위 처리됩니다.
   1) 답안 파일을 저장하지 않았거나, 저장한 파일이 손상되었을 경우
   2) 답안 파일을 지정된 폴더(바탕화면 – "KAIT" 폴더)에 저장하지 않았을 경우
      ※ 답안 전송 프로그램 로그인 시 바탕화면에 자동 생성됨
   3) 답안 파일을 다른 보조 기억장치(USB) 혹은 네트워크(메신저, 게시판 등)로 전송할 경우
   4) 휴대용 전화기 등 통신기기를 사용할 경우
7. 시트는 반드시 순서대로 작성해야 하며, 순서가 다를 경우 "0"점 처리됩니다.
8. 시험지에 제시된 글꼴이 응시 프로그램에 없는 경우, 반드시 감독위원에게 해당 내용을 통보한 뒤 조치를 받아야 합니다.
9. 시험의 완료는 작성이 완료된 답안을 저장하고, 답안 전송이 완료된 상태를 확인한 것으로 합니다. 답안 전송 확인 후 문제지는 감독위원에게 제출한 후 퇴실하여야 합니다.
10. 답안 전송을 완료한 경우는 수정 또는 정정이 불가합니다.
11. 시험 시행 후 합격자 발표는 홈페이지(www.ihd.or.kr)에서 확인하시기 바랍니다.
    ※ 합격자 발표 : 20XX. XX. XX. (X)
    ※ 시험지 공개 : 20XX. XX. XX. (X)

Korea Association for ICT promotion
한국정보통신진흥협회 KAIT

【문제 1】 **"운영비현황"** 시트를 참조하여 다음 《처리조건》에 맞도록 작업하시오. (50점)

《출력형태》

	A	B	C	D	E	F	G	H	I
1		연도별 운영비 사용 현황							
2	분류	지사명	적요	2021년	2022년	2023년	2년 평균	순위	비고
3	업무추진비	경기동남부	직책별 업무비	577,500	418,400	496,000	457,200천원	7위	
4	부대경비	부산남부	각종부담금	477,000	364,000	424,340	394,170천원	9위	
5	업무추진비	인천	간담회 및 행사 진행	313,000	427,800	417,200	422,500천원	8위	
6	**임차료**	**경기동남부**	**사무실 임차료**	**874,000**	**959,000**	**873,600**	**916,300천원**	**1위**	검토
7	업무추진비	부산남부	직책별 업무비	211,500	305,000	378,190	341,595천원	10위	
8	임차료	인천	사무실 임차료	541,900	608,300	698,400	653,350천원	5위	
9	**부대경비**	**경기동남부**	**각종부담금**	**972,000**	**821,500**	**965,000**	**893,250천원**	**2위**	검토
10	**임차료**	**부산남부**	**사무실 임차료**	**808,900**	**856,900**	**796,300**	**826,600천원**	**3위**	
11	부대경비	경기동남부	시설 유지비	635,000	733,200	865,300	799,250천원	4위	검토
12	업무추진비	인천	간담회 및 행사 진행	390,000	416,500	564,350	490,425천원	6위	
13	'분류'가 "업무추진비"인 '2021년'의 합계				1,492,000천원				
14	'2022년'의 최대값-최소값의 차이				654,000천원				
15	'2023년' 중 두 번째로 큰 값				873,600천원				

《처리조건》

▶ 1행의 행 높이를 '80'으로 설정하고, 2행~15행의 행 높이를 '18'로 설정하시오.

▶ 제목("연도별 운영비 사용 현황") : 기본 도형의 '정육면체'를 이용하여 입력하시오.
- 도형 : 위치([B1:H1]), 도형 스타일(테마 스타일 – '미세 효과 – 주황, 강조 2')
- 글꼴 : 궁서체, 32pt, 밑줄
- 도형 서식 : 도형 옵션 – 크기 및 속성(텍스트 상자(세로 맞춤 : 정가운데, 텍스트 방향 : 가로))

▶ 셀 서식을 아래 조건에 맞게 작성하시오.
- [A2:I15] : 테두리(안쪽, 윤곽선 모두 실선, '검정, 텍스트 1'), 전체 가운데 맞춤
- [A13:D13], [A14:D14], [A15:D15] : 각각 병합하고 가운데 맞춤
- [A2:I2], [A13:D15] : 채우기 색('주황, 강조 2, 60% 더 밝게'), 글꼴(굵게)
- [D3:F12] : 셀 서식의 표시 형식–숫자를 이용하여 1000 단위 구분 기호 표시
- [G3:G12], [E13:G15] : 셀 서식의 표시 형식–사용자 지정을 이용하여 #,##0"천원"자를 추가
- [H3:H12] : 셀 서식의 표시 형식–사용자 지정을 이용하여 #"위"자를 추가
- 조건부 서식[A3:I12] : '2021년'이 800000 이상인 경우 레코드 전체에 글꼴(파랑, 굵게) 적용
- 지시사항이 없는 경우는 주어진 문제 파일의 서식을 그대로 사용하시오.

▶ ① 순위[H3:H12] : '2년 평균'을 기준으로 큰 순으로 순위를 구하시오. (RANK.EQ **함수**)

▶ ② 비고[I3:I12] : '2023년'이 850000 이상이면 "검토", 그렇지 않으면 공백으로 구하시오. (IF **함수**)

▶ ③ 합계[E13:G13] : '분류'가 "업무추진비"인 '2021년'의 합계를 구하시오. (DSUM **함수**)

▶ ④ 최대값–최소값[E14:G14] : '2022년'의 최대값과 최소값의 차이를 구하시오. (MAX, MIN **함수**)

▶ ⑤ 순위[E15:G15] : '2023년' 중 두 번째로 큰 값을 구하시오. (LARGE **함수**)

【문제 2】 **"부분합"** 시트를 참조하여 다음 《처리조건》에 맞도록 작업하시오. (30점)

《출력형태》

	A	B	C	D	E	F	G
1							
2	분류	지사명	적요	2021년	2022년	2023년	2년 평균
3	임차료	경기동남부	사무실 임차료	874,000	959,000	873,600	916,300
4	임차료	인천	사무실 임차료	541,900	608,300	698,400	653,350
5	임차료	부산남부	사무실 임차료	808,900	856,700	796,200	826,600
6	**임차료 최소**						653,350
7	**임차료 평균**			741,600	808,000	789,400	
8	업무추진비	경기동남부	직책별 업무비	577,500	418,400	496,000	457,200
9	업무추진비	인천	간담회 및 행사 진행	313,000	427,800	417,200	422,500
10	업무추진비	부산남부	직책별 업무비	211,500	305,000	378,190	341,595
11	업무추진비	인천	간담회 및 행사 진행	390,000	416,500	564,350	490,425
12	**업무추진비 최소**						341,595
13	**업무추진비 평균**			373,000	391,925	463,935	
14	부대경비	부산남부	각종부담금	477,000	364,000	424,340	394,170
15	부대경비	경기동남부	각종부담금	972,000	821,500	965,000	893,250
16	부대경비	경기동남부	시설 유지비	636,000	733,000	865,100	799,250
17	**부대경비 최소**						394,170
18	**부대경비 평균**			695,000	639,500	751,480	
19	**전체 최소값**						341,595
20	**전체 평균**			580,180	591,020	647,838	

《처리조건》

▶ 데이터를 '분류' 기준으로 내림차순 정렬하시오.

▶ 아래 조건에 맞는 부분합을 작성하시오.
- '분류'로 그룹화하여 '2021년', '2022년', '2023년'의 평균을 구하는 부분합을 만드시오.
- '분류'로 그룹화하여 '2년 평균'의 최소를 구하는 부분합을 만드시오.
  (새로운 값으로 대치하지 말 것)
- [D3:G20] 영역에 셀 서식의 표시 형식–숫자를 이용하여 1000 단위 구분 기호를 표시하시오.

▶ D~F열을 선택하여 그룹을 설정하시오.

▶ 평균과 최소의 부분합 순서는 《출력형태》와 다를 수 있음

▶ 지시사항이 없는 경우는 기본 값을 적용하시오.

【문제 3】 **"필터"**와 **"시나리오"** 시트를 참조하여 다음 《처리조건》에 맞도록 작업하시오. (60점)

(1) 필터

《출력형태》

	A	B	C	D	E	F	G
1							
2	분류	지사명	적요	2021년	2022년	2023년	2년 평균
3	업무추진비	경기동남부	직책별 업무비	577,500	418,400	496,000	457,200
4	부대경비	부산남부	각종부담금	477,000	364,000	424,340	394,170
5	업무추진비	인천	간담회 및 행사 진행	313,000	427,800	417,200	422,500
6	임차료	경기동남부	사무실 임차료	874,000	959,000	873,600	916,300
7	업무추진비	부산남부	직책별 업무비	211,500	305,000	378,190	341,595
8	임차료	인천	사무실 임차료	541,900	608,300	698,400	653,350
9	부대경비	경기동남부	각종부담금	972,000	821,500	965,000	893,250
10	임차료	부산남부	사무실 임차료	808,900	856,900	796,300	826,600
11	부대경비	경기동남부	시설 유지비	635,000	733,200	865,300	799,250
12	업무추진비	인천	간담회 및 행사 진행	390,000	416,500	564,350	490,425
13							
14	조건						
15	FALSE						
16							
17							
18	분류	지사명	적요	2023년	2년 평균		
19	부대경비	부산남부	각종부담금	424,340	394,170		
20	임차료	경기동남부	사무실 임차료	873,600	916,300		
21	부대경비	경기동남부	각종부담금	965,000	893,250		
22	부대경비	경기동남부	시설 유지비	865,300	799,250		

《처리조건》

▶ "필터" 시트의 [A2:G12]를 아래 조건에 맞게 고급 필터를 사용하여 작성하시오.

– '분류'가 "부대경비"이거나 '2023년'이 800000 이상인 데이터를 '분류', '지사명', '적요', '2023년', '2년 평균'의 데이터만 필터링 하시오.

– 조건 위치 : 조건 함수는 [A15] 한 셀에 작성(OR 함수 이용)

– 결과 위치 : [A18]부터 출력

▶ 지시사항이 없는 경우는 《출력형태》와 동일하게 작성하시오.

(2) 시나리오

《출력형태》

	A	B	C	D	E	F	G
1							
2		시나리오 요약					
3				현재 값:	2023년 인천 20,000 증가	2023년 인천 30,000 감소	
5		변경 셀:					
6			$F$5	417,200	437,200	387,200	
7			$F$8	698,400	718,400	668,400	
8			$F$12	564,350	584,350	534,350	
9		결과 셀:					
10			$G$5	422,500	432,500	407,500	
11			$G$8	653,350	663,350	638,350	
12			$G$12	490,425	500,425	475,425	
13		참고: 현재 값 열은 시나리오 요약 보고서가 작성될 때의					
14		변경 셀 값을 나타냅니다. 각 시나리오의 변경 셀들은					
15		회색으로 표시됩니다.					

《처리조건》

▶ "시나리오" 시트의 [A2:G12]를 이용하여 '지사명'이 "인천"인 경우, '2023년'이 변동할 때 '2년 평균'이 변동하는 가상분석(시나리오)을 작성하시오.

– 시나리오1 : 시나리오 이름은 "2023년 인천 20,000 증가", '2023년'에 20000을 증가시킨 값 설정.
– 시나리오2 : 시나리오 이름은 "2023년 인천 30,000 감소", '2023년'에 30000을 감소시킨 값 설정.
– "시나리오 요약" 시트를 작성하시오.

▶ 지시사항이 없는 경우는 《출력형태》와 동일하게 작성하시오.

【문제 4】 **"피벗테이블"** 시트를 참조하여 다음 《처리조건》에 맞도록 작업하시오. (30점)

《출력형태》

	A	B	C	D	E
1					
2					
3			분류		
4	지사명	값	부대경비	업무추진비	임차료
5	부산남부	최대 : 2022년	364,000	305,000	856,900
6		최대 : 2023년	424,340	378,190	796,300
7	인천	최대 : 2022년	***	427,800	608,300
8		최대 : 2023년	***	564,350	698,400
9	전체 최대 : 2022년		364,000	427,800	856,900
10	전체 최대 : 2023년		424,340	564,350	796,300

《처리조건》

▶ "피벗테이블" 시트의 [A2:G12]를 이용하여 새로운 시트에 《출력형태》와 같이 피벗테이블을 작성 후 시트명을 "피벗테이블 정답"으로 수정하시오.

▶ 지사명(행)과 분류(열)를 기준으로 하여 《출력형태》와 같이 구하시오.
- '2022년', '2023년'의 최대를 구하시오.
- 피벗 테이블 옵션을 이용하여 레이블이 있는 셀 병합 및 가운데 맞춤하고 빈 셀을 "***"로 표시한 후, 행의 총합계를 감추기 하시오.
- 피벗 테이블 디자인에서 보고서 레이아웃은 '테이블 형식으로 표시', 피벗 테이블 스타일은 '어둡게 – 밤색, 피벗 스타일 어둡게 3'으로 표시하시오.
- 지사명(행)은 "부산남부", "인천"만 출력되도록 표시하시오.
- [C5:E10] 데이터는 셀 서식의 표시 형식–숫자를 이용하여 1000 단위 구분 기호를 표시하고, 가운데 맞춤하시오.

▶ 지사명의 순서는 《출력형태》와 다를 수 있음

▶ 지시사항이 없는 경우는 《출력형태》와 동일하게 작성하시오.

【문제 5】 **"차트"** 시트를 참조하여 다음 《처리조건》에 맞도록 작업하시오. (30점)

《출력형태》

	A	B	C	D	E	F	G
1							
2	지사명	적요	2022년	2023년	2년 평균		
3	경기동남부	직책별 업무비	418,400	496,000	457,200		
4	부산남부	각종부담금	364,000	424,340	394,170		
5	인천	간담회 및 행사 진행	427,800	417,200	422,500		
6	인천	사무실 임차료	608,300	698,400	653,350		
7	경기동남부	시설 유지비	733,200	865,300	799,250		
8							
9							

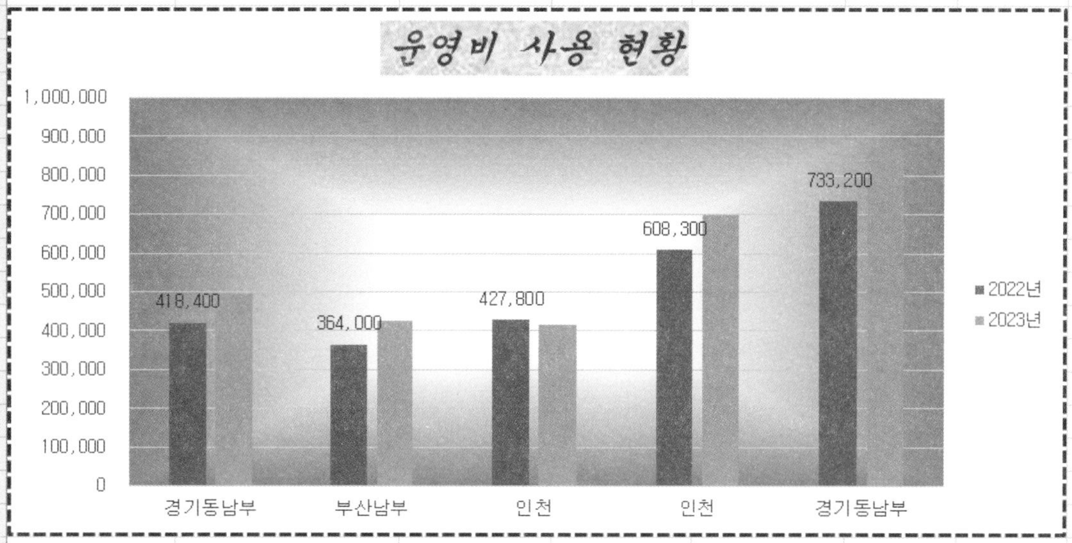

《처리조건》

▶ "차트" 시트에 주어진 표를 이용하여 '묶은 세로 막대형' 차트를 작성하시오.

- 데이터 범위 : 현재 시트 [A2:A7], [C2:D7]의 데이터를 이용하여 작성하고, 행/열 전환은 '열'로 지정
- 차트 위치 : 현재 시트에 [A10:G25] 크기에 정확하게 맞추시오.
- 차트 제목("운영비 사용 현황")
- 차트 스타일 : 색 변경(단색형 – 단색 색상표 6, 스타일 1)
- 범례 위치 : 오른쪽
- 차트 영역 서식 : 글꼴(돋움체, 10pt), 테두리 색(실선, 색 : 자주), 테두리 스타일(너비 : 2pt, 겹선 종류 : 단순형, 대시 종류 : 사각 점선)
- 차트 제목 서식 : 글꼴(궁서체, 18pt, 기울임꼴), 채우기(그림 또는 질감 채우기, 질감 : 파랑 박엽지)
- 그림 영역 서식 : 채우기(그라데이션 채우기, 그라데이션 미리 설정 : 위쪽 스포트라이트 강조 3, 종류 : 사각형, 방향 : 가운데에서)
- 데이터 레이블 추가 : '2022년' 계열에 "값" 표시

▶ 지시사항이 없는 경우는 《출력형태》와 동일하게 작성하시오.

제 04 회 디지털정보활용능력 최신유형 기출문제

- 시험과목 : 스프레드시트(엑셀)
- 시험일자 : 20XX. XX. XX. (X)
- 응시자 기재사항 및 감독위원 확인

MS Office 2021 버전용

수 검 번 호	DIS - XXXX -	감독위원 확인
성 명		

·응시자 유의사항·

1. 응시자는 신분증을 지참하여야 시험에 응시할 수 있으며, 시험이 종료될 때까지 신분증을 제시하지 못 할 경우 해당 시험은 0점 처리됩니다.
2. 시스템(PC작동여부, 네트워크 상태 등)의 이상여부를 반드시 확인하여야 하며, 시스템 이상이 있을 시 감독위원에게 조치를 받으셔야 합니다.
3. 시험 중 부주의 또는 고의로 시스템을 파손한 경우는 응시자 부담으로 합니다.
4. 답안 전송 프로그램을 통해 다운로드 받은 파일을 이용하여 답안 파일을 작성하시기 바랍니다.
5. 작성한 답안 파일은 답안 전송 프로그램을 통하여 전송됩니다. 감독위원의 지시에 따라 주시기 바랍니다.
6. 다음 사항의 경우 실격(0점) 혹은 부정행위 처리됩니다.
   1) 답안 파일을 저장하지 않았거나, 저장한 파일이 손상되었을 경우
   2) 답안 파일을 지정된 폴더(바탕화면 – "KAIT" 폴더)에 저장하지 않았을 경우
      ※ 답안 전송 프로그램 로그인 시 바탕화면에 자동 생성됨
   3) 답안 파일을 다른 보조 기억장치(USB) 혹은 네트워크(메신저, 게시판 등)로 전송할 경우
   4) 휴대용 전화기 등 통신기기를 사용할 경우
7. 시트는 반드시 순서대로 작성해야 하며, 순서가 다를 경우 "0"점 처리됩니다.
8. 시험지에 제시된 글꼴이 응시 프로그램에 없는 경우, 반드시 감독위원에게 해당 내용을 통보한 뒤 조치를 받아야 합니다.
9. 시험의 완료는 작성이 완료된 답안을 저장하고, 답안 전송이 완료된 상태를 확인한 것으로 합니다. 답안 전송 확인 후 문제지는 감독위원에게 제출한 후 퇴실하여야 합니다.
10. 답안 전송을 완료한 경우는 수정 또는 정정이 불가합니다.
11. 시험 시행 후 합격자 발표는 홈페이지(www.ihd.or.kr)에서 확인하시기 바랍니다.
    ※ 합격자 발표 : 20XX. XX. XX. (X)
    ※ 시험지 공개 : 20XX. XX. XX. (X)

Korea Association for ICT promotion
한국정보통신진흥협회 KAIT

【문제 1】 "기부금현황" 시트를 참조하여 다음 《처리조건》에 맞도록 작업하시오. (50점)

《출력형태》

	A	B	C	D	E	F	G	H	I
1		단과대학별 기부금 현황							
2	단과대학	학과	구분	2021년	2022년	2023년	3년 총계	순위	비고
3	공과대학	재료공학과	학부모	21,000	19,000	16,000	56,000천원	9등	
4	인문대학	국문학과	졸업동문	46,000	22,000	19,500	87,500천원	6등	
5	자연과학대학	수학과	재학생	22,000	23,000	28,000	73,000천원	7등	
6	**공과대학**	**기계공학과**	**학부모**	**38,000**	**43,000**	**42,000**	**123,000천원**	**2등**	목표초과
7	인문대학	영문학과	학부모	15,000	32,000	19,000	66,000천원	8등	
8	**공과대학**	**전기공학과**	**재학생**	**29,000**	**36,000**	**47,000**	**112,000천원**	**4등**	목표초과
9	**자연과학대학**	**화학과**	**교직원**	**51,000**	**52,000**	**12,000**	**115,000천원**	**3등**	
10	인문대학	불문학과	졸업동문	14,000	21,000	16,300	51,300천원	10등	
11	공과대학	건축공학과	교직원	42,000	33,000	36,000	111,000천원	5등	목표초과
12	**자연과학대학**	**물리학과**	**학부모**	**43,000**	**37,000**	**51,000**	**131,000천원**	**1등**	목표초과
13	'2021년'의 최대값-최소값 차이				37,000천원				
14	'구분'이 "학부모"인 '2022년'의 평균				32,750천원				
15	'2023년' 중 두 번째로 작은 값				16,000천원				

《처리조건》

▶ 1행의 행 높이를 '80'으로 설정하고, 2행~15행의 행 높이를 '18'로 설정하시오.

▶ 제목("단과대학별 기부금 현황") : 기본 도형의 '사각형: 빗면'을 이용하여 입력하시오.
- 도형 : 위치([B1:H1]), 도형 스타일(테마 스타일 – '보통 효과 – 파랑, 강조 5')
- 글꼴 : 궁서체, 28pt, 기울임꼴
- 도형 서식 : 도형 옵션 – 크기 및 속성(텍스트 상자(세로 맞춤 : 정가운데, 텍스트 방향 : 가로))

▶ 셀 서식을 아래 조건에 맞게 작성하시오.
- [A2:I15] : 테두리(안쪽, 윤곽선 모두 실선, '검정, 텍스트 1'), 전체 가운데 맞춤
- [A13:D13], [A14:D14], [A15:D15] : 각각 병합하고 가운데 맞춤
- [A2:I2], [A13:D15] : 채우기 색('파랑, 강조 1, 60% 더 밝게'), 글꼴(굵게)
- [D3:F12] : 셀 서식의 표시 형식–숫자를 이용하여 1000 단위 구분 기호 표시
- [G3:G12], [E13:G15] : 셀 서식의 표시 형식–사용자 지정을 이용하여 #,##0"천원"자를 추가
- [H3:H12] : 셀 서식의 표시 형식–사용자 지정을 이용하여 #"등"자를 추가
- 조건부 서식[A3:I12] : '2022년'이 35000 이상인 경우 레코드 전체에 글꼴(파랑, 굵게) 적용
- 지시사항이 없는 경우는 주어진 문제 파일의 서식을 그대로 사용하시오.

▶ ① 순위[H3:H12] : '3년 총계'를 기준으로 큰 순으로 순위를 구하시오. (RANK.EQ **함수**)

▶ ② 비고[I3:I12] : '2023년'이 35000 이상이면 "목표초과", 그렇지 않으면 공백으로 구하시오. (IF **함수**)

▶ ③ 최대값–최소값[E13:G13] : '2021년'의 최대값과 최소값의 차이를 구하시오. (MAX, MIN **함수**)

▶ ④ 평균[E14:G14] : '구분'이 "학부모"인 '2022년'의 평균을 구하시오. (DAVERAGE **함수**)

▶ ⑤ 순위[E15:G15] : '2023년' 중 두 번째로 작은 값을 구하시오. (SMALL **함수**)

【문제 2】 **"부분합"** 시트를 참조하여 다음 《처리조건》에 맞도록 작업하시오. (30점)

《출력형태》

	A	B	C	D	E	F	G
1							
2	단과대학	학과	구분	2021년	2022년	2023년	3년 총계
3	공과대학	재료공학과	학부모	21,000	19,000	16,000	56,000
4	공과대학	기계공학과	학부모	38,000	43,000	42,000	123,000
5	공과대학	전기공학과	재학생	29,000	36,000	47,000	112,000
6	공과대학	건축공학과	교직원	42,000	33,000	36,000	111,000
7	**공과대학 최대**						123,000
8	**공과대학 요약**			130,000	131,000	141,000	
9	인문대학	국문학과	졸업동문	46,000	22,000	19,500	87,500
10	인문대학	영문학과	학부모	15,000	32,000	19,000	66,000
11	인문대학	불문학과	졸업동문	14,000	21,000	16,300	51,300
12	**인문대학 최대**						87,500
13	**인문대학 요약**			75,000	75,000	54,800	
14	자연과학대학	수학과	재학생	22,000	23,000	28,000	73,000
15	자연과학대학	화학과	교직원	51,000	52,000	12,000	115,000
16	자연과학대학	물리학과	학부모	43,000	37,000	51,000	131,000
17	**자연과학대학 최대**						131,000
18	**자연과학대학 요약**			116,000	112,000	91,000	
19	**전체 최대값**						131,000
20	**총합계**			321,000	318,000	286,800	

《처리조건》

▶ 데이터를 '단과대학' 기준으로 오름차순 정렬하시오.

▶ 아래 조건에 맞는 부분합을 작성하시오.
- '단과대학'으로 그룹화하여 '2021년', '2022년', '2023년'의 합계를 구하는 부분합을 만드시오.
- '단과대학'으로 그룹화하여 '3년 총계'의 최대를 구하는 부분합을 만드시오. (새로운 값으로 대치하지 말 것)
- [D3:G20] 영역에 셀 서식의 표시 형식-숫자를 이용하여 1000 단위 구분 기호를 표시하시오.

▶ D~F열을 선택하여 그룹을 설정하시오.

▶ 합계와 최대의 부분합 순서는 《출력형태》와 다를 수 있음

▶ 지시사항이 없는 경우는 기본 값을 적용하시오.

【문제 3】 **"필터"**와 **"시나리오"** 시트를 참조하여 다음 《처리조건》에 맞도록 작업하시오. (60점)

(1) 필터

《출력형태》

	A	B	C	D	E	F	G
1							
2	단과대학	학과	구분	2021년	2022년	2023년	3년 총계
3	공과대학	재료공학과	학부모	21,000	19,000	16,000	56,000
4	인문대학	국문학과	졸업동문	46,000	22,000	19,500	87,500
5	자연과학대학	수학과	재학생	22,000	23,000	28,000	73,000
6	공과대학	기계공학과	학부모	38,000	43,000	42,000	123,000
7	인문대학	영문학과	학부모	15,000	32,000	19,000	66,000
8	공과대학	전기공학과	재학생	29,000	36,000	47,000	112,000
9	자연과학대학	화학과	교직원	51,000	52,000	12,000	115,000
10	인문대학	불문학과	졸업동문	14,000	21,000	16,300	51,300
11	공과대학	건축공학과	교직원	42,000	33,000	36,000	111,000
12	자연과학대학	물리학과	학부모	43,000	37,000	51,000	131,000
13							
14	조건						
15	FALSE						
16							
17							
18	학과	구분	2021년	2022년	2023년		
19	국문학과	졸업동문	46,000	22,000	19,500		
20	기계공학과	학부모	38,000	43,000	42,000		
21	영문학과	학부모	15,000	32,000	19,000		
22	불문학과	졸업동문	14,000	21,000	16,300		
23	물리학과	학부모	43,000	37,000	51,000		

《처리조건》

▶ "필터" 시트의 [A2:G12]를 아래 조건에 맞게 고급 필터를 사용하여 작성하시오.
- '단과대학'이 "인문대학"이거나 '3년 총계'가 120000 이상인 데이터를 '학과', '구분', '2021년', '2022년', '2023년'의 데이터만 필터링 하시오.
- 조건 위치 : 조건 함수는 [A15] 한 셀에 작성(OR 함수 이용)
- 결과 위치 : [A18]부터 출력

▶ 지시사항이 없는 경우는 《출력형태》와 동일하게 작성하시오.

(2) 시나리오

《출력형태》

시나리오 요약				
		현재 값:	2023년 100 증가	2023년 80 감소
변경 셀:				
	$F$4	19,500	19,600	19,420
	$F$7	19,000	19,100	18,920
	$F$10	16,300	16,400	16,220
결과 셀:				
	$G$4	87,500	87,600	87,420
	$G$7	66,000	66,100	65,920
	$G$10	51,300	51,400	51,220

참고: 현재 값 열은 시나리오 요약 보고서가 작성될 때의
변경 셀 값을 나타냅니다. 각 시나리오의 변경 셀들은
회색으로 표시됩니다.

《처리조건》

▶ "시나리오" 시트의 [A2:G12]를 이용하여 '단과대학'이 "인문대학"인 경우, '2023년'이 변동할 때 '3년 총계'가 변동하는 가상분석(시나리오)을 작성하시오.

- 시나리오1 : 시나리오 이름은 "2023년 100 증가", '2023년'에 100을 증가시킨 값 설정.
- 시나리오2 : 시나리오 이름은 "2023년 80 감소", '2023년'에 80을 감소시킨 값 설정.
- "시나리오 요약" 시트를 작성하시오.

▶ 지시사항이 없는 경우는 《출력형태》와 동일하게 작성하시오.

【문제 4】 **"피벗테이블"** 시트를 참조하여 다음 《처리조건》에 맞도록 작업하시오. (30점)

《출력형태》

	A	B	C	D	E
1					
2					
3			단과대학		
4	구분	값	공과대학	인문대학	자연과학대학
5	재학생	합계 : 2022년	36,000	**	23,000
6		합계 : 2023년	47,000	**	28,000
7	졸업동문	합계 : 2022년	**	43,000	**
8		합계 : 2023년	**	35,800	**
9	학부모	합계 : 2022년	62,000	32,000	37,000
10		합계 : 2023년	58,000	19,000	51,000
11	**전체 합계 : 2022년**		**98,000**	**75,000**	**60,000**
12	**전체 합계 : 2023년**		**105,000**	**54,800**	**79,000**

《처리조건》

▶ "피벗테이블" 시트의 [A2:G12]를 이용하여 새로운 시트에 《출력형태》와 같이 피벗테이블을 작성 후 시트명을 "피벗테이블 정답"으로 수정하시오.

▶ 구분(행)과 단과대학(열)를 기준으로 하여 《출력형태》와 같이 구하시오.
- '2022년', '2023년'의 합계를 구하시오.
- 피벗 테이블 옵션을 이용하여 레이블이 있는 셀 병합 및 가운데 맞춤하고 빈 셀을 "**"로 표시한 후, 행의 총합계를 감추기 하시오.
- 피벗 테이블 디자인에서 보고서 레이아웃은 '테이블 형식으로 표시', 피벗 테이블 스타일은 '중간 – 연한 파랑, 피벗 스타일 보통 9'로 표시하시오.
- 구분(행)은 "재학생", "졸업동문", "학부모"만 출력되도록 표시하시오.
- [C5:E12] 데이터는 셀 서식의 표시 형식–숫자를 이용하여 1000 단위 구분 기호를 표시하고, 가운데 맞춤하시오.

▶ 구분의 순서는 《출력형태》와 다를 수 있음

▶ 지시사항이 없는 경우는 《출력형태》와 동일하게 작성하시오.

【문제 5】 **"차트"** 시트를 참조하여 다음 《처리조건》에 맞도록 작업하시오. (30점)

《출력형태》

학과	구분	2021년	2022년	2023년	3년 총계
재료공학과	학부모	21,000	19,000	16,000	56,000
수학과	재학생	22,000	23,000	28,000	73,000
기계공학과	학부모	38,000	43,000	42,000	123,000
전기공학과	재학생	29,000	36,000	47,000	112,000
화학과	교직원	51,000	52,000	12,000	115,000

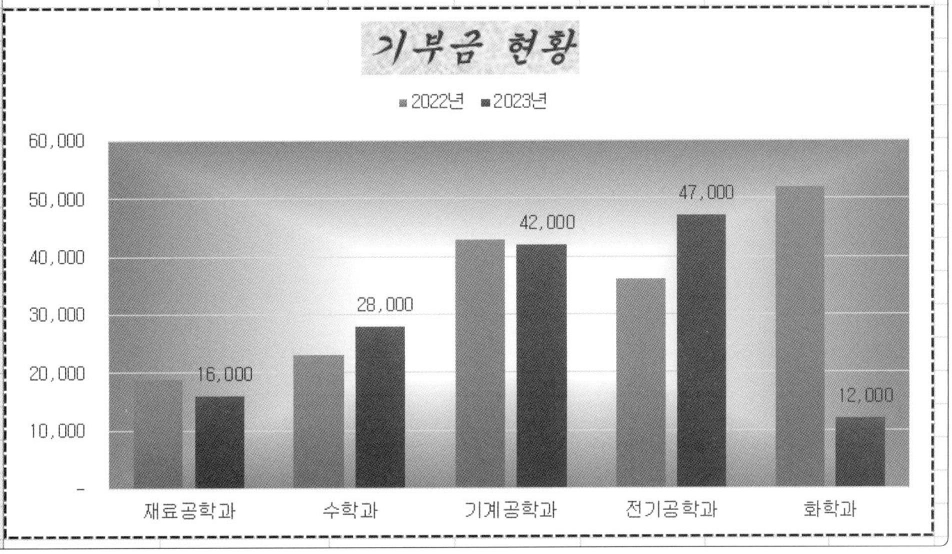

《처리조건》

▶ "차트" 시트에 주어진 표를 이용하여 '묶은 세로 막대형' 차트를 작성하시오.
- 데이터 범위 : 현재 시트 [A2:A7], [D2:E7]의 데이터를 이용하여 작성하고, 행/열 전환은 '열'로 지정
- 차트 위치 : 현재 시트에 [A10:G25] 크기에 정확하게 맞추시오.
- 차트 제목("기부금 현황")
- 차트 스타일 : 색 변경(색상형 - 다양한 색상표 4, 스타일 6)
- 범례 위치 : 위쪽
- 차트 영역 서식 : 글꼴(굴림체, 9pt), 테두리 색(실선, 색 : 진한 파랑), 테두리 스타일(너비 : 1.5pt, 겹선 종류 : 단순형, 대시 종류 : 사각 점선)
- 차트 제목 서식 : 글꼴(궁서체, 18pt, 기울임꼴), 채우기(그림 또는 질감 채우기, 질감 : 파랑 박엽지)
- 그림 영역 서식 : 채우기(그라데이션 채우기, 그라데이션 미리 설정 : 위쪽 스포트라이트 강조 3, 종류 : 사각형, 방향 : 가운데에서)
- 데이터 레이블 추가 : '2023년' 계열에 "값" 표시

▶ 지시사항이 없는 경우는 《출력형태》와 동일하게 작성하시오.

제 05 회 디지털정보활용능력 최신유형 기출문제

☑ 시험과목 : 스프레드시트(엑셀)
☑ 시험일자 : 20XX. XX. XX. (X)
☑ 응시자 기재사항 및 감독위원 확인

MS Office 2021 버전용

수검번호	DIS - XXXX -	감독위원 확인
성 명		

·응시자 유의사항·

1. 응시자는 신분증을 지참하여야 시험에 응시할 수 있으며, 시험이 종료될 때까지 신분증을 제시하지 못 할 경우 해당 시험은 0점 처리됩니다.
2. 시스템(PC작동여부, 네트워크 상태 등)의 이상여부를 반드시 확인하여야 하며, 시스템 이상이 있을 시 감독위원에게 조치를 받으셔야 합니다.
3. 시험 중 부주의 또는 고의로 시스템을 파손한 경우는 응시자 부담으로 합니다.
4. 답안 전송 프로그램을 통해 다운로드 받은 파일을 이용하여 답안 파일을 작성하시기 바랍니다.
5. 작성한 답안 파일은 답안 전송 프로그램을 통하여 전송됩니다. 감독위원의 지시에 따라 주시기 바랍니다.
6. 다음 사항의 경우 실격(0점) 혹은 부정행위 처리됩니다.
   1) 답안 파일을 저장하지 않았거나, 저장한 파일이 손상되었을 경우
   2) 답안 파일을 지정된 폴더(바탕화면 – "KAIT" 폴더)에 저장하지 않았을 경우
      ※ 답안 전송 프로그램 로그인 시 바탕화면에 자동 생성됨
   3) 답안 파일을 다른 보조 기억장치(USB) 혹은 네트워크(메신저, 게시판 등)로 전송할 경우
   4) 휴대용 전화기 등 통신기기를 사용할 경우
7. 시트는 반드시 순서대로 작성해야 하며, 순서가 다를 경우 "0"점 처리됩니다.
8. 시험지에 제시된 글꼴이 응시 프로그램에 없는 경우, 반드시 감독위원에게 해당 내용을 통보한 뒤 조치를 받아야 합니다.
9. 시험의 완료는 작성이 완료된 답안을 저장하고, 답안 전송이 완료된 상태를 확인한 것으로 합니다. 답안 전송 확인 후 문제지는 감독위원에게 제출한 후 퇴실하여야 합니다.
10. 답안 전송을 완료한 경우는 수정 또는 정정이 불가합니다.
11. 시험 시행 후 합격자 발표는 홈페이지(www.ihd.or.kr)에서 확인하시기 바랍니다.
    ※ 합격자 발표 : 20XX. XX. XX. (X)
    ※ 시험지 공개 : 20XX. XX. XX. (X)

Korea Association for ICT promotion
한국정보통신진흥협회 KAIT

【문제 1】 **"주문내역"** 시트를 참조하여 다음 《처리조건》에 맞도록 작업하시오. (50점)

《출력형태》

	A	B	C	D	E	F	G	H	I
1		2분기 제품 주문내역							
2	분류	담당자	제품명	4월	5월	6월	2분기 평균	순위	비고
3	유제품	김철수	저지방 우유	323,000	416,000	491,000	410,000원	5등	4월 부진
4	가공식품	한지민	건조 오징어	442,000	366,000	335,000	381,000원	8등	
5	음료	이현수	100% 오렌지 주스	221,000	274,200	319,000	271,400원	10등	4월 부진
6	가공식품	김철수	과일 통조림	457,000	493,400	324,000	424,800원	4등	
7	***음료***	***이현수***	***스위트 아메리카노***	***675,000***	***784,000***	***898,100***	***785,700원***	***1등***	
8	유제품	한지민	모차렐라 치즈	352,300	465,000	368,000	395,100원	7등	4월 부진
9	***음료***	***이현수***	***단백질 쉐이크***	***417,200***	***313,000***	***576,000***	***435,400원***	***3등***	
10	***가공식품***	***한지민***	***구운 조미김***	***571,000***	***505,000***	***514,000***	***530,000원***	***2등***	
11	가공식품	김철수	건과일 건과	482,000	39,600	353,500	291,700원	9등	
12	유제품	이현수	무가당 연유	393,200	377,400	434,500	401,700원	6등	4월 부진
13	'담당자'가 "김철수"인 '6월'의 평균				389,500원				
14	'4월'의 최대값-최소값 차이				454,000원				
15	'5월' 중 세 번째로 작은 값				313,000원				

《처리조건》

▶ 1행의 행 높이를 '80'으로 설정하고, 2행~15행의 행 높이를 '18'로 설정하시오.

▶ 제목("2분기 제품 주문내역") : 기본 도형의 '평행 사변형'을 이용하여 입력하시오.

- 도형 : 위치([B1:H1]), 도형 스타일(테마 스타일 – '보통 효과 – 파랑, 강조 5')
- 글꼴 : 궁서체, 32pt, 기울임꼴
- 도형 서식 : 도형 옵션 – 크기 및 속성(텍스트 상자(세로 맞춤 : 정가운데, 텍스트 방향 : 가로))

▶ 셀 서식을 아래 조건에 맞게 작성하시오.

- [A2:I15] : 테두리(안쪽, 윤곽선 모두 실선, '검정, 텍스트 1'), 전체 가운데 맞춤
- [A13:D13], [A14:D14], [A15:D15] : 각각 병합하고 가운데 맞춤
- [A2:I2], [A13:D15] : 채우기 색('파랑, 강조 5, 60% 더 밝게'), 글꼴(굵게)
- [D3:F12] : 셀 서식의 표시 형식–숫자를 이용하여 1000 단위 구분 기호 표시
- [G3:G12], [E13:G15] : 셀 서식의 표시 형식–사용자 지정을 이용하여 #,##0"원"자를 추가
- [H3:H12] : 셀 서식의 표시 형식–사용자 지정을 이용하여 #"등"자를 추가
- 조건부 서식[A3:I12] : '6월'이 500000 이상인 경우 레코드 전체에 글꼴(파랑, 굵은 기울임꼴) 적용
- 지시사항이 없는 경우는 주어진 문제 파일의 서식을 그대로 사용하시오.

▶ ① 순위[H3:H12] : '2분기 평균'을 기준으로 큰 순으로 순위를 구하시오. **(RANK.EQ 함수)**

▶ ② 비고[I3:I12] : '4월'이 400000 이하이면 "4월 부진", 그렇지 않으면 공백으로 구하시오. **(IF 함수)**

▶ ③ 평균[E13:G13] : '담당자'가 "김철수"인 '6월'의 평균을 구하시오. **(DAVERAGE 함수)**

▶ ④ 최대값–최소값[E14:G14] : '4월'의 최대값과 최소값의 차이를 구하시오. **(MAX, MIN 함수)**

▶ ⑤ 순위[E15:G15] : '5월' 중 세 번째로 작은 값을 구하시오. **(SMALL 함수)**

【문제 2】 **"부분합"** 시트를 참조하여 다음 《처리조건》에 맞도록 작업하시오. (30점)

《출력형태》

	A	B	C	D	E	F	G
1							
2	분류	담당자	제품명	4월	5월	6월	2분기 평균
3	가공식품	한지민	건조 오징어	442,000	366,000	335,000	381,000
4	가공식품	김철수	과일 통조림	457,000	493,400	324,000	424,800
5	가공식품	한지민	구운 조미김	571,000	505,000	514,000	530,000
6	가공식품	김철수	건과일 건과	482,000	39,600	353,500	291,700
7	가공식품 최대						530,000
8	가공식품 평균			488,000	351,000	381,625	
9	유제품	김철수	저지방 우유	323,000	416,000	491,000	410,000
10	유제품	한지민	모차렐라 치즈	352,300	465,000	368,000	395,100
11	유제품	이현수	무가당 연유	403,200	377,200	435,500	405,300
12	유제품 최대						410,000
13	유제품 평균			359,500	419,400	431,500	
14	음료	이현수	100% 오렌지 주스	220,000	274,000	319,000	271,000
15	음료	이현수	스위트 아메리카노	675,000	784,000	898,100	785,700
16	음료	이현수	단백질 쉐이크	417,200	313,000	576,000	435,400
17	음료 최대						785,700
18	음료 평균			437,400	457,000	597,700	
19	전체 최대값						785,700
20	전체 평균			434,270	403,320	461,410	

《처리조건》

▶ 데이터를 '분류' 기준으로 오름차순 정렬하시오.

▶ 아래 조건에 맞는 부분합을 작성하시오.
- '분류'로 그룹화하여 '4월', '5월', '6월'의 평균을 구하는 부분합을 만드시오.
- '분류'로 그룹화하여 '2분기 평균'의 최대를 구하는 부분합을 만드시오.
  (새로운 값으로 대치하지 말 것)
- [D3:G20] 영역에 셀 서식의 표시 형식-숫자를 이용하여 1000 단위 구분 기호를 표시하시오.

▶ D~F열을 선택하여 그룹을 설정하시오.

▶ 평균과 최대의 부분합 순서는 《출력형태》와 다를 수 있음

▶ 지시사항이 없는 경우는 기본 값을 적용하시오.

【문제 3】 **"필터"**와 **"시나리오"** 시트를 참조하여 다음 《처리조건》에 맞도록 작업하시오. (60점)

(1) 필터

《출력형태》

	A	B	C	D	E	F	G
1							
2	분류	담당자	제품명	4월	5월	6월	2분기 평균
3	유제품	김철수	저지방 우유	323,000	416,000	491,000	410,000
4	가공식품	한지민	건조 오징어	442,000	366,000	335,000	381,000
5	음료	이현수	100% 오렌지 주스	220,000	274,000	319,000	271,000
6	가공식품	김철수	과일 통조림	457,000	493,400	324,000	424,800
7	음료	이현수	스위트 아메리카노	675,000	784,000	898,100	785,700
8	유제품	한지민	모차렐라 치즈	352,300	465,000	368,000	395,100
9	음료	이현수	단백질 쉐이크	417,200	313,000	576,000	435,400
10	가공식품	한지민	구운 조미김	571,000	505,000	514,000	530,000
11	가공식품	김철수	건과일 건과	482,000	39,600	353,500	291,700
12	유제품	이현수	무가당 연유	403,200	377,200	435,500	405,300
13							
14	조건						
15	FALSE						
16							
17							
18	담당자	제품명	4월	5월	6월		
19	한지민	건조 오징어	442,000	366,000	335,000		
20	김철수	과일 통조림	457,000	493,400	324,000		
21	한지민	구운 조미김	571,000	505,000	514,000		

《처리조건》

▶ "필터" 시트의 [A2:G12]를 아래 조건에 맞게 고급 필터를 사용하여 작성하시오.
- '분류'가 "가공식품"이고 '2분기 평균'이 300000 이상인 데이터를 '담당자', '제품명', '4월', '5월', '6월'의 데이터만 필터링 하시오.
- 조건 위치 : 조건 함수는 [A15] 한 셀에 작성(AND 함수 이용)
- 결과 위치 : [A18]부터 출력

▶ 지시사항이 없는 경우는 《출력형태》와 동일하게 작성하시오.

(2) 시나리오

《출력형태》

	A	B	C	D	E	F	G
1							
2		시나리오 요약					
3				현재 값:	6월 음료 15,000 증가	6월 음료 12,000 감소	
5		변경 셀:					
6			$F$5	319,000	334,000	307,000	
7			$F$7	898,100	913,100	886,100	
8			$F$9	576,000	591,000	564,000	
9		결과 셀:					
10			$G$5	271,000	276,000	267,000	
11			$G$7	785,700	790,700	781,700	
12			$G$9	435,400	440,400	431,400	
13		참고: 현재 값 열은 시나리오 요약 보고서가 작성될 때의					
14		변경 셀 값을 나타냅니다. 각 시나리오의 변경 셀들은					
15		회색으로 표시됩니다.					

《처리조건》

▶ "시나리오" 시트의 [A2:H12]를 이용하여 '분류'가 "음료"인 경우, '6월'이 변동할 때 '2분기 평균'이 변동하는 가상분석(시나리오)을 작성하시오.

- 시나리오1 : 시나리오 이름은 "6월 음료 15,000 증가", '6월'에 15000을 증가시킨 값 설정.
- 시나리오2 : 시나리오 이름은 "6월 음료 12,000 감소", '6월'에 12000을 감소시킨 값 설정.
- "시나리오 요약" 시트를 작성하시오.

▶ 지시사항이 없는 경우는 《출력형태》와 동일하게 작성하시오.

【문제 4】 "피벗테이블" 시트를 참조하여 다음 《처리조건》에 맞도록 작업하시오. (30점)

《출력형태》

	A	B	C	D	E
1					
2					
3			분류		
4	담당자	값	가공식품	유제품	음료
5	이현수	평균 : 4월	*	403,200	437,400
6		평균 : 6월	*	435,500	597,700
7	한지민	평균 : 4월	506,500	352,300	*
8		평균 : 6월	424,500	368,000	*
9	전체 평균 : 4월		506,500	377,750	437,400
10	전체 평균 : 6월		424,500	401,750	597,700

《처리조건》

▶ "피벗테이블" 시트의 [A2:G12]를 이용하여 새로운 시트에 《출력형태》와 같이 피벗테이블을 작성 후 시트명을 "피벗테이블 정답"으로 수정하시오.

▶ 담당자(행)와 분류(열)를 기준으로 하여 《출력형태》와 같이 구하시오.
- '4월', '6월'의 평균을 구하시오.
- 피벗 테이블 옵션을 이용하여 레이블이 있는 셀 병합 및 가운데 맞춤하고 빈 셀을 "*"로 표시한 후, 행의 총합계를 감추기 하시오.
- 피벗 테이블 디자인에서 보고서 레이아웃은 '테이블 형식으로 표시', 피벗 테이블 스타일은 '어둡게 – 진한 파랑, 피벗 스타일 어둡게 2'로 표시하시오.
- 담당자(행)는 "이현수", "한지민"만 출력되도록 표시하시오.
- [C5:E10] 데이터는 셀 서식의 표시 형식–숫자를 이용하여 1000 단위 구분 기호를 표시하고, 가운데 맞춤하시오.

▶ 담당자의 순서는 《출력형태》와 다를 수 있음

▶ 지시사항이 없는 경우는 《출력형태》와 동일하게 작성하시오.

【문제 5】 **"차트"** 시트를 참조하여 다음 《처리조건》에 맞도록 작업하시오. (30점)

《출력형태》

	A	B	C	D	E	F	G
1							
2	분류	제품명	4월	5월	6월	2분기 평균	
3	유제품	저지방 우유	323,000	416,000	491,000	410,000	
4	음료	100% 오렌지 주스	220,000	274,000	319,000	271,000	
5	음료	스위트 아메리카노	675,000	784,000	898,100	785,700	
6	음료	단백질 쉐이크	417,200	313,000	576,000	435,400	
7	유제품	무가당 연유	403,200	377,200	435,500	405,300	

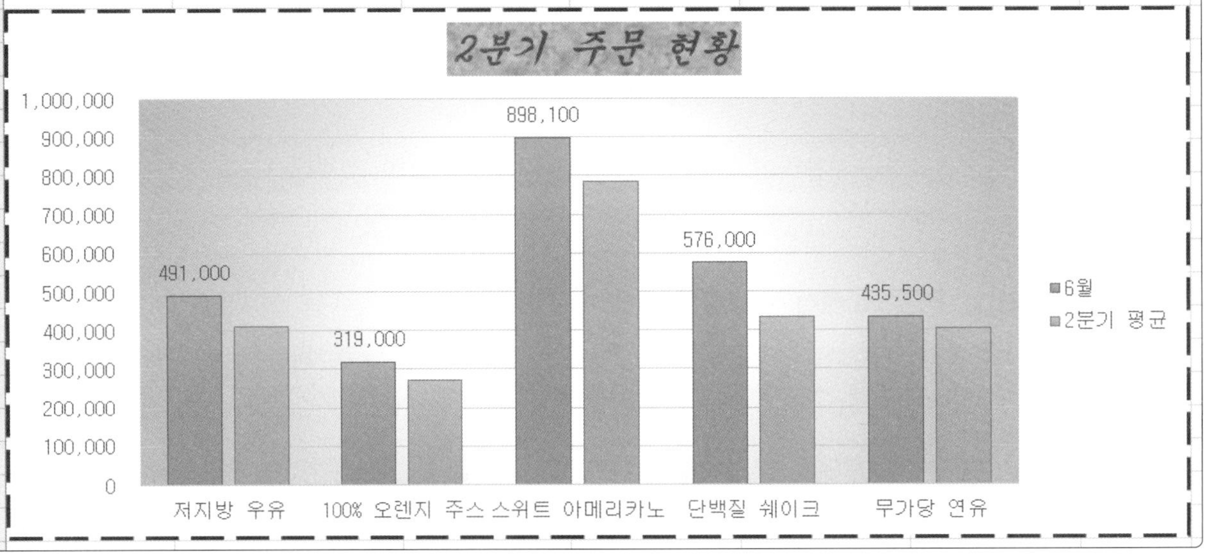

《처리조건》

▶ "차트" 시트에 주어진 표를 이용하여 '묶은 세로 막대형' 차트를 작성하시오.
- 데이터 범위 : 현재 시트 [B2:B7], [E2:F7]의 데이터를 이용하여 작성하고, 행/열 전환은 '열'로 지정
- 차트 위치 : 현재 시트에 [A10:G25] 크기에 정확하게 맞추시오.
- 차트 제목("2분기 주문 현황")
- 차트 스타일 : 색 변경(색상형 – 다양한 색상표 2, 스타일 5)
- 범례 위치 : 오른쪽
- 차트 영역 서식 : 글꼴(굴림체, 10pt), 테두리 색(실선, 색 : 진한 빨강), 테두리 스타일(너비 : 2pt, 겹선 종류 : 단순형, 대시 종류 : 긴 파선)
- 차트 제목 서식 : 글꼴(궁서체, 18pt, 기울임꼴), 채우기(그림 또는 질감 채우기, 질감 : 분홍 박엽지)
- 그림 영역 서식 : 채우기(그라데이션 채우기, 그라데이션 미리 설정 : 위쪽 스포트라이트 강조 4, 종류 : 방사형, 방향 : 가운데에서)
- 데이터 레이블 추가 : '6월' 계열에 "값" 표시

▶ 지시사항이 없는 경우는 《출력형태》와 동일하게 작성하시오.

제 06 회 디지털정보활용능력 최신유형 기출문제

- ☑ 시험과목 : 스프레드시트(엑셀)
- ☑ 시험일자 : 20XX. XX. XX. (X)
- ☑ 응시자 기재사항 및 감독위원 확인

MS Office 2021 버전용

수검번호	DIS - XXXX -	감독위원 확인
성 명		

·응시자 유의사항·

1. 응시자는 신분증을 지참하여야 시험에 응시할 수 있으며, 시험이 종료될 때까지 신분증을 제시하지 못 할 경우 해당 시험은 0점 처리됩니다.
2. 시스템(PC작동여부, 네트워크 상태 등)의 이상여부를 반드시 확인하여야 하며, 시스템 이상이 있을 시 감독위원에게 조치를 받으셔야 합니다.
3. 시험 중 부주의 또는 고의로 시스템을 파손한 경우는 응시자 부담으로 합니다.
4. 답안 전송 프로그램을 통해 다운로드 받은 파일을 이용하여 답안 파일을 작성하시기 바랍니다.
5. 작성한 답안 파일은 답안 전송 프로그램을 통하여 전송됩니다. 감독위원의 지시에 따라 주시기 바랍니다.
6. 다음 사함의 경우 실격(0점) 혹은 부정행위 처리됩니다.
   1) 답안 파일을 저장하지 않았거나, 저장한 파일이 손상되었을 경우
   2) 답안 파일을 지정된 폴더(바탕화면 – "KAIT" 폴더)에 저장하지 않았을 경우
      ※ 답안 전송 프로그램 로그인 시 바탕화면에 자동 생성됨
   3) 답안 파일을 다른 보조 기억장치(USB) 혹은 네트워크(메신저, 게시판 등)로 전송할 경우
   4) 휴대용 전화기 등 통신기기를 사용할 경우
7. 시트는 반드시 순서대로 작성해야 하며, 순서가 다를 경우 "0"점 처리됩니다.
8. 시험지에 제시된 글꼴이 응시 프로그램에 없는 경우, 반드시 감독위원에게 해당 내용을 통보한 뒤 조치를 받아야 합니다.
9. 시험의 완료는 작성이 완료된 답안을 저장하고, 답안 전송이 완료된 상태를 확인한 것으로 합니다. 답안 전송 확인 후 문제지는 감독위원에게 제출한 후 퇴실하여야 합니다.
10. 답안 전송을 완료한 경우는 수정 또는 정정이 불가합니다.
11. 시험 시행 후 합격자 발표는 홈페이지(www.ihd.or.kr)에서 확인하시기 바랍니다.
    ※ 합격자 발표 : 20XX. XX. XX. (X)
    ※ 시험지 공개 : 20XX. XX. XX. (X)

Korea Association for ICT promotion
한국정보통신진흥협회 KAIT

【문제 1】 **"수강생현황"** 시트를 참조하여 다음 《처리조건》에 맞도록 작업하시오. (50점)

《출력형태》

	A	B	C	D	E	F	G	H	I
1		교습과정 수강생 현황							
2	교습과정	구분	교육국	1분기	2분기	3분기	4분기	순위	비고
3	피아노	중급	강원교육국	937명	765명	800명	582명	9위	
4	플룻	고급	광주교육국	790명	776명	841명	775명	5위	홍보부족
5	피아노	초급	대구교육국	944명	714명	671명	807명	4위	
6	미술	중급	대전교육국	1,046명	985명	816명	685명	8위	
7	플룻	초급	부산교육국	991명	1,122명	662명	1,071명	1위	
8	미술	초급	인천교육국	970명	760명	755명	819명	3위	
9	피아노	고급	전남교육국	759명	870명	684명	702명	7위	홍보부족
10	플룻	중급	전북교육국	831명	668명	760명	560명	10위	
11	미술	고급	충남교육국	803명	982명	827명	824명	2위	
12	피아노	초급	충북교육국	719명	808명	644명	735명	6위	홍보부족
13	'3분기'의 최대값-최소값 차이				197명				
14	'구분'이 "중급"인 '2분기'의 합계				2,418명				
15	'1분기' 중 두 번째로 큰 값				991명				

《처리조건》

▶ 1행의 행 높이를 '80'으로 설정하고, 2행~15행의 행 높이를 '18'로 설정하시오.

▶ 제목("교습과정 수강생 현황") : 순서도의 '순서도: 문서'를 이용하여 입력하시오.
- 도형 : 위치([B1:H1]), 도형 스타일(테마 스타일 – '색 채우기 – 녹색, 강조 6')
- 글꼴 : 궁서체, 28pt, 굵게
- 도형 서식 : 도형 옵션 – 크기 및 속성(텍스트 상자(세로 맞춤 : 정가운데, 텍스트 방향 : 가로))

▶ 셀 서식을 아래 조건에 맞게 작성하시오.
- [A2:I15] : 테두리(안쪽, 윤곽선 모두 실선, '검정, 텍스트 1'), 전체 가운데 맞춤
- [A13:D13], [A14:D14], [A15:D15] : 각각 병합하고 가운데 맞춤
- [A2:I2], [A13:D15] : 채우기 색('녹색, 강조 6, 60% 더 밝게'), 글꼴(굵게)
- [C3:C12] : 셀 서식의 표시 형식–사용자 지정을 이용하여 @"교육국"자를 추가
- [D3:G12], [E13:G15] : 셀 서식의 표시 형식–사용자 지정을 이용하여 #,##0"명"자를 추가
- [H3:H12] : 셀 서식의 표시 형식–사용자 지정을 이용하여 #"위"자를 추가
- 조건부 서식[A3:I12] : '2분기'가 900 이상인 경우 레코드 전체에 글꼴(진한 빨강, 굵게) 적용
- 지시사항이 없는 경우는 주어진 문제 파일의 서식을 그대로 사용하시오.

▶ ① 순위[H3:H12] : '4분기'를 기준으로 큰 순으로 순위를 구하시오. (RANK.EQ **함수**)

▶ ② 비고[I3:I12] : '1분기'가 800 이하이면 "홍보부족", 그렇지 않으면 공백으로 구하시오. (IF **함수**)

▶ ③ 최대값–최소값[E13:G13] : '3분기'의 최대값과 최소값의 차이를 구하시오. (MAX, MIN **함수**)

▶ ④ 합계[E14:G14] : '구분'이 "중급"인 '2분기'의 합계를 구하시오. (DSUM **함수**)

▶ ⑤ 순위[E15:G15] : '1분기' 중 두 번째로 큰 값을 구하시오. (LARGE **함수**)

【문제 2】 **“부분합”** 시트를 참조하여 다음 《처리조건》에 맞도록 작업하시오. (30점)

《출력형태》

	A	B	C	D	E	F	G
1							
2	교습과정	구분	교육국	1분기	2분기	3분기	4분기
3	플룻	고급	광주교육국	790	776	841	775
4	피아노	고급	전남교육국	759	870	684	702
5	미술	고급	충남교육국	803	982	827	824
6		**고급 최대**		803	982	841	824
7		**고급 평균**		784	876	784	767
8	피아노	중급	강원교육국	937	765	800	582
9	미술	중급	대전교육국	1,046	985	816	685
10	플룻	중급	전북교육국	831	668	760	560
11		**중급 최대**		1,046	985	816	685
12		**중급 평균**		938	806	792	609
13	피아노	초급	대구교육국	944	714	671	807
14	플룻	초급	부산교육국	991	1,122	662	1,071
15	미술	초급	인천교육국	970	760	755	819
16	피아노	초급	충북교육국	719	808	644	735
17		**초급 최대**		991	1,122	755	1,071
18		**초급 평균**		906	851	683	858
19		**전체 최대값**		1,046	1,122	841	1,071
20		**전체 평균**		879	845	746	756

《처리조건》

▶ 데이터를 ‘구분’ 기준으로 오름차순 정렬하시오.

▶ 아래 조건에 맞는 부분합을 작성하시오.

– ‘구분’으로 그룹화하여 ‘1분기’, ‘2분기’, ‘3분기’, ‘4분기’의 평균을 구하는 부분합을 만드시오.

– ‘구분’으로 그룹화하여 ‘1분기’, ‘2분기’, ‘3분기’, ‘4분기’의 최대를 구하는 부분합을 만드시오. (새로운 값으로 대치하지 말 것)

– [D3:G20] 영역에 셀 서식의 표시 형식–숫자를 이용하여 1000 단위 구분 기호를 표시하시오.

▶ D~F열을 선택하여 그룹을 설정하시오.

▶ 평균과 최대의 부분합 순서는 《출력형태》와 다를 수 있음

▶ 지시사항이 없는 경우는 기본 값을 적용하시오.

【문제 3】 **"필터"**와 **"시나리오"** 시트를 참조하여 다음 《처리조건》에 맞도록 작업하시오. (60점)

(1) 필터

《출력형태》

	A	B	C	D	E	F	G
1							
2	교습과정	구분	교육국	1분기	2분기	3분기	4분기
3	피아노	중급	강원교육국	937	765	800	582
4	플룻	고급	광주교육국	790	776	841	775
5	피아노	초급	대구교육국	944	714	671	807
6	미술	중급	대전교육국	1046	985	816	685
7	플룻	초급	부산교육국	991	1,122	662	1,071
8	미술	초급	인천교육국	970	760	755	819
9	피아노	고급	전남교육국	759	870	684	702
10	플룻	중급	전북교육국	831	668	760	560
11	미술	고급	충남교육국	803	982	827	824
12	피아노	초급	충북교육국	719	808	644	735
13							
14	조건						
15	TRUE						
16							
17							
18	교습과정	구분	교육국	3분기	4분기		
19	피아노	중급	강원교육국	800	582		
20	플룻	고급	광주교육국	841	775		
21	미술	중급	대전교육국	816	685		
22	미술	초급	인천교육국	755	819		
23	미술	고급	충남교육국	827	824		

《처리조건》

▶ "필터" 시트의 [A2:G12]를 아래 조건에 맞게 고급 필터를 사용하여 작성하시오.
- '교습과정'이 "미술"이거나 '3분기'가 800 이상인 데이터를 '교습과정', '구분', '교육국', '3분기', '4분기'의 데이터만 필터링 하시오.
- 조건 위치 : 조건 함수는 [A15] 한 셀에 작성(OR 함수 이용)
- 결과 위치 : [A18]부터 출력

▶ 지시사항이 없는 경우는 《출력형태》와 동일하게 작성하시오.

디지털정보활용능력 스프레드시트(엑셀) 2021 (시험시간 : 40분) 4/6

(2) 시나리오

《출력형태》

시나리오 요약			
	현재 값:	1분기 중급 160 증가	1분기 중급 90 감소
변경 셀:			
$D$3	937	1097	847
$D$6	1046	1206	956
$D$10	831	991	741
결과 셀:			
$H$3	3,084	3,244	2,994
$H$6	3,532	3,692	3,442
$H$10	2,819	2,979	2,729

참고: 현재 값 열은 시나리오 요약 보고서가 작성될 때의
변경 셀 값을 나타냅니다. 각 시나리오의 변경 셀들은
회색으로 표시됩니다.

《처리조건》

▶ "시나리오" 시트의 [A2:H12]를 이용하여 '구분'이 "중급"인 경우, '1분기'가 변동할 때 '총계'가 변동하는 가상분석(시나리오)을 작성하시오.

- 시나리오1 : 시나리오 이름은 "1분기 중급 160 증가", '1분기'에 160을 증가시킨 값 설정.
- 시나리오2 : 시나리오 이름은 "1분기 중급 90 감소", '1분기'에 90을 감소시킨 값 설정.
- "시나리오 요약" 시트를 작성하시오.

▶ 지시사항이 없는 경우는 《출력형태》와 동일하게 작성하시오.

【문제 4】 **"피벗테이블"** 시트를 참조하여 다음 《처리조건》에 맞도록 작업하시오. (30점)

《출력형태》

	A	B	C	D
1				
2				
3			구분	
4	교육국	값	고급	중급
5	강원교육국	평균 : 1분기	*	937
6		평균 : 2분기	*	765
7	광주교육국	평균 : 1분기	790	*
8		평균 : 2분기	776	*
9	대전교육국	평균 : 1분기	*	1,046
10		평균 : 2분기	*	985
11	전남교육국	평균 : 1분기	759	*
12		평균 : 2분기	870	*
13	전체 평균 : 1분기		775	992
14	전체 평균 : 2분기		823	875

《처리조건》

▶ "피벗테이블" 시트의 [A2:G12]를 이용하여 새로운 시트에 《출력형태》와 같이 피벗테이블을 작성 후 시트명을 "피벗테이블 정답"으로 수정하시오.

▶ 교육국(행)과 구분(열)을 기준으로 하여 《출력형태》와 같이 구하시오.
- '1분기', '2분기'의 평균을 구하시오.
- 피벗 테이블 옵션을 이용하여 레이블이 있는 셀 병합 및 가운데 맞춤하고 빈 셀을 "*"로 표시한 후, 행의 총합계를 감추기 하시오.
- 피벗 테이블 디자인에서 보고서 레이아웃은 '테이블 형식으로 표시', 피벗 테이블 스타일은 '어둡게 – 진한 녹색, 피벗 스타일 어둡게 7'로 표시하시오.
- 교육국(행)은 "강원교육국", "광주교육국", "대전교육국", "전남교육국"만 출력되도록 표시하시오.
- [C5:D14] 데이터는 셀 서식의 표시 형식–숫자를 이용하여 1000 단위 구분 기호를 표시하고, 가운데 맞춤하시오.

▶ 구분의 순서는 《출력형태》와 다를 수 있음

▶ 지시사항이 없는 경우는 《출력형태》와 동일하게 작성하시오.

【문제 5】 "차트" 시트를 참조하여 다음 《처리조건》에 맞도록 작업하시오. (30점)

《출력형태》

교습과정	교육국	1분기	2분기	3분기	4분기
피아노	강원교육국	937	765	800	582
플룻	광주교육국	790	776	841	775
미술	대전교육국	1,046	985	816	685
플룻	부산교육국	991	1,122	662	1,071
피아노	전남교육국	759	870	684	702

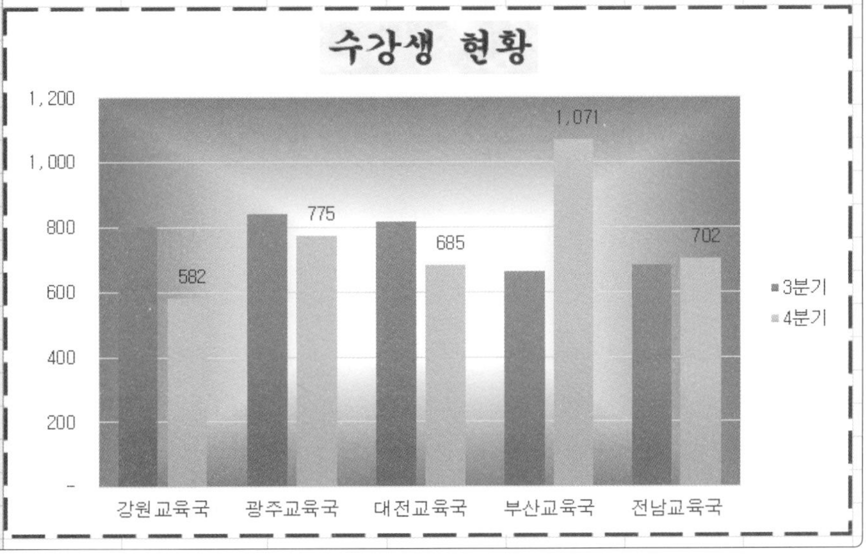

《처리조건》

▶ "차트" 시트에 주어진 표를 이용하여 '묶은 세로 막대형' 차트를 작성하시오.
- 데이터 범위 : 현재 시트 [B2:B7], [E2:F7]의 데이터를 이용하여 작성하고, 행/열 전환은 '열'로 지정
- 차트 위치 : 현재 시트에 [A10:G25] 크기에 정확하게 맞추시오.
- 차트 제목("수강생 현황")
- 차트 스타일 : 색 변경(색상형 - 다양한 색상표 3, 스타일 6)
- 범례 위치 : 오른쪽
- 차트 영역 서식 : 글꼴(돋움체, 9pt), 테두리 색(실선, 색 : 진한 빨강), 테두리 스타일(너비 : 2pt, 겹선 종류 : 단순형, 대시 종류 : 긴 파선)
- 차트 제목 서식 : 글꼴(궁서체, 18pt, 굵게), 채우기(그림 또는 질감 채우기, 질감 : 양피지)
- 그림 영역 서식 : 채우기(그라데이션 채우기, 그라데이션 미리 설정 : 위쪽 스포트라이트 강조 6, 종류 : 사각형, 방향 : 가운데에서)
- 데이터 레이블 추가 : '4분기' 계열에 "값" 표시

▶ 지시사항이 없는 경우는 《출력형태》와 동일하게 작성하시오.

제 07 회 디지털정보활용능력 최신유형 기출문제

☑ 시험과목 : 스프레드시트(엑셀)
☑ 시험일자 : 20XX. XX. XX. (X)
☑ 응시자 기재사항 및 감독위원 확인

MS Office 2021 버전용

수검번호	DIS - XXXX -	감독위원 확인
성 명		

·응시자 유의사항·

1. 응시자는 신분증을 지참하여야 시험에 응시할 수 있으며, 시험이 종료될 때까지 신분증을 제시하지 못 할 경우 해당 시험은 0점 처리됩니다.
2. 시스템(PC작동여부, 네트워크 상태 등)의 이상여부를 반드시 확인하여야 하며, 시스템 이상이 있을 시 감독위원에게 조치를 받으셔야 합니다.
3. 시험 중 부주의 또는 고의로 시스템을 파손한 경우는 응시자 부담으로 합니다.
4. 답안 전송 프로그램을 통해 다운로드 받은 파일을 이용하여 답안 파일을 작성하시기 바랍니다.
5. 작성한 답안 파일은 답안 전송 프로그램을 통하여 전송됩니다. 감독위원의 지시에 따라 주시기 바랍니다.
6. 다음 사항의 경우 실격(0점) 혹은 부정행위 처리됩니다.
   1) 답안 파일을 저장하지 않았거나, 저장한 파일이 손상되었을 경우
   2) 답안 파일을 지정된 폴더(바탕화면 – "KAIT" 폴더)에 저장하지 않았을 경우
      ※ 답안 전송 프로그램 로그인 시 바탕화면에 자동 생성됨
   3) 답안 파일을 다른 보조 기억장치(USB) 혹은 네트워크(메신저, 게시판 등)로 전송할 경우
   4) 휴대용 전화기 등 통신기기를 사용할 경우
7. 시트는 반드시 순서대로 작성해야 하며, 순서가 다를 경우 "0"점 처리됩니다.
8. 시험지에 제시된 글꼴이 응시 프로그램에 없는 경우, 반드시 감독위원에게 해당 내용을 통보한 뒤 조치를 받아야 합니다.
9. 시험의 완료는 작성이 완료된 답안을 저장하고, 답안 전송이 완료된 상태를 확인한 것으로 합니다. 답안 전송 확인 후 문제지는 감독위원에게 제출한 후 퇴실하여야 합니다.
10. 답안 전송을 완료한 경우는 수정 또는 정정이 불가합니다.
11. 시험 시행 후 합격자 발표는 홈페이지(www.ihd.or.kr)에서 확인하시기 바랍니다.
    ※ 합격자 발표 : 20XX. XX. XX. (X)
    ※ 시험지 공개 : 20XX. XX. XX. (X)

Korea Association for ICT promotion
한국정보통신진흥협회 KAIT

【문제 1】 "교육비내역" 시트를 참조하여 다음 《처리조건》에 맞도록 작업하시오. (50점)

《출력형태》

	A	B	C	D	E	F	G	H	I
1		강좌별 교육비 내역							
2	타임	납부상태	강좌명	7월	8월	9월	소계	순위	비고
3	**오전타임**	**카드결제**	**캘리그라피**	**1,590,000**	**1,060,000**	**870,000**	**3,520,000원**	**6위**	
4	오후타임	현금	수채펜드로잉	1,670,000	740,000	1,460,000	3,870,000원	3위	8월 부진
5	야간타임	계좌이체	컴퓨터자격증	930,000	1,420,000	960,000	3,310,000원	9위	
6	오후타임	현금	생산관리 종합	1,220,000	980,000	1,450,000	3,650,000원	5위	
7	야간타임	카드결제	SNS마케팅	1,650,000	750,000	1,590,000	3,990,000원	2위	8월 부진
8	**오전타임**	**계좌이체**	**포크통기타(기초)**	**1,130,000**	**1,250,000**	**770,000**	**3,150,000원**	**10위**	
9	야간타임	현금	영상편집	740,000	1,460,000	1,170,000	3,370,000원	8위	
10	오전타임	계좌이체	홈파티요리	1,630,000	1,320,000	910,000	3,860,000원	4위	
11	오후타임	카드결제	포트통기타(중급)	1,610,000	1,670,000	1,450,000	4,730,000원	1위	
12	야간타임	카드결제	요가기초	1,170,000	930,000	1,290,000	3,390,000원	7위	8월 부진
13	'7월' 중 두 번째로 작은 값				930,000원				
14	'타임'이 "오전타임"인 '8월'의 최소값				1,060,000원				
15	'9월'의 최대값과 최소값의 차이				820,000원				

《처리조건》

▶ 1행의 행 높이를 '80'으로 설정하고, 2행~15행의 행 높이를 '18'로 설정하시오.

▶ 제목("강좌별 교육비 내역") : 기본 도형의 '사각형: 모서리가 접힌 도형'을 이용하여 입력하시오.
- 도형 : 위치([B1:H1]), 도형 스타일(테마 스타일 – '색 채우기 – 파랑, 강조 5')
- 글꼴 : 궁서체, 32pt, 굵게
- 도형 서식 : 도형 옵션 – 크기 및 속성(텍스트 상자(세로 맞춤 : 정가운데, 텍스트 방향 : 가로))

▶ 셀 서식을 아래 조건에 맞게 작성하시오.
- [A2:I15] : 테두리(안쪽, 윤곽선 모두 실선, '검정, 텍스트 1'), 전체 가운데 맞춤
- [A13:D13], [A14:D14], [A15:D15] : 각각 병합하고 가운데 맞춤
- [A2:I2], [A13:D15] : 채우기 색('파랑, 강조 5, 60% 더 밝게'), 글꼴(굵게)
- [D3:F12] : 셀 서식의 표시 형식–숫자를 이용하여 1000 단위 구분 기호 표시
- [G3:G12], [E13:G15] : 셀 서식의 표시 형식–사용자 지정을 이용하여 #,##0"원"자를 추가
- [H3:H12] : 셀 서식의 표시 형식–사용자 지정을 이용하여 #"위"자를 추가
- 조건부 서식[A3:I12] : '9월'이 900000 이하인 경우 레코드 전체에 글꼴(진한 파랑, 굵게) 적용
- 지시사항이 없는 경우는 주어진 문제 파일의 서식을 그대로 사용하시오.

▶ ① 순위[H3:H12] : '소계'를 기준으로 큰 순으로 순위를 구하시오. (RANK.EQ 함수)

▶ ② 비고[I3:I12] : '8월'이 950000 이하이면 "8월 부진", 그렇지 않으면 공백으로 구하시오. (IF 함수)

▶ ③ 순위[E13:G13] : '7월' 중 두 번째로 작은 값을 구하시오. (SMALL 함수)

▶ ④ 최소값[E14:G14] : '타임'이 "오전타임"인 '8월'의 최소값을 구하시오. (DMIN 함수)

▶ ⑤ 최대값–최소값[E15:G15] : '9월'의 최대값과 최소값의 차이를 구하시오. (MAX, MIN 함수)

【문제 2】 **"부분합"** 시트를 참조하여 다음 《처리조건》에 맞도록 작업하시오. (30점)

《출력형태》

	A	B	C	D	E	F	G
1							
2	타임	납부상태	강좌명	7월	8월	9월	소계
3	야간타임	계좌이체	컴퓨터자격증	930,000	1,420,000	960,000	3,310,000
4	오전타임	계좌이체	포크통기타(기초)	1,130,000	1,250,000	770,000	3,150,000
5	오전타임	계좌이체	홈파티요리	1,630,000	1,320,000	910,000	3,860,000
6		**계좌이체 평균**					3,440,000
7		**계좌이체 최대**		1,630,000	1,420,000	960,000	
8	오전타임	카드결제	캘리그라피	1,590,000	1,060,000	870,000	3,520,000
9	야간타임	카드결제	SNS마케팅	1,650,000	750,000	1,590,000	3,990,000
10	오후타임	카드결제	포트통기타(중급)	1,610,000	1,670,000	1,450,000	4,730,000
11	야간타임	카드결제	요가기초	1,170,000	930,000	1,290,000	3,390,000
12		**카드결제 평균**					3,907,500
13		**카드결제 최대**		1,650,000	1,670,000	1,590,000	
14	오후타임	현금	수채펜드로잉	1,670,000	740,000	1,460,000	3,870,000
15	오후타임	현금	생산관리 종합	1,220,000	980,000	1,450,000	3,650,000
16	야간타임	현금	영상편집	740,000	1,460,000	1,170,000	3,370,000
17		**현금 평균**					3,630,000
18		**현금 최대**		1,670,000	1,460,000	1,460,000	
19		**전체 평균**					3,684,000
20		**전체 최대값**		1,670,000	1,670,000	1,590,000	

《처리조건》

▶ 데이터를 '납부상태' 기준으로 오름차순 정렬하시오.

▶ 아래 조건에 맞는 부분합을 작성하시오.

- '납부상태'로 그룹화하여 '7월', '8월', '9월'의 최대를 구하는 부분합을 만드시오.
- '납부상태'로 그룹화하여 '소계'의 평균을 구하는 부분합을 만드시오.
  (새로운 값으로 대치하지 말 것)
- [D3:G20] 영역에 셀 서식의 표시 형식–숫자를 이용하여 1000 단위 구분 기호를 표시하시오.

▶ D~F열을 선택하여 그룹을 설정하시오.

▶ 최대와 평균의 부분합 순서는 《출력형태》와 다를 수 있음

▶ 지시사항이 없는 경우는 기본 값을 적용하시오.

【문제 3】 **"필터"**와 **"시나리오"** 시트를 참조하여 다음 《처리조건》에 맞도록 작업하시오. (60점)

(1) 필터

《출력형태》

	A	B	C	D	E	F	G
1							
2	타임	납부상태	강좌명	7월	8월	9월	소계
3	오전타임	카드결제	캘리그라피	1,590,000	1,060,000	870,000	3,520,000
4	오후타임	현금	수채펜드로잉	1,670,000	740,000	1,460,000	3,870,000
5	야간타임	계좌이체	컴퓨터자격증	930,000	1,420,000	960,000	3,310,000
6	오후타임	현금	생산관리 종합	1,220,000	980,000	1,450,000	3,650,000
7	야간타임	카드결제	SNS마케팅	1,650,000	750,000	1,590,000	3,990,000
8	오전타임	계좌이체	포크통기타(기초)	1,130,000	1,250,000	770,000	3,150,000
9	야간타임	현금	영상편집	740,000	1,460,000	1,170,000	3,370,000
10	오전타임	계좌이체	홈파티요리	1,630,000	1,320,000	910,000	3,860,000
11	오후타임	카드결제	포트통기타(중급)	1,610,000	1,670,000	1,450,000	4,730,000
12	야간타임	카드결제	요가기초	1,170,000	930,000	1,290,000	3,390,000
13							
14	조건						
15	FALSE						
16							
17							
18	납부상태	강좌명	7월	8월	9월		
19	현금	수채펜드로잉	1,670,000	740,000	1,460,000		
20	현금	생산관리 종합	1,220,000	980,000	1,450,000		
21	카드결제	SNS마케팅	1,650,000	750,000	1,590,000		
22	카드결제	포트통기타(중급)	1,610,000	1,670,000	1,450,000		

《처리조건》

▶ "필터" 시트의 [A2:G12]를 아래 조건에 맞게 고급 필터를 사용하여 작성하시오.
- '타임'이 "오후타임"이거나 '9월'이 1300000 이상인 데이터를 '납부상태', '강좌명', '7월', '8월', '9월'의 데이터만 필터링 하시오.
- 조건 위치 : 조건 함수는 [A15] 한 셀에 작성(OR 함수 이용)
- 결과 위치 : [A18]부터 출력

▶ 지시사항이 없는 경우는 《출력형태》와 동일하게 작성하시오.

(2) 시나리오

《출력형태》

시나리오 요약				
		현재 값:	8월 현금 10,000 증가	8월 현금 20,000 감소
변경 셀:				
	$E$4	740,000	750,000	720,000
	$E$6	980,000	990,000	960,000
	$E$9	1,460,000	1,470,000	1,440,000
결과 셀:				
	$G$4	3,870,000	3,880,000	3,850,000
	$G$6	3,650,000	3,660,000	3,630,000
	$G$9	3,370,000	3,380,000	3,350,000

참고: 현재 값 열은 시나리오 요약 보고서가 작성될 때의
변경 셀 값을 나타냅니다. 각 시나리오의 변경 셀들은
회색으로 표시됩니다.

《처리조건》

▶ "시나리오" 시트의 [A2:G12]를 이용하여 '납부상태'가 "현금"인 경우, '8월'이 변동할 때 '소계'가 변동하는 가상분석(시나리오)을 작성하시오.

- 시나리오1 : 시나리오 이름은 "8월 현금 10,000 증가", '8월'에 10000을 증가시킨 값 설정.
- 시나리오2 : 시나리오 이름은 "8월 현금 20,000 감소", '8월'에 20000을 감소시킨 값 설정.
- "시나리오 요약" 시트를 작성하시오.

▶ 지시사항이 없는 경우는 《출력형태》와 동일하게 작성하시오.

【문제 4】 **"피벗테이블"** 시트를 참조하여 다음 《처리조건》에 맞도록 작업하시오. (30점)

《출력형태》

	A	B	C	D	E
1					
2					
3			납부상태		
4	타임	값	계좌이체	카드결제	현금
5	오전타임	평균 : 7월	1,380,000	1,590,000	*
6		평균 : 8월	1,285,000	1,060,000	*
7	오후타임	평균 : 7월	*	1,610,000	1,445,000
8		평균 : 8월	*	1,670,000	860,000
9	전체 평균 : 7월		1,380,000	1,600,000	1,445,000
10	전체 평균 : 8월		1,285,000	1,365,000	860,000

《처리조건》

▶ "피벗테이블" 시트의 [A2:G12]를 이용하여 새로운 시트에 《출력형태》와 같이 피벗테이블을 작성 후 시트명을 "피벗테이블 정답"으로 수정하시오.

▶ 타임(행)과 납부상태(열)를 기준으로 하여 《출력형태》와 같이 구하시오.
- '7월', '8월'의 평균을 구하시오.
- 피벗 테이블 옵션을 이용하여 레이블이 있는 셀 병합 및 가운데 맞춤하고 빈 셀을 "*"로 표시한 후, 행의 총합계를 감추기 하시오.
- 피벗 테이블 디자인에서 보고서 레이아웃은 '테이블 형식으로 표시', 피벗 테이블 스타일은 '어둡게 - 진한 파랑, 피벗 스타일 어둡게 6'으로 표시하시오.
- 타임(행)은 "오전타임", "오후타임"만 출력되도록 표시하시오.
- [C5:E10] 데이터는 셀 서식의 표시 형식-숫자를 이용하여 1000 단위 구분 기호를 표시하고, 가운데 맞춤하시오.

▶ 구분의 순서는 《출력형태》와 다를 수 있음

▶ 지시사항이 없는 경우는 《출력형태》와 동일하게 작성하시오.

【문제 5】 **"차트"** 시트를 참조하여 다음 《처리조건》에 맞도록 작업하시오. (30점)

《출력형태》

납부상태	강좌명	7월	8월	9월	소계
카드결제	캘리그라피	1,590,000	1,060,000	870,000	3,520,000
현금	수채펜드로잉	1,670,000	740,000	1,460,000	3,870,000
계좌이체	컴퓨터자격증	930,000	1,420,000	960,000	3,310,000
계좌이체	홈파티요리	1,630,000	1,320,000	910,000	3,860,000
카드결제	요가기초	1,170,000	930,000	1,290,000	3,390,000

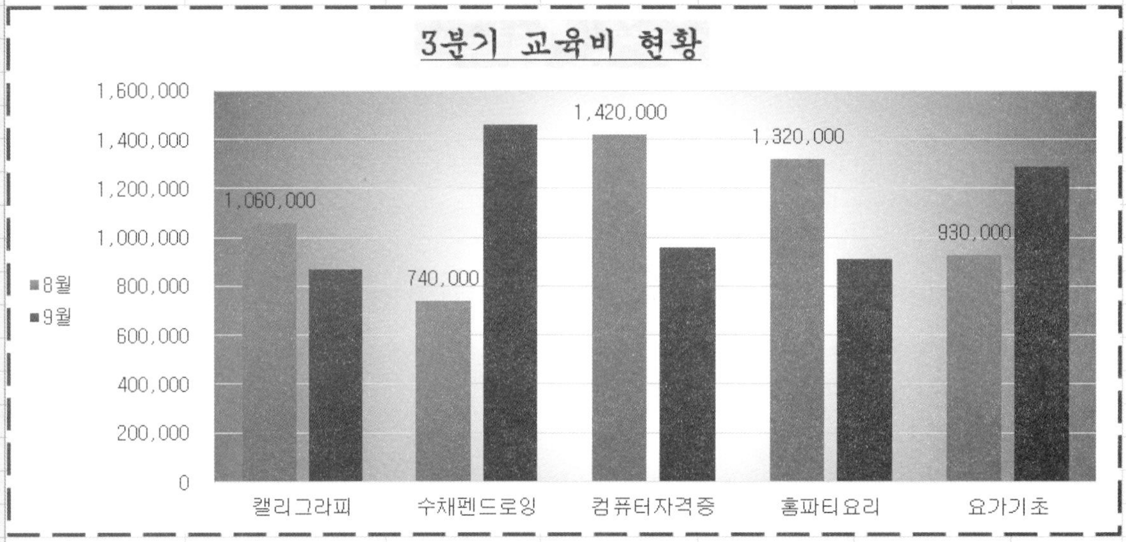

《처리조건》

▶ "차트" 시트에 주어진 표를 이용하여 '묶은 세로 막대형' 차트를 작성하시오.

– 데이터 범위 : 현재 시트 [B2:B7], [D2:E7]의 데이터를 이용하여 작성하고, 행/열 전환은 '열'로 지정

– 차트 위치 : 현재 시트에 [A10:G25] 크기에 정확하게 맞추시오.

– 차트 제목("3분기 교육비 현황")

– 차트 스타일 : 색 변경(색상형 – 다양한 색상표 4, 스타일 6)

– 범례 위치 : 왼쪽

– 차트 영역 서식 : 글꼴(굴림체, 10pt), 테두리 색(실선, 색 : 파랑), 테두리 스타일(너비 : 2pt, 겹선 종류 : 단순형, 대시 종류 : 긴 파선)

– 차트 제목 서식 : 글꼴(궁서체, 16pt, 밑줄), 채우기(그림 또는 질감 채우기, 질감 : 양피지)

– 그림 영역 서식 : 채우기(그라데이션 채우기, 그라데이션 미리 설정 : 위쪽 스포트라이트 강조 1, 종류 : 방사형, 방향 : 가운데에서)

– 데이터 레이블 추가 : '8월' 계열에 "값" 표시

▶ 지시사항이 없는 경우는 《출력형태》와 동일하게 작성하시오.

제 08 회 디지털정보활용능력 최신유형 기출문제

☑ 시험과목 : 스프레드시트(엑셀)
☑ 시험일자 : 20XX. XX. XX. (X)
☑ 응시자 기재사항 및 감독위원 확인

MS Office 2021 버전용

수검번호	DIS - XXXX -	감독위원 확인
성 명		

·응시자 유의사항·

1. 응시자는 신분증을 지참하여야 시험에 응시할 수 있으며, 시험이 종료될 때까지 신분증을 제시하지 못 할 경우 해당 시험은 0점 처리됩니다.
2. 시스템(PC작동여부, 네트워크 상태 등)의 이상여부를 반드시 확인하여야 하며, 시스템 이상이 있을 시 감독위원에게 조치를 받으셔야 합니다.
3. 시험 중 부주의 또는 고의로 시스템을 파손한 경우는 응시자 부담으로 합니다.
4. 답안 전송 프로그램을 통해 다운로드 받은 파일을 이용하여 답안 파일을 작성하시기 바랍니다.
5. 작성한 답안 파일은 답안 전송 프로그램을 통하여 전송됩니다. 감독위원의 지시에 따라 주시기 바랍니다.
6. 다음 사항의 경우 실격(0점) 혹은 부정행위 처리됩니다.
   1) 답안 파일을 저장하지 않았거나, 저장한 파일이 손상되었을 경우
   2) 답안 파일을 지정된 폴더(바탕화면 – "KAIT" 폴더)에 저장하지 않았을 경우
      ※ 답안 전송 프로그램 로그인 시 바탕화면에 자동 생성됨
   3) 답안 파일을 다른 보조 기억장치(USB) 혹은 네트워크(메신저, 게시판 등)로 전송할 경우
   4) 휴대용 전화기 등 통신기기를 사용할 경우
7. 시트는 반드시 순서대로 작성해야 하며, 순서가 다를 경우 "0"점 처리됩니다.
8. 시험지에 제시된 글꼴이 응시 프로그램에 없는 경우, 반드시 감독위원에게 해당 내용을 통보한 뒤 조치를 받아야 합니다.
9. 시험의 완료는 작성이 완료된 답안을 저장하고, 답안 전송이 완료된 상태를 확인한 것으로 합니다. 답안 전송 확인 후 문제지는 감독위원에게 제출한 후 퇴실하여야 합니다.
10. 답안 전송을 완료한 경우는 수정 또는 정정이 불가합니다.
11. 시험 시행 후 합격자 발표는 홈페이지(www.ihd.or.kr)에서 확인하시기 바랍니다.
    ※ 합격자 발표 : 20XX. XX. XX. (X)
    ※ 시험지 공개 : 20XX. XX. XX. (X)

Korea Association for ICT promotion
한국정보통신진흥협회 KAIT

【문제 1】 **"매출현황"** 시트를 참조하여 다음 《처리조건》에 맞도록 작업하시오. (50점)

《출력형태》

1분기 국내외 매출현황

담당직원	지역	구분	1월	2월	3월	1분기 평균	순위	비고
김지훈	국내	제품매출	25,470	52,890	12,420	30,260	9	
박성민	**중국**	**상품매출**	**65,890**	**19,660**	**60,790**	**48,780**	**2**	**1월 우수**
이현우	국내	상품매출	19,590	37,410	54,330	37,110	6	
최은석	**유럽**	**제품매출**	**58,810**	**22,780**	**64,930**	**48,840**	**1**	**1월 우수**
김도윤	국내	상품매출	9,580	18,090	18,430	18,700	10	
이하준	**중국**	**기타매출**	**22,310**	**43,070**	**63,140**	**42,840**	**3**	
김민준	중국	제품매출	27,650	34,010	31,010	30,890	7	
황시진	국내	기타매출	49,170	13,460	29,290	30,640	8	
김성수	유럽	상품매출	59,220	21,280	34,610	38,370	5	1월 우수
노민재	유럽	제품매출	62,140	30,830	30,780	41,250	4	1월 우수
'지역'이 "국내"인 '3월'의 평균				28,618천원				
'1월' 중 세 번째로 작은 값				22,310천원				
'2월'의 최대값-최소값 차이				39,430천원				

《처리조건》

▶ 1행의 행 높이를 '80'으로 설정하고, 2행~15행의 행 높이를 '18'로 설정하시오.

▶ 제목("1분기 국내외 매출현황") : 기본 도형의 '배지'를 이용하여 입력하시오.

- 도형 : ([B1:H1]), 도형 스타일(테마 스타일 – '미세 효과 – 주황, 강조 2')
- 글꼴 : 궁서체, 30pt, 굵게
- 도형 서식 : 도형 옵션 – 크기 및 속성(텍스트 상자(세로 맞춤 : 정가운데, 텍스트 방향 : 가로))

▶ 셀 서식을 아래 조건에 맞게 작성하시오.

- [A2:I15] : 테두리(안쪽, 윤곽선 모두 실선, '검정, 텍스트 1'), 전체 가운데 맞춤
- [A13:D13], [A14:D14], [A15:D15] : 각각 병합하고 가운데 맞춤
- [A2:I2], [A13:D15] : 채우기 색('주황, 강조 2, 60% 더 밝게'), 글꼴(굵게)
- [C3:C12] : 셀 서식의 표시 형식–사용자 지정을 이용하여 @"매출"자를 추가
- [D3:G12] : 셀 서식의 표시 형식–숫자를 이용하여 1000 단위 구분 기호 표시
- [E13:G15] : 셀 서식의 표시 형식–사용자 지정을 이용하여 #,##0"천원"자를 추가
- 조건부 서식[A3:I12] : '3월'이 60000 이상인 경우 레코드 전체에 글꼴(자주, 굵게) 적용
- 지시사항이 없는 경우는 주어진 문제 파일의 서식을 그대로 사용하시오.

▶ ① 순위[H3:H12] : '1분기 평균'을 기준으로 큰 순으로 순위를 구하시오. (RANK.EQ **함수**)

▶ ② 비고[I3:I12] : '1월'이 50000 이상이면 "1월 우수", 그렇지 않으면 공백으로 구하시오. (IF **함수**)

▶ ③ 평균[E13:G13] : '지역'이 "국내"인 '3월'의 평균을 구하시오. (DAVERAGE **함수**)

▶ ④ 순위[E14:G14] : '1월' 중 세 번째로 작은 값을 구하시오. (SMALL **함수**)

▶ ⑤ 최대값–최소값[E15:G15] : '2월'의 최대값과 최소값의 차이를 구하시오. (MAX, MIN **함수**)

【문제 2】 **"부분합"** 시트를 참조하여 다음 《처리조건》에 맞도록 작업하시오. (30점)

《출력형태》

	A	B	C	D	E	F	G
1							
2	담당직원	지역	구분	1월	2월	3월	1분기 평균
3	김지훈	국내	제품	25,470	52,890	12,420	30,260
4	최은석	유럽	제품	58,810	22,780	64,930	48,840
5	김민준	중국	제품	27,650	34,010	31,010	30,890
6	노민재	유럽	제품	62,140	30,830	30,780	41,250
7			제품 최소				30,260
8			제품 평균	43,518	35,128	34,785	
9	박성민	중국	상품	65,890	19,660	60,790	48,780
10	이현우	국내	상품	19,590	37,410	54,330	37,110
11	김도윤	국내	상품	9,580	18,090	18,430	18,700
12	김성수	유럽	상품	59,220	21,280	34,610	38,370
13			상품 최소				18,700
14			상품 평균	38,570	24,110	42,040	
15	이하준	중국	기타	22,310	43,070	63,140	42,840
16	황시진	국내	기타	49,170	13,460	29,290	30,640
17			기타 최소				30,640
18			기타 평균	35,740	28,265	46,215	
19			전체 최소값				18,700
20			전체 평균	39,983	29,348	39,973	

《처리조건》

▶ 데이터를 '구분' 기준으로 내림차순 정렬하시오.

▶ 아래 조건에 맞는 부분합을 작성하시오.
- '구분'으로 그룹화하여 '1월', '2월', '3월'의 평균을 구하는 부분합을 만드시오.
- '구분'으로 그룹화하여 '1분기 평균'의 최소를 구하는 부분합을 만드시오. (새로운 값으로 대치하지 말 것)
- [D3:G20] 영역에 셀 서식의 표시 형식-숫자를 이용하여 1000 단위 구분 기호를 표시하시오.

▶ D~F열을 선택하여 그룹을 설정하시오.

▶ 평균과 최소의 부분합 순서는 《출력형태》와 다를 수 있음

▶ 지시사항이 없는 경우는 기본 값을 적용하시오.

【문제 3】 **"필터"**와 **"시나리오"** 시트를 참조하여 다음 《처리조건》에 맞도록 작업하시오. (60점)

(1) 필터

《출력형태》

	A	B	C	D	E	F	G
1							
2	담당직원	지역	구분	1월	2월	3월	1분기 평균
3	김지훈	국내	제품매출	25,470	52,890	12,420	30,260
4	박성민	중국	상품매출	65,890	19,660	60,790	48,780
5	이현우	국내	상품매출	19,590	37,410	54,330	37,110
6	최은석	유럽	제품매출	58,810	22,780	64,930	48,840
7	김도윤	국내	상품매출	9,580	18,090	18,430	18,700
8	이하준	중국	기타매출	22,310	43,070	63,140	42,840
9	김민준	중국	제품매출	27,650	34,010	31,010	30,890
10	황시진	국내	기타매출	49,170	13,460	29,290	30,640
11	김성수	유럽	상품매출	59,220	21,280	34,610	38,370
12	노민재	유럽	제품매출	62,140	30,830	30,780	41,250
13							
14	조건						
15	TRUE						
16							
17							
18	담당직원	지역	1월	2월	3월		
19	김지훈	국내	25,470	52,890	12,420		
20	이현우	국내	19,590	37,410	54,330		
21	황시진	국내	49,170	13,460	29,290		

《처리조건》

▶ "필터" 시트의 [A2:G12]를 아래 조건에 맞게 고급 필터를 사용하여 작성하시오.

- '지역'이 "국내"이고 '1분기 평균'이 30000 이상인 데이터를 '담당직원', '지역', '1월', '2월', '3월'의 데이터만 필터링 하시오.
- 조건 위치 : 조건 함수는 [A15] 한 셀에 작성(AND 함수 이용)
- 결과 위치 : [A18]부터 출력

▶ 지시사항이 없는 경우는 《출력형태》와 동일하게 작성하시오.

(2) 시나리오

《출력형태》

	A	B	C	D	E	F	G
1							
2		시나리오 요약					
3				현재 값:	2월 중국 200 증가	2월 중국 90 감소	
5		변경 셀:					
6			$E$4	19,660	19,860	19,570	
7			$E$8	43,070	43,270	42,980	
8			$E$9	34,010	34,210	33,920	
9		결과 셀:					
10			$G$4	48,780	48,847	48,750	
11			$G$8	42,840	42,907	42,810	
12			$G$9	30,890	30,957	30,860	
13		참고: 현재 값 열은 시나리오 요약 보고서가 작성될 때의					
14		변경 셀 값을 나타냅니다. 각 시나리오의 변경 셀들은					
15		회색으로 표시됩니다.					

《처리조건》

▶ "시나리오" 시트의 [A2:G12]를 이용하여 '지역'이 "중국"인 경우, '2월'이 변동할 때 '1분기 평균'이 변동하는 가상분석(시나리오)을 작성하시오.

- 시나리오1 : 시나리오 이름은 "2월 중국 200 증가", '2월'에 200을 증가시킨 값 설정.
- 시나리오2 : 시나리오 이름은 "2월 중국 90 감소", '2월'에 90을 감소시킨 값 설정.
- "시나리오 요약" 시트를 작성하시오.

▶ 지시사항이 없는 경우는《출력형태》와 동일하게 작성하시오.

【문제 4】 **"피벗테이블"** 시트를 참조하여 다음 《처리조건》에 맞도록 작업하시오. (30점)

《출력형태》

	A	B	C	D	E
1					
2					
3			지역		
4	구분	값	국내	유럽	중국
5	기타매출	최소 : 1월	49,170	***	22,310
6		최소 : 3월	29,290	***	63,140
7	상품매출	최소 : 1월	9,580	59,220	65,890
8		최소 : 3월	18,430	34,610	60,790
9	전체 최소 : 1월		9,580	59,220	22,310
10	전체 최소 : 3월		18,430	34,610	60,790

《처리조건》

▶ "피벗테이블" 시트의 [A2:G12]를 이용하여 새로운 시트에 《출력형태》와 같이 피벗테이블을 작성 후 시트명을 "피벗테이블 정답"으로 수정하시오.

▶ 구분(행)과 지역(열)을 기준으로 하여 《출력형태》와 같이 구하시오.
- '1월', '3월'의 최소를 구하시오.
- 피벗 테이블 옵션을 이용하여 레이블이 있는 셀 병합 및 가운데 맞춤하고 빈 셀을 "***"로 표시한 후, 행의 총합계를 감추기 하시오.
- 피벗 테이블 디자인에서 보고서 레이아웃은 '테이블 형식으로 표시', 피벗 테이블 스타일은 '중간 – 연한 주황, 피벗 스타일 보통 10'으로 표시하시오.
- 구분(행)은 "기타매출", "상품매출"만 출력되도록 표시하시오.
- [C5:E10] 데이터는 셀 서식의 표시 형식–숫자를 이용하여 1000 단위 구분 기호를 표시하고, 가운데 맞춤하시오.

▶ 구분의 순서는 《출력형태》와 다를 수 있음

▶ 지시사항이 없는 경우는 《출력형태》와 동일하게 작성하시오.

【문제 5】 **"차트"** 시트를 참조하여 다음 《처리조건》에 맞도록 작업하시오. (30점)

《출력형태》

담당직원	구분	1월	2월	3월	1분기 평균
김지훈	제품매출	25,470	52,890	12,420	30,260
이현우	상품매출	19,590	37,410	54,330	37,110
김도윤	상품매출	9,580	18,090	18,430	18,700
김민준	제품매출	27,650	34,010	31,010	30,890
황시진	기타매출	49,170	13,460	29,290	30,640

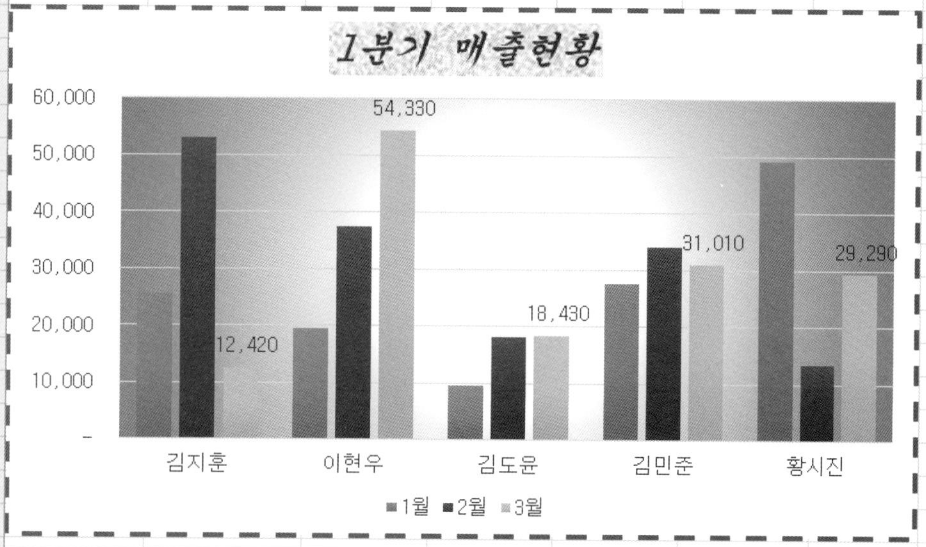

《처리조건》

▶ "차트" 시트에 주어진 표를 이용하여 '묶은 세로 막대형' 차트를 작성하시오.

- 데이터 범위 : 현재 시트 [A2:A7], [C2:E7]의 데이터를 이용하여 작성하고, 행/열 전환은 '열'로 지정
- 차트 위치 : 현재 시트에 [A10:G25] 크기에 정확하게 맞추시오.
- 차트 제목("1분기 매출현황")
- 차트 스타일 : 색 변경(색상형 – 다양한 색상표 4, 스타일 6)
- 범례 위치 : 아래쪽
- 차트 영역 서식 : 글꼴(돋움체, 10pt), 테두리 색(실선, 색 : 빨강), 테두리 스타일(너비 : 2.5pt, 겹선 종류 : 단순형, 대시 종류 : 파선)
- 차트 제목 서식 : 글꼴(궁서체, 18pt, 기울임꼴), 채우기(그림 또는 질감 채우기, 질감 : 신문 용지)
- 그림 영역 서식 : 채우기(그라데이션 채우기, 그라데이션 미리 설정 : 위쪽 스포트라이트 강조 2, 종류 : 방사형, 방향 : 가운데에서)
- 데이터 레이블 추가 : '3월' 계열에 "값" 표시

▶ 지시사항이 없는 경우는 《출력형태》와 동일하게 작성하시오.

MEMO

【문제 2】 "부분합" 시트를 참조하여 다음 ≪처리조건≫에 맞도록 작업하시오. **(30점)**

≪출력형태≫

	A	B	C	D	E	F	G
1							
2	진료과	구분	환자명	진찰료	주사료	본인부담금	청구비용
3	내과	비보험	권장근	28,000	2,800	29,500	60,300
4	내과	보험	김민재	11,000	1,100	12,000	24,100
5	내과	비보험	박대관	88,000	8,800	12,000	108,800
6	내과	지역보험	이수한	27,400	2,740	10,000	40,140
7	내과	지역보험	정승민	25,400	2,540	29,000	56,940
8	내과 최대값			88,000	8,800	29,500	
9	내과 평균			35,960	3,596		
10	소아과	지역보험	김명성	12,000	1,200	23,000	36,200
11	소아과	지역보험	안대웅	95,500	9,550	11,000	116,050
12	소아과	산재	우창민	64,600	6,460	5,500	76,560
13	소아과 최대값			95,500	9,550	23,000	
14	소아과 평균			57,367	5,737		
15	외과	산재	김동윤	32,000	3,200	38,000	73,200
16	외과	산재	손준서	15,500	1,550	20,000	37,050
17	외과 최대값			32,000	3,200	38,000	
18	외과 평균			23,750	2,375		
19	전체 최대값			95,500	9,550	38,000	
20	전체 평균			39,940	3,994		
21							

≪처리조건≫

▶ 데이터를 '진료과' 기준으로 오름차순 정렬하시오.

▶ 아래 조건에 맞는 부분합을 작성하시오.
- '진료과'로 그룹화 하여 '진찰료', '주사료'의 평균을 구하는 부분합을 만드시오.
- '진료과'로 그룹화 하여 '진찰료', '주사료', '본인부담금'의 최대값을 구하는 부분합을 만드시오. (새로운 값으로 대치하지 말 것)
- [D3:G20] 영역에 셀 서식의 표시형식-숫자를 이용하여 1000단위 구분 기호를 표시하시오.

▶ D~E열을 선택하여 그룹을 설정하시오.

▶ 평균과 최대값의 부분합 순서는 ≪출력형태≫와 다를 수 있음

▶ 지시사항이 없는 경우는 기본 값을 적용하시오.

【문제 3】 "필터"와 "시나리오" 시트를 참조하여 다음 ≪처리조건≫에 맞도록 작업하시오. **(60점)**

(1) 필터

≪출력형태 – 필터≫

	A	B	C	D	E	F	G
1							
2	진료과	구분	환자명	진찰료	주사료	본인부담금	청구비용
3	내과	비보험	권장근	28,000	2,800	29,500	60,300
4	외과	산재	김동윤	32,000	3,200	38,000	73,200
5	소아과	지역보험	김명성	12,000	1,200	23,000	36,200
6	내과	보험	김민재	11,000	1,100	12,000	24,100
7	내과	비보험	박대관	88,000	8,800	12,000	108,800
8	외과	산재	손준서	15,500	1,550	20,000	37,050
9	소아과	지역보험	안대웅	95,500	9,550	11,000	116,050
10	소아과	산재	우창민	64,600	6,460	5,500	76,560
11	내과	지역보험	이수한	27,400	2,740	10,000	40,140
12	내과	지역보험	정승민	25,400	2,540	29,000	56,940
13							
14	조건						
15	TRUE						
16							
17							
18	구분	환자명	진찰료	본인부담금	청구비용		
19	비보험	권장근	28,000	29,500	60,300		
20	보험	김민재	11,000	12,000	24,100		
21	비보험	박대관	88,000	12,000	108,800		
22	지역보험	안대웅	95,500	11,000	116,050		
23	지역보험	이수한	27,400	10,000	40,140		
24	지역보험	정승민	25,400	29,000	56,940		
25							

≪처리조건≫

▶ "필터" 시트의 [A2:G12]를 아래 조건에 맞게 고급필터를 사용하여 작성하시오.
- '진료과'가 "내과"이거나 '청구비용'이 100000 이상인 데이터를 '구분', '환자명', '진찰료', '본인부담금', '청구비용'의 데이터만 필터링 하시오.
- 조건 위치 : 조건 함수는 [A15] 한 셀에 작성(OR 함수 이용)
- 결과 위치 : [A18]부터 출력

▶ 지시사항이 없는 경우는 ≪출력형태 - 필터≫와 동일하게 작성하시오.

(2) 시나리오

≪출력형태 - 시나리오≫

시나리오 요약			
	현재 값:	진찰료 3,000 증가	진찰료 5,000 감소
변경 셀:			
$D$5	12,000	15,000	7,000
$D$9	95,500	98,500	90,500
$D$10	64,600	67,600	59,600
결과 셀:			
$G$5	36,200	39,200	31,200
$G$9	116,050	119,050	111,050
$G$10	76,560	79,560	71,560

참고: 현재 값 열은 시나리오 요약 보고서가 작성될 때의
변경 셀 값을 나타냅니다. 각 시나리오의 변경 셀들은
회색으로 표시됩니다.

≪처리조건≫

▶ "시나리오" 시트의 [A2:G12]를 이용하여 '진료과'가 "소아과"인 경우, '진찰료'가 변동할 때 '청구비용'이 변동하는 가상분석(시나리오)을 작성하시오.

- 시나리오1 : 시나리오 이름은 "진찰료 3,000 증가", '진찰료'에 3000을 증가시킨 값 설정.
- 시나리오2 : 시나리오 이름은 "진찰료 5,000 감소", '진찰료'에 5000을 감소시킨 값 설정.
- "시나리오 요약" 시트를 작성하시오.

▶ 지시사항이 없는 경우는 ≪출력형태 - 시나리오≫와 동일하게 작성하시오.

【문제 4】 "피벗테이블" 시트를 참조하여 다음 ≪처리조건≫에 맞도록 작업하시오. **(30점)**

≪출력형태≫

	A	B	C	D	E	F	G
1							
2							
3			환자명				
4	진료과	값	김명성	손준서	우창민	이수한	정승민
5	내과	평균 : 진찰료	*	*	*	27,400	25,400
6		평균 : 본인부담금	*	*	*	10,000	29,000
7	소아과	평균 : 진찰료	12,000	*	64,600	*	*
8		평균 : 본인부담금	23,000	*	5,500	*	*
9	외과	평균 : 진찰료	*	15,500	*	*	*
10		평균 : 본인부담금	*	20,000	*	*	*
11	전체 평균 : 진찰료		12,000	15,500	64,600	27,400	25,400
12	전체 평균 : 본인부담금		23,000	20,000	5,500	10,000	29,000
13							

≪처리조건≫

▶ "피벗테이블" 시트의 [A2:G12]를 이용하여 새로운 시트에 ≪출력형태≫와 같이 피벗테이블을 작성 후 시트명을 "피벗테이블 정답"으로 수정하시오.

▶ 진료과(행)와 환자명(열)을 기준으로 하여 출력형태와 같이 구하시오.

- '진찰료', '본인부담금'의 평균을 구하시오.
- 피벗 테이블 옵션을 이용하여 레이블이 있는 셀 병합 및 가운데 맞춤하고 빈 셀을 "*"로 표시한 후, 행의 총합계를 감추기 하시오.
- 피벗 테이블 디자인에서 보고서 레이아웃은 '테이블 형식으로 표시', 피벗 테이블 스타일은 '피벗 스타일 보통 14'로 표시하시오.
- 환자명(열)은 "김명성", "손준서", "우창민", "이수한", "정승민"만 출력되도록 표시하시오.
- [C5:G12] 데이터는 셀 서식의 표시형식-숫자를 이용하여 1000단위 구분 기호를 표시하고, 가운데 맞춤하시오.

▶ 진료과의 순서는 ≪출력형태≫와 다를 수 있음

▶ 지시사항이 없는 경우는 ≪출력형태≫와 동일하게 작성하시오.

MS Office 2021 버전용

디지털정보활용능력

(**DIAT**; Digital Information Ability Test)

■ 시험과목 : 스프레드시트(엑셀)

■ 시험일자 : 20××. ××. ××.(×)

■ 응시자 기재사항 및 감독위원 확인

C

수 검 번 호	DIS – ×××× –	감독위원 확인
성 명		

응시자 유의사항

1. 응시자는 신분증을 지참하여야 시험에 응시할 수 있으며, 시험이 종료될 때까지 신분증을제시하지 못 할 경우 해당 시험은 0점 처리됩니다.
2. 시스템(PC작동여부, 네트워크 상태 등)의 이상여부를 반드시 확인하여야 하며, 시스템이상이 있을 시 감독위원에게 조치를 받으셔야 합니다.
3. 시험 중 부주의 또는 고의로 시스템을 파손한 경우는 응시자 부담으로 합니다.
4. 답안 전송 프로그램을 통해 다운로드 받은 파일을 이용하여 답안파일을 작성하시기 바랍니다.
5. 작성한 답안 파일은 답안 전송 프로그램을 통하여 전송됩니다. 감독위원의 지시에 따라 주시기바랍니다.
6. 다음 사항의 경우 실격(0점) 혹은 부정행위 처리됩니다.
   1) 답안파일을 저장하지 않았거나, 저장한 파일이 손상되었을 경우
   2) 답안파일을 지정된 폴더(바탕화면 "KAIT" 폴더)에 저장하지 않았을 경우
      ※ 답안 전송 프로그램 로그인 시 바탕화면에 자동 생성됨
   3) 답안파일을 다른 보조기억장치(USB) 혹은 네트워크(메신저, 게시판 등)로 전송할 경우
   4) 휴대용 전화기 등 통신기기를 사용할 경우
7. 슬라이드는 반드시 순서대로 작성해야 하며, 순서가 다를 경우 "0"점 처리됩니다.
8. 시험지에 제시된 글꼴이 응시 프로그램에 없는 경우, 반드시 감독위원에게 해당 내용을통보한 뒤 조치를 받아야 합니다.
9. 슬라이드 작성 시 도형의 그룹설정을 사용하는 경우, 채점에서 감점 처리됩니다.
10. 시험의 완료는 작성이 완료된 답안을 저장하고, 답안전송이 완료된 상태를 확인한 것으로합니다. 답안전송 확인 후 문제지는 감독위원에게 제출한 후 퇴실하여야 합니다.
11. 답안전송을 완료한 경우는 수정 또는 정정이 불가합니다.
12. 시험 시행 후 합격자 발표는 홈페이지(www.ihd.or.kr)에서 확인하시기를 바랍니다.
    ※ 합격자 발표 : 20XX. XX. XX.(X)

Korea Association for ICT Promotion
한국정보통신진흥협회 KAIT

【문제 1】 "렌트현황" 시트를 참조하여 다음 ≪처리조건≫에 맞도록 작업하시오. **(50점)**

≪출력형태≫

	A	B	C	D	E	F	G	H	I
1		외래 환자 진료비 내역							
2	진료과	구분	환자명	진찰료	주사료	본인부담금	청구비용	순위	비고
3	*내과*	*비보험*	*권장근님*	***28,000***	***2,800***	***29,500***	***60,300***	***5위***	
4	*외과*	*산재*	*김동윤님*	***32,000***	***3,200***	***38,000***	***73,200***	***4위***	
5	*소아과*	*지역보험*	*김명성님*	***12,000***	***1,200***	***23,000***	***36,200***	***9위***	
6	내과	보험	김민재님	11,000	1,100	12,000	24,100	10위	
7	내과	비보험	박대관님	88,000	8,800	12,000	108,800	2위	10%할인
8	***외과***	***산재***	***손준서님***	***15,500***	***1,550***	***20,000***	***37,050***	***8위***	
9	소아과	지역보험	안대웅님	95,500	9,550	11,000	116,050	1위	10%할인
10	소아과	산재	우창민님	64,600	6,460	5,500	76,560	3위	10%할인
11	내과	지역보험	이수한님	27,400	2,740	10,000	40,140	6위	
12	***내과***	***지역보험***	***정승민님***	***25,400***	***2,540***	***29,000***	***56,940***	***7위***	
13	**'청구비용' 중 두번째로 큰 값**				108,800				
14	**'구분'이 "비보험"인 '진찰료'의 합계**				116,000				
15	**'진찰료'의 최대값-최소값 차이**				84,500				
16									

≪처리조건≫

▶ 1행의 행 높이를 '80'으로 설정하고, 2행~15행의 행 높이를 '18'로 설정하시오.

▶ 제목("외래 환자 진료비 내역") : 기본 도형 - '모서리가 접힌 도형'을 이용하여 입력하시오.
- 도형 : 위치([B1:H1]), 도형 스타일(테마 스타일 - '미세 효과 - 파랑, 강조 5')
- 글꼴 : 굴림체, 30pt, 기울임꼴
- 도형 서식 : 도형 옵션 - 크기 및 속성(텍스트 상자(세로 맞춤 : 정가운데, 텍스트 방향 : 가로))

▶ 셀 서식을 아래 조건에 맞게 작성하시오.
- [A2:I15] : 테두리(안쪽, 윤곽선 모두 실선, '검정, 텍스트 1'), 전체 가운데 맞춤
- [A13:D13], [A14:D14], [A15:D15] : 각각 병합하고 가운데 맞춤
- [A2:I2], [A13:D15] : 채우기 색('파랑, 강조 5, 60% 더 밝게'), 글꼴(굵게)
- [C3:C12] : 셀 서식의 표시형식-사용자 지정을 이용하여 @"님"자를 추가
- [D3:G12], [E13:G15] : 셀 서식의 표시형식-숫자를 이용하여 1000단위 구분 기호 표시
- [H3:H12] : 셀 서식의 표시형식-사용자 지정을 이용하여 #"위"자를 추가
- 조건부 서식[A3:I12] : '본인부담금'이 20000 이상인 경우 레코드 전체에 글꼴(자주, 굵은 기울임꼴) 적용
- 지시사항이 없는 경우는 주어진 문제파일의 서식을 그대로 사용하시오.

▶ ① 순위[H3:H12] : '진찰료'를 기준으로 큰 순으로 순위를 구하시오. (RANK.EQ **함수**)

▶ ② 비고[I3:I12] : '진찰료'가 50000 이상이면 "10%할인", 그렇지 않으면 공백으로 구하시오. (IF **함수**)

▶ ③ 순위[E13:G13] : '청구비용' 중 두 번째로 큰 값을 구하시오. (LARGE **함수**)

▶ ④ 합계[E14:G14] : '구분'이 "비보험"인 '진찰료'의 합계를 구하시오. (DSUM **함수**)

▶ ⑤ 최대값-최소값[E15:G15] : '진찰료'의 최대값과 최소값의 차이를 구하시오. (MAX, MIN **함수**)

【문제 5】 "차트" 시트를 참조하여 다음 ≪처리조건≫에 맞도록 작업하시오. **(30점)**

≪출력형태≫

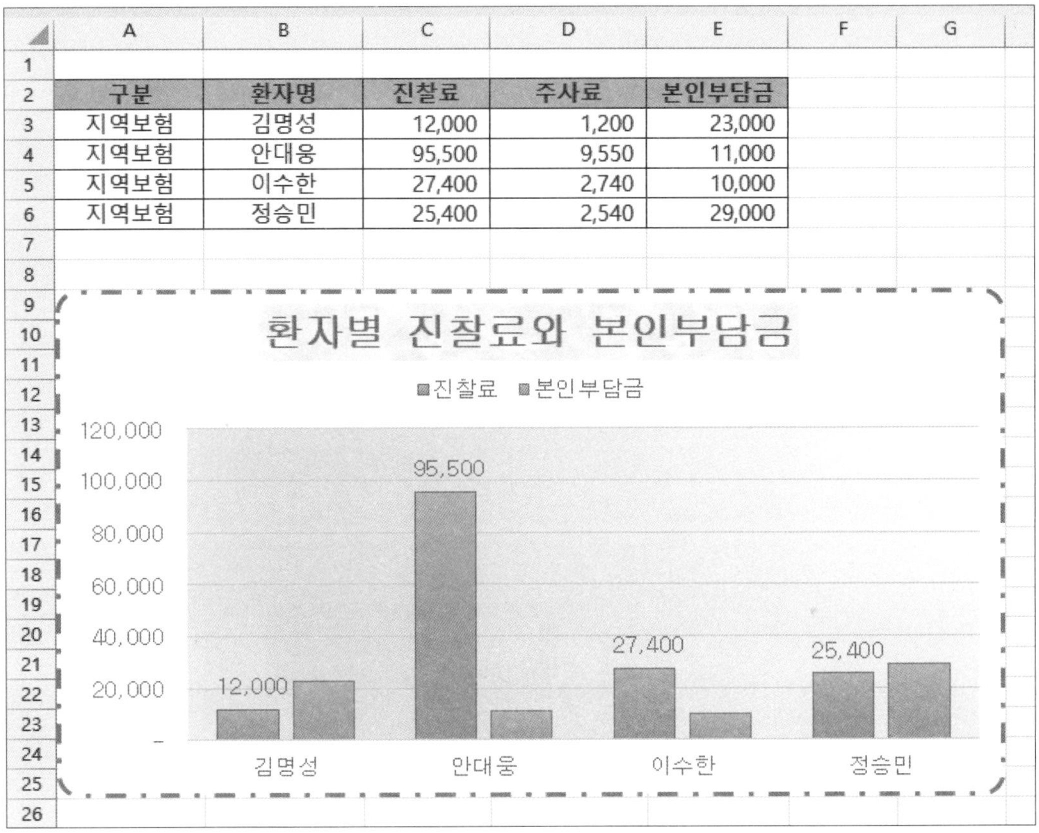

구분	환자명	진찰료	주사료	본인부담금
지역보험	김명성	12,000	1,200	23,000
지역보험	안대웅	95,500	9,550	11,000
지역보험	이수한	27,400	2,740	10,000
지역보험	정승민	25,400	2,540	29,000

≪처리조건≫

▶ "차트" 시트에 주어진 표를 이용하여 '묶은 세로 막대형' 차트를 작성하시오.

- 데이터 범위 : 현재 시트 [B2:C6], [E2:E6]의 데이터를 이용하여 작성하고, 행/열 전환은 '열'로 지정
- 차트 위치 : 현재 시트에 [A9:G25] 크기에 정확하게 맞추시오.
- 차트 제목("환자별 진찰료와 본인부담금")
- 차트 스타일 : 색 변경(색상형 – 다양한 색상표 1, 스타일 5)
- 범례 위치 : 위쪽
- 차트 영역 서식 : 글꼴(돋움, 11pt), 테두리 색(실선, 색 : 녹색), 테두리 스타일(너비 : 2.5pt, 겹선 종류 : 단순형, 대시 종류 : 파선-점선, 둥근 모서리)
- 차트 제목 서식 : 글꼴(굴림체, 20pt, 굵게), 채우기(그림 또는 질감 채우기, 질감 : 양피지)
- 그림 영역 서식 : 채우기(그라데이션 채우기, 그라데이션 미리 설정 : 밝은 그라데이션 - 강조 4, 종류 : 방사형, 방향 : 오른쪽 위 모서리에서)
- 데이터 레이블 추가 : '진찰료' 계열에 "값" 표시

▶ 지시사항이 없는 경우는≪출력형태≫와 동일하게 작성하시오.

【문제 2】 "부분합" 시트를 참조하여 다음 ≪처리조건≫에 맞도록 작업하시오. **(30점)**

≪출력형태≫

	A	B	C	D	E	F	G
1							
2	구분	품목	점포명	당일시세	판매수량	판매단가	판매금액
3	국내산	햇양파	영농후계자	28,000	59	29,500	1,740,500
4	국내산	깐마늘	영농후계자	11,000	250	12,000	3,000,000
5	국내산	다진생강	영농후계자	9,500	230	11,000	2,530,000
6	국내산	홍파프리카	영농후계자	25,400	360	29,000	10,440,000
7			**영농후계자 평균**	18,475		20,375	4,427,625
8			**영농후계자 최대값**	28,000		29,500	
9	수입산	양배추	설천상회	12,000	120	23,000	2,760,000
10	국내산	적채	설천상회	3,000	320	5,500	1,760,000
11			**설천상회 평균**	7,500		14,250	2,260,000
12			**설천상회 최대값**	12,000		23,000	
13	수입산	깐마늘	보물섬식자재	8,000	150	12,000	1,800,000
14	수입산	당근	보물섬식자재	8,000	28	10,000	280,000
15			**보물섬식자재 평균**	8,000		11,000	1,040,000
16			**보물섬식자재 최대값**	8,000		12,000	
17	국내산	깐양파	동성상회	32,000	88	38,000	3,344,000
18	수입산	세척당근	동성상회	10,000	189	20,000	3,780,000
19			**동성상회 평균**	21,000		29,000	3,562,000
20			**동성상회 최대값**	32,000		38,000	
21			**전체 평균**	14,690		19,000	3,143,450
22			**전체 최대값**	32,000		38,000	
23							

≪처리조건≫

- ▶ 데이터를 '점포명' 기준으로 내림차순 정렬하시오.
- ▶ 아래 조건에 맞는 부분합을 작성하시오.
  - '점포명'으로 그룹화 하여 '당일시세', '판매단가'의 최대값을 구하는 부분합을 만드시오.
  - '점포명'으로 그룹화 하여 '당일시세', '판매단가', '판매금액'의 평균을 구하는 부분합을 만드시오. (새로운 값으로 대치하지 말 것)
  - [D3:G22] 영역에 셀 서식의 표시형식-숫자를 이용하여 1000단위 구분 기호를 표시하시오.
- ▶ D~F열을 선택하여 그룹을 설정하시오.
- ▶ 최대값과 평균의 부분합 순서는 ≪출력형태≫와 다를 수 있음
- ▶ 지시사항이 없는 경우는 기본 값을 적용하시오.

【문제 3】 "필터"와 "시나리오" 시트를 참조하여 다음 ≪처리조건≫에 맞도록 작업하시오. **(60점)**

(1) 필터

≪출력형태 - 필터≫

	A	B	C	D	E	F	G
1							
2	구분	품목	점포명	당일시세	판매수량	판매단가	판매금액
3	국내산	햇양파	영농후계자	28,000	59	29,500	1,740,500
4	국내산	깐양파	동성상회	32,000	88	38,000	3,344,000
5	수입산	양배추	설천상회	12,000	120	23,000	2,760,000
6	국내산	깐마늘	영농후계자	11,000	250	12,000	3,000,000
7	수입산	깐마늘	보물섬식자재	8,000	150	12,000	1,800,000
8	수입산	세척당근	동성상회	10,000	189	20,000	3,780,000
9	국내산	다진생강	영농후계자	9,500	230	11,000	2,530,000
10	국내산	적채	설천상회	3,000	320	5,500	1,760,000
11	수입산	당근	보물섬식자재	8,000	28	10,000	280,000
12	국내산	홍파프리카	영농후계자	25,400	360	29,000	10,440,000
13							
14	조건						
15	FALSE						
16							
17							
18	품목	점포명	판매수량	판매단가	판매금액		
19	깐마늘	영농후계자	250	12,000	3,000,000		
20	다진생강	영농후계자	230	11,000	2,530,000		
21	적채	설천상회	320	5,500	1,760,000		
22	홍파프리카	영농후계자	360	29,000	10,440,000		
23							

≪처리조건≫

▶ "필터" 시트의 [A2:G12]를 아래 조건에 맞게 고급필터를 사용하여 작성하시오.
- '구분'이 "국내산"이고 '판매수량'이 100 이상인 데이터를 '품목', '점포명', '판매수량', '판매단가', '판매금액'의 데이터만 필터링 하시오.
- 조건 위치 : 조건 함수는 [A15] 한 셀에 작성(AND 함수 이용)
- 결과 위치 : [A18]부터 출력

▶ 지시사항이 없는 경우는 ≪출력형태 - 필터≫와 동일하게 작성하시오.

(2) 시나리오

≪출력형태 - 시나리오≫

시나리오 요약			
	현재 값:	판매수량 15 증가	판매수량 3 감소
변경 셀:			
$E$5	120	135	117
$E$7	150	165	147
$E$8	189	204	186
$E$11	28	43	25
결과 셀:			
$G$5	2,760,000	3,105,000	2,691,000
$G$7	1,800,000	1,980,000	1,764,000
$G$8	3,780,000	4,080,000	3,720,000
$G$11	280,000	430,000	250,000

참고: 현재 값 열은 시나리오 요약 보고서가 작성될 때의
변경 셀 값을 나타냅니다. 각 시나리오의 변경 셀들은
회색으로 표시됩니다.

≪처리조건≫

▶ "시나리오" 시트의 [A2:G12]를 이용하여 '구분'이 "수입산"인 경우, '판매수량'이 변동할 때 '판매금액'이 변동하는 가상분석(시나리오)을 작성하시오.

- 시나리오1 : 시나리오 이름은 "판매수량 15 증가", '판매수량'에 15를 증가시킨 값 설정.
- 시나리오2 : 시나리오 이름은 "판매수량 3 감소", '판매수량'에 3을 감소시킨 값 설정.
- "시나리오 요약" 시트를 작성하시오.

▶ 지시사항이 없는 경우는 ≪출력형태 - 시나리오≫와 동일하게 작성하시오.

【문제 4】 "피벗테이블" 시트를 참조하여 다음 ≪처리조건≫에 맞도록 작업하시오. **(30점)**

≪출력형태≫

	A	B	C	D	E
1					
2					
3			점포명		
4	구분	값	동성상회	설천상회	영농후계자
5	국내산	평균 : 판매수량	88	320	225
6		평균 : 판매단가	38,000	5,500	20,375
7	수입산	평균 : 판매수량	189	120	**
8		평균 : 판매단가	20,000	23,000	**
9	전체 평균 : 판매수량		139	220	225
10	전체 평균 : 판매단가		29,000	14,250	20,375
11					

≪처리조건≫

▶ "피벗테이블" 시트의 [A2:G12]를 이용하여 새로운 시트에 ≪출력형태≫와 같이 피벗테이블을 작성 후 시트명을 "피벗테이블 정답"으로 수정하시오.

▶ 구분(행)과 점포명(열)을 기준으로 하여 출력형태와 같이 구하시오.
- '판매수량', '판매단가'의 평균을 구하시오.
- 피벗 테이블 옵션을 이용하여 레이블이 있는 셀 병합 및 가운데 맞춤하고 빈 셀을 "**"로 표시한 후, 행의 총합계를 감추기 하시오.
- 피벗 테이블 디자인에서 보고서 레이아웃은 '테이블 형식으로 표시', 피벗 테이블 스타일은 '피벗 스타일 보통 8'로 표시하시오.
- 점포명(열)은 "동성상회", "설천상회", "영농후계자"만 출력되도록 표시하시오.
- [C5:E10] 데이터는 셀 서식의 표시형식-숫자를 이용하여 1000단위 구분 기호를 표시하고, 가운데 맞춤하시오.

▶ 구분의 순서는 ≪출력형태≫와 다를 수 있음

▶ 지시사항이 없는 경우는 ≪출력형태≫와 동일하게 작성하시오.

MS Office 2021 버전용

디지털정보활용능력

(**DIAT**; Digital Information Ability Test)

■ **시험과목 :** 스프레드시트(엑셀)

■ **시험일자 :** 20XX. XX. XX.(X)

■ 응시자 기재사항 및 감독위원 확인

B

수 검 번 호	DIS – XXXX –	감독위원 확인
성 명		

응시자 유의사항

1. 응시자는 신분증을 지참하여야 시험에 응시할 수 있으며, 시험이 종료될 때까지 신분증을제시하지 못 할 경우 해당 시험은 0점 처리됩니다.
2. 시스템(PC작동여부, 네트워크 상태 등)의 이상여부를 반드시 확인하여야 하며, 시스템이상이 있을 시 감독위원에게 조치를 받으셔야 합니다.
3. 시험 중 부주의 또는 고의로 시스템을 파손한 경우는 응시자 부담으로 합니다.
4. 답안 전송 프로그램을 통해 다운로드 받은 파일을 이용하여 답안파일을 작성하시기 바랍니다.
5. 작성한 답안 파일은 답안 전송 프로그램을 통하여 전송됩니다. 감독위원의 지시에 따라 주시기바랍니다.
6. 다음 사항의 경우 실격(0점) 혹은 부정행위 처리됩니다.
   1) 답안파일을 저장하지 않았거나, 저장한 파일이 손상되었을 경우
   2) 답안파일을 지정된 폴더(바탕화면 "KAIT" 폴더)에 저장하지 않았을 경우
      ※ 답안 전송 프로그램 로그인 시 바탕화면에 자동 생성됨
   3) 답안파일을 다른 보조기억장치(USB) 혹은 네트워크(메신저, 게시판 등)로 전송할 경우
   4) 휴대용 전화기 등 통신기기를 사용할 경우
7. 슬라이드는 반드시 순서대로 작성해야 하며, 순서가 다를 경우 "0"점 처리됩니다.
8. 시험지에 제시된 글꼴이 응시 프로그램에 없는 경우, 반드시 감독위원에게 해당 내용을통보한 뒤 조치를 받아야 합니다.
9. 슬라이드 작성 시 도형의 그룹설정을 사용하는 경우, 채점에서 감점 처리됩니다.
10. 시험의 완료는 작성이 완료된 답안을 저장하고, 답안전송이 완료된 상태를 확인한 것으로합니다. 답안전송 확인 후 문제지는 감독위원에게 제출한 후 퇴실하여야 합니다.
11. 답안전송을 완료한 경우는 수정 또는 정정이 불가합니다.
12. 시험 시행 후 합격자 발표는 홈페이지(www.ihd.or.kr)에서 확인하시기를 바랍니다.
    ※ 합격자 발표 : 20XX. XX. XX.(X)

Korea Association for ICT Promotion
한국정보통신진흥협회 KAIT

【문제 1】 "렌트현황" 시트를 참조하여 다음 ≪처리조건≫에 맞도록 작업하시오. **(50점)**

≪출력형태≫

	A	B	C	D	E	F	G	H	I
1		농산물 당일시세 및 판매현황							
2	구분	품목	점포명	당일시세	판매수량	판매단가	판매금액	순위	비고
3	*국내산*	*햇양파*	*영농후계자*	***28,000***	***59***	***29,500***	***1,740,500***	*9위*	
4	*국내산*	*깐양파*	*동성상회*	***32,000***	***88***	***38,000***	***3,344,000***	*3위*	
5	수입산	양배추	설천상회	12,000	120	23,000	2,760,000	5위	
6	국내산	깐마늘	영농후계자	11,000	250	12,000	3,000,000	4위	인기 품목
7	수입산	깐마늘	보물섬식자재	8,000	150	12,000	1,800,000	7위	
8	수입산	세척당근	동성상회	10,000	189	20,000	3,780,000	2위	
9	국내산	다진생강	영농후계자	9,500	230	11,000	2,530,000	6위	인기 품목
10	국내산	적채	설천상회	3,000	320	5,500	1,760,000	8위	인기 품목
11	수입산	당근	보물섬식자재	8,000	28	10,000	280,000	10위	
12	*국내산*	*홍파프리카*	*영농후계자*	***25,400***	***360***	***29,000***	***10,440,000***	*1위*	*인기 품목*
13	'판매단가' 중 세 번째로 작은 값				11,000원				
14	'점포명'이 "영농후계자"인 '판매단가'의 최대값				29,500원				
15	'판매금액'의 최대값-최소값 차이				10,160,000원				
16									

≪처리조건≫

▶ 1행의 행 높이를 '80'으로 설정하고, 2행~15행의 행 높이를 '18'로 설정하시오.

▶ 제목("농산물 당일시세 및 판매현황") : 기본 도형 - '빗면'을 이용하여 입력하시오.
- 도형 : 위치([B1:H1]), 도형 스타일(테마 스타일 - '색 채우기 - 녹색, 강조 6')
- 글꼴 : 궁서, 30pt, 굵게
- 도형 서식 : 도형 옵션 - 크기 및 속성(텍스트 상자(세로 맞춤 : 정가운데, 텍스트 방향 : 가로))

▶ 셀 서식을 아래 조건에 맞게 작성하시오.
- [A2:I15] : 테두리(안쪽, 윤곽선 모두 실선, '검정, 텍스트 1'), 전체 가운데 맞춤
- [A13:D13], [A14:D14], [A15:D15] : 각각 병합하고 가운데 맞춤
- [A2:I2], [A13:D15] : 채우기 색('밝은 회색, 배경 2, 10% 더 어둡게'), 글꼴(굵게)
- [D3:D12], [F3:G12] : 셀 서식의 표시형식-숫자를 이용하여 1000단위 구분 기호 표시
- [H3:H12] : 셀 서식의 표시형식-사용자 지정을 이용하여 #"위"자를 추가
- [E13:G15] : 셀 서식의 표시형식-사용자 지정을 이용하여 #,##0"원"자를 추가
- 조건부 서식[A3:I12] : '판매단가'가 25000 이상인 경우 레코드 전체에 글꼴(녹색, 굵은 기울임꼴) 적용
- 지시사항이 없는 경우는 주어진 문제파일의 서식을 그대로 사용하시오.

▶ ① 순위[H3:H12] : '판매금액'을 기준으로 큰 순으로 순위를 구하시오. **(RANK.EQ 함수)**

▶ ② 비고[I3:I12] : '판매수량'이 200 이상이면 "인기 품목", 그렇지 않으면 공백으로 구하시오. **(IF 함수)**

▶ ③ 순위[E13:G13] : '판매단가' 중 세 번째로 작은 값을 구하시오. **(SMALL 함수)**

▶ ④ 최대값[E14:G14] : '점포명'이 "영농후계자"인 '판매단가'의 최대값을 구하시오. **(DMAX 함수)**

▶ ⑤ 최대값-최소값[E15:G15] : '판매금액'의 최대값과 최소값의 차이를 구하시오. **(MAX, MIN 함수)**

【문제 5】 "차트" 시트를 참조하여 다음 ≪처리조건≫에 맞도록 작업하시오. **(30점)**

≪출력형태≫

	A	B	C	D
1				
2	점포명	품목	당일시세	판매단가
3	영농후계자	햇양파	28,000	29,500
4	동성상회	햇양파	28,000	38,000
5	설천상회	햇양파	28,000	35,500
6	보물섬식자재	햇양파	26,000	32,000

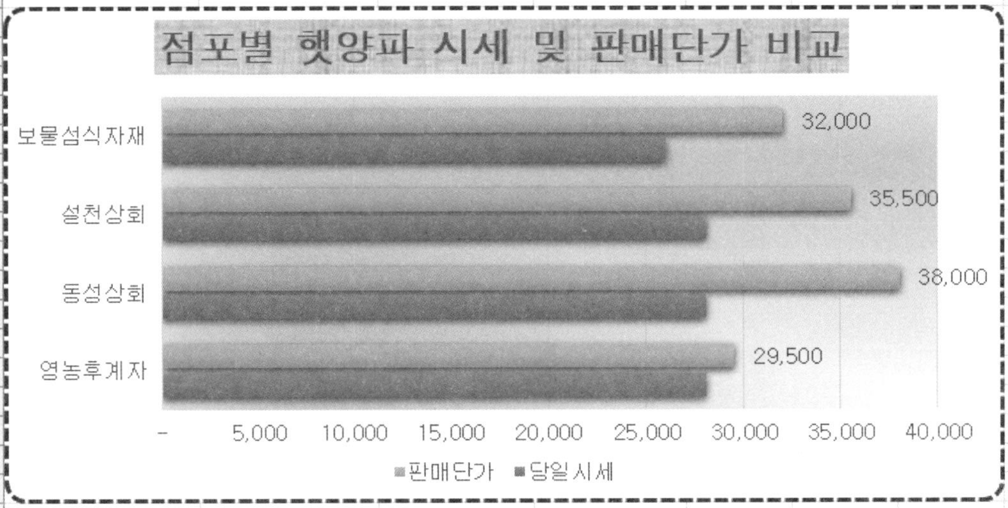

≪처리조건≫

▶ "차트" 시트에 주어진 표를 이용하여 '묶은 세로 막대형' 차트를 작성하시오.
- 데이터 범위 : 현재 시트 [A2:A6], [C2:D6]의 데이터를 이용하여 작성하고, 행/열 전환은 '열'로 지정
- 차트 위치 : 현재 시트에 [A9:G25] 크기에 정확하게 맞추시오.
- 차트 제목("점포별 햇양파 시세 및 판매단가 비교")
- 차트 스타일 : 색 변경(단색형 - 단색 색상표 3, 스타일 12)
- 범례 위치 : 아래쪽
- 차트 영역 서식 : 글꼴(굴림, 11pt), 테두리 색(실선, 색 : 진한 파랑), 테두리 스타일(너비 : 2.25pt, 겹선 종류 : 단순형, 대시 종류 : 사각 점선, 둥근 모서리)
- 차트 제목 서식 : 글꼴(돋움체, 20pt, 굵게), 채우기(그림 또는 질감 채우기, 질감 : 파피루스)
- 그림 영역 서식 : 채우기(그라데이션 채우기, 그라데이션 미리 설정 : 밝은 그라데이션 - 강조 6, 종류 : 사각형, 방향 : 오른쪽 아래 모서리에서)
- 데이터 레이블 추가 : '판매단가' 계열에 "값" 표시

▶ 지시사항이 없는 경우는≪출력형태≫와 동일하게 작성하시오.

REX Media
rexmedia.net

【문제 2】 "부분합" 시트를 참조하여 다음 ≪처리조건≫에 맞도록 작업하시오. **(30점)**

≪출력형태≫

	A	B	C	D	E	F	G
1							
2	구분	강좌명	강사명	모집인원	수강료	재료비	인당 금액
3	초등	초등영어교실	박기범	70	35,000	20,000	55,070
4	초등	풍선아트	곽선옥	63	35,000	73,000	108,063
5	초등	재미있는 한국사	변예슬	100	35,000	18,000	53,100
6	**초등 최대값**				35,000	73,000	108,063
7	**초등 평균**				35,000	37,000	
8	유아	유아 발레교실	김동욱	120	25,000	32,000	57,120
9	유아	영어 뮤지컬	강신실	26	25,000	15,500	40,526
10	유아	건강체조 교실	김태균	30	25,000	10,000	35,030
11	**유아 최대값**				25,000	32,000	57,120
12	**유아 평균**				25,000	19,167	
13	성인	밸리댄스	김하늘	50	50,000	125,000	175,050
14	성인	동양화 그리기	노중곤	50	50,000	80,000	130,050
15	성인	건강밥상 만들기	조현아	70	50,000	250,000	300,070
16	성인	요가교실	양일동	25	50,000	50,000	100,025
17	**성인 최대값**				50,000	250,000	300,070
18	**성인 평균**				50,000	126,250	
19	**전체 최대값**				50,000	250,000	300,070
20	**전체 평균**				38,000	67,350	
21							

≪처리조건≫

- ▶ 데이터를 '구분' 기준으로 내림차순 정렬하시오.
- ▶ 아래 조건에 맞는 부분합을 작성하시오.
  - '구분'으로 그룹화 하여 '수강료', '재료비'의 평균을 구하는 부분합을 만드시오.
  - '구분'으로 그룹화 하여 '수강료', '재료비', '인당 금액'의 최대값을 구하는 부분합을 만드시오. (새로운 값으로 대치하지 말 것)
  - [E3:G20] 영역에 셀 서식의 표시형식-숫자를 이용하여 1000단위 구분 기호를 표시하시오.
- ▶ E~F열을 선택하여 그룹을 설정하시오.
- ▶ 평균과 최대값의 부분합 순서는 ≪출력형태≫와 다를 수 있음
- ▶ 지시사항이 없는 경우는 기본 값을 적용하시오.

【문제 3】 "필터"와 "시나리오" 시트를 참조하여 다음 ≪처리조건≫에 맞도록 작업하시오. **(60점)**

(1) 필터

≪출력형태 – 필터≫

	A	B	C	D	E	F	G
1							
2	구분	강좌명	강사명	모집인원	수강료	재료비	인당 금액
3	성인	밸리댄스	김하늘	50	50,000	125,000	175,050
4	유아	유아 발레교실	김동욱	120	25,000	32,000	57,120
5	초등	초등영어교실	박기범	70	35,000	20,000	55,070
6	유아	영어 뮤지컬	강신실	26	25,000	15,500	40,526
7	성인	동양화 그리기	노중곤	50	50,000	80,000	130,050
8	성인	건강밥상 만들기	조현아	70	50,000	250,000	300,070
9	성인	요가교실	양일동	25	50,000	50,000	100,025
10	유아	건강체조 교실	김태균	30	25,000	10,000	35,030
11	초등	풍선아트	곽선옥	63	35,000	73,000	108,063
12	초등	재미있는 한국사	변예슬	100	35,000	18,000	53,100
13							
14	조건						
15	TRUE						
16							
17							
18	강좌명	모집인원	수강료	재료비	인당 금액		
19	밸리댄스	50	50,000	125,000	175,050		
20	유아 발레교실	120	25,000	32,000	57,120		
21	영어 뮤지컬	26	25,000	15,500	40,526		
22	건강밥상 만들기	70	50,000	250,000	300,070		
23	건강체조 교실	30	25,000	10,000	35,030		
24							

≪처리조건≫

▶ "필터" 시트의 [A2:G12]를 아래 조건에 맞게 고급필터를 사용하여 작성하시오.

- '구분'이 "유아"이거나 '재료비'가 100000 이상인 데이터를 '강좌명', '모집인원', '수강료', '재료비', '인당 금액' 의 데이터만 필터링 하시오.
- 조건 위치 : 조건 함수는 [A15] 한 셀에 작성(OR 함수 이용)
- 결과 위치 : [A18]부터 출력

▶ 지시사항이 없는 경우는 ≪출력형태 - 필터≫와 동일하게 작성하시오.

(2) 시나리오

≪출력형태 – 시나리오≫

시나리오 요약				
		현재 값:	재료비 5,000 증가	재료비 2,500 감소
변경 셀:				
	$F$3	125,000	130,000	122,500
	$F$7	80,000	85,000	77,500
	$F$8	250,000	255,000	247,500
	$F$9	50,000	55,000	47,500
결과 셀:				
	$G$3	175,050	180,050	172,550
	$G$7	130,050	135,050	127,550
	$G$8	300,070	305,070	297,570
	$G$9	100,025	105,025	97,525

참고: 현재 값 열은 시나리오 요약 보고서가 작성될 때의
변경 셀 값을 나타냅니다. 각 시나리오의 변경 셀들은
회색으로 표시됩니다.

≪처리조건≫

▶ "시나리오" 시트의 [A2:G12]를 이용하여 '구분'이 "성인"인 경우, '재료비'가 변동할 때 '인당 금액'이 변동하는 가상분석(시나리오)을 작성하시오.

- 시나리오1 : 시나리오 이름은 "재료비 5,000 증가", '재료비'에 5000을 증가시킨 값 설정.
- 시나리오2 : 시나리오 이름은 "재료비 2,500 감소", '재료비'에 2500을 감소시킨 값 설정.
- "시나리오 요약" 시트를 작성하시오.

▶ 지시사항이 없는 경우는 ≪출력형태 - 시나리오≫와 동일하게 작성하시오.

【문제 4】 "피벗테이블" 시트를 참조하여 다음 ≪처리조건≫에 맞도록 작업하시오. **(30점)**

≪출력형태≫

	A	B	C	D	E	F
1						
2						
3			**강좌명**			
4	**구분**	**값**	**건강밥상 만들기**	**밸리댄스**	**유아 발레교실**	**풍선아트**
5	**성인**	평균 : 수강료	50,000	50,000	***	***
6		평균 : 재료비	250,000	125,000	***	***
7	**유아**	평균 : 수강료	***	***	25,000	***
8		평균 : 재료비	***	***	32,000	***
9	**초등**	평균 : 수강료	***	***	***	35,000
10		평균 : 재료비	***	***	***	73,000
11	**전체 평균 : 수강료**		**50,000**	**50,000**	**25,000**	**35,000**
12	**전체 평균 : 재료비**		**250,000**	**125,000**	**32,000**	**73,000**
13						

≪처리조건≫

▶ "피벗테이블" 시트의 [A2:G12]를 이용하여 새로운 시트에 ≪출력형태≫와 같이 피벗테이블을 작성 후 시트명을 "피벗테이블 정답"으로 수정하시오.

▶ 구분(행)과 강좌명(열)을 기준으로 하여 출력형태와 같이 구하시오.
- '수강료', '재료비'의 평균을 구하시오.
- 피벗 테이블 옵션을 이용하여 레이블이 있는 셀 병합 및 가운데 맞춤하고 빈 셀을 "***"로 표시한 후, 행의 총합계를 감추기 하시오.
- 피벗 테이블 디자인에서 보고서 레이아웃은 '테이블 형식으로 표시', 피벗 테이블 스타일은 '피벗 스타일 밝게 17'로 표시하시오.
- 강좌명(열)은 "건강밥상 만들기", "밸리댄스", "유아 발레교실", "풍선아트"만 출력되도록 표시하시오.
- [C5:F12] 데이터는 셀 서식의 표시형식-숫자를 이용하여 1000단위 구분 기호를 표시하고, 가운데 맞춤하시오.

▶ 구분의 순서는 ≪출력형태≫와 다를 수 있음

▶ 지시사항이 없는 경우는 ≪출력형태≫와 동일하게 작성하시오.

MS Office 2021 버전용

디지털정보활용능력

(**DIAT**; Digital Information Ability Test)

■ 시험과목 : 스프레드시트(엑셀)

■ 시험일자 : 20XX. XX. XX.(X)

■ 응시자 기재사항 및 감독위원 확인

A

수검번호	DIS - XXXX -	감독위원 확인
성 명		

응시자 유의사항

1. 응시자는 신분증을 지참하여야 시험에 응시할 수 있으며, 시험이 종료될 때까지 신분증을제시하지 못 할 경우 해당 시험은 0점 처리됩니다.
2. 시스템(PC작동여부, 네트워크 상태 등)의 이상여부를 반드시 확인하여야 하며, 시스템이상이 있을 시 감독위원에게 조치를 받으셔야 합니다.
3. 시험 중 부주의 또는 고의로 시스템을 파손한 경우는 응시자 부담으로 합니다.
4. 답안 전송 프로그램을 통해 다운로드 받은 파일을 이용하여 답안파일을 작성하시기 바랍니다.
5. 작성한 답안 파일은 답안 전송 프로그램을 통하여 전송됩니다. 감독위원의 지시에 따라 주시기바랍니다.
6. 다음 사항의 경우 실격(0점) 혹은 부정행위 처리됩니다.
   1) 답안파일을 저장하지 않았거나, 저장한 파일이 손상되었을 경우
   2) 답안파일을 지정된 폴더(바탕화면 "KAIT" 폴더)에 저장하지 않았을 경우
      ※ 답안 전송 프로그램 로그인 시 바탕화면에 자동 생성됨
   3) 답안파일을 다른 보조기억장치(USB) 혹은 네트워크(메신저, 게시판 등)로 전송할 경우
   4) 휴대용 전화기 등 통신기기를 사용할 경우
7. 슬라이드는 반드시 순서대로 작성해야 하며, 순서가 다를 경우 "0"점 처리됩니다.
8. 시험지에 제시된 글꼴이 응시 프로그램에 없는 경우, 반드시 감독위원에게 해당 내용을통보한 뒤 조치를 받아야 합니다.
9. 슬라이드 작성 시 도형의 그룹설정을 사용하는 경우, 채점에서 감점 처리됩니다.
10. 시험의 완료는 작성이 완료된 답안을 저장하고, 답안전송이 완료된 상태를 확인한 것으로합니다. 답안전송 확인 후 문제지는 감독위원에게 제출한 후 퇴실하여야 합니다.
11. 답안전송을 완료한 경우는 수정 또는 정정이 불가합니다.
12. 시험 시행 후 합격자 발표는 홈페이지(www.ihd.or.kr)에서 확인하시기를 바랍니다.
    ※ 합격자 발표 : 20XX. XX. XX.(X)

【문제 1】 "렌트현황" 시트를 참조하여 다음 ≪처리조건≫에 맞도록 작업하시오. **(50점)**

≪출력형태≫

문화센터 강좌별 수강 현황

	A	B	C	D	E	F	G	H	I
2	구분	강좌명	강사명	모집인원	수강료	재료비	인당 금액	순위	비고
3	성인	밸리댄스	김하늘	50명	50,000	125,000	175,050원	2	
4	*유아*	*유아 발레교실*	*김동욱*	*120명*	*25,000*	*32,000*	*57,120원*	*6*	*인기 강좌*
5	초등	초등영어교실	박기범	70명	35,000	20,000	55,070원	7	인기 강좌
6	유아	영어 뮤지컬	강신실	26명	25,000	15,500	40,526원	9	
7	성인	동양화 그리기	노중곤	50명	50,000	80,000	130,050원	3	
8	성인	건강밥상 만들기	조현아	70명	50,000	250,000	300,070원	1	인기 강좌
9	성인	요가교실	양일동	25명	50,000	50,000	100,025원	5	
10	유아	건강체조 교실	김태균	30명	25,000	10,000	35,030원	10	
11	초등	풍선아트	곽선옥	63명	35,000	73,000	108,063원	4	
12	*초등*	*재미있는 한국사*	*변예슬*	*100명*	*35,000*	*18,000*	*53,100원*	*8*	*인기 강좌*
13	'재료비' 중 두 번째로 큰 값				125,000				
14	'구분'이 "성인"인 '재료비'의 평균				126,250				
15	'재료비'의 최대값-최소값 차이				240,000원				

≪처리조건≫

▶ 1행의 행 높이를 '80'으로 설정하고, 2행~15행의 행 높이를 '18'로 설정하시오.

▶ 제목("문화센터 강좌별 수강 현황") : 순서도의 '순서도: 준비'를 이용하여 입력하시오.
- 도형 : 위치([B1:H1]), 도형 스타일(테마 스타일 – '미세 효과 - 주황, 강조 2')
- 글꼴 : 굴림, 27pt, 굵게
- 도형 서식 : 도형 옵션 - 크기 및 속성(텍스트 상자(세로 맞춤 : 정가운데, 텍스트 방향 : 가로))

▶ 셀 서식을 아래 조건에 맞게 작성하시오.
- [A2:I15] : 테두리(안쪽, 윤곽선 모두 실선, '검정, 텍스트 1'), 전체 가운데 맞춤
- [A13:D13], [A14:D14], [A15:D15] : 각각 병합하고 가운데 맞춤
- [A2:I2], [A13:D15] : 채우기 색('주황, 강조 2, 60% 더 밝게'), 글꼴(굵게)
- [D3:D12] : 셀 서식의 표시형식-사용자 지정을 이용하여 #"명"자를 추가
- [E3:F12], [E13:G14] : 셀 서식의 표시형식-숫자를 이용하여 1000단위 구분 기호 표시
- [G3:G12], [E15:G15] : 셀 서식의 표시형식-사용자 지정을 이용하여 #,##0"원"자를 추가
- 조건부 서식[A3:I12] : '모집인원'이 100 이상인 경우 레코드 전체에 글꼴(빨강, 기울임꼴) 적용
- 지시사항이 없는 경우는 주어진 문제파일의 서식을 그대로 사용하시오.

▶ ① 순위[H3:H12] : '인당 금액'을 기준으로 큰 순으로 순위를 구하시오. (RANK.EQ 함수)

▶ ② 비고[I3:I12] : '모집인원'이 65 이상이면 "인기 강좌", 그렇지 않으면 공백으로 구하시오. (IF 함수)

▶ ③ 순위[E13:G13] : '재료비' 중 두 번째로 큰 값을 구하시오. (LARGE 함수)

▶ ④ 평균[E14:G14] : '구분'이 "성인"인 '재료비'의 평균을 구하시오. (DAVERAGE 함수)

▶ ⑤ 최대값-최소값[E15:G15] : '재료비'의 최대값과 최소값의 차이를 구하시오. (MAX, MIN 함수)

【문제 5】 "차트" 시트를 참조하여 다음 ≪처리조건≫에 맞도록 작업하시오. **(30점)**

≪출력형태≫

강좌명	수강료	재료비	인당 금액
밸리댄스	50,000	125,000	175,050
유아 발레교실	25,000	32,000	57,120
초등영어교실	35,000	20,000	55,070
영어 뮤지컬	25,000	15,500	40,526
동양화 그리기	50,000	80,000	130,050

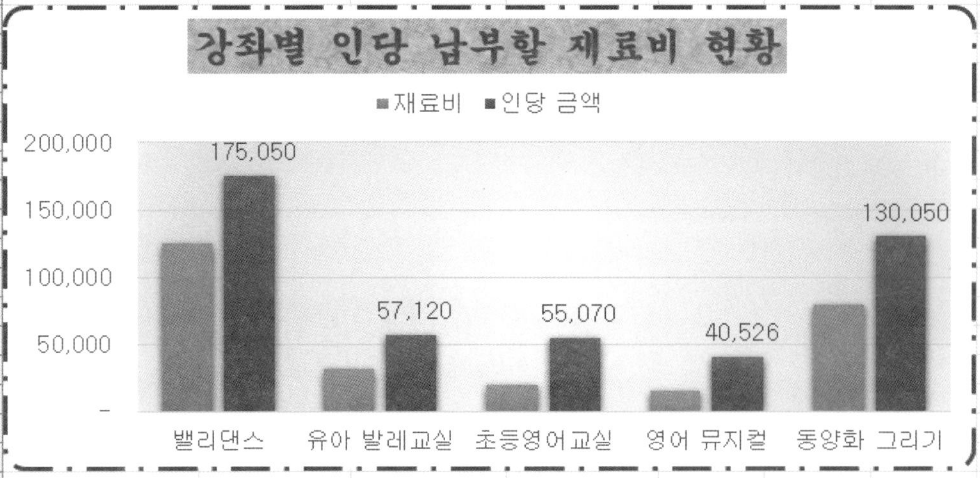

≪처리조건≫

▶ "차트" 시트에 주어진 표를 이용하여 '묶은 세로 막대형' 차트를 작성하시오.

- 데이터 범위 : 현재 시트 [A2:A7], [C2:D7]의 데이터를 이용하여 작성하고, 행/열 전환은 '열'로 지정
- 차트 위치 : 현재 시트에 [A10:G25] 크기에 정확하게 맞추시오.
- 차트 제목("강좌별 인당 납부할 재료비 현황")
- 차트 스타일 : 색 변경(색상형 - 다양한 색상표 4, 스타일 14)
- 범례 위치 : 위쪽
- 차트 영역 서식 : 글꼴(굴림, 12pt), 테두리 색(실선, 색 : 자주), 테두리 스타일(너비 : 2.5pt, 겹선 종류 : 단순형, 대시 종류 : 긴 파선-점선, 둥근 모서리)
- 차트 제목 서식 : 글꼴(궁서체, 20pt, 굵게), 채우기(그림 또는 질감 채우기, 질감 : 분홍 박엽지)
- 그림 영역 서식 : 채우기(그라데이션 채우기, 그라데이션 미리 설정 : 밝은 그라데이션 - 강조 4, 종류 : 방사형, 방향 : 가운데에서)
- 데이터 레이블 추가 : '인당 금액' 계열에 "값" 표시

▶ 지시사항이 없는 경우는≪출력형태≫와 동일하게 작성하시오.

REX Media
rexmedia.net